打赢文化战争

没有硝烟的全球创意产业之战

李季 赵金庆 著

人民日报出版社

打造中国文化软实力的他山之石（代序）

当今的世界仍是丛林法则盛行的世界，美国依仗军事硬实力从西亚打到中东，从中东重返亚太。不仅在军事上围堵中国，而且在意识形态上构建围堵中国的无形藩篱。世界都看到美国害怕中国的崛起。

萨达姆政权垮台之后，巴格达街头的音像店充斥着美国大片。这个画面震撼了镜头前的人民。"商女不知亡国恨，隔江犹唱后庭花。"电影、电视剧、流行音乐、动漫已经成为美国另一条隐蔽战线的"先头部队"。

文化软实力是一个国家文化战略和国家战略的重要参照系。今天的中国已经是全球第二大经济体，衡量一个世界强国的标志是经济强国＋文化强国，而我们目前存在的问题是经济大而不强，中华文化虽源远流长而对今天世界的影响力却不尽如人意，中华民族的复兴之路仍需沉稳前行。

世界上究竟有没有文化战争？如果有，它会以什么样的方式展开？

所谓"文化战争"，实际上是以电影、电视、音乐、动漫、设计等文化创意产业为命题的跨文化延伸。文化战争，跟约瑟夫·奈的"软实力"相关，它是看不见的"战争"，是全球内容产业也即文化创意产业在全球领域的跨国竞争。

软实力理论是美国前国务卿助理、哈佛大学肯尼迪政府学院教授约瑟夫·奈提出的。他认为，软实力的来源有四个方面，即制度、价值观、文化和政策，实际上四者都可以归属于广义的文化。约瑟夫·奈强调美国的软实力是保持美国作为全球霸主最主要的根基。

表面上看，文化确乎很"软"，但却是一种不可忽略的伟力。提升中国政治、经济、军事等硬实力的同时，提升文化软实力已经是中国的头等大事。

当代中国文化与发达国家经济的关系呈现出相当复杂的形态。文化首先跟经济的发达程度密切相关，这也是为什么美国文化能够风靡世界的原因。因为，文化本质上跟水一样，总是从高处往低处流的。美国电影、美剧、迪士尼、麦当劳、肯德基、星巴克、可口可乐、NBA等等，无不在全世界受到追捧。去年，越南第一家麦当劳开业，人山人海，宛若盛大节日。很难理解与美国人打了多年战争的越南人那么着迷于美国文化。这背后是强大的经济力量，文化产品因此水涨船高。

自上世纪末英国的约翰·霍金斯先生提出"创意产业"这一概念，文化创意产业在全球走过了近20年的历程。中国大力发展文化创意产业也有了10年的时间。中国的文创产业，政府倡导、民间呼应，发展势头可谓迅猛。但是，问题也存在不少，最大的问题就是发展模式雷同，到处照抄照搬。中国的照搬外国的，小城市照搬大城市的，模式单一，已经造成了大量重复建设和资源浪费。所谓"文化创意产业"，没有文化的支撑，没有创意的灵魂，也就没有了可持续发展的产业源动力。从目前国内文创产业的现状与弊端来看，《打赢文化战争》一书，可以看作是为我们打造全球文化软实力提供了可资借鉴的他山之石。对他山之石的理解、消化，是我们开展文创产业的第一步。知道我们的差距在哪里，错在哪里，才能找到解决的方法，才能迎头赶上并最终战胜对手。

文化创意产业是一个特殊产业，它跟国家意识形态的建设有着密切的关联。从当前的状况来看，国内的精英意识形态、社会意识形态、国家意识形态是严重脱节的（政治文化学者郑永年观点）。文化创意产业的发展，无疑会对重建国家意识形态起到重要作用。文化的发扬无非有两个来源：一个来自中华民族的数千年文化传统，一个来自于外国（主要是西方世界）的文化传统。文化创意产业的飞跃式发展，必定建立在对中外文化传统的提炼、消化与整合上。本书把研究重点放在了国外，特别是美、日、韩等发达国家。我们很希望对中华优秀传统文化进行提炼与整合，但限于本书内容定位，这一议题没有充分展开。

老友金庆是我认为当今社会不可多得的仍然怀有理想主义情怀的君子，我们多次在一起议论中国崛起中遇到的困境，常常为之扼腕！我们探讨美剧在传播什么样的价值观念？美剧为什么能够吸引中国的白领阶层狂热追逐？韩剧和韩国明星为什么风靡亚洲乃至世界？日本动漫凭什么占有世界动漫产业70%的份额？印度宝莱坞电影能不能追上好莱坞？中国港澳台在亚洲文化的桥头堡地位是怎样炼成的？中国文化的黄金时代到来了吗？中国文化创意产业跟美国的差距在哪里？互联网如何改变中国的未来？……种种这些文化现象，是我们决心写一部探究中国如何赢得全球文化软实力著作的动力。从这个意义上说，本书可以视为对中国文化产业的跨文化实证研究，也为中国打赢隐形的文化战争提供战略思想资源。

新世纪门槛上的中国在寻求提升自身文化软实力，以及中国文化在海外的吸引力的过程中，积极开展以中国语言、文化和思想等为代表的文化外交和公共外交的推广活动。这样的外交活动有助于展现中国文化的魅力，激发外国公众对于中国文化的兴趣，并帮助他们了解中国的价值观与文化，消除他国对于中国崛起的担忧与戒备；有助于树立一个文明的、负责任的、值得信赖的中国形象。中国代表的亚洲价值观正在吸引世界的目光，有着五千年辉煌历史的东方国度——中国必将光耀世界。

是为序。

李季

2016年6月16日·北京

壹 与文化战争有关的理论 / 001

    引言：当今世界，有没有文化战争？ / 001
    文化战争：看不见的战线 / 004
    弗雷德里克·马特尔的全球文化战争图景 / 010
    约瑟夫·奈的软实力理论 / 014
    汤林森的文化帝国主义理论反思 / 018
    萨义德：帝国主义的阴影无处不在 / 022
    亨廷顿"文明冲突论"的宗教文化渊源 / 024
    汤一介：新轴心时代的四大文化共存 / 029
    儒释道：中国文化的千年薪火 / 032

贰 影视帝国（上）：美国电影是世界电影产业的核心力量 / 035

    引言：强大到几乎没有对手的美国 / 035
    美国电影产业为什么这么强大？ / 037
    《阿凡达》奇迹与电影产业全球化 / 046
    美国电影产业贸易的经验及其对中国电影贸易的启示 / 056
    美国电影产业发展对中国文化创意产业兴起的启示 / 065

叁　影视帝国（下）：美剧为什么能风靡全球？ / 077

引言：美剧是美国文化的一面镜子 / 077

从电视到网络：美剧在中国的传播 / 078

美剧的商业美学与普世文化策略 / 085

美剧是美国软实力的重要组成部分 / 090

美剧与国剧，差距有多远？ / 094

肆　菊与刀：日本动漫文化之魂 / 100

引言：中国的儒释道孕育了日本文化 / 100

日本文化产业的崛起 / 101

日本人喜爱动漫的程度超乎想象 / 103

日本动漫的发展简史 / 104

日本动漫的盈利模式 / 107

日本动漫的电视播放与档期安排 / 108

国内市场：随处可见的动漫书店和衍生品专卖店 / 110

国际市场：全球播放的动漫作品六成以上出自日本 / 112

宫崎骏："动画界的黑泽明" / 114

动漫：日本人逃避现实的梦幻小屋 / 117

中国动漫为什么落后于日本？ / 123

伍　高天滚滚"韩流"急 / 129

引言：长期压抑形成的民族悲情 / 129

《江南 style》：韩流狂扫全球 / 131

韩国电影：敢批评政府、警察和媒体 / 139

亚洲红星是怎样炼成的？ / 147

韩剧：编剧才是幕后大佬 / 157

中韩之间的"文化战争" / 165

陆　宝莱坞：印度走向世界的电影名片 / 179

　　引言：神奇的月亮国度 / 179

　　印度电影百年风云 / 180

　　宝莱坞——印度最美丽的名片 / 184

　　看电影是印度大众最廉价的娱乐方式 / 186

　　尽管三分之一的人吃不饱，但印度仍年产超千部电影 / 188

　　宝莱坞真能成为世界电影工厂吗？ / 191

　　超级巨星——印度电影吸引世界目光的法宝 / 195

　　印度电影音乐——南亚民族传统风情画 / 201

　　21世纪宝莱坞电影民族符号的强化与融合 / 203

　　新宝莱坞电影与普世主题的接轨 / 209

柒　中国港澳台和新加坡：亚洲大众文化的桥头堡 / 215

　　引言：定格于我想象中的香港、澳门和台湾 / 215

　　香港：亚洲的文化创意中心 / 219

　　澳门沧桑：并非香港文化的附庸 / 227

　　创意台湾的"美学经济"思路 / 236

　　交融、共生与困境：港台与内地合拍片的文化选择 / 248

　　新加坡的"文艺复兴城市计划" / 255

捌　互联网：中国文化创意产业的超级引擎 / 264

　　引言：中国正站在文化创意产业大爆发的临界点上 / 264

　　中国：站在新世纪互联网文化产业的风口 / 266

　　数字化时代中国文化如何走出去？ / 271

　　个体·新媒体·文化创意产业 / 274

玖　正在被互联网改变的中国电影 / 277
　　引言：中国电影人要有十年磨一剑的定力 / 277
　　中国电影在互联网时代的改变、机遇与挑战 / 279
　　新媒体对中国电影传播的重塑、冲击与威胁 / 293

拾　渐渐融入世界文化版图的中国 / 318
　　引言：打开通往世界的文化丝绸之路 / 318
　　孔子学院：连接中国与世界的桥梁 / 322
　　中国文化创意产业：问题与策略 / 327
　　被互联网改变的中国未来 / 336

结束语　中国文化的巨大向心力 / 343

参考文献 / 348

壹
与文化战争有关的理论

引言：当今世界，有没有文化战争？

当我们考虑"文化战争"这一概念时，我们不得不慎之又慎。"文化战争"是不是一个伪概念？打赢全球文化战争是不是一个假命题？用"文化战争"来形容全球化背景下的文化交流、文化输出，是否言过其实？

战争是什么？近代军事理论之父、德国军事学家克劳塞维茨认为，战争是迫使敌人服从我们意志的一种暴力行为，战争无非是政治通过另一种手段的继续，是一种政治行为。让敌人无力反抗，是战争的目标。克劳塞维茨这一著名的战争定义，表明战争本质上是以剑代笔的政治。那么，当今世界，有没有文化战争？文化战争是不是也是政治的延续？文化战争是如何展开的？有哪些明显的特征？

法国社会学家弗雷德里克·马特尔在《主流：谁将打赢全球文化战争》（以下简称《主流》）中说："世界文化大战已经爆发。这是一场各个国家通过传媒进行的旨在谋取信息控制权的战争：在电视领域，为谋取音像、电视连续剧和脱口秀节目形式的支配地位而战；在文化领域，为占领电影、音乐和图书的新市场而战；最终，这还是一场通过互联网而展开的全球内容贸易的战争。"[①]

没有刀光剑影、硝烟弥漫，这个战场上的武器是电影、电视剧、图书、

---

① （法）弗雷德里克·马特尔：《主流：谁将打赢全球文化战争》，商务印书馆2012年版。

动漫、流行音乐等文化产品，战争的目标是占领"敌对国家"的文化市场，攫取文化资源。国际货币基金组织、世贸组织、联合国教科文组织以及世界银行的有关数据显示，美国向世界各地出口的内容产品约占世界出口总额的50%，在全球处于遥遥领先的地位，没有竞争对手。其次是欧盟，大约占全球文化内容产品出口总额的三分之一，剩下的六分之一由中国、日本、韩国、俄罗斯、澳大利亚分摊。巴西、印度、埃及、南非和海湾国家所占份额微不足道。

这是看不见的战线。非洲的流行音乐之都不在非洲，而在伦敦和巴黎；拉丁美洲的流行音乐之都在美国的迈阿密；美国为主的北美电影票房是全球电影的风向标，美国电影占全球票房40%，其背后的衍生产品逾千亿美元；中国、韩国这样的国家，为保护自己民族的电影产业，不得不实行配额制，以此抵御强大的美国文化的冲击；韩国直到近些年才为了三星的利益而牺牲电影市场，放宽了美国电影的进口限额；英、法、德、意，加上俄罗斯，一些老牌帝国在强大的美国文化的攻势下，只有招架之功，并无还手之力。显然，美国在全球文化版图中，占有无可争议的主导地位，其文化产业占GDP的比重高达25%。

关于文化战争，系统进行实证研究并实地采访考察的是法国社会学家马特尔。他在《主流》一书中，对美国的娱乐内容产业进行了大量分析调查，另外，他对日本的动漫、半岛电视台、反主流文化的欧洲以及中国香港的描述，解释了文化战争绝不是空穴来风，而是发生于你我身边实实在在的现实。马特尔认为，文化战争重新塑造了世界地缘政治的格局。

约瑟夫·奈，曾担任过克林顿时代的美国国防部长助理，是全球著名的"软实力"理论之父。他用软实力理论论证了文化、价值观和政策在政治、外交中的作用，是想为美国的文化输出找到一个美丽的托辞。与经济、军事、科技等"硬实力"比起来，"软实力"显得温文尔雅。实际上，约瑟夫·奈的软实力理论还在为美国的衰落做辩护，随着中国等国家的崛起，美国的"硬实力"开始走下坡路，于是奈就炫耀其无与伦比的"软实力"。但其理论也让我们的文化产业深受启发。

塞缪尔·亨廷顿是美国著名的政治学家，其"文明的冲突"理论风靡国际学界。他超前的思维和创见为理解冷战后的世界政治找到了一种简明的方法论，他认为将来的战争更多是不同文明之间的冲突。尽管有无数的例证证明他的理论是错误的，但却不能掩盖其深刻的洞见。文明的冲突导致在历史上发生过很多次战争，比如宗教战争。在今天，文明冲突论可以看作是文化战争的深层根源。

英国学者汤林森的文化帝国主义理论，用福柯的话语理论分析媒介帝国主义的本质，尽管他最终站在西方中心的立场上为西方辩护。文化帝国主义是指帝国主义的文化扩张，攫取对方的文化市场，传播信息产品，实现文化奴役、文化霸权。经济与文化是不可分的，当今世界，那些经济落后的国家，是没有文化话语权的，比如陷于战乱的、贫穷落后的非洲。在这个问题上，写出了《东方学》的萨义德的观点更靠近东方。他通过对殖民地文学的研究发现，文化帝国主义的阴魂隐没在殖民地的影视、音乐、戏剧、文学、新闻传媒之中，尤其是新闻传媒形成巨大的媒介帝国主义。这才是帝国主义久久不愿意离开的活力之所在。

中国的兵圣孙子说："知彼知己，百战不殆。"为打赢全球文化战争，赢得全球文化的话语权，反抗帝国主义的文化霸权，我们必须全面、深入地了解、研究全球文化大国的文化创意产业即内容产业，了解全球文化产品的创意、研发、制作、推广机制，开发研究出我们国家代表性的文化产品。为此，我们在本书中，把美国电影、美剧、日本动漫、韩国电视剧、韩国流行音乐、印度宝莱坞电影、中国香港、澳门、台湾以及新加坡的文化创意产业进行系统分析研究。

按照国际货币基金组织的观点，如果以购买力平价计算，2014年中国的国民生产总值已经超过美国，成为世界第一大经济体。我们对这一观点不予置评。即使以中国现在的经济发展速度，再有十年左右的时间，也就是到2025年左右，最迟到2030年，中国GDP将会超过美国，成为世界第一大经济体。但是，中国的文化产业，现在还不到GDP的5%，距离美国文化产业占GDP 25%的份额还有非常大的差距。也就是说，中国要想成为全球文化产业大国还有非常漫长的路要走。

作为曾经诞生了孔子、老子、孙子、墨子的东方国度，作为"东方思想""亚洲价值"的代表国家,作为曾经靠瓷器、茶叶、丝绸而不是炮舰征服了全球的温和民族——中国,这个在近代伤痛的历史上蜕变而来的民族国家,作为有着13亿人口、创造了连续30年高速经济发展奇迹的巨大经济体,我们有理由相信,中国一定能打赢全球文化战争,创造出带有东方印记、中国特征的全球文化产品,中国文化、东方智慧一定会在世界上放射出令人炫目的光芒。

文化战争:看不见的战线

文化战争,一般所指的大致是当今一个国家向另一个国家推广其精神产品、文化产品,如电影、书籍等,依靠文化这种精神手段达到同化目的,利用自己的文化软实力对他国进行文化输出的一场无形的战争。战争,顾名思义,就是以战斗的手段攫取自己的利益。"战",本来就有占领之意,这一字,已充分注定了场面之惨烈、过程之惊心。人类自有史以来,无时无刻不想方设法拓展本族生存空间,打压甚至封杀异族生存空间。于是明枪暗剑、坚船利炮,无所不用其极。失败者四面楚歌、马革裹尸;得胜者攻城掠地、称王称霸,但也是代价惨重、悲壮如歌。这种战争是传统意义上的军事战争。

到了近代,随着文明程度的提高和各国各族间贸易的加深,工于心计的头头脑脑们猛然醒悟,原来争取利益可以不派一兵一卒的。只要占领经济高地,财富利益不是来了吗?民族地位不是来了吗?于是,制裁、反制裁、倾销、投资、汇率、股票等等政策、制度、措施、手段层出不穷,一场新型的战争打响了,我们称之为经济战争。强者控制别国甚至世界经济,使资源财富源源不绝、使国强民富。弱者把财富利益拱手相让,竟为他人做嫁衣,陷于水深火热中。这场战争未见一枪一炮,而其激烈和残酷,以及造成的后果及影响,丝毫不亚于军事战争。

在当代,随着经济战的白热化,人们交往更加频繁,于是,思想、文化、艺术、信仰的碰撞日益激烈,仇视、敌对、排斥、痛恨等情绪日益发酵。统治者发现,虽然赢得了利益,赢得了金钱,却没有赢得思想,没有赢得认同。

于是心念一闪，何不把思想文化也一并当作资源财富争夺？于是战争就升级到了它的高级阶段——文化战争。这场战争声势浩大前所未有，并且无人幸免。

一、19世纪：世界匍匐在坚船利炮之下

谈到19世纪，大多数国人不禁要打开记忆之闸和感情之闸了。记得在1997年香港回归时，采访一位普通市民，他说："这下终于雪耻了，咱们一百多年的奇耻大辱啊！"说着竟然泣不成声。堂堂七尺男儿，竟怆然动容如斯，足见那个世纪带给了国人怎样的创伤，这创伤在历经百年后依然绵绵不绝，无法磨灭。就是在那个世纪，一个叫英吉利的，一个叫法兰西的，外带一群跟班小卒，开始了他们的工业革命，开创了现代化进程。拿着从初具雏形的现代化生产线上流下来的坚船利炮，对着全世界轰了个遍，抢了个够。

1840年，随着一声炮响，成千上万清军官兵挥舞着大刀长矛，如飞蛾扑火般以血肉之躯扑向炮火。长期的闭关锁国，让国人完全不知西洋武器为何物，仗着自以为刀枪不入的功夫迎战现代枪炮。当关天培被炮弹击中胸口时，国门也随之赫然洞穿，不久有了《南京条约》，赔款2 100万西班牙银元，永久割让香港，开放五大港口。接着，签订中美《望厦条约》。于是，有了二次鸦片战争，有了与各国签订的《天津条约》。再接着有了两个强盗及《北京条约》的故事，雨果先生说："一天，两个强盗闯入圆明园，一个掠夺，一个纵火。似乎获得胜利就可以当强盗了；两个胜利者把大肆掠夺圆明园的所得对半分赃。把我们所有大教堂里收藏的宝贝堆在一起，也抵不上这座光辉灿烂的东方博物馆，那里不仅有艺术精品，还有大堆大堆的金银制品。一个个胜利者们装满了身上所有的口袋，他们手挽手笑着回到欧洲。在历史面前，一个强盗叫法兰西，另一个强盗叫英吉利。"终于，"天朝"在群狼利爪下，放下高不可攀的身段，俯首低眉，甘做徒孙，大搞"洋务运动"，"师夷长技以制夷"，倾一国之力装备北洋水师，以期力挽狂澜。1894年，避险于山东半岛的北洋水师与日军狭路相逢、决一死战。官兵虽舍生忘死、奋勇杀敌，无奈长期的积贫积弱，又岂能与励精图治已久的日本帝国抗衡？当邓世昌刀劈救生圈，沉入黑暗的水底时，清廷的希望和国人的心也一同沉入无边的黑

暗，等待国人的是《马关条约》，赔款 2 亿多，割让台湾列岛……19 世纪的帷幕该落下了，可落下前再次上演大戏，八国联军入侵，清帝仓皇出逃，签订《辛丑条约》，赔款本息 10 亿之巨。至此，东方古国在坚船利炮的淫威下颤抖，这颤抖一直持续到第二次世界大战结束世界格局产生根本性变化。

二、20 世纪：被美元、资本奴役的世界

20 世纪上半叶，第二次世界大战结束，大家都筋疲力尽、偃旗息鼓。盘点得失，败者呼天抢地，胜者悲喜交加，在各自洒泪掩埋自家兄弟后，拭干泪水，重建家园。仗暂时不打，可并不意味着某些人收起了贪婪和野心，甚至这贪婪和野心在安逸的日子里更膨胀了。他们通过经济手段对别国强取豪夺、掠夺财富。这就是经济战争。这场战争不见硝烟，但其激烈程度及后果丝毫不亚于军事战争。这些手段主要包括：

货币战争：第二次世界大战后，世界建立以美元为中心的货币体系，这就给了美国以无限制地剥削别国的权利，其主要方法就是操纵汇率。1985 年，美国拉拢其他五国（7 国集团）逼迫日本签署了广场协议。以"行政手段"迫使美元贬值，这次美元贬值就是美国对日本的一次经济阻击战。日本由于长期实行宽松的货币政策，最终经济泡沫破裂，进入"失去的十年"。美元暂时性的贬值，并没有损害到其国际地位。美国这招屡试不爽，同样的手法 1998 年在亚洲四小龙身上重来了一次，四小龙的家底被老美劫掠一空。眼见中国手中攥着 3 万多亿美元，又故伎重演，逼人民币升值，如同网上评论所说，美国正是通过出口美元这个世界上最暴利的商品（与出口美元这个万能钞票相比，毒品、军火这两个所谓的一本万利的东西只能算是小本生意），才使它逐渐成了世界上唯一的超级大国。

贸易战争：贸易，本应是一个公平的游戏，可偏有些恃强凌弱的人自己实行贸易保护主义，对别国商品诸多刁难，我的商品可以卖到你家，你的商品不准卖到我家，对不言听计从者一概棍棒侍候。近年大家发现，中国买什么涨什么，卖什么跌什么。中国买铁矿石，铁矿石暴涨，中国卖稀土，稀土被当矿渣卖。就这样，发达资本主义国家借着经济战争兵不血刃却如抽水般把世界财富抽入囊中，经济战争所搜刮财富之巨，令军事战争都难望其项背。

现在，美元、资本主导着的世界处在极端的两极分化中。

三、21世纪：心脑之战

战争经过几个世纪的演变以后向纵深发展，走向它的高级阶段。那么高级的战争又是怎样的呢？古语有训："攻心为上，攻城为下。"只要把思想精神攻下来了，又何愁达不到利益目的呢？这条中国的至理古训，竟然被世界列强运用得得心应手。战争就在这条古训的指导下走向了怀柔阶段——文化战争——用"文"火来"熔"化。既然能熔掉能化掉，那当然是战争的最高境界了。军事战争像是擂台比武，一招一式尽显无遗。经济战争就像是比拼吸星大法，表面不动声色，其实内里暗中发功，内力绵绵不绝。而文化战争堪称比武的最高级别：华山论剑。无痕无迹、无征无兆，却能杀人于无形。

现代最厉害的剑客不能不说是法国和美国。20世纪的文化中心早期在巴黎，印象主义画派、立体主义、未来主义和表现主义盛行一时，巴黎的时装也主导了全世界的审美观。到50~60年代，随着美国画坛上抽象表现主义的出现和推广，现代艺术中心从巴黎转移到了纽约，美国成了新霸王。中国在古代也曾是剑客，甚至是霸主。早在春秋战国时代，大多数民族还在茹毛饮血，中国就已是诸子百家、百家争鸣了，奠定了中华文化的坚实基础。至唐朝时期更是达到顶峰，唐朝的科技、艺术、诗文、经史堪称一绝，影响源源不绝，从玄奘西去到鉴真东渡，包容极广，胸襟博大。周围邻邦无不虚心讨教，甘为藩属。那时的中国俨然是世界中心。既然中国有这么厚实的基础，那在文化战争这场顶级的华山论剑中应该游刃有余，最起码有还手之力吧？就用我们的降龙十八掌来和昔日蛮夷的长勾拳过过招吧。

1. 舆论宣传：有形与无痕

要想争夺人心，首先当然是宣传，这是必争之地。在中国，宣传部掌管意识形态、新闻出版甚至教育方针、审查文化产品。所有舆论、新闻节目、出版作品、影视作品都打上了鲜明的官方烙印。而美国搞宣传的最大特点是"看不见"，美国没有宣传部，但很多宣传活动却是有组织、有步骤地进行，让被宣传的对象沿着其所希望的方向行进，而接受者却认为是自己在选择方向。这其中，美国中情局暗中做了大量的策划。他们特别擅长从小事入手，一个小手势、一件衣服，或是一瓶饮料甚至一声口哨都能精心策划，使其无不折射出美国的价值观，把美国文化融入日常生活中，从而渗透到每一个细胞。美国的报纸杂志始终高举自由民主的旗帜，其实对外部事务，特别是对社会主义国家的事务论调都高度一致，肆意污蔑、歪曲到无以复加的程度。因为有言论自由的幌子，却屡屡能误导读者，真可谓"随风潜入夜，润物细无声"。

2. 电影：主导与迎合

在电影界，有个名词叫"美国大片"。这个"大"首先是指制作经费的巨大，老美拍片动辄一掷亿金，甚至几亿美元。但这里的"大"更是指发行之广泛，影响之巨大。20世纪末，国人排长队争看《泰坦尼克号》。现在又有《阿凡达》《哈利波特》《蜘蛛侠》《蝙蝠侠》等。这些电影票房轻易突破几亿，当中形象深入人心，观众如数家珍。外国电影在华受如此优厚待遇，那中国电影在西方有没有同等待遇呢？当然有，张艺谋的系列电影《红高粱》《菊豆》《大红灯笼高高挂》《秋菊打官司》不也在国际上屡屡拿大奖吗？在这些电影中，中国人特别是中国妇女的形象怎么就那么老土、落后、邋遢、封建？可是却令西方感到"惊艳"。

3. 电视剧：日风与韩流

近些年来，走在街上总能看见一些所谓的"新新人类"，他们说话尾音很重，穿着考究、发型新潮、妆容精致、崇尚整容，说话时的表情夸张，总是睁着大大的眼睛，张着O型的唇形。这些都是典型的哈韩哈日。国内荧屏，韩日风潮盛行，韩日的生活方式与装束打扮引得国民竞相效仿，极大地推广了其民族文化。而中国的电视呢？也只有少数几部古装戏才有一点反击之力，现代剧走出国门无人问津，乃至于现在仍有一些外国人以为中国女人还缠足呢。

4. 艺术：创新与效仿

从20世纪60年代开始，繁荣的商业与消费文化使得美国中产阶级一度对艺术品的消费与收藏之风膨胀。在各种力量的背后，艺术家们充分发挥美国式的创新精神，创立了一种全新的绘画流派，其作品或热情奔放，或安宁静谧，多以抽象的形式表达和激起人们的情感。这就是抽象表现主义，在现代艺术史上占据了极其重要的一页。在当时，人们的思想活跃，一些艺术家主张行动绘画或心理自动绘画，跨越心灵、身体与颜色、画布之间的关系，用大块的、单纯的统一色块，表达抽象的符号或形象。从此以后，美国取代巴黎成为世界艺术中心，多种艺术呈现百花齐放的局面，如波普艺术、涂鸦艺术等。代表性的艺术家有波洛克、德·库宁、纽曼和马瑟韦尔等年轻的艺术家。

而在中国当代，也涌现出了一大批艺术家：方力钧、张晓刚、刘晓东、岳敏君、王广义。方力钧的作品多描绘泼皮、无赖的形象，人物表情嘻嘻哈哈，玩世不恭，是玩世现实主义，风格与欧美接轨，因而赢得了国际上关注的目光。张晓刚则擅长用保持距离的方式，用内心独白式的画风勾画"文革"时的老照片，作品无不透露出一种冷漠、脆弱和敏感，是一种对毛泽东时代的批判。岳敏君专事描绘一些咧嘴大笑的形象，动作夸张，充满痴狂、张扬，色彩鲜艳而有活力，刻画了某种自恋、自信、对一切熟视无睹的"我"。王广义把"文革"时期的宣传画，与国外广告画相结合，成为"政治波普"艺术代表人物，其"大批判"系列引发了西方艺术界的想象力。

中国的文化"逆差"巨大，降龙十八掌输给了长勾拳。当然我们可以问罪秦始皇焚书坑儒残暴摧残文化，也可以责怪"文革"浩劫，甚至可以质疑现在的文化体制。但最应该反省的还是我们自己，近代军事战争的惨败和经济实力的弱势，使我们在哈哈镜中看到一个被摧残得头重脚轻、鼻青脸肿的自己和壮实健美的他人。越轻视自己就越努力做他人。从脑到心，每一个毛孔都充斥着崇拜西方的血液。值得欣慰的是，越来越多的国人开始反思，在打破这面扭曲的哈哈镜。在客观公正的镜像中，我们开始认真地审视自己，看到了一个略显消瘦却眉清目秀的中国。这样的中国，令国人生出自豪感和自信心；这样的中国，将使国人把灵魂的根基扎下；这样的中国，终有一天会让世界听到他振聋发聩的狮吼。

弗雷德里克·马特尔的全球文化战争图景

一、《主流》：文化战争硝烟的战地实录

法国社会学家、法驻美前外交官弗雷德里克·马特尔未曾想到，他撰著的《主流》一书会如此轰动这个世界，全球20多个国家购买了它的版权，《纽约时报》等媒体做了连续报道。因为，本书意外地揭开了一个事实：全球文化战争已拉开序幕，它将深刻地改变我们的未来。为什么充满创造力的香港电影会走向低迷？为什么各国影星争相为好莱坞打工？为什么严肃文学全面退潮？为什么优雅文化逐渐被蚕食？因为，在这场战争中，传统根本挡不住资本与消费主义的合流，观众们宁可蹲在电影院中，去看故事、人物、情节不变，仅仅是采用了3D技术的《泰坦尼克号》，不再思考，不再追问，我们正在被感官刺激所套牢。这是所有传统文明都必须回答的问题：在全球文化战争的硝烟下，怎样守住我们的底线？马特尔历时5年遍及30多个国家，采访了创意产业界的1 250位行业领袖，获得大量真实而精确的第一手资料，深入地分析与讲述了"主流"文化的创造、传播及其背后的真相。

从亨廷顿的"文明的冲突"，到约瑟夫·奈的"软实力"，文化这个在国际角力中已经处于醒目位置的角色，其地位正在继续上升。以美国文化占据优势地位的全球文化版图已经建立，摆在我们面前的问题是如何应对？马特尔用大量事实，旗帜鲜明地论述了美国是如何通过输出各种各样的媒介产品乃至文化生产模式，使美国文化得以占据全球统治地位，并勾勒出世界主要文化国家创意产业的发展概况，其背后的政治、经济、语言动力与束缚，以及他们在世界文化战争中的竞争优劣势。

1. 世界文化大战已经爆发

《主流》是一部展示当代全球文化与传媒贸易的地缘政治的全景式著作，

又是一部展示世界文化战争硝烟的战地实录。作者以较为客观的立场，用第一手材料说话，尤其注重从制度、人才、理念等方面分析文化"软实力"如何成为美国撬动全球文化格局的杠杆。书中也评价了中国、印度、日本、巴西、阿拉伯等国家和地区的文化产业发展策略。由美国文化的全球性成功，到中国、日本、韩国等亚洲国家的努力，再到印度、巴西的兴起以及欧洲文化的困境，书中展示的各个国家的宝贵经验与教训，对中国文化产业发展具有深远的借鉴意义。

2. 什么样的文化战略能取得成功

文化的成功在于其多元而不是单一，许多人常常仅以"文化霸权"或"文化殖民主义"来理解美国的文化输出，这其实是片面的。美国向外输出的不是单一的美国文化，而是一种传播方式及其高效的"被标准的多元化"产品。美国文化的成功，很重要的一点在于对多元文化的宽容和欣赏。在出口市场，当"美国式"的产品不能满足目标市场需求的时候，他们就会创造"世界性"的格式化产品来满足世界各地目标市场的需求，或者由他们出资，以当地的制片商制作适应本土需求的作品。《功夫熊猫》《丁丁历险记》等都是很好的例子，"往往是这样的文化能够走出国门"。

文化的成功是自强不息而不是自我保护。在《主流》一书的结论部分，作者做了这样的论述："当一个文化越是通过配额与审查加以保护，那这个文化的销量就越是减少……只有拥有强大的产品和主流的行业才能避免进口，只有通过更加强大的国内市场和出口才能有效地抗击外国产业。"互联网改变了文化的传播方式与竞争格局，人为"配额"所能起到的市场保护作用与影响力受到冲击。

文化的成功是适应变化而不是停滞不前。在这场文化战争中不知不觉失却优势地位的欧洲，留下了这样的深刻教训。欧洲的大学弱点在于不注重文化实践、脱离文化产业；欧洲人过于狭隘的对于"艺术"的定义，使他们一度不屑于大众文化产品的生产；欧洲人对互联网及对数字化的一再质疑，迫使最有创意的人不得不前往美国；语言造成的隔阂以及欧洲"共同文化的消逝"——欧洲每一个国家都成功地保护了本国文化，但其他非本国的文化产品都美国化了。停滞不前造成了机遇错失、人才流失和优势竞争时期的错过。

3. 什么样的文化能走出国门

文化的成功是寻求共同而不是强调唯一，作者对日韩文化进军全球市场的分析充分体现了这一点。如果说麦当劳在芬兰推出三文鱼，在乌拉圭推出牛肉体现了美国的"麦当劳文化"，那么，日韩将音乐、电视剧出口到中国及亚洲各地的文化战略则是更加球域化的寿司文化。例如，日韩的许多歌星会用多种亚洲语言进行演唱。又比如，成功的韩剧出口在于它不仅销售韩剧，也销售"形式"，"在取得版权后，可以在合同规定的范围内翻拍，在情节、人物保持不变的情况下，对电视剧进行本土化的改动，让它符合本土该剧进口各国的价值观，并使用说母语的该国演员。"在为本国文化寻找全球买家的过程中，简单满足他国观众的"猎奇"心态。

中国在这场文化战争中拥有显而易见的优势。庞大的13亿人口，欣欣向荣的经济，几千年的文化传统，然而，中国也应当具有高度的危机意识：中国的文化内容贸易范围主要在其传统市场（香港、台湾地区，以及新加坡和美国的华人）；中国创意产业领域的现代化还有待完善，和日本、韩国相比，中国能够输入全球非华语市场的文化成功案例还不多。

这是一场战争无疑。但，这是一场美国必胜的战争吗？答案也是不确定的。在互联网的驱动下，文化的传播和扩散正在加速，主流文化正在不断成长，而且更多的主流文化将出现。那些新兴国家的文化正在发展他们自己的空间，也正在积极成为文化多极世界中的一极，未来更多的主流文化，也将会根据地区和人口而表现出不同的形态。大家都在进行着软实力的较量。

二、美国文化主导了国际文化的版图

近年来，美国的"软实力"概念已然风靡全球，其逻辑生长点是基于对冷战以后美国所建立的单一超级霸权在全球政治、经济、军事等领域的硬实力的全力维护，试图借助"软实力"的概念，极力消除那些历来维护自身文化主权的国家和地区的戒心，极力消弥价值观念、文化信仰、历史传统以及意识形态等方面的差异，从而掩盖了全球文化战争的真相，同时动用刚柔并济、"软""硬"兼施的文化战术来巩固美利坚在新世纪的帝国霸业。

与此截然不同的是，中国近年来在对软实力概念进行运用的过程中，已经在其中赋予了新的内涵，其基本的出发点在于通过增强中国的软实力来更进一步实现对内和谐发展，对外和平崛起的国家战略，这对于人类和平与发展客观上具有重大的现实意义和深远的历史意义。令人遗憾的是，奥巴马政府似乎对美国的软实力还没有足够的自信。近些年，美国政府在"重返亚太"的战略口号下，在中国的周边进行一系列的军事部署就足以证明这一点。因此，笔者认为，当今的美国是硬得太过分，软得很不够。从某种意义上说，一个自信而非自大、自谦而非自疑的美国，对于世界的和平发展更加有益。

马特尔认为，"主流文化"是被大众所喜爱的文化，为了争夺更多的世界市场的份额，世界各国和各地区正在相互进行激烈的竞争，这就是文化战争。《主流》试图用大量客观的事实告诉读者，大家每天消费的流行文化，诸如好莱坞电影、法国电影、中国电影、日本动漫、韩国的电视连续剧、台湾的流行音乐等等，都是各国各地区文化战争的参与者，文化战争就在你身边悄无声息地进行着。从他本人所调查的实际情况来看，目前美国在这场战争中处于绝对优势的地位，中国、法国、印度、巴西等国家与美国相比都存在相当大的差距。

美国文化称霸全球的后果是什么？美国文化在当今国际文化版图格局中占据主导地位的直接后果，就是对世界各国人民生活方式的强有力的影响，以至于许多国家和地区的民众误以为美国化就是全球化。与此相应，他们不知不觉地将美国文化内化为自己的思想方式和价值观念。美国文化的发展轨迹体现出一个自相矛盾的悖论。对内，美国文化是多民族多种族文化融合的多元文化，而美国文化在全球的扩张却导致了世界范围内文化的单一化倾向，也就是美国化的倾向。这又在客观上损害了世界文化多样性的格局，必然遭到世界其他文明和文化对美国文化的抵制以及反美主义在世界多个国家和地区兴起。

然而，从"新自由主义"到"华盛顿共识"，从"软实力"到"巧实力"，美国人在不同的历史时期制造了多个概念以弱化和避免反美主义的影响，同时也为美国心目中所谓核心价值观念的传播推波助澜。当然，美国人的这种旨在维护国家利益的文化传播的技巧值得关注和研究。

从总体上看，各个国家和民族为了捍卫各自的文化传统和核心价值而进行的观念的传播，必然导致信仰、观念等方面的矛盾和冲突，这才是全球文化战争的主因。马特尔认为，目前世界各国对主流文化的研究和关注远远不够，无论是世界贸易组织还是各个国家所提供的统计数据，都尚未将主流文化所在的内容产业作为单独的贸易门类予以统计，为此他花费5年时间去调查和搜集第一手的资料。这也是为什么《主流》刚一出版，就被20多个国家引进，并翻译成十多种语言。

我们研究人类历史进程中各文化大国的兴衰，就是为了以更为宏阔的视野，详尽而深入地考察世界主要国家在国际文化版图中的地位，以及这些国家制定与实施的相关文化战略与战术。在跨文化的语境下观照与洞悉、比较与辨析不同历史时期文化版图中不同文明体系的文化特性，归纳与总结世界各国家、各民族的优秀文化成果以及建设与发展文化的有益经验，并在此基础上更为确切地把握与体察中国文化的特性，从而建立并强化对中国文化的自醒、自觉与自信。

约瑟夫·奈的软实力理论

一、软实力：不用棍子和萝卜去吸引别人

对中国人而言，软实力的概念并不陌生。美国哈佛大学教授、国际关系理论中"新自由主义"学派的代表人物、"软实力"理论之父约瑟夫·奈说："实力就是影响别人，让别人帮助你拿到你要的东西的力量。"其实我们每天都在经历实力的影响，因为每个人都会运用实力和感受实力，软实力就是实力的一种。实力对别人的影响有几种方式：第一是威胁、胁迫，也就是英文里面说的拿棍子；第二是诱因力；第三种方法，就是吸引别人、说服别人。如果可以有办法吸引别人、说服别人，那就不用棍子，也不用萝卜就可以达成目的。软实力真正的意义早就存在了，过去中国的哲学家即早有认识，如

孙子、老子、孔子在他们的著作里都讲到软实力的概念，只是没有说出软实力这个名词。

按照约瑟夫·奈的理论，软实力主要包括文化吸引力、政治价值观吸引力及塑造国际规则和决定政治议题的能力，其核心理论是："软实力"发挥作用，靠的是自身的吸引力，而不是强迫别人做不想做的事情。与硬实力相比，软实力有三大特点：其一，成本较低，不像军事干预和金元外交那么昂贵；其二，效果更好，威权和收买只能起到暂时效果，而做到让别人心服口服，则是长久之策；其三，较难操作，因为软实力并非单靠政府一己之力所能完成，需要社会和民间长期积累，它是一个潜移默化的进程。

在约瑟夫·奈看来，21世纪我们将见证两种权力转移：一是从国家到国家的权力转移，也就是所谓的权力从西方转移到东方，亚洲的崛起是其中的主要标志——奈本人更愿意把它称作"亚洲的复苏"；另一种是权力从国家层面扩散到更多的非政府层面，全球贸易、技术进步特别是互联网的发展，大大推动了这种权力转移。这样的权力转移和分散，促使人们重新看待权力的本质。

如果追溯历史，我们会发现权力的本质与文化密不可分。事实上，早在两千多年前的我国战国时代，中华民族就形成了十分丰富的文化软实力思想。譬如在《周易·贲卦·彖传》中，就最早阐发了这种"软实力"意义的文化观念：刚柔交错，天文也。文国以止，人文也。观乎"天文"，以察时变；观乎"人文"，以化成天下。这句话的大意是：支配世界的权力（"止物"）可以有两种不同形式，武力胁迫的征服天下和文德之教的化成天下。而古代学者在此处显然是倡导通过文化的力量去"化成天下"，而反对仅仅靠以武力征服天下的做法。这种将文化的力量与威武的力量对应起来，并且更为推崇文化力量的思想观念，对后世产生了很深远的影响。从这个意义上说，中国在构建软实力方面应更有资格，更有自信，也更有文化底气。

二、中美软实力：谁的"故事"更能赢得人心？

约瑟夫·奈从"软实力"的角度否定了美国国内新一轮"美国霸权衰落"论。奈认为，国家实力的来源在不同时期有着不同的表现，当前美国力量依靠的是包括信息技术优势在内的许多东西。"大国衰落宿命论怪圈"更多地表明人们心理上的担心,而这将导致政策制定出现错误。在中美力量博弈中,奈虽然承认中国经济的发展,但指出中国内部存在不确定性,中国的发展并不一定意味着中国将超越美国。中国时代尚未到来,中国还有很长的路要走。

在奈看来,中美力量对比,在很大程度上取决于未来中国政治变革所带来的不确定因素,而这个因素往往被低估了。单从中国的规模与经济高速增长这一方面来看,中国相对力量的上升是毋庸置疑的。经济发展会让中国在权力资源上更接近美国,但这并不一定意味着中国将超越美国,成为全球最强大的国家。即便中国国内不会发生重大政治挫折,当前许多关于中国未来发展的预测也未必可靠,如高盛集团预测中国国内生产总值将在 2027 年超越美国。因为这些预测仅是简单地建立在 GDP 增长的基础上,却忽视了美国在军事和软实力方面的优势以及中国的地缘政治劣势。

1. 经济、军事层面

经济层面上,在接下来的几十年里,中国可观的经济增速和人口增长很有可能使中国整体经济总量在规模上超过美国;但人均收入才是衡量一国经济的精确标尺。中国未来仍将面对大部分落后的农村地区,且计划生育所带来的人口问题开始凸显。中国在人均 GDP、科技创新能力、金融市场发展程度等方面,与美国仍存在很大的差距,两国经济结构仍不会在一个水平线上。

人均收入增加后,人们自然要追求一些民主权利。中国政府能否制定出一套模式来管理日益庞大的中产阶级,解决地区间发展不平衡、农村贫困以及民族矛盾等,人们将拭目以待。

从军事层面来看,中美两方实力不可同日而语。美国军费相当于排名第二到第十位的 9 个国家军费开支的总和。虽然近年来中国政府军费开支增长较快,但若超越美国,尚有很长的路要走。

2."软实力"层面

约瑟夫·奈指出,美国的"软实力"很大一部分并非来自美国政府的官方行为,而是来自于公民社会的发育和成长;公民社会是非国家行为体的一个重要组成部分，而中国目前的政治结构则决定了其公民社会的发展必然会受到压抑。中国的软实力获益于其具有吸引力的传统文化，上海世博会、孔子学院、多边外交等十分有助于软实力的提升。但是，如果中国要借用流行文化来提升其软实力，就应当放松审查制度，给予公民更大的言论自由和出版自由。在当今信息时代，政治也与谁的"故事"更能赢得人心有关，维护获取信息的自由将成为巧实力的重要组成部分。中国一直着力于宣传中华文化的伟大以及"中央王国"的重要历史地位，而不是颂扬当今公民社会、艺术等领域涌现的英雄人物，这反映出中国的"软实力赤字"。

关于中国软实力的问题，有一位著名的西方媒体学者讲过，中国之所以取得偌大的经济成就，主要是它的制度优势，因为制度是一个国家软实力非常核心的部分。他讲到，首先是中国现在充分利用了市场经济的魔力和国际分工的活力，其次就是中国人的耐力及中国政府的组织能力。

3. 地缘政治层面

在与中国陆地接壤的十多个国家和地区中，或多或少对中国存有芥蒂；中国在亚洲的崛起无疑会受到印度、日本（当然还有其他国家）的牵制，他们为制衡中国对美国介入东亚战略格局持欢迎态度；在国际社会上，美国获得国际信任与广结盟友的能力很强，这是中国所无法企及的。

4. 移民问题

约瑟夫·奈认为抵达美国的外国移民还会增强美国的软实力。美国是一块巨大的磁石，受到美国移民成功地跻身上层社会的吸引，世界各地的人们都想到美国来。对于美国的"硬实力"和"软实力"，移民不但不会造成任何伤害，反而会有益于增强这两种实力。他引用新加坡前总理李光耀的一句话，中国可以从13亿人中发掘人才，但美国却能吸引全球60多亿人中最优秀、最聪明的人才，并把他们快速融入到多元创新的文化中去的能力；这种方式所强化的创造力，使中国的"华夏中心"文化创新度相对略显不足。

毋庸置疑，金融危机之后美国正在经历一个困难时期。从绝对意义上的衰退来说，美国在债务、低水平中学教育及政治僵局方面的确存在着一系列严重问题，但这仅是美国全貌的一些侧面而已。原则上，美国在未来较长一段时期内能够解决这些问题，把这些问题与那些原则上无法解决的问题区分开来是非常重要的。当然，美国是否能够实施可行的解决方案也是个未知数。那些令人沮丧的关于美国绝对衰落的预测，将被证明是与过去几十年类似的预测一样具有误导性。

在相对意义上，纵然"世界其他地方的崛起"意味着美国的支配力量不如从前，也并不代表中国一定会取代美国成为世界霸主。依据多层面的态势，在可预见的未来，中国的挑战相当有限。中国目前尚未做好担任全球领袖的准备。奈明确表示：美国目前仍是世界上最强大的国家，未来几十年也不太可能出现所谓"后美国的世界"。"美国衰落"不过是一种幻景，中国恐难成为下一个世界霸主。面对21世纪世界实力的新变化，我们需要改变19、20世纪旧的参照体系，将"硬实力"和"软实力"的发展结合起来，实行"巧实力战略"。

基于以上奈的各种分析，从"软实力"的层面来看，尽管美国当前遭遇到包括金融危机在内的巨大挑战，但是，美国距离真正的"大国衰落"还很遥远。从中国的角度，我们不能忽视奈所称的美国自我纠错或者复原的能力。即使我们确实研判美国进入了衰落过程中，美国这一衰落过程也注定是漫长的，且不说美国会竭力延缓其衰落的过程，找到种种手段维持其世界霸权地位。

依据奈对国家力量的长期研究和观察，我们可以清醒地得出结论，纵然中国等"新兴大国"真的具有挑战甚而超越美国霸权地位的意图，实际上仍会有很长的路要走，原因在于美国的"软实力"仍然远远超过世界上任何其他国家，而其他国家要发展出美国那样的"软实力"绝非一日之功。中国要做的，只是踏踏实实地培育自己的文化"软实力"，以不同于美国文化的独特魅力去吸引世界的目光。

汤林森的文化帝国主义理论反思

利用先进的科学技术和发达的国民教育使文化始终居世界领先地位，

大力开拓和占领世界文化市场，企图将这种一国的文化优势变成世界性的文化优势就是文化帝国主义。文化帝国主义（Cultural imperialism）有历史上帝国主义以军事力量入侵他国类似的概念，泛指全球媒体输出者支配文化较弱势的国家之媒介消费的趋势，将本身的文化及其他价值加诸他国的阅听人上，其中的输出内容还包含了科技、所有权、生产价值、专业意识形态。通常文化帝国主义会导致文化弱势国家产生依赖、缺乏自主性，造成国家或者地区性的文化式微，但仍然需视其输出过程是否蓄意、接收方非自主的程度为何而定。

文化帝国主义有两个主要目标：一个是经济的，另一个是政治的。经济上是要为其文化商品攫取市场，政治上则是要通过改造大众意识来建立霸权。娱乐商品的出口是资本积累最重要的来源之一，也是替代制造业出口在世界范围内获利的手段。在政治上，文化帝国主义在于将人们从其文化之根和团结传统中离间出来，并代之以新闻媒介制造出来的，随着一场场宣传攻势变幻的"需求"。在过去的20年中，进步运动遇到了一种反论：当第三世界的大多数人民承受不断恶化的生活水平，不断增长的社会和个人的不安全感和不断减少的公共设施（另一方面是少数富人空前的富足），对这种情况的主观反映却只是零散的反抗，持续但只是局部的行动，或者即使是大规模的却是短暂的抗议，一句话，在不断增长的不平等和社会、经济现状与微弱革命性的或寂静的主观反映之间存在着一个很大的差距。第三世界正在成熟的"客观条件"还没有足以转变国家和社会的主观力量来伴随。所以，在社会经济倒退和社会政治转变之间并无"自发"的关系。这是将客观条件转变为有意识的政治干涉的关键环节。似乎有些荒谬的是，帝国主义的政策制定者们看来比他们的对手更懂得政治实践的文化层面的重要性。

帝国主义的本性是侵略、剥削和征服别人，老牌帝国主义用炮舰或金融的手段，而新帝国主义除了这些手段外，还利用了文化思想手段。文化帝国主义有三个特点：第一，它是以强大的经济、资本实力作为后盾，主要通过市场进行扩张；第二，它是一种文化价值的扩张，即通过含有文化介质的产品或商品的销售而实现的全球性文化支配；第三，这种文化扩张主要是通过信息产品的传播而得到实现的。

很多学者提出了帝国主义依靠大众传播、推行资本主义的意识形态和文化价值，从而使第三世界国家的民族文化失语的观点。在生活中，我们也清晰地感受到了西方资本主义文化对我们思想观念和生活方式潜移默化的影响。然而英国学者约翰·汤林森在《文化帝国主义》一书中发出了不同的声音。他确实开拓了一个新的视角去考察这一现象，提出了很多值得我们重新深思的问题，但是却不能掩盖文化帝国主义确实存在的事实。

汤林森将文化帝国主义这个庞杂的概念分为四个部分，即媒介帝国主义、民族国家的话语、批判全球资本主义的话语和对现代性的批判，并指出，前三者都不能完全厘清文化帝国主义这个概念，必须将"文化帝国主义"这个词放置在对现代性的评判之下，因为大众媒介、主权民族国家和资本主义都是现代社会的特质，也决定了现代文化的境况。汤林森介绍了近几十年来各个大家对文化帝国主义的理论成果，通过对这些理论的思辨与探讨，将自己的观点——现代性批判与全球化，隐藏在了书的末尾。笔者最感兴趣的部分是媒介帝国主义与对民族国家话语的探讨这两章，它启发了我们颇多的反思。

每当我们提及文化帝国主义，都诚如汤林森所言，首先映入脑海的是"支配"一词。通常我们想到的是，西方，尤以美国为代表的文化产品、思维方式一骨脑倾销到我们国家来。我们吃着麦当劳、肯德基长大，我们所接受的系统教育源自美国，美剧英剧在我们心目中代表了世界上最高水准的电视剧，我们心中的奢侈品、高档消费品大部分来自欧美。这些现象，正好对照了书中的大众媒介、资本主义和民族国家。然而，若我们只把眼光聚焦于此，的确如汤林森所言，是有一些狭隘了，这些都是文化帝国主义的表象。在书里作者指出，持媒介帝国主义话语的研究者主要研究两个内容，一是经济层面，即跨国媒介公司和媒介产品倾销，二是媒介效果层面，即这些媒介产品的倾销对被倾销国究竟产生了何种影响。汤林森指出，大部分研究者都将侧重点放在了前者上，而后者，作为一个文化经验的感受，着实太难得到定性的测量。更何况一千个读者有一千个哈姆雷特，每个人对文化产品的感受各有不同，而研究者又无法将他们像做加法那样累计起来而得到一个整体的结论。所以，后者即媒介效果是否产生了"支配"，实难测定。

的确，当我们在消费这些外来媒介产品之时，首先感受到的是它们带给我们的愉悦和快感，而我们也可以分清国外的电视剧、电影和我们的现实生活的差异，甚至，这些媒介产品离它们本土的现实生活就有一定距离。这种艺术与生活的距离对于正常的成年人来说，应该都是能分得清的。然而，正如汤林森所言，这只是"我的个体感受"，"我何德何能又可以代表我们这个文化对这种媒介产品的感受呢"？其次，文化对人的影响从来都是潜移默化的。对人的价值观、道德观的改变，往往是在不经意间，甚至连自己都感觉不到，直到某个特殊的事件的激发，才恍然意识到自己的处事行为受到了这些外来文化的影响。跨国媒体集团对经济的冲击是其次，但媒介对个体造成的影响却像蝴蝶效应一般，或能引起一场飓风。而这场飓风是好是坏，恐怕要留待历史与后人评说了。就像"五四"运动一样，当年那些斗志昂扬的青年莫不是受了西方文化——民主自由的影响而打倒了孔家店，在给中国巨大启蒙的同时，也为现今中国人传统文化失落埋下了种子。

再来看作者讨论的第二部分，文化帝国主义与民族性的话语。在这一章里，作者指出了捍卫民族传统的三个悖论：一是现今大部分主权国家都是多民族国家，当他们在国际舞台上就文化"支配"这一话题讨论时，以国家单位代表了国内各式各样不同的文化时，会忽视国内的弱势文化，就像灯光下的盲点一般。二是我们竭力捍卫的传统，却并非如我们所宣称的这般历史悠久。这些传统在历史变迁过程中，也吸收了外来文化而得到发展。三是对于民族国家与文化的界定，汤林森援引了安德森的提法，认为这是"想象出来的社群"，安德森认为民族国家是在现代化过程中产生的想象的共同体。就第一点而言，笔者认为用"文化霸权"或者说"文化支配"这个概念来描述现状更为合适。诚然，在一个多民族国家内部，必然由一个民族的文化占主导地位，而其他民族的某些习俗则被视为陋习。就像在中国，汉文化是占主导，而布依族自古杀人头祭祀的习惯自然是有违人伦的陋习了。在这种语境下，文化霸权更贴切，毕竟，提到帝国主义这个词，总让人联想到以阶级斗争为纲的年代。而第二点，笔者认为汤林森混淆了文化融合和文化支配这两个概念。一枚硬币既有正反两面，而不同文明的冲突与碰撞也是有利有弊，我们如何取其精华去其糟粕才是重点。而对于第三点，安德森的分析是基于欧洲的历史，而中国，早在现代化之前就已形成了一个独立的民族国家。这也正是我国研究的遗憾之处，对文化帝国主义的理论都源于国外，缺少了中国本土化的部分。

最后，汤林森提出了全球化的问题，的确是值得关注的。由跨国公司打造的这个全球经济体，缺少相应的上层建筑，也没有任何一个主权国家或组织可以解决类似于全球环境污染这样的问题。诚如汤林森所言，在这样的全球经济体系内，不管是发达国家还是发展中国家，都会受到文化上的损害。在笔者看来，非常赞同他最后对全球化的反思，也非常信服他所采取的分析视角，但对于他的结论实难苟同。汤林森的问题在于，他难以摆脱西方中心论的观点。或许他对发达国家对发展中国家文化冲击的否认是源于他本身就处在一个强势文化中，实难感受到我们通常感叹的"世风不古、人心日下"之情吧。

萨义德：帝国主义的阴影无处不在

一个受过西方良好教育的阿拉伯人爱德华·W.萨义德写了一本《东方学》引发关注，随后他又写了一本《文化与帝国主义》，不同于汤林森，萨义德用各种各样文学艺术的内容来讲述一个潜藏在文化中的帝国主义，而如今这个帝国主义并未因为殖民地历史的结束而离开，代之以一种更为疯狂的文化形态对他国进行渗透和入侵。

其实，这个观点在现在看来已经不具有新意了。不过，萨义德第一次开创了一种对文学的分析和解读模式，将文学与其创作的历史和社会联系起来，将其与创作时代的政治和国际形势联系起来，并将帝国主义的话语分析贯穿于整个文本分析之中，让你恍然大悟，原来帝国主义一直在你的身边游走。

如今，文化帝国主义隐没在影视、音乐、戏剧、文学、新闻传媒之中，尤其是新闻传媒形成巨大的媒介帝国主义。这才是帝国主义之所以久久不离开的活力所在。当美国和欧洲的传媒掌握话语权的时候，就拥有了决定谁是中心、谁是边缘的权力。同时，第三世界国家的人民也在不知不觉中随着西方确定的权威进行认同。这种认同似乎是潜移默化的，因为你完全没有发现，没有意识，这一切就悄然发生了。

当你开始看西方电影的时候，当你开始关注西方媒体的报道时，当你开始阅读西方学者的作品时，当你开始和很多西方人打交道时，你会发现自己或多或少开始认同一些西方的价值观。当然，我们不否认民主的魅力，而且民主也并非西方所独有。不过西方国家从来都是对内民主，对外专制，从未改变。号称最讲民主的美国是干涉他国内政最多的国家。因为对于美国来说，其他小国、弱国的利益是无关紧要的，而且最好是美国替他们制定规则，替他们说了算。

还记得，当美国入侵伊拉克的时候，国际社会的话语当时都倒向美国一方，英国甚至愿意当帮凶。而当冠冕堂皇的"大规模杀伤性武器"的谎言被拆穿时，美国依旧不慌不忙地称自己在为维护伊拉克的民主做出牺牲。说白了，美国就是要当"帝国"。

中国媒体也会做大量的国际报道，但是国际报道的核心内容无非是美国、日本和欧洲的事情，中东战争之所以也会报道——只是因为美国很关注，美国利益在其中干涉。非洲也会报道，当然那只是因为中非有合作，但是中非合作从来都进入不了国际报道的核心内容。这无疑也只是因为国际话语权从来没有轮到第三世界国家掌控的缘故。有关日本的报道很多，原因之一是日本是一个从属于西方的经济强国；原因之二是因为中日之间有着难以消解的历史仇恨。我们更多的目光是投向了"奥巴马""萨科齐""默克尔"等人物。当然，这不仅仅是因为国际新闻媒体的目光注视着他们，很多普通百姓也愿意看看这些有头有脸的国际人物在干什么。

媒体的话语无疑就成为一种"合理化""正义化"的力量。当然，你可以选择相信或者不相信。但是当你掌握的国际信息很少的时候，你不得不选择相信。而这些国际信息大都被西方媒体帝国给垄断了。而我们也只能乖乖地接受这些来自西方的信息轰炸。就如同我们接受了美国是民主繁荣的天堂等等此类被媒体制造的"幻象"——这显然并非中国媒体制造，确实是西方媒体无处不在的影响。

伴随媒体的，还有西方的影视、西方的音乐、西方的产品、西方的时尚等。我们身边有不少人"崇洋媚外"，认为只有西方的荣誉才是真正的荣誉，只有欧美的作家才是写出最好作品的作家……当然，不少人会认为，"崇洋媚外"的帽子扣得太大了，因为毕竟很多说法都是"真实存在的"，是不得不承认的事实，所以我们到现在还是需要"师夷长技以制夷"。

这样的说法的确没有什么问题。甚至当你去询问"中国学生为什么学英语"时，他们大概只会回答"以后就业方便"之类的话。学习英语只是一种求生存的手段，而不是为了去了解英语世界对其他世界的霸权地位。我们似乎不由自主地陷入西方的话语中，甚至沉浸其中，高兴而满足。

好莱坞的影视工业让所有的资本主义国家，也包括中国的工人阶级得到了"上瘾"般的放松和欢乐，就连日剧和韩剧都进入到了中国的千家万户。美日的动漫蚕食了中国孩子的课余时间。我们的孩子平时吃着汉堡和可乐，看着日本的柯南和海贼王，并迷上了日韩的青春剧，然后沉浸在好莱坞的大片中，用着美国的 ipod 听摇滚，用着苹果电脑疯玩魔兽世界……不知道我们是否觉察到自己完全麻醉其中，而不得解脱呢？这种幻觉大餐似乎让人着了魔。各种各样的商品迷了人的眼，让我们也开始置身于消费的狂热，在物质的欲望中难以自拔。或许这就是紧跟国际潮流的结果吧。

帝国创造了话语，帝国创造了规则，而第三世界的人们便紧随帝国的脚步，在其规则和话语的游戏中，玩得乐不思蜀了。其实你不用去寻找帝国主义的身影，你不必去寻找帝国主义的影响，你也不必去寻找帝国主义的幽灵；因为你只需要看看自己，看看自己所做的一切，就会发现原来帝国主义一直伴随着你成长，从未远去。

亨廷顿"文明冲突论"的宗教文化渊源

"文明冲突论"可以看作是全球文化战争的理论先导。"西方普世主义、穆斯林的好战性和中国对自身文化的伸张所导致的冲突、对中国权力的增长所做出的反应、断层线上战争的原因和动力"等等，美国学者亨廷顿的"文明冲突论"在20世纪末风靡国际政治学界。亨廷顿说:"为什么我的文章在世界上引起了这么大的兴趣并刺激了这么多的讨论?为什么我的著作至今已被翻译成22种不同的文字,并具有相应的影响?我认为,答案是,人们正在寻求并迫切地需要一个关于世界政治的思维框架。冷战期间,人们很容易把全球政治理解为包含了美国及其盟国、苏联及其盟国,以及在其中发生了大量冷战斗争的不结盟国家组成的第三世界。这些集团之间的差别在很大程度上是根据政治意识形态和经济意识形态来界定的。随着冷战的结束,意识形态不再重要,各国开始发展新的对抗和协调模式。为此,人们需要一个新的框架来理解世界政治,而'文明的冲突'模式似乎满足了这一需要。这一模式强调文化在塑造全球政治中的主要作用,它唤起了人们对文化因素的注意,而它长期以来曾一直为西方的国际关系学者所忽视;同时在全世界,人们正在根据文化来重新界定自己的认同。文明的分析框架因此提供了一个对正在呈现的现实的洞见。"

亨廷顿的观点立足于西方,有着明显的西方优越感。笔者认为亨廷顿的观点一部分是正确的,也就是西方文明与其他文明之间的冲突是必然的,但是,中华文明与其他文明的冲突不是必然的。笔者也不同意亨廷顿对于冲突原因的解释,在笔者看来,文明的冲突原因主要在西方文明自身。站在不同的立场,对于文明冲突论自然会有不同的解释。

从中华文明的角度出发,我们很容易会觉得文明冲突论有点幼稚。中国的传统文化就像中国的传统理想人格一样,主张内敛,不喜欢张扬,自然也就不太会去招惹别人,对于冲突,不光反对,甚至还有点惧怕。站在西方的立场经常会看到,不同的文明总是对西方视为天经地义绝对真理的那些内容发出不同声音,甚至以极端手段抗拒和破坏西方文明,他们自然会得出文明冲突的结论。

文明冲突论最有力的证据之一是基督教文明与伊斯兰文明,两者冲突了千年之久。从宗教起源上说,伊斯兰教与基督教是同样的源头,两者都是一神教,都主张世界只有唯一的神,基督教称之为"上帝",伊斯兰教以"安拉"来代称它,两个宗教对各自唯一的神祇都不能直呼其名,很像中国古代老百姓不能口称皇帝的名字。既然两个都宣称自己是世界唯一的神,冲突便在所难免。

在这种文明冲突的历史演变中，西方文明掌握了其他文明比较欠缺的商业财富秘诀，使得他们在各种冲突中大占上风。西方文明的扩张与基督教的传播是紧密联系在一起的，传教士几乎就是西方文明的先遣部队。西方文明利用武力在世界各地的胜利似乎更加证明了他们的正确，从而更加具有进攻性。美洲印第安文明完全是因为西方文明的入侵而基本毁灭，今天的历史学家、考古学家对于印第安的历史文化缺乏可供研究的资料，一个重要原因就是，当年的欧洲传教士认为印第安文明是野蛮的，为了传播上帝的恩宠，他们大量销毁印第安文明的各种证据，同时还附带肉体消灭。除此之外，世界各地的其他文明无不因为西方文明的到来而受到冲击。虽然今天一些西方人也开始注重保护独特的文明，但是，保护的力量远远不及破坏的力量，而且，他们大多也是以一种高高在上俯身而下的态度来保护其他文明，仿佛恩赐一般。根本原因是，他们仍然坚信西方文明是人类唯一正确的选择，唯一正确的方向。

文明冲突的另一个隐患来自西方文明内部。虽然西方文明可以统称为基督教文明，但是，在它的内部同样是你死我活的。马丁·路德宗教改革后，欧洲出现了新教，梵蒂冈天主教对于新教的残酷镇压在欧洲历史上比比皆是。希特勒的德国最终成为这个脓疮的发作点。以英国、美国为代表的新教国家，现在基本上与梵蒂冈没有什么联系。只要看一件事情就可以知道：梵蒂冈教皇从来没有访问过新教国家，教皇都来自非新教国家。

肯尼迪当年当选总统的最大阻力是什么？是他天主教徒的身份。在美国历史上，天主教徒的总统，肯尼迪是唯一一位。为了消除这个最大的障碍，肯尼迪在竞选中不得不极力淡化自己天主教徒的身份。

还有一个简单的事实可以参照：当今欧洲最富裕的国家基本上都是新教国家，欧洲相对落后的国家，如西班牙、意大利、俄罗斯、东南欧各国等，都是天主教、东正教或者其他宗教混合的国家。这其中是有必然联系的。英国学者马克斯·韦伯的《新教伦理与资本主义精神》虽然有点深奥，但是触及了这个现象的根本。

虽然目前梵蒂冈对世俗社会的政治影响不大，但是曾经获得诺贝尔和平奖提名的教皇保罗二世开了一个危险的先例。资本主义革命以来的几百年间，教皇保罗二世第一次强烈地介入世俗政治，其最显著的效果是出生于波兰的保罗二世大力支持波兰的瓦文萨，导致波兰的共产党政权下台，引发东欧一连串政治风暴。此后，保罗二世又以宗教为武器挑衅古巴，甚至介入伊拉克战争，还在非洲大力推广天主教以抵抗伊斯兰教的势力。教皇保罗二世的所作所为超过了近几百年来历任梵蒂冈教皇，如果在他之后的教皇也朝这个方向努力，后果将是十分危险的。幸好教皇保罗二世只是获得诺贝尔和平奖的提名，最终还是落选了，原因也许很简单：瑞典是一个新教国家。

与基督教文明和伊斯兰文明相比，中华文明的一个显著特点是，宗教力量从来没有在中国成为世俗社会的主导，而且，中国不喜欢一神教，中国人喜欢很多神。因此，世界上只有一个地方使得犹太人彻底在当地溶化，这就是开封的犹太人团体，这在世界上的其他地方是从来没有过的。

历史上，中华文明与西方文明的冲突中，中国始终都是被动的，西方始终是主动挑衅。日本在接受中华文明时，并没有强烈的侵略性，那时候，日本给邻国带来的最大麻烦主要是海盗。只是在明治维新后，日本很大程度上接受了西方文明，便开始把自己当作是进步、正确的象征，粗暴地对待在他们看来是落后愚昧的中华文明，并且一直自以为是到今天。

西方文明由于上帝信仰的存在，在很多问题上非常容易绝对化，绝对化的一个必然结果就是双重标准。例如在宗教范畴内，上帝面前人人平等好像是一个绝对真理，但是这个平等不会延伸到异教徒身上，除非异教徒皈依基督教，而这个必要前提的结果就是其他文明的消失。

简单来说，自诩为上帝选民的基督教文明，坚定地相信自己是唯一正确的，同时，由于基督教文明掌握了财富的优势（这种优势的合理性此处不加讨论），使得他们不由自主地产生强烈的进攻性、侵略性。这个现象，只有中国有资格作为第三者、旁观者才能看得很清楚。伊斯兰文明因为长期身陷冲突中，不太容易冷静，因此也就不太容易看清楚。而对于西方文明来说，由于上帝的存在，使他们基本上不觉得自己的文明在根本上是有严重缺陷的，他们更多看到基督教文明在一些表面事物上的优势，所以他们才会对由他们自己造成的冲突感到莫名其妙，感到不解，感到气愤。从而认为其他文明总是同西方文明过不去，总是顽强地对抗西方文明，而这种对抗在西方看来，就是先进与落后的对抗，文明与野蛮的对抗，所以才会有亨廷顿的文明冲突论。

多种文化和文明共存是未来的大势。亨廷顿说："在未来的岁月里，世界上将不会出现一个单一的普世文化，而是将有许多不同的文化和文明相互并存。那些最大的文明也拥有世界上的主要权力。它们的领导国家或是核心国家——美国、欧洲联盟、中国、俄罗斯、日本和印度，将来可能还有巴西和南非，或许再加上某个伊斯兰国家，将是世界舞台的主要活动者。在人类历史上，全球政治首次成了多极的和多文化的。在这样一个多元化的世界上，任何国家之间的关系都没有中国和美国之间的关系那样至关重要。如果中国经济在未来的 10 年或 20 年中仍以现在的速度发展，那么中国将有能力重建其 1842 年以前在东亚的霸权地位。另外，美国一贯反对由另一个强国来主宰欧洲或东亚，为了防止这样的情况发生，美国在 20 世纪参加了两次世界大战和一次冷战。因此，未来的世界和平在相当大的程度上依赖于中国和美国的领导人协调两国各自的利益的能力，以及避免紧张状态和对抗升级为更为激烈的冲突甚至暴力冲突的能力，而这些紧张状态和对抗将不可避免地存在。"

亨廷顿的这段话可以看作是美国霸权理论的生动注脚。西方文明总是惹事生非，主动挑衅，像一个不懂事的孩子。中国有一句老话："树欲静而风不止"，正好表达这种现象。对于中国来说，历史上所有与西方的冲突，包括当今的贸易纠纷，都是西方引发的。毛泽东时期，中国以美国、西方为敌的原因，说到底是西方欺负了中国几百年后物极必反的结果。但是，中国人只是短暂地发泄了一下长久压抑的不满，现在已经宽宏大量地过去了。然而，中国人的宽宏大量并不代表会忘记过去。中国现在明确地告诉全世界，中国将经历的是一个和平的崛起，中国不愿对任何人造成威胁。但是，我们今天仍然可以用毛泽东的话来回答未来中西方的关系："人不犯我，我不犯人。人若犯我，我必犯人。"

由于西方文明不能真正理解中华文明，而只是按照他们的既定思维模式看待中国，把中国简单当作他们文明中一个后起的利益瓜分者、争夺者，因此，随着中国的不断富裕和繁荣，西方文明歇斯底里的挑衅会越来越多。面对这种未来局势，中国需要的是智慧，而不是冲动。中国人毫无疑问是世界上最热爱和平的民族之一，在中国文化中，治理社会的最高理想就是天下太平，这个"天下"不仅仅指中国本身，而是全世界。

汤一介：新轴心时代的四大文化共存

已故的文化大家汤一介先生曾经反驳过"文明冲突论"，他认为亨廷顿的"文明的冲突"理论是片面的，而且是为美国战略服务的。亨廷顿说："我认为新世界的冲突根源将不再侧重意识形态或经济，而文化将是截然分隔人类和引起冲突的主要原因。在世界事务中，民族国家仍然举足轻重，但全球政治的主要冲击将发生在不同文化的族群之间，文明的冲突将左右全球政治，文明之间的断层线将成为未来的战斗线。"亨廷顿敏锐地观察到一些由于"文明"引起冲突的现象，例如中东地区的巴以冲突、科索沃地区的冲突，甚至伊拉克战争等等，都包含着某些文化（宗教的和价值观的）的原因，但是分析起来，最基本的原因不是由文化引起的，而是由"政治和经济"引起的。巴以冲突是为了争夺地区的控制权，伊拉克战争主要是为了石油，科索沃地区冲突主要是为了大国的战略地位。但是，我们应看到另一面，在不少地方，不同文化之间并没有因为文明（文化）的不同而引起冲突，如中印之间、中俄之间，甚至中欧之间，都在相当长的一个阶段，并没有什么严重冲突，更没有发生过战争。所以"文明的冲突"论并不能正确说明当前世界现存的形势，更不是人类社会发展的前景，而"文明的共存"才应是人类社会的出路，是人类社会必须争取的目标。

为了弄清这个问题，我们先了解一下当前是一个什么样的时代。汤一介认为，也许我们正处在一个新的轴心时代。德国哲学家雅斯贝尔斯（Karl Jaspers，1883~1969）曾经提出"轴心时代"的概念。他认为，公元前500年前后，在古希腊、以色列、印度和中国几乎同时出现了伟大的思想家，他们都对人类关切的问题提出了独到的看法。古希腊有苏格拉底、柏拉图，中国有老子、孔子，印度有释迦牟尼，以色列有犹太教的先知们，形成了不同的文化传统。这些文化传统经过两千多年的发展已经成为人类文化的主要精神财富，而且这些地域的不同文化，原来都是独立发展起来的，并没有互相影响。"人类一直靠轴心时代所产生的思考和创造的一切而生存，每一次新的飞跃都回顾这一时期，并被它重新燃起火焰。自那以后，情况就是这样。轴心期潜力的苏醒和对轴心期潜力的回忆或曰复兴，总能提供精神动力。"[1] 例如，欧洲的文艺复兴就是把目光投向其文化的源头古希腊，使欧洲文明重新燃起火焰，而对世界产生重大影响。中国的宋明理学（新儒学）在受到印度佛教文化冲击后，再次回到先秦的孔孟，而把中国本土哲学提高到一个新水平。从某种意义上说，当今世界多种文化的发展很可能是对两千多年前的轴心时代的又一次飞跃。那么，我们是否可以说当今人类社会的文化正在或即将进入一个新的"轴心时代"呢？笔者认为，从种种迹象看或许可以这样说。

首先，自二次世界大战以后，由于殖民体系的逐渐瓦解，原来的殖民地国家和受压迫民族有一个很迫切的任务，就是要从各方面确认自己的独立身份，而民族的独特文化（语言、宗教、价值观等等），正是确认其独立身份的重要支柱。我们知道，第二次世界大战后马来西亚为了强调民族的统一性，坚持以马来语为国语。以色列建国后决定将长期以来仅仅用于宗教仪式的希伯莱语重新恢复为常用语。"任何文化和文明的主要因素都是语言和宗教"。[2] 一些东方国家的领导人和学者为了强调自身文化的特性，提出以群体为中心的"亚洲价值"，以区别西方的以个体（个人）为中心的所谓"世界价值"，等等。甚至亨廷顿也认识到"非西方文明正在重新肯定自己的文化价值"。

其次，公元前500年前后那个轴心时代，正是上述各轴心国进入铁器时代的时候，生产有了大发展，从而产生了一批重要的思想家。而当今信息时代，人类社会又将会有一个大飞跃。我们可以看到，由于经济全球化、科技

---

[1] 汤一介：《瞩望新轴心时代：在新世纪的哲学思考》，中央编译出版社2014年版。
[2] （美）塞缪尔·亨廷顿：《文明的冲突与世界秩序的重建》，新华出版社2010年版。

一体化、信息网络的发展，把世界联成一片，各国、各民族文化的发展将不可能像公元前五六百年那个"轴心时代"各自独立发展，而是在矛盾、冲突和互相影响、互相吸收中发展。每种文化对自身文化的了解都会有局限性，"不识庐山真面目，只缘身在此山中"，如果从另外一个文化系统看，也就是说从"他者"看，也许会更全面地认识此种文化的特点。法国学者于连·法朗索瓦在《为什么我们西方人研究哲学不能绕过中国》一文中说："我们选择出发，也就是选择离开，以创造远景思维的空间。在一切异国情调远处，这样的迂回有条不紊。人们这样穿越中国也是为了更好地阅读希腊；尽管有认识上的断层，但由于遗传，我们与希腊有某种与生俱来的熟悉，所以了解它，也是为了发展它，我们不得不割断这种熟悉，构成一种外在观点。"这种以"互为主观"、"互相参照"为核心，重视从"他者"反观自身文化的跨文化研究逐渐为广大中外学者所接受。从另外一种文化来了解自身文化，正是为了继承自己的传统文化，发展自己的传统文化。在这样的情况下，如何保存其文化特性，传承其文化命脉，无疑是必须认真考虑的问题。我们知道，经济可以全球化，科技可以一体化，但文化是不可能单一化的。从人类社会发展到今天看，任何文化不受外来文化的影响是不可能的，也是不可取的；但是只有充分发挥其原有文化的内在精神，才可以更好地吸收外来文化以滋养本土文化。正如费孝通先生所说："在和西方世界保持接融、积极交流的过程中，把我们的好东西变成世界性的好东西。首先是本土化，然后是全球化。"这就是说，在吸收外来文化的时候，必须维护我们自身文化的根基。因此，21世纪影响人类社会文化的发展必将既是民族的，又是世界的。

最后，就当前人类社会文化存在的现实情况看，已经形成了或正在形成全球意识观照下的文化多元化发展的新格局。我们看到，或许21世纪将由四种大的文化系统来主导，即欧美文化、东亚文化、南亚文化、中东北非文化（伊斯兰文化），这四种文化不仅都有着很长的历史传统，而且每种文化所影响的人口都在十亿以上。当然还有其他文化也会影响21世纪人类社会发展的前途，例如拉丁美洲文化、非洲文化等。但就目前看，这些文化的影响远不及上述四种文化大。人类社会如果希望走出当前混乱纷争的局面，特别要批判文化霸权主义和文化部落主义，在文化上不仅要面对这个新的轴心时代，而且必须不断推动在不同文化传统的国家与民族之间的对话，使每种文化都能自觉地参与解决当前人类社会所面临的共同问题。无疑上述四种文化对当今人类社会负有特别重大的责任。当前人类社会正处在一个重大的历史转折关头，每个民族、每个国家对自身文化特别是对当前人类文明有重大影响的欧美文化、东亚文化、南亚文化和伊斯兰文化，都应作一番历史的、严肃认真的反思，对今后人类社会发展的前途无疑是十分必要的。对任何一个民族和国家来说，特别是对有较长历史而对当今人类社会有着重大影响的民族和国家来说，它的文化传统是既成的事实，是无法割断的，因为其文化传统已深入到这个民族的血液中，是这个民族或国家的精神支柱。我们回到"传统"，以"传统"为起点，并从"传统"中找寻力量，找寻支点，以推进我们文化的发展，来解决当前人类社会存在的问题，就这个意义上说，21世纪也许将由有着很长历史文化传统的欧美文化、东亚文化、南亚文化、伊斯兰文化等推动人类社会再次回顾2 000多年前那个轴心时代，进而走向一个"新的轴心时代"。在这新的轴心时代，存在着不同的文化传统，而且这些文化传统仍然有着雄厚的人口资源基础，是决不可能被消灭的，从长远看，文化仍然必须共存。

儒释道：中国文化的千年薪火

文化是什么？文化是一个国家的魂，一个民族的精神烙印。大国之战不仅仅是经济和武力的战争，还有文化的战争。文化战争没有刀光剑影，但更持久，起决定性作用。盘古开天辟地，女娲造人，三皇五帝治世，伏羲演先天八卦，燧人氏钻木取火，神农尝百草，轩辕黄帝一统炎黄，仓颉造字，大禹治水，河图洛书出，文王演后天八卦……这就是河洛文化，中华文明的源头。顺着这个源头往下流淌，中华文化逐渐走向繁荣，先秦文化爆发式发展，诸子百家争鸣，出现了老子、孔子、鬼谷子、墨子、孙子、列子等这些圣人。文化的长河继续流淌，秦皇扫六合，统一度量衡和文字，法家文化占据统治地位，焚书坑儒，儒家遭受沉重打击，这算是中华文化史上第一次浩劫。时间不会为任何东西停住脚步，任何事物都逃不脱成、住、坏、空这四个阶段，就像凡人不能逃脱生、老、病、死。大汉朝儒家文化涅槃重生，罢黜百家，独尊儒术，这促使文化又一次大融合。这期间佛学文化传入中国，这算是第一个对中华文化有冲击的外来文化，但也没有撼动中华文化这座高山。只有和土生土长的中华文化融合，在唐朝才得以更大发展，出现了六祖慧能、玄奘这样的高僧。至此中华文化基本成型，儒、释、道文化成为中华文化的主线。

有人说汉随秦制，唐承隋制，造就了中央帝国的强盛，威仪四海，四周蛮夷之邦都来学习中华的文化。从宋朝开始，文化遥遥领先地位不再，中华民族开始了漫长的抵御外族侵略历史，中华文化开始了新的使命，同化外族文化，包容外族文化，使中华文明的火种不至于熄灭，但也失去了发展壮大的时机。

到了近代，中华文化开始有点力不从心，西方的坚船利炮不仅仅叩开了清朝的大门，还带来了西方的文化，这是一次最大、最剧烈的文化浪潮，它几乎毁坏了中华文明的大堤，至今仍在进行不断的冲击。中华文化发现西方文化中出现了一种叫作"科技"的元素，正是这种元素助长了它的浪潮，于是中华文化试图把科技这种元素纳入进来。但是后来又发现，科技这种元素只有同时具有民主的元素才能生长，那只有把民主这种元素也纳入进来。民主发展起来，科技元素活了，但是问题又来了，原来民主这种元素不但能使科技元素生长，还能使自由主义、拜金主义、享乐主义疯狂生长，这又与勤劳、勇敢、智慧等元素冲突了，看来光靠民主也不能解决全部问题。

也许是因为短时间内吸纳了太多的元素，就像一个久经饥饿的人突然吃了大量的食物，消化不良反而腹泻一样。中华文化再也不能像从前那样从容同化外族文化，包容外族文化，反而因为各种元素冲突大伤元气。大门洞开，西方的文化和价值观，开始在这片古老的土地上扎根、发芽。

阿拉伯世界虽然落后，但美军还是陷入战争的泥潭。为什么？据说阿拉伯的孩子是不允许玩芭比娃娃的。国家民族的较量不只是经济和武力的较量，更重要的是文化背后的较量。

改革开放 30 多年来,当外国的先进思潮一拥而入的时候,我们国家在吸纳别人先进文化的同时也在努力提升着自己。各种文化在这一时代得到了前所未有的传承和发扬,各种讯息在人的头脑里产生并爆炸:拉丁美洲的文学,俄罗斯的芭蕾舞,法国的葡萄酒,爱尔兰的风笛,好莱坞的电影,印度的歌舞,日本的动漫、韩国的电视剧……欧风美雨一次次冲击着我们这个有着几千年历史的古老民族的文化阵地。在各种文化的撞击、融合中,我们将迎来一个什么样的新世界?曾经在世界舞台上独领风骚几千年的中华文化,在崭新的 21 世纪能否会再次吸引全球的目光?

贰

影视帝国（上）：美国电影是世界电影产业的核心力量

引言：强大到几乎没有对手的美国

没有人会质疑强大的美国在世界上的霸主地位。在经济规模上，美国GDP超过15万亿美元，比排在第二位的中国多出近1倍；在世界500强企业中，美国企业几乎占了一半，是排在第二位的日本的5倍。全球顶级的100个品牌中，美国拥有62个；排名前10的商学院中，美国占了8席。在军事上，美国拥有用世界上最先进的武器装备起来的现代化军队，仅以海军为例，美国有19支航空母舰编队，比全世界其他国家所拥有的航母总和还要多。美国的军费高达6 000亿美元，相当于排在它后面9个国家的军费总和。

不过，当人们把目光盯在美国强大的经济、军事实力上时，往往忽略美国强大的文化软实力。

美国吸引的外来移民数量居世界第一，是排在第二位的德国的6倍；

美国出口的影视剧在全球遥遥领先；

美国吸引了28%的全球海外留学生；

美国印刷书籍的数量全球第一；

美国音乐制品的销量是排名第二的日本的2倍多；

美国的互联网站主机数量是日本的13倍；

美国拥有世界最多的诺贝尔物理学奖、化学奖、经济学奖得主；

美国人所获得的诺贝尔文学奖数量仅次于法国，居世界第二位；

……

在一项涉及全球的调查中，近80%的人羡慕美国发达的科技，近60%的人喜欢美国的音乐、电影和电视，50%的人喜欢美国的民主思想，超过40%的人喜欢美国人做生意的方式，超过30%的人赞同美国传播的思想和风俗习惯。

庞大的国家规模，强大到几乎没有对手的军事力量，发达的大众文化，畅销世界的文化产品，流行的生活品位和生活方式……美国成了世界上现代化的象征，是其他国家羡慕嫉妒恨的对象。麦当劳、肯德基、米老鼠、迪士尼、美国电影、美剧、哈佛、耶鲁、洛杉矶、西雅图等等，美国成为全球发展中国家心目中"想象的共同体"，我们就是要建成像美国那样的国家。但，这只是硬币的一面。另一面，有些国家讨厌美国文化，害怕美国文化，担心强大的美国文化威胁自己国家的意识形态和文化传统。这就是全球反美主义的背景。

我们探讨文化创意产业的全球运作，无论如何也不能避开美国电影。全球电影业80%的市场被美国长期占据。美国电影产业的发展不仅影响到美国的文化产业，而且对全球电影产业和文化产业都会产生了重大影响。对美国电影运作机制的分析，对于认识全球电影产业的发展都有重要的借鉴意义。

好莱坞传奇导演卡梅隆拍的电影《阿凡达》在全球创下了27亿美元的票房，仅《阿凡达》一部电影的票房收入，就比2013年全球排名第三位的英国全年的票房收入还高，这真是文化创意产业的奇迹。

据美国电影协会公布的数据，2010年美国约有210万人直接或间接从事与影视有关的产业，产生了1 430亿美元的劳动收入。其中，直接从事影视生产的工作报酬是421亿美元，雇员们的工资水准比全国平均工资高出32%。2010年，美国有95 000家与影视生产有关的公司，产生了27.8万宗交易，交易额为374亿美元，上缴的失业税、医疗与社会保险税、州所得税及商品销售税等达到156亿美元。

美国影视行业的贸易顺差超过了电信、管理、咨询、法律、医学、计算机和保险服务等领域。2010年，影视行业进出口贸易顺差为119亿美元，2011年出口与进口比率为7∶1。可以说，美国电影在构筑起国家文化疆界的同时，也已成为国民经济支柱性产业。

美国电影票房之所以能保持较稳定的状态，至少有两个主要因素：一是得益于海外市场的拓展。近年来，美国电影海外市场不断扩大，根据美国电影协会的数据，仅六大制片厂生产的影片，2010年在海外的票房收入就达到127亿美元，2011年达130亿美元左右，均超过国内票房收入。除印度、日本、韩国、中国等少数国家之外，美国电影在世界很多国家占有绝对优势，在个别国家甚至占到其总票房的90%以上。

美国电影越来越成为一种所谓的"世界电影"。在美国国内电影市场相对稳定并且有下滑趋势的同时，海外市场给予了美国电影重要的支持。现在美国电影的海外市场票房收入已经达到150多亿美元，远远超过100亿美元的国内票房。

为什么美国电影可以横扫全球？中国电影近年来票房呈现爆发式增长，但距离真正走向世界似乎还很遥远，中国导演近年来还没有拍出可以在北美票房榜上名列前茅的电影。在这场没有硝烟的战争中，中国反败为胜的撒手锏是什么？

美国电影产业为什么这么强大？

美国电影每年的产量约为全球产量的十分之一，但是不少影片可以发行到150多个国家和地区，平均每年攫取全球电影票房的65%。纵观2013年的全球票房数据，一项新的纪录随之诞生——这一年全球总票房共获近360亿美元，虽然业内普遍的预期值较高，但这个天文数字背后的高额利润依然让人震惊不已。其中中国电影票房的井喷及高速增长无疑为全球电影产业做出了巨大贡献。

在2013年，以美国为主体的北美电影市场票房达到109亿美元，仅比

2012 年同期增长了 1%，而海外总票房达到了 250 亿美金，同期增长 4.6%，相较于 2012 的同期增长率 6.7% 而言，下滑幅度较大，但主要原因是欧洲电影呈低迷状态。中国仍然是亮点所在，2013 年我国电影市场成为史上首个跨过 30 亿票房（美元）大关的国际电影市场，比 2012 年增长了 27.5%。现今中国国内平均每天就有 13 块新银幕建起，未来发展还将继续呈现高速增长的态势。

一、全球电影业美国占四成

美国电影继续在全球市场处于强势地位。根据权威咨询公司普华永道的报告，现在每年全球电影业总产值约为 900 亿美元，其中美国电影产值约为 380 亿美元，是世界电影业当之无愧的龙头。

1. 六大制片巨头控制了美国电影

近年来，美国电影的总产量和公映数量都比较稳定，每年生产电影 700 多部，其中进入院线公映的超过 600 部。在美国本土，票房排名前 25 位的影片基本上都是美国自产，制作方主要是美国电影协会（MPAA，Motion Picture Association of America）六大成员公司：迪士尼公司、华纳兄弟公司、派拉蒙电影公司、索尼娱乐公司、20 世纪福克斯公司和环球影业公司。

不过，受金融危机及观众在电影消费方式上的数字革命影响，近年来六大电影制片厂出品的电影呈下降趋势，从 2007 年的 139 部下降到 2012 年的 92 部、2013 年的 90 部。这些电影制片厂被不断转手买卖，最后成了巨大的媒体、娱乐、电器等集团的一份子。电影制片厂的制片业务外包趋势越来越明显，其职能主要是发行。也就是说，现在的六大制片厂不但发行自己制作的影片，也发行其他小公司制作的影片。

六大制片厂依然占据着美国电影市场的主导地位。2013 年北美排名前 6 位的发行公司票房收入均超过 10 亿美元，但只有前 4 家的市场份额超过了 10%，而过去 8 年来这一数字一直稳定在 5 至 6 家，这与福克斯和派拉蒙连续两年表现不给力有很大关系。

2013 年，华纳执行的是片海战术，用 25 部新片轰出了 18.63 亿美元的票房收入和 17% 的市场份额，三年来首度重回榜首。迪士尼靠几部重点大片的优异表现拿下次席，而 17.11 亿的票房进账也让 2013 年成为米老鼠史上成绩最佳的一年。同样刷新自家纪录的还有环球影业，这家刚度过百年华诞的公司得益于速激大家庭和小黄人的齐心协力，以 14.33 亿一举创下史上年度票房最高纪录。索尼影业成为六大巨头中唯一打退堂鼓的一家，由于多部大作接连惨败，不但排名从第一下滑至第四，票房收入更是暴跌超过三成。同 2012 年一样，低迷的二十世纪福克斯和派拉蒙在 2013 年依旧是"蓄势待发"的状态，发行新片数量也分别创历史新低。

近年来，低限制、宽受众范围的影片数量增多、票房比例提升。

从 2012 年生产的影片来看，无论是影片数量还是票房占比，PG 级（建议父母指导）和 PG-13（13 岁以下儿童需父母指导）级影片已经成为商业影片主流，PG-13 的影片票房占比最大（52.14%），R 级（17 岁以下观众受一定限制）影片数量最多，但票房基本只有前者的一半。NC-17 级（17 岁以下禁止观看）的电影只生产了 2 部，只有 0.002% 的市场份额。在 2012 年全美最卖座的前 10 部影片中，PG-13 级影片占到 7 部，PG 级 2 部，R 级只有 1 部，而 NC-17 级影片一部都没有。

美国联邦贸易委员会调查显示，电影分级系统的实施将 76% 的未成年人挡在了 R 级电影之外，DVD 零售业的分级制度也在不断完善。因为如果影片被评为 NC-17 级，则意味着丧失了大量的影院放映机会和 DVD 租售机会，无论是制作方还是影院方都对此极为谨慎。

近年随着美国娱乐界道德水平的下降和校园暴力事件的增多，人们对电影的色情和暴力内容的负面影响表示出极大担忧。R 级影片数量和票房的下降是美国电影行业自律和美国联邦贸易委员会监督的结果，也是市场调节的结果。为了争取更大范围的影院上映和更广泛的受众，PG 和 PG-13 级影片的制作将是美国主流商业影片的发展趋势。这一点对于中国电影迟迟难以推出的电影分级（分类）也有启示意义。分级只要有良好的市场管制，不可能将电影引向不道德的深渊。事实上，即便在香港这样市场管制相对比较宽松的地区，成人电影的市场和影响也是有限的。更何况，我们的分级根本不会给所谓的"成人电影"留下空间。

2. 观影市场疲惫，电影票房强劲

在美国，电影对于观众具有持久的吸引力。从 1984 年到 2002 年，美国电影的观影人次一直在稳步上升，从 12 亿增加到 16.4 亿，全国人口平均观影次数也从每年 4.8 次增加到 5.2 次。但是，随着新媒体技术的兴起，很多人会牺牲一部分品质享受，转向网络寻求"免费午餐"。因此，到影院观影的人次从 2003 年开始，便呈现明显下滑趋势。

2003 年度观众人数为 15.2 亿人次，比 2002 年度减少 4%，到 2012 年只有 13.6 亿人次，观众的平均观影次数也降为 4.1 次/年。不过在观影人次减少的情况下，美国电影票房仍基本呈现稳定上升之势，维持在 100 亿美元的规模。以 2012 年为例，美国上映电影总计 677 部，其中 148 部是全国上映，519 部只在部分地区的影院上映，这些影片创造了 108 亿美元的票房，比 2011 年增长 6%。

美国电影票房之所以能保持较稳定的状态，至少有两个主要因素：一是得益于海外市场的拓展。近年来，美国电影海外市场不断扩大，根据美国电影协会的数据，仅六大制片厂生产的影片，2010 年在海外的票房收入就达到 127 亿美元，2011 年达 130 亿美元左右，均超过国内票房收入。二是得益于票价提升及 3D 电影、巨幕电影的票房贡献。2012 年美国电影平均票价与 2001 年相比提升了 40.9%，3D 电影票房则从 2006 年的 1 亿美元飞速增长到 2012 年的 18 亿美元。

票房仍然是美国电影业绩的风向标。虽然票房收入仅占美国电影总收入的 30% 左右，但票房是其他一切非影院收入的前提和预示，其地位依旧举足轻重。而且电影院对人们的吸引力远远大于主题公园和大型体育比赛。以 2012 年为例，美国影院售出 13.58 亿张电影票，分别是主题公园和体育比赛门票数量的 3.78 倍和 10.37 倍。因此，在美国电影协会给美国贸易署的年度贸易壁垒报告中，协会主席多德（Christopher J. Dodd）将不断增长的播放盗播内容的网站及端对端视频分享者称为"内容窃贼"，认为他们大大损害了美国电影产业的创造力与创新力，进而影响到国家经济增长。

3. 百年好莱坞步入了数字、3D 和 IMAX 时代

2009 年的时候，美国大部分影院放映的还是一个世纪以来的"film"——就是像棉纺机一样在放映机上晃晃悠悠滚动的醋酸盐胶片卷，只有 16 000 块银幕可以播放数字电影。现在的数字电影放映机达到了 111 000 个，几乎是 4 年前的 7 倍。全世界（包括美国）大约有 80% 的影院可以播放数字电影。乔治·卢卡斯积极推动了十年的革命现在终于到来了，现在用"film"这个词来表示电影似乎有些过时了。

2009 年 3 月 29 日的票房冠军是电影《大战外星人》，梦工厂制作的第一部 3D 电影。杰弗瑞·卡森伯格，梦工厂的老板，曾是 3D 电影的传教士，声称 3D 技术将会带来有声电影和彩色电影后行业最让人兴奋的革命。这个变革不是什么创新——初级技术在 1915 年就发明出来了——但是在杰弗瑞·卡森伯格传教士般的推广下，加上詹姆斯·卡梅隆《阿凡达》带来的票房轰动，将 3D 由一个技术小花招变成了几乎任何有票房野心的电影的基础条件，无论是动画还是真人电影。(《黑暗骑士崛起》和《盗梦空间》的导演克里斯朵夫·诺兰是个反例，他坚决抵制 3D 制作。) 3D 放映有它的缺陷——3D 眼镜让银幕画面变得更暗，干扰观众的观影感受——但是它也给了发行商加价的理由。

在纽约，观众通过 Fandango（一个提供订票服务的网站）花 20 美元就能买一张大热的 IMAX 银幕上放映的 3D 电影票。再加上亚洲市场的巨大增长，可以说这个小发明拯救了电影产业。3D 电影的票房总额从 2008 年的 2 亿美元增加到了 2010 年的 22 亿美元，增长 10 倍。这一切，好莱坞要感谢一部电影——《阿凡达》。它创造了 27 亿美元票房，其中大部分由 3D 银幕产出。北美地区的年观影人次十年来下降了 16%，从 2002 年、2003 年、2004 年的 15 亿人次下降到最近 3 年的 13.5 亿人次。2013 年，观影人次比 2012 年下降了 2 000 万，但票房总额却上升了 1 000 万美元。至少在美国和加拿大，观众去电影院的次数更少，但花的钱更多。

尽管在 2012 年，影院 3D 电影的发行从 40 部增加到 45 部，但是 3D 电影的票房总额（18 亿美元）却下降了 1%。好莱坞不希望观众厌倦因眼镜带

来的观影感受；好莱坞也不希望 3D 电影像 19 世纪 50 年代那样，昙花一现，迅速衰退。在美国，拥有 8~15 块银幕的电影院称为多厅影院（Multiplex），而多于 16 块银幕的被称为大型多厅影院（Megaplex）。后者在美国占据主流。目前，美国超过 81% 的影院拥有 8 块以上的屏幕。最大的帝王院线旗下影院所拥有的平均银幕数为 12.6 块，而万达集团收购的 AMC 院线旗下影院所拥有的平均银幕数则超过了 15 块。大型多厅影院观影舒适程度高，且给观众更多的影片选择机会，因此上映数量、放映场次、观众容量都要远高于一般影院，拥有此类影院的院线公司，盈利率通常高于行业平均水平 46 个百分点。各院线公司对影院功能进行了多元开发。1981 年，美国 AMC 院线首次发明并安置了扶手设有杯托的新型影院座椅，为影院销售更多的爆米花和饮料打开便利之门。如今，这已成为影院不可或缺的一部分，并实现了可观的收入。由于美国电影产业的交叉生产导致影片衍生品越来越多，院线公司在影院开设了专门销售衍生产品的商店，现在美国衍生产品销售收入已经超过票房收入。

不止于此，院线经营商也开始从影院内部寻求新的开发机会。例如，帝王院线的经营范围除电影放映以外，还包括广告、大屏幕音乐会以及商务活动。Landmark 院线开放了出租功能，可以提供颁奖典礼、私人放映、商务会议，甚至出租银幕供人们玩游戏。

二、美国电影产业：政府政策支持，协会负责监管

美国电影之所以能够称霸全球，离不开国内雄厚的经济基础，也离不开美国电影一百多年来起伏发展历程中所积累的经验，但更离不开与电影产业发展相适应的监管体制。总体来看，美国更加强调电影的市场属性和产业特点，对这个行业的干预较少，主要以行业管理为主，由纯民间性质的行业组织进行约束。

1. 联邦和各州政府支持方式：立法、减税和外交谈判

美国尽管未设置文化部和电影局等类似的电影主管部门，但政府对电影业的支持力度非常大。早在 1917 年，威尔逊总统就认为，经济和意识形态

是齐头并进的，电影既是一种经济产品，又是一种完美的意识形态工具。

十年后，美国的国内外商业局专门成立了一个电影分部，其职责包括派遣代理商到国外充任"整个电影业的眼睛"，以促进电影在其他国家的发行。此后历任总统特别是尼克松，都曾对好莱坞提供过支持。在 20 世纪 70 年代初好莱坞生意大萧条时期，好莱坞说服当时的总统理查德·尼克松，对美国电影业实行"避税"政策，此举使大量资金涌进好莱坞各大制片厂，把好莱坞推向鼎盛时期。

由此也可以看出，联邦政府对电影业的支持，并不是直接提供经费资助，而是通过立法、税收和外交谈判等方式，培养、壮大电影企业抗击市场风险的能力和国际竞争能力。特别值得一提的是，联邦政府更多地致力于在世界范围内打击盗版，为美国电影产业进入国际市场提供良好的市场环境。

各州政府也承担了扶持电影产业的责任。新世纪以来，受加拿大等国家电影产业扶持政策的影响，一些州政府按照加拿大模式实施了电影产业扶持政策，形成了竞争博弈的态势。在新世纪以前，各州政府对电影产业的激励项目只有 4 个，资助金额一共 200 万美元。但是，新世纪之后，美国电影产业的激励项目数量不断增加，2010 年各州政府的激励项目数量多达 40 个，项目总额达到 13.96 亿美元。各州还在税收政策、制作服务等方面为电影产业提供诸多支持。如在纽约州，凡是直接用于影视制作的商品和服务，最高可获得占制作费用 15% 的税收优惠。

而在加州，符合有关条件的电影项目所获税收优惠的额度更可高达制作费用的 25%。这些税收优惠可以转让、出售甚至累积到下一个财年。例如，马萨诸塞州规定电影出品人和制片人如果有一半的电影制作，或一半的预算花费在本州内，就可以获得 25 美分贷款 1 美元的信用。他可以将此信用折合票面值的 90% 直接退税，也可以按照市场利率出售。

美国各州的优惠政策适用范围广，不仅包括电影、电视剧，还有互联网视频、音乐制品、网络游戏等等；不仅包括前期制作，也包括中后期制作及付给雇员的工资。各州地方政府大多建有电影部门，为在当地拍摄电影提供便利。如加州政府成立专门公司为电影制作提供完善的公有设施服务，只收取少量费用或免费，甚至凡是在加州公共土地上拍摄电影，需要出动的警察、消防员和其他公共服务，都由政府来支付相关开支。

这些措施对于降低电影的制作成本，提升其制作品质，从而增强美国电影在世界市场上的竞争力，无疑大有裨益。不过，值得一提的是，美国各州的扶持激励政策都带有附加条件，主要集中在以下几点：

（1）本州内花费的预算超过一定数值或电影主要镜头在本州拍摄才可以获得税收优惠，且优惠额度有最高上限。如，夏威夷对于在本地支出超过20万美元的影视投资项目将给予15%～20%的退税，不过800万美元封顶。马里兰州要求在州内投资最少达到50万美元，且50%的主要镜头应该在州内完成。

（2）雇用一定本州居民才可以获得优惠，且雇用本州居民产生的税收信贷额度大于非本州雇员。如，科罗拉多州规定，如果25%的演员及剧组成员是州内居民，在州内的制作费用可以获得10%的税收优惠。缅因州对于雇用本地和非本地居民分别给予12%和10%的工资税退税。

（3）每财年州内的税收信贷优惠设置上限或每个项目的优惠额度设置上限。如，密西西比州规定每个财年可减免的税费上限为2 000万美元。从美国各州设置的门槛可以看出，各州政府刺激电影产业的初衷不是定位于宣扬美国文化，而是为了拉动本地的经济发展，增加本地居民的收入，但是这些优惠政策为美国电影业带来了资金与活力，使其成为国民经济不可或缺的组成部分，也成为世界电影市场上最强大的力量。

2. 电影协会举足轻重

美国电影之所以能风靡全球并成为美国的支柱性产业，除了美国政府与电影市场主体之间良好的互动之外，还得益于各种电影行业组织发挥的桥梁作用。重要的行业组织主要有美国电影协会（MPAA）、美国影院业主协会（NATO，National Association of Theatre Owners）等。美国电影协会成员由美国六大制片巨头的负责人组成，现任主席兼首席执行官为克里斯托弗·多德（Christopher J. Dodd）。

多德1944年5月出生于康涅狄格州，曾获法学学位，在美国国会做参议员长达36年，能有效地调和好莱坞与华盛顿的关系。

虽然美国电影协会不是政府的行政机构，但因为电影业在美国国民经济中所处的地位，使其在华盛顿眼里有举足轻重的位置。为保证能够在国际市场上获得最大收益，该协会在美国政府的支持下制定了一系列面向海外市场的政策，其中最为突出的就是版权政策。该政策规定，任何国家上映好莱坞电影，都必须先获得好莱坞的同意，交纳一定的版权费以购得放映权。如果一家公司反对某个国家的购买，那么好莱坞其他几家大公司也会对这个国家关上大门。这样的政策让好莱坞各大公司在对外策略上相当一致。

美国电影协会每年向贸易署提交美国电影在世界各国遭遇的贸易壁垒报告，以便政府有针对性地采取保护性、支持性措施。该协会还在世界各地招募人员，协助其发现各国、各行业对美国影视的盗版行为。由此可见，美国电影协会在某种程度上充当着好莱坞电影业有力保护者的角色。

美国影院业主协会（NATO）成立于1965年，最初由美国的几家大型商业影院合并而成，目前是全球最大的电影放映业组织，总部位于华盛顿。该协会的成员包括大型电影院线及众多的独立影院业主，迄今已拥有美国全部50个州的超过29 000块电影银幕，以及遍布世界的50个国家的其他影院。该协会不仅是美国影院业主的联合体，也是全球极具影响力的影院业主组织，其发布的观点在国际上具有较强的代表性，对全球影院的发展具有重要影响。

3. 各种工会组织成为维权利器

影视产业是美国的支柱产业，每年为社会提供约220万个就业岗位和总计超过1 400亿美元的工资额。在支撑这个庞大的产业运行过程中，美国导演工会、演员工会、编剧工会等行业工会发挥了重要作用。美国导演工会（DGA）是涵盖美国电影、电视、广播等艺术领域的导演行业工会。该工会的前身"银幕导演工会"成立于1938年。当前美国导演工会拥有会员13 400多名，涵盖了电影、电视、戏剧、广播，甚至游戏等各领域的专业导演。该工会的构成与存在，不仅代表着整个行业的发展水平和未来趋势，同时也在努力维护导演各方面的权益，堪称美国传媒行业规范的最大保证。

拥有70年历史的美国导演工会，每年都将对各自的行业进行总结评定，导演工会奖的评奖覆盖面以及颁奖典礼的规模,可以看作是奥斯卡金像奖、电视艾美奖和戏剧托尼奖的浓缩综合体。值得一提的是,由于在美国电影艺术与科学学院的会员中,有将近四成的奥斯卡投票者来自导演工会,因此导演工会对年度最佳导演的选择,成为奥斯卡的风向标。

美国演员工会(SAG)是美国最具影响力的工会组织,目前有会员约 20 万人。该会的主要职责是就最低工资、工作条件、健康保险及养老金等问题与美国电影和电视制片人协会(AMPTP)进行谈判,创造和扩展会员的工作机会,推动工会合同的执行,保障演员的工作成果不被非法使用。

综上所述,美国电影行业管理大于政府管控,政府通过各种优惠政策为其提供保护,但是电影行业没有依赖于这种保护,而是通过市场化、商业化路线来赢得持续发展的动力。他山之石可以攻玉,在美国电影的发展现状与监管模式中,中国电影也能获得一些启示。

《阿凡达》奇迹与电影产业全球化

电影《阿凡达》在 2010 年全球电影界绝对是一个事件。这部投资 5 亿美元、全球票房达到 27 亿美元的影片之所以成为事件,不仅因为它的投资和票房创造了世界电影史的奇迹,更重要的是这部电影成功地运用了全球电影资源,将自己打造成全球电影事件甚至是电影史上的革命性事件,从而引发了全球的广泛热议。美国《基督教科学箴言报》援引业内人士的话称,"《阿凡达》的技术特效已经不仅仅是个噱头,它能够使电影业迎来变革。"Hollywood.com 的票房分析师 Dergarabedian 说:"这一次,他运用了 3D 进行全面革新。这无疑开启了电影业的新时代。"而卡梅隆自己也将这部影片作为电影史上具有重要创新意义的作品,"为了成为第一部可见的具说服力的真人 3D 电影,我和我的团队奋斗了 4 年,没有休息日,完全不得喘息。所有努力因为我绝对坚信 3D 是整个电影产业的一个革命,把《阿凡达》当成革命的一部分。近几年来 3D 技术的革新,更多由动画片引领,比如皮克斯、梦工厂,他们已经点燃了观众对 3D 动画的热情,我希望《阿凡达》至少让观众注意到动画电影之外也存在着 3D 效果。"这些关于《阿凡达》革命性意义的论述固然有其道理,但仅仅着眼于电影制作技术层面来谈其革命意义是不充分的。3D 技术的高昂费用及其对市场回报的要求,决定了《阿凡达》需要通过全球电影资源整合来实现其投资收益,而如果仅仅执着于 3D 技术的革命性意义,对于大多数运用 3D 技术的电影或者要将已有电影转为 3D 电影的投资来说可能并非好的选择,这在《阿凡达》之后许多 3D 电影的市场失败中已经充分地表现出来。因此,从全球电影产业链的角度,分析这部电影整合全球电影产业链以实现其 3D 技术的革命性意义,就具有了更切实的紧迫性。

全片长 2 小时 41 分钟,60% 的画面采用电脑动画制作,40% 的镜头由真人演出,真人演员仅 37 人。影片有近 3 000 个特效镜头,构成了潘多拉星球的奇异世界。潘多拉星球飘浮在空中,有仙境般的山峦、夜间会发光的森林、蓝精灵般的土著纳美人、像含羞草一碰就萎缩的植物、与祖先和万物神奇地连在一起的大树、遨游空中的飞龙、迅捷无比的猛兽毒狼、通过尾巴与人交流的似马非马的怪兽,等等。这一切都是 3D 特效技术制作出来的,每帧画面平均耗费 4 万个人工小时,卡梅隆团队为之耗费了 4 年时间。据《第一财经周刊》统计,《阿凡达》工作人员多达 1 858 人,其中有 800 个特效人员,共有 48 家公司为《阿凡达》提供各类特效或其他服务。因此,无论是从投资还是电影制作和营销等角度来说,《阿凡达》都是一个重大的电影项目,需要通过电影产业链上各个环节的有效分工和整合,才能既成功地完成这部作品,又能有效地降低整个电影项目投资和生产的成本和风险。无论是福克斯还是卡梅隆,对支撑 3D 技术的巨额投资及其风险都有着清醒的认识,"大制作的主流电影确实对电影制作者来说会构成问题,比如我总希望制作精美而有震撼力的电影,想在技术上突破,这些都需要资金支持。但这也意味着,我对于整个工业负有责任。"

一、全球资本与《阿凡达》的投资

《阿凡达》总投资 5 亿美元,包括 3.5 亿美元制作费用和 1.5 亿美元的营销费用。5 亿美元的巨额投资对于在 2009 年亏损 34 亿美元的好莱坞巨头——

20世纪福克斯来说无疑是不堪想象的数字。尽管好莱坞电影获得全球票房大卖的影片大多是高投资电影，如《泰坦尼克号》投资2亿美元、《指环王》三部曲总投资2.7亿美元、《加勒比海盗》三部曲总投资超过6亿美元、《哈利·波特》1至5每部投资1.25亿美元至1.5亿美元不等，但《阿凡达》5亿美元投资对好莱坞来说依然是近乎疯狂的想象，令20世纪福克斯和卡梅隆都有些心惊胆颤。

从投资环节来说，福克斯公司自然不能完全承担《阿凡达》5亿美元的巨额投资，也没有采取向银行贷款的方式，而是采取通过在全球寻找私募基金和避险基金战略投资方的方式分散投资风险。这种目前比较普遍的第三方股本融资方式，已经改变了好莱坞以往主要通过贷款融资的状况。据估计，在好莱坞有超过30%的制片成本现在是通过第三方股本融资。而《阿凡达》5亿美元投资中只包括福克斯所在的新闻集团投入的1.5亿美元，约占影片总投资的30%，主要用于影片的营销，其中还有相当一部分用于新闻集团旗下的广告资源。

两家PE公司Dune Entertainment和Ingenious Media则承担了60%的投资。其中Dune Entertainment隶属于基金管理公司Dune Capital，Dune Capital管理的资产规模高达数十亿美元，在各领域均有投资。Dune Entertainment与福克斯电影娱乐公司渊源颇深，早在2007年4月两家就签署协议，Dune Entertainment许诺在未来3年，为福克斯电影制作提供超过5亿美元的资金支持，而福克斯保留在全球范围内的发行权。2009年，除了《阿凡达》之外，Dune Entertainment还为包括《X战警前传：金刚狼》在内的至少5部电影提供了资金支持。而在2008年，Dune Entertainment主要以制片公司（Production Company）的名义参与制作了13部电影，其中包括《澳洲乱世情》《当地球停止转动》《X战警前传：金刚狼》等影片。福克斯几乎包揽了所有的发行工作，这种Dune Entertainment出钱、福克斯出制作的模式不仅大大减轻了福克斯的投资风险，而且福克斯在电影娱乐方面的能力也保证了Dune Entertainment的投资收益。成立于1998年的Ingenious，是一家英国投资公司，为电影、电视、音乐和出版等创意产业提供融资和咨询服务，曾经参与制作了《天国王朝》《X战警3：背水一战》《卢旺达饭店》等一系列影片。

同时，福克斯集团为了降低投资风险和控制成本，在电影开拍前就和卡梅隆签署了一份成本控制协议：如果成本超过3亿美元，卡梅隆就要先让出自己大部分的盈利分成，回收的资金会先分给福克斯和几家投资公司。

与此同时，由于《阿凡达》是一部采用了大量高科技的影片，技术研发的费用是非常高昂的，因此该片还采取了同索尼、松下、三星等电子巨头及其他一些高科技公司合作开发技术、包括3D技术以降低投资成本的方式，如松下公司就为电影提供免费的技术支持，并在该公司的家庭影院营销中捆绑宣传《阿凡达》。卡梅隆证实了这种技术支持："2008年我和松下共同组建了一支队伍，将自己对未来娱乐行业的理解进行了全新的演绎。松下作为家电企业，创造了新技术标准，从他们的家用3D影像中可以感受到松下的卓越技术，我有机会亲身感受了松下全高清3D技术，他们的技术很出色。"松下的技术支持降低了《阿凡达》技术开发过程中的资金要求，间接为影片提供了资本。

二、全球制作与《阿凡达》

从制作环节来说，《阿凡达》制作环节的投资是3.5亿美元，占整个影片投资的70%，超过了此前任何一部好莱坞大片的制作、营销等费用的总和。然而，巨额的制作费用并不意味着《阿凡达》是在烧钱，事实上，《阿凡达》通过全球电影制作资源的整合来实现成本控制、投资与制作的最佳整合，从而成为充分使用全球电影产业链中的优势资源，以完成优秀制作的范例。

在主创人员环节，卡梅隆在好莱坞的成功，使他在《阿凡达》中可以很大程度地操控电影的整个制作过程，这意味着卡梅隆导演品牌将是这部电影重要的市场号召力，而技术则是这部影片市场号召力的另一个来源，正如卡梅隆所说"我要的就是技术革新"。因此，《阿凡达》主创人员并没有使用好莱坞那些虽然具有市场号召力但却是天价的明星，卡梅隆影片也从来不请当时的一线巨星，都是找一些新人。

《阿凡达》男主角是澳大利亚演员萨姆·沃辛顿。萨姆·沃辛顿虽然演过舞台剧、电视剧和电影，1998年毕业后不久因《穿靴子的男人》入围澳大利亚电影学院的最佳男主角，并因主演《过山车》（Somersault）而获2004年澳洲电影学院颁发的最佳男主角奖，但在好莱坞萨姆·沃辛顿依然寂寂无名，因此，一部投资5亿美元的电影起用一位无名之卒当主演这件事可并不开心。他们把试镜拉长至六个月，不断地拿沃辛顿和一个又一个大牌作比较。有人问沃辛顿：'你知道有谁在和你争这个角色吗？'沃辛顿回答说：'我才不管有谁谁谁呢。我只管做自己的事。我会让他们担心我，而不是我担心他们。'"[1] 这决定了萨姆·沃辛顿在《阿凡达》中的片酬不会很高，同那些好莱坞明星比较，将会大大节约影片制作成本。饰演女主角佐伊·索尔达娜虽然在2006年加盟《阿凡达》之前饰演过《中央舞台》《失恋大不同》《穿越乡间路》《乐鼓热线》《幸福终点站》《下流高校》《男生女生黑白配》《加勒比海盗2：亡灵宝藏》等影片，但她也不是好莱坞的一线明星，其片酬自然没有达到天价程度。"将人的成本节约用于技术的投资。与卡梅隆一起打造《泰坦尼克号》和《阿凡达》的制片人乔恩·兰道证实：'卡梅隆影片90%以上成本都是技术和材料。因为观众关心的是视觉而不是表演。卡梅隆很清楚他需要什么。'"[2] 影片的拍摄地点选择了夏威夷、洛杉矶、加利福尼亚、新西兰等地，虽是电影故事发展的需要，但也有电影成本方面的考虑。尤其是新西兰之所以会作为该片最主要的外景地，就是因为新西兰政府通过多种优惠政策吸引海外电影到新西兰拍摄，以促进新西兰的电影制作业、旅游业的发展，而《阿凡达》选择新西兰作为外景地自然会降低其成本。

正如乔恩·兰道所言，《阿凡达》技术成本无疑在影片制作费中占据最重要的部分。影片大量采用全新3D立体制作技术，实现了电脑合成（CG）与真人表演的完美融合。在制作过程中，首先需要制作出整个虚拟世界，从一草一木到各种生物、宇宙飞船、飘浮的山峰和背景，一切都必须得到真实而完美的呈现。此外，制作团队还必须在绿色银幕前进行真人演员的表演拍摄，而这一过程相当费时，成本也因此大大提高。最后，通过技术处理，将演员的表演和3D虚拟技术完美地结合起来，达到如同真人一样具有

---

[1] "萨姆·沃辛顿 较真刺头猛男"，《外滩画报》2010年1月。
[2] "跟卡梅隆学学经济学"，《大江晚报》2010年1月10日。

表情、思想和情感等方面的表现力。为达到逼真的人物效果，卡梅隆采用了一种全新的"表演捕捉技术"。演员们身穿特制的紧身服装，头戴摄像装置，以持续捕捉他们的面部表情，捕捉到的数据将传输至另一个系统，制作成演员的实时面部纹理图像，最后再通过电脑制作处理成电影中的动画版"阿凡达"。通过这种技术，卡梅隆可以利用一台"虚拟"摄像机对真人演员进行拍摄，将他们看作实时的CG人物，以确保获得理想的镜头效果。《阿凡达》执行虚拟美术总监巴尔托利介绍说："这样，我们就能很快地进行纹理和细节的图层处理。我们可以提出多种不同的设计，然后马上提交给卡梅隆，以便快速调整电影的整体观感，提高影片的真实感。"这种技术创新决定了《阿凡达》将根据技术支持能力和成本考量两个标准在全球选择特技制作公司。根据《阿凡达》演职员表，为影片提供各种特效技术支持的有近30家公司，这些公司来自于美国、英国、加拿大、印度、法国、新西兰等，包括为《指环王》《纳尼亚传奇》《金刚》等影片提供视觉特效的新西兰Weta Digital Ltd，为《罪恶之城》《地心游记》《300勇士》提供数字视觉特效的加拿大HybrideTechnologies，为《黑客帝国》《亚瑟和他的迷你王国》《蝙蝠侠前传2》《蝙蝠侠3》等影片提供特效的法国BUF，为《无敌浩克》《妈妈咪呀》提供音效服务的英国Synxspeed，为《哈利·波特与凤凰社》《黑暗骑士》《黄金罗盘》等影片提供动画与视觉效果的英国Frame store、新西兰的WetaWorkshop，参与《金刚狼》《暮光之城》《七龙珠》等影片制作的印度Prime Focus、法国Game loft、日本Sony、日本Panasonic松下等海外公司，以及美国的IMAX、Halen Entertainment、Real、Hy Drau、Pixel Liberation Front、Spy Post、Skywalker Sound、Industrial Light & Magic、Giant Studios等公司，分别为《阿凡达》提供了音效、动画与视觉效果、CG特效、3D摄影机、3D制作技术、模型、CGI角色制作、外语部分的后期混音制作等众多技术支持。考察为《阿凡达》提供技术支持的公司，大多来自于为吸引全球电影制作提供政策优惠的国家或地区，如加拿大、新西兰、英国、法国、印度等，或者来自于美国为吸引好莱坞电影制作而采取优惠财政、税收支持的州。这些公司不仅为《阿凡达》提供了全球电影产业链上最具竞争力的技术支持，也因为政策、老店铺内管理成本和汇率等方面的原因在一定程度上降低了影片高技术投入成本。如新西兰的"Weta Digital"为了给《阿凡达》的特效赶工，在最高峰时雇用了 900 人，建立起了一个来自新西兰、欧洲和北美众多特效高手们所组成的团队。更重要的是新西兰政府给予了该片在进行电脑特效制作中以巨额的 GST 退税。《阿凡达》的制片人在接受采访时表示，他们之所以选择到新西兰进行电影特效制作，正是看中了这里的高额消费税退税。由于电脑特效成本不菲，所以他们获得的退税也相当可观。据披露出来的数字，总投资达 3.07 亿新西兰元的《阿凡达》在新西兰总共获得了 4 500 万纽币的 GST 退税。从这一点判断，《阿凡达》制作方应当是几乎将所有的制作成本全部计入了在新西兰的开支，从而极大地节省了成本。

因此，我们看到《阿凡达》制作过程既是一个需要强大技术支持的过程，也是一个需要通过国际分工降低制作成本的过程。

三、全球营销、放映《阿凡达》

在营销环节，《阿凡达》的营销已经被视为典范。对于全球化营销在《阿凡达》全球票房中的作用，詹姆斯·卡梅隆有着清醒的认识："我的《泰坦尼克号》和《真实的谎言》都没有（利用玩具、游戏等副产品）大肆宣传，当然现在所有人都知道宣传的重要性，这次我们就制定了非常大胆的全球宣传方案。"在《阿凡达》的 5 亿美元成本中，营销高达 1.5 亿美元。《阿凡达》既通过与全球化公司合作来实现全球性营销，也根据具体电影市场采取与本土合作的方式实行差异化营销，但这整个营销过程都是通过全球电影甚至超越电影及媒介产业之外的全球产业链进行的，《阿凡达》营销除了影院阵地，电视、网络乃至家电都成为《阿凡达》的营销渠道。《阿凡达》预告片在福克斯电视台收视率最高的黄金节目之前播出，隶属于福克斯母公司新闻团体的聚友网（MySpace）开设《阿凡达》页面。《阿凡达》部分器材提供商松下则与《阿凡达》合作开发 3D 家庭影院系统，除了为电影提供免费技术支持，还在该公司的家庭影院营销中为《阿凡达》展开宣传。松下组织几辆装载 3D 电视的房车在美国和欧洲各地巡游，电视也放映《阿凡达》。

2009 年 6 月，《阿凡达》联手麦当劳，发动了一场极富想象力的全球推广活动。麦当劳通过尖端技术打造的交互式体验手段（包括360°的高清画面），将潘多拉星球真实地带到影迷面前。麦当劳全球首席市场推广官迪伦说："我们借助独特的数字技术将全球消费者带入潘多拉世界，而这正是詹姆斯·卡梅隆所憧憬和设想的。《阿凡达》所体现的探险故事，将通过技术和创意在麦当劳的餐厅和网上得到分享，这是麦当劳带给消费者的超值体验。"《阿凡达》与麦当劳网站联合开通了一个网站，在网站上上传网民的正面照，就可以合成出一张变身为"纳美人"的图片，并且是近似3D的动态效果，不少影迷跟网站搞起了"你的纳美人造型"之类的活动，使《阿凡达》人气得到迅速拉升。麦当劳还推出了一个全球范围内的在线游戏——潘朵拉任务，其中包含中文版。玩家可以进入丛林搜集目标物品：RDA研究小组的背包、水壶，乃至印有醒目的麦当劳Logo的薯条、巨无霸等，达成目标任务即可成为RDA小组成员。卡梅隆对麦当劳的营销非常兴奋："麦当劳的顾客会觉得他们是电影中的一部分。在电影越来越接近上映的时候，这种方式可以让人们对电影产生兴奋感，这真是场具有创造性的合作。"①

2009年7月，卡梅隆在圣地亚哥举办的动漫展上宣布，2009年8月21日将在全世界多个国家和地区的数字影院免费放映长达15分钟的片段，届时还在网络首发预告片，成为电影史上第一部在全球范围先期试映片花的电影。卡梅隆利用圣地亚哥动漫展的影响力充分调动了影迷的参与热情，进而通过影迷之间的口口相传，将口碑作用发挥到极致。

《阿凡达》与LG、可口可乐的广告植入式营销，也为影片的初期推广立下汗马功劳。韩国手机品牌LG在其推出的新品巧克力手机BL40中内置《阿凡达》预告片，结合该款手机的最大特色卖点——4英寸21∶9超宽高清显示屏，将预告片中所展示的外星瑰丽世界、大气磅礴的画面完美地展现出来。LG与英国电影杂志Total Film合作，将《阿凡达》的独家片花植入网站，影迷又能如愿以偿地挖掘《阿凡达》最新画面。此外，IPHNOE和ITOUCH还

---

① 赵慧："电影与快餐业跨界合作 麦当劳的阿凡达营销"，《第一财经周刊》2010年1月。

发行了《阿凡达》游戏。

2009年9月，可口可乐零度专门为《阿凡达》启动了一个名为"阿凡达计划"的网站（www.avtr.com），该网站以文字、图片、视频的形式描绘了电影《阿凡达》中地球与潘多拉星球两个迥异的世界。可口可乐还推出了科技感十足的电视广告片，一个男孩用带有"AVTR"字样的"零度"饮料罐激活飞船后，仿佛真的来到了潘多拉星球。可口可乐为《阿凡达》专门出品了一批空易拉罐，放到EBAY网上进行拍卖。单在美国本土，它们就将"AVTR"（影片中军事项目的名字）标志贴在了1.4亿罐可乐和800万个冰柜上。通过这款易拉罐，在可口可乐的专题广告和在名为"AVTR"的网站上，观众能得到更多来自"阿凡达计划"以及潘多拉星球的秘密。在日本，广告由人气女星加藤小雪出镜代言，并可以看到几幅《阿凡达》画面；《阿凡达》还将搭载蓝光光碟推出家庭版，松下与《阿凡达》的合作是排他的，只有用松下立体电视机才能看出真3D效果。

全球最大的玩具厂商美泰（Mattel，芭比娃娃的厂商）应用AR新技术推出了vataritag.com的网站，如果购买《阿凡达》任一款玩具，便能用玩具里配送的"增强现实卡（iTag）"登录这个网站，再通过网络摄像头即可以感受"增强现实"了，用手触碰卡，就能看到电脑里战机的各种动作变化。

我们以《阿凡达》在中国营销作为例子，说明影片是如何通过本土化营销策略从而实现全球产业链战略的。2009年11月中旬，福克斯与中国专业电影推广网站时光网签订了官方指定推广相关协议。从11月中下旬，时光网开始了一场为《阿凡达》量身定制的"三部曲营销大戏"。时光网副总裁向明介绍说："我们是专业电影推广网站，本身拥有300万会员，这其中很多都是活跃用户，我们特别制作了《阿凡达》宣传网页，设定为当点击率超过1000万时，网页会自动开启，于是众多影迷为了早日看到网页而在朋友之间竞相传播并一起疯狂点击，每一次点击都是一次认知该影片的宣传。"由于中国影迷的热情，网页仅用8天就开启了。"类似点击打开网页的方式，我们还设定了网友集体拼画，当足够多的网友参与拼成一幅指定的卡梅隆电影图片后，即会出现《阿凡达》海报，这种互动又一次增加了对人们的传播营销。"① 时光网特意推出不可修改形式的公正性影评以及实时影讯，促使人们去购买电影票。此外，时光网还发动了其在全国众多院线的合作力量，发起周末 3D 版《阿凡达》全国各大影院网络抢票活动，即在规定时间内，网友可登录其网站，然后预订座位。当订票活动开始后，仅仅几秒钟内，数千张电影票在瞬间即被抢购一空。时光网根据剧情推出了互动游戏，通过游戏，将激发人们进一步传播《阿凡达》的效应——还没有看过该影片的人或许会因此走进电影院，还有不少影迷则被激发了二次消费欲，即在看过普通 2D 版后再看 3D 版或 IMAX 3D 版。麦当劳在中国还推出六款相关玩具。玩具均为电影中的角色，有苏杰克、奈蒂莉、迅雷翼兽、灵鸟等。

因此，面对《阿凡达》的成功，我们无论是采取预言家式的态度，认为"《阿凡达》的成功会使美国为主的这些西方国家加大此类电影的投入规模，他们必须有更多的技术投入，更多人员培训，更多市场占有才行，当这个极端再次被突破的话，会出现上世纪 60 年代的崩盘。我预言这是好莱坞 5 年后衰退的开始，《阿凡达》将成为一个重大的分水岭"，② 还是如同对美国文化帝国主义采取批判态度，认为"在思想上，《阿凡达》几乎给我们创造了一部现代神话。160 多年前马克思就探析过，人类进入工业社会以后神话没有了。但是《阿凡达》又给我们创造了一个童年。我只想提示一句话，在全球成为一个地球村的状况下，美国文化的理念和意图埋藏在里面，应该引起我们警惕。"③ 我们都无法回避其全球化战略的巨大成功。因此，我们在不妄自菲薄的同时，或许更应该有下面这样的认识：在电影文化上，《阿凡达》如同胡克、张宏森、路海波、黄式宪、吴冠平、张建勇等人所认为的，开创了一种由 3D、数码特技和巨幕三大要素构成的新美学，是工业技术和艺术创新的充分结合，强化电影在巨大银幕和影院集体观赏过程中的仪式感。电影

---

① 茅佳妮："《阿凡达》中国网络策划揭秘——访时光网推广副总裁向明"，《中国广告》2010 年。

② 引自《南方都市报》所报道的 2010 年 1 月 19 日《阿凡达》启示与思考座谈会，传媒大学赵宁宇教授观点。

③ 引自《南方都市报》所报道的 2010 年 1 月 19 日《阿凡达》启示与思考座谈会，中国电影家协会秘书长许柏林观点。

在充分利用了最新的电影工业和电影科技成果的基础上，以其深沉的人文关怀、深刻的现实观照和高远的理想情怀，表现生态和谐、宇宙和谐、人类和谐，附着了丰富的现实意味。观众从中可以联想到环境、气候、战争、基因转化等众多人类面临的问题。从产业的角度也应该如同丁亚平、张颐武、张卫等人所指出的，《阿凡达》是一个大电影产业运作的典型，《阿凡达》的幕后团队近两千人，其中八百多人是电脑工程师，促进了电影产业与游戏产业的关联，包括游戏在内的后电影产品开发等，并通过环保、人类危机等诸多议题进行营销。诚如浙江时代院线执行副总裁伍少康所说的那样："像《阿凡达》这样的电影，已经成为全球文化现象了。"这无疑是对《阿凡达》最中肯的评价。

美国电影产业贸易的经验及其对中国电影贸易的启示

在当今国际电影市场上，美国电影占据着统治地位。第一次世界大战期间，美国电影乘欧洲陷于战乱的时机，逐渐取代法国、英国、德国等电影大国，得到迅速发展。但20世纪70年代前，海外收入并不是好莱坞收入的重点，直到美国高等法院禁止好莱坞纵向垄断美国市场后，各大电影公司才开始利用独立制片人以减少成本，并将重点转向国际化，逐渐形成好莱坞影片在世界独占鳌头的局面。"现在，美国的电影生产总量只占世界电影产量的6%~7%，却占据了世界总放映时间的一半以上，抢占了全球大部分的票房，现在好莱坞影视业海外市场的年收入达130多亿美元。"[①] 研究美国电影产业化和对外贸易的成功经验，对我国发展相关产业及其贸易，具有一定的启示和借鉴意义。

---

① 李怀亮、刘悦笛：《文化巨无霸——当代美国文化产业研究》，广东人民出版社2005年版。

一、美国电影产业贸易的发展及其内在实力的打造

1. 美国电影产业在美国服务贸易和世界电影贸易中占有领先地位

电影产业是美国在世界范围内最具竞争力的产业，在维持国际贸易平衡中起着积极的作用。2008年，美国影视服务出口虽因金融危机影响而比2007年下降了6%，但仍旧比2004年高出31%，占整个美国私营服务贸易顺差的7%。美国电影产业贸易的顺差比其他服务贸易如电信、管理、咨询、法律、医药、计算机和保险服务贸易等大得多。美国的票房收入占据了全球电影市场的53%，并且连续5年所占的比重都维持在这个份额以上。

2. 美国电影产业已形成了良好的产业内优势

美国电影产业及其贸易在世界范围内的霸主地位，是基于其产业内优势的打造。而产业内优势则主要基于制造力与营销力所凝聚的实力。

（1）美国电影产业强大的规模经济有效增强了其电影业的制造力

美国电影产业的制造力是通过规模化、集团化经营和完善的产业链而实现的。现在美国主流制片公司有6家，分别是：派拉蒙（Paramount）、20世纪福克斯（20th Century Fox）、环球（Universal）、华纳兄弟（Warner Brothers）、索尼（Sony）、迪士尼（Walt Disney）。除此之外，在20世纪二三十年代电影产业刚兴起时，美国八大主流电影制片公司还包括雷电华（Radio Keith Orpheum，简称RKO，1958年破产）、联美UA（United Artist，1981年被米高梅收购）、哥伦比亚（Colombia）和米高梅MGM（Metro Goldwyn Mayer），其中米高梅公司于2010年11月3日宣布破产后，12月初，曼哈顿法院批准了该公司的破产重组计划，待其脱离破产保护后，将由望远镜娱乐公司共同创始人加里·巴伯和罗杰·伯恩鲍姆担任米高梅联合董事会主席兼首席执行官。

六大主流公司都采用了集团化经营方式，既有效集聚了电影制造的各种要素，又有利于其业务的延伸。由于电影业具有高风险和高投入的特性，集团化便于吸纳人才与筹集雄厚资金，并通过混合经营，达到节约成本、分摊

风险、扩大收益的目标。这六大公司占有美国 75% 的电影发行，每年 10 部大片占有电影产业总收入的 1/3 至 1/2。其他独立制片公司则在市场细分中以灵活多变的方式参与资金投入少、技术含量低的部分电影制作。另一方面，美国在电影产业链延伸至电影后产品的开发方面（包括电影各类衍生品如录像带、VCD、音乐磁带、外景地的旅游开发，服装道具的拍卖以及与电影相关的演艺经纪、广告、电影频道等相关产业），也卓有成效。

作为电影消费场所的电影院的发展，在美国颇具规模。截至 2009 年，美国拥有电影院总数达到 6 039 个，总银幕数达到 39 717 块。其中大型与巨型影院数目在不断增长，巨型影院的数目达到了 638 个，处于世界领先地位。

（2）美国电影产业的贸易优势充分体现了其渗透与占有国际市场的营销能力

美国电影产业的营销力既依赖具有创新的产品制造力，同时也基于其良好的渠道开拓与系统的促销能力。

其一，在国际市场营销的市场介入方式上，采取资金投入和合作经营的策略。通过对其他国家电影业的资金投入和合作经营，利用建立电影制作发行放映机构来进入和控制国外电影市场，一直是美国电影产业国际化的重要策略。当年好莱坞占领欧洲电影市场的第一步，就是合作制片和发行，如派拉蒙公司等投资德国的 UFA，建立合资发行公司，争取电影的发行和制作权，培养观众的好莱坞趣味和发行好莱坞电影，最终支配电影市场。在加拿大等国家，美国通过建立电影发行放映院线，控制了整个电影市场。在中国市场，好莱坞通过合拍电影的方式，一方面将中国电影制作系统纳入好莱坞体系之中，另一方面也制造好莱坞化或准好莱坞化的电影，从而培养好莱坞化的观众。比如，华纳兄弟影业公司与中影集团、横店集团成立了首家中外合资影业公司。

其二，在国际营销渠道上，建立独立的全球发行体系。美国电影拥有完整独立的全球发行体系，控制了世界许多国家的销售网和众多电影院、出版机构和商业连锁店。好莱坞采用"海外发行制"，即发行公司通过将影片拷贝卖到本国以外的方式来进行影片发行，建立了国际化的分销网络，使其电影能在全世界 180 多个国家同步发行，这是好莱坞商业机制的优势之一。如北美地区发行网专门负责美国和加拿大的电影发行,世界发行网则负责向亚洲、欧洲、拉美和非洲发行电影,两条发行网相辅相成,并行不悖。好莱坞采用"院线制"与全球知名影院建立长期的合作伙伴关系,使好莱坞影片可以在自己的院线中统一安排放映时间、方式,以产生一定的规模效应。

其三,在国际市场的促销方式上,运用国际互联网络进行渗透。数字时代的信息传播方式越来越多样化,各类型的公司在进行自己的产品营销时,越来越重视多种媒体互相结合互为补充,也就是跨媒体营销。运用网络进行促销是21世纪最重要的促销方式。好莱坞通过网络宣传、网络广告、发布网上新闻等方式进行更大规模、更快速的宣传造势,不仅提高了广告效率,增强了经济效益,也拉近了与观众的距离。美国著名导演斯皮尔伯格执导的力作《人工智能》完成后,为了使人们尽快了解和喜爱这部电影所表达的高智商对抗的主题,制作人员在互联网上发布了一个充满悬念的智力游戏,鼓励在网上冲浪的人们前去探索。这个场景颇为宏大的游戏是由微软公司制作的,游戏的主要目的就是推出华纳兄弟公司的最新力作《人工智能》。

二、美国电影产业贸易发展对外部因素的借力

在国际贸易与国际营销中,经济力的实现,必须与文化环境的适应力和政治力相结合,这是占有国际市场的有效路径。

1. 文化因素:渗透与适应的结合

在国际贸易与营销中,全球化与本土化的关系始终是一个重要的问题,而文化环境是该问题的关键,这在文化产业贸易中尤其重要。产业经济学家考林·霍斯金斯(Colin Hoskins)认为:"扎根于一种文化的特定的电视节目、电影或录像,在国内市场很具吸引力,因为国内市场的观众拥有相同的常识和生活方式;但在其他地方吸引力就会减退,因为那儿的观众很难认同这种风格、价值观、信仰、历史、神话、社会制度、自然环境和行为模式。"[①] 于

[①] (加)考林·霍斯金斯等:《全球电视与电影——产业经济学导论》,新华出版社2004年版。

是就产生了所谓"文化折扣"。

由于国际经济文化发展的不平衡和美国综合实力的影响，美国市场对外来影视产品有很高的文化折扣，而美国影视产品在国外遇到的文化折扣却相对较低，这也是美国电影的国际市场渗透力和贸易顺差得以保持的重要原因。20世纪中叶以来，美国不仅在全球经济中居主导地位，政治军事力量也居强势地位，在全球化的交流中这种政治经济的不平衡必然带来文化交流的不平衡，文化的强势认同规则必然会有利于美国文化的输出。这就使美国电影产业的发展与美国文化的传播进入了一个良性循环：文化产品的全球输出不仅能够扩展市场获得大量的经济利润，同时也可以通过文化媒介承载美国的生活方式和价值观念；文化商品在获得现实利益的同时，也在创造竞争的软实力。正是因为文化产品具有这样一种特殊意义，美国一直努力促成文化产业的全球化，特别是首推电影产品的全球化。

但是，由于全球民主意识和维护文化多元化的诉求，美国文化在进军全球电影市场时还是存在一定的文化折扣或文化障碍问题，在一定程度上对本土化文化的吸纳，不仅有利于美国电影为东道国市场所接纳，也有利于美国电影及其文化加强渗透力。美国电影在从选材到拍摄的制作环节上考虑如何满足全世界观众的需求，反过来也培养了观众的好莱坞趣味。例如，为了开拓中国电影市场，好莱坞公司采取了一些手段来迎合中国观众，拍摄中国故事的电影——《花木兰》时，增加对中国文化的亲和性，起用华人导演、演员和其他创作人员来满足中国观众的观赏情感，调和东西方文化的冲突。重视营销策划的好莱坞，在其宣传推广工作中，也非常注意不同国家的不同国情，中国观众看到的不少迪士尼公司出品的动画长片中的中文版配音者、主题曲演唱者，几乎都是中国著名歌星、影星。就影片预告片而言，注重特技镜头的动作大片，如《蜘蛛侠》《星球大战》，此类电影无非是一个"邪不压正"的简单主题，不必再进行海外电影市场细分；而像剧情片《红磨坊》，则要针对不同国家和地区推出不同版本的预告片：在全世界大部分国家和地区播出的预告片是女主人公在红磨坊大跳火爆的性感艳舞的热闹场面，但在日本电影市场上，好莱坞却改以女主人公憔悴、奄奄一息地躺在病榻上，男主人公赶来探望，泣不成声、生离死别的感人场面，因为日本电影观众更喜欢崇高伟大的爱情悲剧。

2. 法律因素：保护文化贸易与知识产权的法律制度

20世纪70年代末，进入美国的外国电影数量不断上升，美国国产影片的空间受到严重挤压。美国政府为了维护其经济利益，促进其版权产业发展和全球竞争力的提升，开始全面实施版权战略，加强版权保护。为此，美国政府先后通过了《版权法》《半导体芯片保护法》《跨世纪数字版权法》《电子盗版禁止法》《伪造访问设备和计算机欺骗滥用法》等一系列版权保护法规，形成了保护范围最广、相关规定最为详尽的法律系统。

近年来，美国还不断修订《版权法》，1976年修订时把1909年制订的28年的版权保护有效期延长到75年或者作者去世后50年。1998年，版权保护期限进一步延长到95年至120年或者作者去世后70年。完善的版权保护，使好莱坞各大制片公司彻底消除了后顾之忧，创作激情不断迸发，深受国内外观众欢迎的优秀作品不断涌现。

美国积极加入以《伯尔尼公约》为代表的国际版权保护体系，积极推动建立与国际贸易相关的版权保护体制，在推动达成《与贸易有关的知识产权协定》时，为本国包括电影产品在内的知识产权保护赢取国际性的支持。

3. 政治因素：政府充当电影产业贸易的后盾

对于美国政治来说，电影作为产品被推销到全世界，这不仅是商业利益，同时也是政治利益。因为电影不是普通的商品，同时也是政治特别是意识形态的载体之一。在电影产业的国际贸易中，美国政府从来就扮演着护卫和筑路人的角色。政府的功能不是管理电影拍什么和如何拍，而是如何为电影拍摄发行、放映、输出创造条件。1929年美国商务部在对外贸易司成立了电影处。1922年成立的美国电影制作和发行协会（MPPDA）和第二次世界大战后成立的美国电影输出协会（MPEAA），长期与政府合作，争取美国电影的海外利益。在与外国政府谈判时，美国国务院外交部、商务部都对电影协会给予积极支持。美国在外国的各种政府机构，还专门搜集各国的电影市场情报，撰写了大量调查分析报告。冷战结束以后，在国际社会努力建构国际政治经济新秩序和国际信息新秩序的过程中,美国更试图将电影纳入其单极化的总体思路中,美国国会与商务部将电影议题纳入了与其他国家的世界贸易组织谈判之中。

在与许多国家的谈判中都包含了与电影相关的两方面内容:一是产权保护,二是市场开放。为了给好莱坞电影的海外市场准入创造条件,美国不惜采用一些不一般的外交手段,甚至政治和贸易惩罚手段,来扩展美国电影的海外市场,如1985年美国国会和大使馆,要求韩国改变国产电影放映时间占全年146天以上的规定,支持MPEAA要求韩国允许好莱坞建立发行公司;在与加拿大、法国就电影产品在商品与文化定位上发生冲突后,美国便采取经济制裁措施。美国在与中国进行加入WTO的谈判时,也将增加美国电影的进口配额、允许美国资本进入中国电影业等作为重要条件提出来,未来,美国政府必然还会通过政治压力来争取中国电影市场更完全的开放。

三、中国电影产业贸易的状况及对美国经验的借鉴

1. 中国电影产业的规模与对外贸易状况

目前中国电影产业贸易尚处在幼稚期,电影公司数量众多但规模较小,集约化程度低。从产业规模上看,中国电影业至今没有形成自己的产业规模。中国现有的上影、北影、长影三大制片厂,16个省办厂以及其他一些制片企业,全部加起来的总和实力也比不上美国六大主流制片公司的任何一家。此外,票房几乎是中国电影业的唯一收入来源。中国整个电影市场,还没有培养出一定规模的衍生产业部门,与相关产业的互动协作程度低,产业链水平仍处于低端。

2009年中国内地共有22家制片单位的45部影片(包括34部合拍片)销往海外68个国家和地区,总成交量185部次,海外票房和销售收入达27.5亿元,同期增幅9.22%。其中,海外票房收入24亿元,影片后产品收入3.5亿元。中国电影的海外市场偏窄,主要集中在北美、欧洲、亚太三个地区。2009年共有8部影片(含6部合拍片)销往日本,票房收入7.61亿元,占海外总收入的27.58%,是中国电影本土之外最大的市场;两部合拍片销往美

国，票房收入6.10亿元，占海外收入份额的22.11%。由于中国内地影片题材有限，大多数影片无法走出国门，即使走出国门，市场覆盖率也较低。中国电影国际影响力的提升没能与中国电影产业和经济的发展同步。

2. 国内学者的相关论述

近年来，国内各界学者从国内电影产业存在的问题、美国电影产业的发展策略以及中美电影贸易竞争力的比较等方面做了很多研究和探讨，旨在借鉴美国的成功经验推动我国电影国际贸易的发展，充分发挥我国文化在全球范围内的影响力和渗透作用。胡正荣认为美国电影产业的结构与经营策略是美国电影在世界上占有重要地位的主要原因；唐榕认为我国与国际市场上的竞争对手在产业竞争力上的差异是影响我国电影产业国际化发展的关键所在；李敏鹤通过对我国与美国、韩国电影产业出口竞争力的比较分析，为产业集中度低、市场竞争意识薄弱、国际营销经验不足是导致我国电影产业出口竞争力低的原因；魏婷、夏宝莲从产业、产品、投融资、政府扶持的角度解释了中美影视贸易逆差的原因并给出了相应的政策建议；崔倩倩认为中国电影与美国电影的主要差异在于意识形态、电影审查制度和电影运作机制，中国电影问鼎好莱坞走向世界任重而道远；张丽梅、余晓泓认为中美电影产业逆差的原因主要在于电影产业实力悬殊以及贸易保护力度的差异；王周博通过对比中美影视文化贸易出口市场占有率指数、贸易竞争优势指数和显示性比较优势指数，指出中国影视文化产品在世界文化产品贸易中所占比重很小，影视产品进出口国家及类型过分集中，文化折扣现象较大，未形成规模经济等；赵昆鹏认为中国电影在市场运作、人物塑造、叙事方式等意识形态上存在的问题是导致中国电影无法抗衡好莱坞电影的重要原因；胡正荣、李继东认为中国电影产业在创造力的激发和保护、选题的多样性、市场运作等方面存在问题，并从创意、市场运作等方面探讨了美国电影产业应对数字技术等新媒介的发展策略。

3. 从美国电影产业贸易经验中得到的启示

（1）建立完善的电影产业，形成产业规模。我国电影产业应形成集中竞争的态势，充分发挥资源优势，减少横向和纵向的交易成本，实现规模经济效益。集团化是美国电影公司的成功实践，要提高中国电影市场的集中度，需要借助市场力量，打破行业、区域、所有制分割，形成几个具有产业垂直整合和跨媒介跨行业横向整合的大型电影集团；同时鼓励国有大型电影集团继续深化股份制改革，以参股的形式与国际大型电影集团进行联合与合作；并适当降低和规范产业的进入壁垒，让更多的中小电影企业有效地参与产业分工与竞争。另外，应建立完善的电影产业价值链，加大对具有影响力的影片和电影后产品的开发力度。

（2）加强电影产业的国际营销力度。重点之一是理顺国际市场销售渠道，建立完善的发行网络。中国影视产品要想在国际市场上站稳脚跟，必须努力探索进入世界市场的新战略和新渠道。可以在有条件的国家和地区设立常驻代表机构或代理商，还可以与国外电影发行公司加强战略合作，利用他们已有的发行网络增加国产影视产品的出口。重点之二是做好市场调查工作，针对不同市场进行细分。对于与中国文化背景相异的国际市场要想减少文化折扣，就要通过捕捉人类情感的共同点，并采用先进的制片技术，以取得最佳的视觉效果等手段来赢得观众。对于与中国有相似文化背景的亚洲国家市场，要利用文化相似的特点，发挥本土特色，增加文化贸易量。

（3）在电影贸易中善于利用文化因素。中国应该始终把保护世界文化的多样性作为一个基本立场，为建立一个开放、公正、透明、可参与的多边贸易体系而努力。在目前这个公平度和贸易度较低的贸易体系内，应确保中国电影在进入国际市场时享有公平的商业机会。尽管由于全球化进程的加快使得文化的民族疆界越来越模糊，但中国与西方世界毕竟有着巨大的文化差异，这种差异不仅意味着好莱坞电影很难替代中国本土电影的文化亲同性，而且也意味着中国电影在亚洲、在世界的华人文化区都可能具有好莱坞电影所不能替代的文化亲同性，因此中国电影应该创造性地利用中国的文化传统资源，不仅是题材的资源，而且也是价值观审美观的资源，在亚洲和世界的华人华文电影市场中获得广阔的空间。此外还可以利用当今世界的"汉语热"，结合孔子学院的布局等有利因素，带动中国电影对海外年轻消费者市场的启动。

（4）加强政府对电影产业贸易的支持。中国电影走出去，既是中国电影产业做大做强的需要，也是中国文化软实力的体现。首先，政府应制订更积极的产业政策，并从经济手段上支持电影制作技术创新与题材创新的活动，包括鼓励与发挥相关的创意产业基金和风险投资基金的作用；其次，文化产业发展的环境与电影制作与政府的支持密切相关；最后，政府还可以在电影贸易方面提供财政与金融的帮助，为中国电影产业走向国际舞台创造条件，如通过国内立法的方式对影视贸易采取以非关税管理措施为主的手段，限制外国电影产业的输入。

此外，以下的政府行为也是国际电影贸易中可以采用的政策：对影视服务贸易的数量限制——规定本国影视片在放映总时间内必须占到一定的比例，或规定外国影视片在放映总时间内不得超过一定的比例；通过对进口电影产品实行许可证管理——调节国家进口电影产品结构，稳定国产电影市场；歧视性税收——规定境外的影视制品必须承担较高的税费，或规定不同国家或地区的影视产品承担不同税费。当然，对中国影片打入国际市场和进口国外影片关系的处理必须符合国际惯例，尽可能消除贸易摩擦。

美国电影产业发展对中国文化创意产业兴起的启示

一、中国动画片之殇

就国内的文化娱乐产业而言，在一个金融危机不断蔓延和低碳经济呼之欲出的时代，将会有一个巨大的成长空间，为此，十七届六中全会提出"文化强国"的建设命题。事实上，在此之前，国务院前总理温家宝在 2009 年曾两度考察国内的动漫游戏企业，这无疑也表明了政府部门的一个鲜明而积极的态度和看法。

2009 年 2 月 15~16 日，在天津豪峰动画科技有限公司，温家宝饶有兴致地观看了国产健康电脑游戏的演示和企业自主研发的动画片《龙生九子》，他鼓励企业加大研发和推广力度，生产出更多拥有自主产权的动画片和电脑游戏，促进动漫产业的发展，使文化产业成为应对国际金融危机的一个新增长点。2009年3月29~31日，温家宝在湖北考察工作时，又专门到武汉江通动画股份有限公司给大家鼓劲加油，并提出：①金融危机是动漫产业发展的好时机，我们应该有自己的动漫产业；②中国有世界上最多的孩子，应该有最好的动画；③你们做的工作很有意义，要让中国的文化走向世界，要在世界面前展示中国的软实力，首先要让中国的孩子多看自己的历史和自己国家的动画片，而不是仅仅满足于只知道奥特曼。①

作为江通动画股份有限公司的董事长，朱佑兰曾说过这样的话："我们这代人是有着民族情结的，就是为了孩子，为了民族的未来和希望，我们也有着拍摄出优秀动画的使命……"的确如此，正如温家宝所说的那样："我有时看我孙子喜欢看动画片，但是动不动就是奥特曼。他是不是应该多看一些中国的动画片？但由谁来生产以及怎么生产呢？"

2011年，我国文化产业总产值为3.9万亿元，占GDP比重首超3%。数据显示，中国动漫产业年产量达22万分钟，但却只占到世界总产值的0.68%；而日本以年产10万分钟的产量，占到世界动漫总产值的68%。90分钟的动漫电影《功夫熊猫2》，相当于中国3万分钟的动漫作品带来的产值。另据孙冰称，以好莱坞为主体和代表的美国文化产业占GDP 25%，成为仅次于军工的第二大支柱产业；文化产品每年出口额超过600亿美元，超越航空航天工业，成为美国第一大出口创汇产业。② 美国用来真正征服世界的并不是航母导弹，而是好莱坞电影、迈克尔·杰克逊和米老鼠。在美国，电影衍生品的收入高达电影总收入的70%，远远高于电影票房，而在国内电影收入的90%~95%都来自票房和植入式广告，很多电影的衍生品收入竟然是零。以下这组数据可让我们更直观地了解到衍生品对于电影产业的巨大影响：美国电影《星球大战》三部曲全部票房收入为18亿美元，而其衍生品入账超过45亿美元；美国孩之宝通过《变形金刚》的电影衍生品每年获利超过10亿美元；迪士尼动画电影《狮子王》前期投资仅4 500万美元，收获了7.8亿美

---

① 引自新华社2009年3月31日关于温家宝总理的报道。
② 孙冰："韩流背后最大推手是韩国政府系政府工程"，《中国经济周刊》2012年10月。

元票房，而衍生品收入更高达 20 亿美元，有人甚至戏称，《狮子王》是迪士尼公司制造出的"印钞机"。

有鉴于此，就有了一个不容回避、需要深入考虑的问题，即如何才能更好地促进含电影在内的中国文化产业发展？在试图推助中国成长出一些面向未来的卓越伟大的娱乐型或文化类公司方面，以好莱坞奇迹为典范的美国电影产业发展能给我们提供一些怎样可贵的管理启示或经验借鉴呢？

二、以好莱坞奇迹为典范的美国电影产业发展——破除爱迪生垄断、利益赚取的驱使以及后来混乱中的治理

20 世纪初，包括美国电影之父格里菲斯在内的一大批中小电影公司和独立制片人为了摆脱爱迪生的羁绊与魔爪，逃避专利公司的高额分成和课税，不得不离开纽约这个当时的电影生产中心。

他们携带摄影机、放映机四处寻找新的拍摄基地，最后相中了加利福尼亚州的洛杉矶郊区。那片地域，原本隶属于房地产商维尔克特斯 1886 年所买下的一块地，当时他的夫人将苏格兰运来的大批冬青树栽在那里。后来，自然而然就有了好莱坞这个中文直译地名（在英语中，Hollywood 是"冬青树林"的意思）。

那里地价便宜，气候宜人，还可受到几千公里缓冲地带的自然保护，是一片未经开发的地域，地形复杂奇特，一年四季阳光充足，拍摄季节长且当地劳动力低廉。而且那里还邻近墨西哥，为他们一旦遭遇爱迪生及其律师们追扰可随时准备拔腿跑路，逃出国境。1911 年 10 月，一批从新泽西来的电影工作者在当地摄影师的带领下，来到一家叫布朗杜的小客栈，他们将其改装成一家电影公司的样子。这样，他们创建了好莱坞的第一家电影制片厂——内斯特影片公司，同年便有 15 个制片厂在这里定居，成千上万的梦幻制造者紧随而至。于是，随着制片商及摄制组大量涌入，到 1913 年时，好莱坞已成为初具规模的电影拍摄基地。经过无数电影人的努力，好莱坞果然成长为世界电影史上的一棵"美丽并富有生命力的常青树"。结果，洛杉矶郊外的小村庄好莱坞，在几十年后成了世界电影之都。到 1915 年，大多数影片公司已在好莱坞建立了永久的基地。随着社会和经济的发展，各种与

电影相关的传媒产业也都聚集于此形成规模。在世界各国，美国影片占据上映节目的60%~90%，每年约有2亿美元被用来生产800部影片。电影方面的投资超过15亿美元，这样大的资金使电影事业在美国成了一种大规模工业，在资本上可与汽车、罐头、钢铁、石油等这些美国最大的工业相比拟。从此美国电影扎根的好莱坞，成为全球影视传媒产业的焦点。好莱坞各制片厂负责人与他们早期在东部的对手不同，他们对艺术实验的兴趣赶不上对利润的关心。他们制作和放映的都是最卖座的影片，而观众们也更愿意花钱去看那些充满刺激与猎奇暴力的影片。联邦政府密切注视着电影业的新首府——好莱坞，要了解它制作的影片是否一直"得到社会承认"、"得到道德认同"。

然而好莱坞的那些大老板不管这些，他们不知道自己的影片是否合乎道德，也不大可能注意这一点。在其眼里，电影就是赚钱工具，而非表达手段。一部影片赚的钱越多，就越好。因此，他们就像做生意一样地经营电影业，把编剧、导演、演员和制作人员当作按时上下班的雇员，而非艺术家。每当电影业遭到攻击，被指控为道德败坏时，好莱坞的老板们没有一个人相信问题真的与道德有关。

在那些看出好莱坞已由犹太人控制的人中，有许多政府工作人员和私营企业主，他们完全是异教徒，无法领会基督教道德的实质，更谈不上予以说明了。他们认为好莱坞的犹太商人为了赚钱而败坏了一种艺术样式，也扩大了美国道德败坏的范围。用福特汽车创始人福特的话来说，这些人是美国在20世纪初"国际犹太人"大批涌入之后问题日益突显的一个极好的例子。

犹太老板大量雇用好莱坞有才能的基督徒也证实了这种谣传。耸人听闻的阿巴克尔案件促使公众更加强烈地要求政府作出规定，说明对道德败坏的电影业的看法。1922年，美国国会通过正式立法，成立了影片审查委员会。

各大制片厂的头头们害怕政府干预，于是成立了一个自我管理的组织——美国电影制片人与发行商协会。至1924年，一些人仍然坚持反对任何一种限制电影的规定。那一年卓别林曾代表许多人讲话，反对他称之为用美国电影制片人和发行商协会招牌的"长老审查制"。到了1929年，赫斯特由于需要"热门"新闻来提高其报纸正在下降的发行量，发表了一连串社论，要求恢复联邦审查制度，以便对电影越来越严重的伤风败俗的内容加以控制。他既不同情犹太人，也不支持电影业，认为实际上"免费"和正片一起放映的新闻短片乃是对其报纸的威胁。

从某种程度上讲，到了20世纪20年代初，爱迪生的托拉斯所剩下的东西就只有当初提出的关于电影的道德内容和艺术水准低下的问题了。而对于当时好莱坞日益堕落的现状，1923年3月，美国参议员布鲁克哈特将其看法加以总结，认为这种情况完全是各制片厂为了竞争，不惜以牺牲道德和社会道德作代价所进行的一场利润争夺战，带头的就是"一伙一伙的犹太人"。至于后来，爱迪生影片的销声匿迹，好莱坞的大片转型、声名鹊起、风靡全球，以及迪士尼制片厂成长为今天的好莱坞八大影业公司之一，迪士尼公司发展成世界第一娱乐公司，这些事实都是那个时代的人们所始料未及的。在艾斯纳时代，迪士尼公司的电影制片业务，从没落走向复兴、辉煌，成功地从"老幺"晋升为"老大"，成为好莱坞六大电影公司之首，以至于仅有梦工厂可与之勉强接招抗衡。事实上，正是执着较真、相对强势、咄咄逼人的爱迪生给了别人另外的别样机会。由混乱到竞争，再到均衡和秩序，这便是自生演化与人类合作扩展秩序的社会常识与管理逻辑了。总结起来，爱迪生的托拉斯致力于保持电影业的道德完善，私下则无非是一心要保护其自身的经济垄断地位。而到后来，美国西部好莱坞影片已比东部托拉斯更受欢迎了。

尤其是在20世纪20年代末的金融危机时期，当大多数公司身陷绝境，好莱坞则迎来了其长达十年的黄金时代，庞大的美国电影产业开始形成。1935年时，美国只有1亿人口，而电影院的座位加起来，却超过了1 100万个。

20世纪三四十年代是美国好莱坞的"黄金时代"，前后摄制了六七千部影片，覆盖了全世界70%~90%的银幕并获得了巨额的利润，因而称霸于世界影坛。现在，每年高达1 000多部的影片，更给了人们难得的欢乐和慰藉。

不仅如此，善于观察的沃尔特还经常注意到，那些兴致勃勃来好莱坞游玩的人，总以为那儿处处是明星，该是个五彩缤纷的世界。可是，这些慕名而来的人，往往乘兴而来，可总是悻悻而归。于是，行胜于言的迪士尼公司在沃尔特的积极带动下，很快在1955年创建了其第一个迪士尼乐园。而今，由影视产业带动起来的旅游业迅速发展，每年来好莱坞旅游的各国游客都是电影潜在的消费群体。好莱坞所在的美国加利福尼亚州洛杉矶市区西北郊的整个区域，已成为全球最著名的影视娱乐和旅游热门景点。

现在，"好莱坞"一词往往直接用来指美国加州南部的电影工业。好莱坞不仅是全球时尚的发源地，也是全球音乐、电影产业的中心地带，拥有世界顶级的娱乐产业和奢侈品牌，引领并代表着全球时尚的最高水平。一年一度举办的奥斯卡颁奖典礼，不仅促进各国电影界人士的交流与合作，而且也是电影产品的交易场所。除奥斯卡颁奖典礼以外，好莱坞各公司也会联合举办一些影视产品博览会、独立电影展览、各国电影节等活动来宣传自己的电影。

好莱坞建立初期，来到该地的都是一些独立的中小型制片厂，他们没有足够的财力物力去单独建一些基础设施，如交通设施，耗资巨大的摄影棚、外景地等。集聚可以促使他们联合创建并达到资源共享，为每个公司节约成本。拍摄基地、洗印厂、后期制作公司、发行公司等的聚集可以节省影片拍摄时间以及很大一部分剧组花费。另外，各企业在不断合作与竞争中建立起的一套电影制度、法规等软件措施会更好地促进企业发展。

产业集群还使得电影产业中各关联产业相继产生并发展壮大。如报纸杂志、出版社、电视台、数字技术研发机构、发行公司、电影院、律师事物所、经纪公司、咨询公司、市场调查机构等。这些公司和机构的产生进一步推动电影产业和整个区域经济更好地发展。以上种种集聚优势既是好莱坞自身的特点，也是促成其形成和发展的原因。这样的产业集群式的企业经营组织模式，在好莱坞的形成和发展中起着关键的作用。

从初始情况而言，在美国东西岸的较量与背后利益的作用下，好莱坞可谓是一个道德败坏的产物！那么，在其中，迪士尼的崛起机会是怎么得来的呢？正是这样的经济危机和道德危机给了沃尔特一个很好的机会，因为好莱坞正需要一个不仅颂扬真正的美德，而且首先知道什么是真正美德的英雄。与那些大肆渲染暴力与刺激的影片不同，沃尔特的《威利号汽船》没有性描写、没有政治色彩的电影，主角是一只会讲话的无害小老鼠。与此同时，像派拉蒙、环球、华纳兄弟、米高梅、哥伦比亚等影业公司也各自得到了长足发展。就其运作模式的成功因素来讲，好莱坞的卓越在于它的制片厂制度与电影分类制作售卖。在好莱坞发展初期，小公司林立，其中塞纳特成立了启斯东制片厂，开创了美国电影制片厂先河。为寻求最小成本约束下的利润最大化，一些电影企业逐渐联合起来，以不同于爱迪生的方式垄断新的电影市场，在好莱坞建立适应大规模生产的制片厂，其中派拉蒙等八大电影公司占主要地位。好莱坞的制片厂制度主要体现在以下几点：

第一，电影制作分工精细、流水线作业。在最初的启斯东制片厂，编剧部门分工极为精细，由塞纳特提出电影的基本意图，再开剧本会议讨论剧中的人物和故事，最后由滑稽演员出身的麦克去增加笑料和包袱。

第二，制片人决定一切。启斯东制片厂里，塞纳特在中央的高台上设置了一个供自己洗澡并监工的浴盆，这个浴盆无疑是制片人专权的绝妙象征。制片人专权正是要将个人在电影中的作用消解在集体的智慧和细密的分工里。

第三，明星制度是票房的核心。好莱坞加大了明星在电影票房中的作用，利用对明星的发掘和追捧，来提高电影的票房，使很多观众根据明星的阵容来买票。好莱坞最经典的莫过于类型电影，即将电影进行分类制作和市场售卖。类型电影将艺术产品标准化类型进行规范，通过对首部成功电影的模仿逐渐形成，分为音乐片、歌舞片、西部片、强盗片、恐怖片等。在电影制作的同时，好莱坞还建立了系统的反馈体系，强化了成功的故事和技巧的重复性，每一个故事模式、叙事技巧的固定，都是制片厂和观众持续进行价值交换的结果。制片厂越来越倚重得到验证的叙事技巧和故事公式。

第四，恪守叙事原则，是好莱坞长盛不衰的又一个重要原因。在好莱坞兴旺发达的历史上，作为泰斗级人物的格里菲斯不容小觑。1919年，他与卓别林、范朋克、毕克馥等人组建了联美影片公司（后来，以拍摄007系列电影闻名于世）。实际上，这位早年几度失业、落魄沮丧的格里菲斯在其起步阶段是得益于爱迪生给他的机会。1907年夏，格里菲斯好不容易才在爱迪生的比沃格拉夫电影公司里找到一个当配角演员的工作。后来，因薪资待遇以及发展前景转战好莱坞，凭借其勤奋与天赋逐渐奠定了在世界电影史上的卓越地位。他将各个流派和许多前辈导演们那点滴的、分散的创造吸收过来，加上自己许多独创的东西，在内容上不忘对下层人民的苦难寄予深刻同情式理解，逐渐形成了自己的风格、特色和体系。

众所周知，卢米埃尔兄弟偏重纪实性，忽略艺术性；梅里埃则偏重戏剧性而忽略新闻性，他们各执一词，分道扬镳。直到伟大的电影实践家格里菲斯取两家之精华，融会贯通，让电影从戏剧的奴役当中解放出来，心安理得地坐上了"第七艺术"的交椅。格里菲斯作为世界电影史上具有里程碑意义的导演，不仅完善了叙事电影的基本语言，并将之标准化，还发展了电影剪辑技巧，拓宽了电影的表现时空，为蒙太奇理论的提出奠定了美学基础。他大量的借鉴戏剧、文学作品及其叙事技巧，提升了电影的艺术地位。

在格里菲斯之后，电影的技术逐渐成熟，各国也开始不断发展本国的电影产业。在不同的社会、经济、信仰下，呈现出不同的电影流派。在众多电影流派中，大体还是在卢米埃尔的现实主义和梅里埃的表现主义之下衍生发展起来的。比如：欧洲先锋派电影（法国印象主义、德国表现主义、苏联蒙太奇学派）、法国"新浪潮"，均属于表现主义；苏联蒙太奇学派中，维尔托夫的"电影眼睛派"、意大利新现实主义则属于卢米埃尔所崇尚的现实主义。

三、好莱坞奇迹对中国文化创意产业发展的启示

在传统的汽车和房地产业发展出现瓶颈甚至不可持续的情形之下，娱乐业无疑在中国未来整个国民经济体系中将起到越发重要的地位和作用。同时，经过改革开放 30 多年以及入世之后中国经济的发展，如何发展我们的包括娱乐业、创意产业在内的第三产业，也将更加凸显出来。这方面，从历史上看，我们已有一定的经验，然不足以应对现代化进程中中国社会的需要，因此必须要敞开胸怀，放眼世界，并且要不断调整我们的政策和思路。

第一，转变观念。美国的投资家邓普顿说过："一个国家的财富不能仅仅依靠自然资源，应该依靠人们心目中的想法和观念。人们的创造力是无穷无

尽的，这可真是令人兴奋狂喜不已。"要相信民众的创新能力，并尽心尽力地去激发它们，使其释放到整个社会场域当中。电影在美国发展成为一种分工精细的工业，一种生活娱乐的手段，正如罗森所讲："以好莱坞为代表的美国电影提供的不是说教，而是娱乐，纯粹的精神娱乐。"而我们呢？则有些相反。值得反思的是，今后中国电影的定位如果不是突出其本身的娱乐品质而淡化原来的教化功能，那也至少应在两者兼顾中突出娱乐。

第二，顾客导向。着力于适销对路，即要在适当迎合和满足市场需求上进一步下功夫。有一个较为经典的说法，就全球范围内各地发展经验来看，对于一个国家或地区而言，当人均 GDP 达到 5 000 美元时，其旅游业将会出现爆发式成长。国际货币基金组织（IMF）发布的数据显示：中国 2011 年人均 GDP 为 5 414 美元，列全球第 89 位，中国 2012 年人均 GDP 为 6 076 美元，列全球第 87 位，位列中等偏上收入国家。近些年中国旅游业出现了一系列问题，从某种程度上讲，是国内旅游业态、实质内容及其展现样式的供应不足所造成的。旅游领域的教训值得电影等文化娱乐产业思考。中国近些年的电影票房不断飙升，也揭示出人们在物质方面满足之后对精神需求的渴望。为此，如何提供丰富的高品质娱乐产品将成为应有之义。

第三，分级分类。为何中国的文化产业发达不起来呢？表演艺术家赵丹就曾经说过："管得太具体，文艺没希望。"2012 年年末，著名导演谢飞发表了一封《呼吁以电影分级制代替电影审查》的公开信，在艺术界引起强烈反响。谢飞表示："以电影分级制来取代行政审查，是我国电影事业发展面临的重要改革课题。"他提出"电影审查规定"相关法律尚不健全，应将现行行政管理式的电影审查改为法律制约、行政监督、行业自治自律的电影分级制，而不应该扼杀艺术思想探索。2014 年两会期间，冯小刚发言讲道："今天李克强总理的工作报告中，明确提出要'深入推进行政体制改革，进一步简政放权，这是政府的自我革命。今年要再取消和下放行政审批事项 200 项以上，深化投资审批制度改革，取消或简化前置性审批'。希望影视文化管理部门给予适当考虑。"成龙也说道："2013 年中国电影票房的收入是 217 亿元，其中国产片的收益达到 171 亿元，超过了美国大片。不出五六年，中国会成为世界上最大的电影市场。但是，如果中国电影不注重市场化的话，难以赶超好莱坞。"正如林语堂所讲，什么时候这个民族变得幽默了，也就有大希望了。适当放松，舒缓管制，文以载道，定会推动中国梦的实现。

第四，自身努力。2013 年，李安因《少年派》再获奥斯卡最佳导演奖，引发国内热议。一些人持"大陆电影限制太多，是导致中国大陆电影无法获得国际普遍认可的根本原因"的观点，这或许是一种合理的逻辑。北大教授张颐武则认为，要从李安身上看到另一面，即他是一位善于讲述跨文化故事的优秀华人导演，而这才是中国在电影方面缺少软实力的最大启示。李安特别善于操作跨文化题材，已经跳出中华文化的影响，可以处理不同文化、信仰背景下的电影题材，这种特色使他能够适应全球电影工业"文化混杂、兼容并包"的特性，从而产生了这部加拿大小说家撰写、以印度人为主角、由华人导演执导的电影作品。为什么是李安获奖？演员兼制片人许文广解读到："李安在拍第一部影片前，有 6 年时间在家做饭，写剧本。在拍这部影片前，他先花一年半时间做动画，然后足足把剧本改了 40 稿。为了体验少年派面对的海洋，他学会潜水并考取了执照。为什么华人导演只有一个李安，许多人分析了土壤、环境、体制、文化等等，但是别忘了一个前提：任何伟大都是自己创造的。"

第五，拓展衍生品。电影衍生品源于电影，可以在电影放映结束以后相当长的一段时间里继续为电影企业创造源源不断的收益。其概念源自美国，指的是除了银幕放映之外一切增加电影产业下游产值的产品，它包括音像制品、图书、各类玩具、电子游戏、纪念品、服饰，甚至主题公园等。在国外，伴随其电影市场一百多年的发展历程，现实运作已相当成熟。实际上，在讲到电影衍生品时，也牵扯一个"利润乘数效应"概念，即"轮次收入"，也即俗称的"一鱼多吃"，就是公司利用自己的产品、服务、形象、商标、品牌，在不同的细分领域中重复地获取利润的方式，它具有可以向不同行业发展的渗透力。毫无疑问，迪士尼公司是这方面的典型的代表。该公司将其同一卡通形象用不同方式包装起来，在影视业、主题公园、旅游业、饮食业、专卖店、服装、书刊、游戏等不同行业都获得巨大成功。在其上一任董事长艾斯纳的带领下，迪士尼采取了最大限度地从其所创作并拥有的知识产权中获取利润的企业设计——像米老鼠、唐老鸭、阿拉丁、狮子王等虚拟形象不止一次、两次被采用，而是反复采用。这不仅为消费者带来更愉快的经历，而且为股东带来了更高的利润增长。毋庸置疑，米老鼠及其伙伴是将整个迪士尼王国连成一体的基石。这个王国包括电影、主题公园、饭店、录像片、零售店以及版权转让等。到目前为止，中国的电影衍生品收入不超过电影总收入的30%。值得一提的是，近几年，国内出现了一个亮点，那就是广东原创动力等机构共同开发出了《喜羊羊与灰太狼》第一、二部影片，即《牛气冲天》和《虎虎生威》。就业绩而言，《牛气冲天》获得了1亿多美元的票房，并且在电影衍生品或后电影产品的开发上获得了不菲的收益——第一批与40万只喜羊羊"对战笔"在第一天就卖出了35万只，它还被授权用在童装、图书、音像、书包、增值服务、冰淇淋、毛绒玩具、塑料玩具上等。尽管如此，与美国这样的发达国家相比，我们在这方面的努力与付出仍有巨大差距，有待进一步精准设计、谋划、改善与提升。

第六，研究好莱坞。2012年2月17日，习近平访美时走进斯皮尔伯格等人创建的梦工厂。随后，梦工厂宣布与上海文新传媒集团和华人文化产业投资基金结成合作关系，并决定在上海创建一家工作室。有分析认为，通过这样的合作，中国可以从梦工厂获得动画制作技术和商业推广技能，而制作出更多类似于《功夫熊猫》的电影，有利于中国在全球彰显"文化软实力"，实现中国文化产品和服务输出的战略需要。尽管如此，我们对于好莱坞的深入研究还远远不够。比如说，与以往不同的是，现在好莱坞打破传统类型电影的各种界限进行类型杂糅的例子很多，大部分影片都具有两种以上的类型因素，有的甚至无法归类。在观众熟知的类型电影中注入了新的元素，给观众带来了特别的喜悦和吸引力，类型与出新，这一对看似矛盾的因素，恰恰构成了好莱坞电影的内在张力，对它们的恰当运用，恰恰成为电影制作者创作和票房双成功的保证。

四、结语

迄今为止，好莱坞电影已经历了百年风雨屹立不倒，其中一个重要的原因就是它能够审时度势地改变自己，更好地满足社会与观众的需要，不断适应大众的文化需求。好莱坞成功辉煌的因素很多，比如说它的反抗垄断、自由豁达,它的激励迸发、兼容并包,它的不拘一格、自我更新,它的产业集群、竞争合作,它的信息共享,它的分工制作,它的风险投资,它的叙事风格、磁石效应、创意无限……这里面有着十分丰富的资源、教训、诀窍和经验,值得中国这样一个亟待紧迫推动影视等文化创意产业发展的大国深入探查、梳理、甄别和借鉴。

叁

影视帝国（下）：美剧为什么能风靡全球？

引言：美剧是美国文化的一面镜子

美国文化的强大，以至于我们在任何角落都可以看到其神秘的身影。在上一章中，我们了解到美国电影在世界各地攻城略地，摧枯拉朽，横扫全球，它不但攫取了全球电影近一半的票房，而且还因此衍生出上千亿美元的巨大市场。

美剧可以看作是美国电影的一个缩影。有强大的美国电影做后盾，美剧无论从技术上、美学上，还是营销上，都是站在一个相当高的起点上。在中国，有一个著名的顺口溜：看港剧的看不起看台剧的，看韩剧的看不起看港剧的，看日剧的看不起看韩剧的，看美剧的看不起看日剧的。显然，看美剧的人群处在这个收视链条的最高端。这也是这个人群傲视一切的文化资本和经济资本。

回望美剧在中国传播 30 年的历史就会明白，美剧绝不是新近舶来中国的时髦剧种。早在 20 世纪 70 年代末 80 年代初，《大西洋底来的人》让人们见识了科幻片的绚烂境界，《加里森敢死队》为中国培养了一些骨灰级的街头痞子。之后，《老友记》《越狱》等，掀起了一波又一波的美剧热。

美剧的高水准是建立在精良制作的基础上的。动辄每集几百万美金的投资，单集的成本就够我们拍一部电视剧了。我们的电视荧屏上，充斥着脑残的抗日神剧、婆媳妯娌的战争、不靠谱的古装历史剧等等，水平差，再加上缺少真诚，靠投机取巧骗取观众。面对这样的对手，美剧不战而胜就是情理之中的事。

美剧受到中国年轻人的欢迎，也是迎合了大学生、研究生、都市白领确立自己文化身份的自觉行为。中国的70后、80后，心比天高，命比纸薄，没有60后的机遇，没有90后父母给打下的江山，一切只能靠自己去打拼。相对于经济地位而言，他们的心理预期是很高的。当现实中的经济社会地位不能让他们心理平衡时，他们在美剧中找到了一个舒适的避难所。这是属于他们这个阶层独有的天堂。他们用美剧和周围的世俗社会隔开，美剧成为他们的文化资本，他们因此得以确立自己的文化身份，从中获得一种心理满足和文化的优越感。

对于电视剧的从业者而言，应该从美剧的成功当中得到启示。我们现在不缺资金，缺的是人才、创意和机制。人才，必须是真正专业的人员，从编剧到摄像，从导演到演员再到制片，必须有专业训练；创意，必须拒绝平庸，拿出真正的创意，才能让作品脱颖而出；至于机制，少一点干预就是最好的管理机制。管得越多，死得越快，这个道理已经被证明了无数次。

从电视到网络：美剧在中国的传播

一、美剧是大众文化的电视版本

当今世界是一个全球信息化的新纪元，国际传播和全球跨文化传播的发展十分迅猛，美剧搭乘网络的快车道，传播到世界的各个角落。美剧成功的秘诀，不仅因为自身的经济效益和娱乐休闲功能，还传播了美国的大众文化。题材的丰富和精良的制作为受众创造了另一个世界，这个来源于现实的虚拟世界悄然改变了受众的人生观、价值观，影响了受众对生活和人生的认识。美剧既然是大众文化的一种文本形式，便具有大众文化的基本属性。大众文化是在工业社会产生，以都市大众为消费对象，通过大众传播媒介传播的无深度的、模式化的、易复制的、按照市场规律批量生产的文化产品。

1. 收视为王：美剧强烈的商品化特征

所谓大众传播，即现代化印刷和广播、电视等影像和声音媒介组织运用法人资金，借助高科技和产业化手段，在国家调控的范围内，向未知的受众提供信息和娱乐产品的实践活动。

美剧作为大众传播媒介所制作发行的文化产品，在具有精神产品属性的同时，也被打上了商品属性。在市场经济统治下的世界，所有商品都要受市场规律的影响，能满足需要的产品才会立于不败之地。究其根本，大众文化产品的最终目的是达成交易，追求经济利益，所以美剧不是单纯的艺术品。美剧的生产、制作、发行、播出、出售，都是建立在巨大的利润之上。美剧的商业性还体现在收视率决定电视剧的生死存亡，收视率意味着广告费，剧集是否能赚回巨额的投资是制作方最先考虑的因素。美剧边拍边播的模式十分适合考察收视率的情况，盈利才能获得续订，被砍的美剧也数不胜数。

美国目前拥有全世界最成熟的广播电视网体系，这一体系完全实行商业化经营，有完善的商业模式来制作发行电视剧。哥伦比亚广播公司（CBS）、全国广播公司（NBC）、全美广播公司（ABC）、福克斯（FOX）、哥伦比亚华纳电视网（CW）是面向全美播映的五大电视台。CBS的收视率曾达到全美的三分之一，在全国有200个以上的直属电视台。目前在中国十分受欢迎的《生活大爆炸》《犯罪现场调查》《老爸老妈浪漫史》均由该台制作。NBC历史悠久，是美国商业实力最强的广播公司，曾经制作出多部红遍中国的电视剧，如《老友记》《威尔和格蕾丝》《英雄》《灵媒缉凶》等。相对这两个电视台，ABC具有十分明显的政治性，观点较为保守。在中国有大量拥趸的科幻神作《迷失》，被中国观众熟知的《绝望主妇》和《实习医生格蕾》，就是由ABC制作发行的。FOX是一家新兴的电视台，曾经制作出在中国引发收看狂潮的《越狱》。CW电视台制作的电视剧主要针对年轻观众，拍摄了大批的青春剧，包括受中国观众追捧的《美眉校探》《吸血鬼日记》《绯闻女孩》《邪恶力量》《全美超模大赛》《秘社》《南国医恋》等。HBO作为众多有线电视台的翘楚，制作出深受中国观众喜爱的电视剧《太平洋战争》《兄弟连》《黑道家族》《真爱如血》《欲望都市》《权利游戏》《新闻编辑室》《大器晚成》等。

2. "娱乐至死"：美剧的大众文化特征

1975年，查尔斯·赖特在《大众传播：功能探析》一书中提出，"媒介为受众提供消遣和乐趣的功能即娱乐功能"。尼尔·波兹曼视电视为使人成为娱乐至死的元凶，他在《娱乐至死》中指出："我们的政治、宗教、新闻、体育、教育和商业都心甘情愿地成为娱乐的附庸，毫无怨言，甚至无声无息，其结果就是我们成了一个娱乐至死的物种。"

大众传播用于娱乐的部分不免泛滥，大众文化与其他文化最大的不同，便是对娱乐矢志不渝的追求。大众文化具有世俗的趣味，注重取悦大众。当下，我国社会正处于转型时期，民众面临着很多暂时无法解决的问题，心存无法排解的情绪，需要娱乐和休闲来解决这个问题。美剧作为美国大众文化的产品，一贯执行着快乐为主的原则，大多以日常生活和个人感受为主要内容，特别在意是否满足人的欲望和感情诉求。美剧清晰的画面，题材的多样，曲折离奇的故事，大制作的宏大场面，都可满足我国大众娱乐的需求。

3. 弹性叙事：美剧的文本特征

对美剧文本的喜爱也是受众偏爱美剧的原因。剧情是美剧的重中之重，细致的剧情是支撑其走向世界的最主要原因。对于电视剧而言，剧本是核心，剧本创作的本质就是如何叙事，如何向别人讲好故事。美剧的剧情大多是开放式的，每一集都要出现悬念和冲突。美剧常常不止一条线索，而是多条线索伴着悬念和矛盾，吸引着受众聚精会神地紧跟剧情，因为谁也不知道下一秒会发生什么。每当一个冲突结束后，就会有新的冲突和悬念出现，吸引观众接着看下去，去了解接下来发生什么。美剧大量使用了弹性叙事方法，故事根据角色的数量分为多条线索，每一集会有一些新的角色和相对独立的故事情节。主角是常规角色，还会出现客串的角色。但是整体的故事会继续进行，可以确保随时加入观看的观众了解剧情。弹性叙事的情节剧吸引了高学历受众，他们对剧集中错综复杂的线索和各种各样的社会问题十分感兴趣。

二、美剧在中国传播的 30 年

1. 美剧在中国电视台的传播历程

20 世纪 80 年代美剧正式进入国人的视野，1979 年中美建交吹响了美剧进入中国观众视野的号角。中国引进的首部美剧是《大西洋底来的人》，由中央电视台翻译配音，每周特定时间播放一集。这部科幻剧集在美国只播出一季便被砍，在中国却得到了意想不到的成功。广大观众第一次接触到如此新奇的文化，从此美剧开始正式登上中国的电视荧屏。鉴于以上良好反响，同年中央电视台又引进了一部美剧《加里森敢死队》。这部美剧在人物塑造方面和中国电视剧有很大不同，有别于中国电视剧中正面人物高大全的形象。尚未播放完毕，就因为造成不良的社会影响而停止播放。而且这种社会影响是真实存在的，当时的中国刚刚经历"文革"，人民缺乏精神层面的娱乐，对新生事物抱有强大的好奇心。很多观众思想容易受到影响，在现实生活中模仿剧集中的人物情节，加入不良的社会团体，对社会治安产生了负面影响。

当时我国引进美剧的审查制度异常严格，但对于这种题材多样易于取悦观众的电视节目，国内的各大电视台也纷纷引入。1982 年的《火星叔叔马丁》让中国观众第一次见识了情景喜剧的巨大魅力。此后，《神探亨特》《豪门恩怨》《侠胆雄狮》等美剧大规模登陆中国，尽管存在着很多不同的声音，仍受到观众喜爱和追捧。这使得，我国电视行业从业者意识到电视剧娱乐功能的重要性。

90 年代初期，上海电视台引进了当时已在美国完结的剧集《成长的烦恼》。该剧以住在纽约长岛的西佛医生一家的故事展开，记录了父母和三个孩子的日常生活和成长的点滴趣事。剧集类型是情景喜剧，每集是一个独立的故事，对白幽默风趣，笑点密集，配有情景喜剧惯有的笑声，使观众能够轻松进入情境发出笑声。中国观众也是第一次直接收看到美国家庭的生活方式，了解到美国式的家庭教育，家长和孩子是朋友也是亲人，引起了很多观众的深入思考。其后《成长的烦恼》在我国多家地方台继续播出，掀起了美剧在我国的第一次收视高潮。这部剧集陪伴"70后"、"80后"成长，催生了我国第一部家庭情景喜剧《我爱我家》。这一时期的美剧风潮，对我国的大众文化、电视剧的制作和社会风气产生了深远的影响。

在接下来的一段时期里，日剧和韩剧相继登上我国电视荧屏，由于相近的文化和细腻的感情氛围，深深吸引了中国观众的目光，中国先后流行起观看日剧和韩剧的潮流。美剧在这一阶段不再出现在中央电视台，而是更多出现于地方台，这些地方台在未经授权的情况下，播放了一定数量的美剧，如《X档案》《超人前传》等。这一时期中，美剧在主流电视台的传播几近停滞。1995年，香港无线明珠台播放了当时在全世界范围内产生巨大影响的《老友记》。该剧一经播出就吸引了无数观众，反响热烈，引发广泛的讨论和热捧。明珠台也一鼓作气地跟进这部剧集，每年一季，整整十季，开创了我国电视台完整播放剧集的先例。广东和广西是可以收看到香港明珠台的大陆省份，《老友记》培养了我国沿海省份最初的美剧迷。

2005年，央视八套引进了在美国大受欢迎的《绝望主妇》，经过译制删减之后，改名为《疯狂主妇》，在深夜10点的海外剧场3集连播。该剧是融合家庭、爱情、时尚、喜剧、凶杀、黑色幽默等因素的剧集，在中国收视竟然异常低迷。2010年，央视八套引进美剧《实习医生格蕾》，一经推出即引起巨大的争议。首先让观众不满的就是被过度删减的剧情。由于我国电视台还没有分级制度，涉及性的话题不得不进行处理，导致剧情不够连贯，出现理解障碍。最使观众大跌眼镜的是配音问题。为这部剧集配音的人员都是专业为韩剧配音的，剧中角色张口就是"韩剧腔"，语速缓慢无法配合剧情，直接影响剧情的节奏。央视的第一剧场频道是电视付费频道，先后引进《迷失》《美女上错身》《幻世浮生》《权利游戏》《新闻急先锋》等15部美剧，吸引了大量观众的关注。从20世纪80年代到21世纪初，是美剧主要以电视台为传播途径的时期。当时我国经济欠发达，电视是最主要的传播媒介，观众观看电视没有过多的选择，电视台播放什么就被动地接受什么。在大多数受众眼里，美剧是新奇有趣的代名词，真正衷心热爱美剧的铁杆粉丝不多。这个时期的受众受制于中国的传统文化，还很难同作为美国大众文化产品的美剧产生共鸣。美剧中核心的价值观念和中国当时社会的主流价值观是相背离的，很多受众对此产生了迷茫和不解。即使当时的受众模仿剧中的衣着打扮，追赶剧中的时尚，也只是肤浅的转变。美剧在这一时期的受众群体还不成熟，处于飘忽不定的状态。

2. 美剧在中国的 DVD 传播和网络传播

由于我国引进美剧的审查异常严格，电视台又没有任何分级制度，美剧在我国电视台的传播并不顺畅。例如，《老友记》由于剧中涉及过多性的话题和笑料，中央电视台原有的引进计划几经"搁浅"，最后不得已不了了之。但该剧良好的口碑和贴近生活的亲切感，使其通过人际传播和 DVD 录像带风靡我国。该剧以居住在纽约的六个好朋友的生活为主要内容，情景喜剧，插科打诨，台词幽默，情节动人，每个主角的特点鲜明，感情线索明朗，有很多大牌演员客串出演。而且这部美剧的英语发音地道，语法规范，十分适合作为听力教材，吸引了各大高校学生争相观看，在欣赏剧情的同时学习英语。据了解，目前仍有培训学校将其作为学生练习口语和听力的法宝。

随着《老友记》的深入人心，出现了大量的美剧铁杆粉丝。当时 DVD 设备正在我国普及，越来越多的家庭拥有了 DVD 机，这时的观众有了自主选择的权利。随着我国经济的崛起，人民生活水平的提高，对精神文化产品的需求也日渐强烈，观众开始观看 DVD 光盘以丰富业余生活。中国的光盘市场上出现大量美剧光盘，观众们不受电视台限制，看到了有中文字幕的原声美剧。大多数情况下，美剧受众从其他人口中得知哪部美剧有什么样的特点，用来判断是否符合自己的需求。这一时期的美剧受众有了大规模的成长。

中国出现互联网是在 1996 年，进入新世纪后快速发展起来，互联网开始全面介入我国人民的生活，使人们的生活方式和价值观念都产生了极大变化。截止到 2012 年 12 月底，我国网民数量达到 5.64 亿，互联网普及率为 42.1%，其中，手机网民规模达到 4.19 亿，超过电脑网民。

网络的普及加速了美剧的传播。依靠网络 P2P 技术，安装 P2P 软件后，任何用户都可以接受信息，同时又向他人传输数据。即每台电脑都是传播数据的起点和终端，形成了一个巨大的数据库，受众在下载美剧的同时也向他人传输美剧，受众们共享这些美剧资源。"P2P 传播技术的平等性、参与性、便捷性、选择性、互动性、去权威性，甚至还带点自娱自乐性等优点，与其说是一场技术革命，还不如说是一场思想革命。"①

2005 年是美剧在网络传播具有里程碑意义的一年。这一年，FOX 推出的《越狱》通过网络迅速在中国传播开来，带来美剧在中国的又一次热潮。该剧差不多是《肖申克的救赎》的电视版，成本低廉，融合了悬念和黑帮元素，在美国的收视率一般，在中国却获得了非同凡响的成功。中国受众欣赏男主角迈克尔为了救哥哥可以牺牲一切的精神，同时被源源不断的悬念和高智商计谋所吸引。特别是扮演男主角的米勒，俊朗的外表、深邃的眼睛，更使受众迷恋这部剧集。互联网上出现了大量由网民自发组织形成的美剧论坛、美剧贴吧、美剧门户网站、美剧社区、美剧字幕组等，如雨后春笋般层出不穷。在以上虚拟空间的推动之下，中国受众对《越狱》的热情达到前所未有的状态。这种热情一直持续着，自此以后，越来越多的人通过 BT、FTP、网盘下载观看美剧或从视频网站和网络电视观看美剧。《邪恶力量》《吸血鬼日记》《生活大爆炸》《迷失》《犯罪心理》《豪斯医生》《别对我说谎》《绯闻女孩》等美剧通过互联网，得到我国受众深深的喜爱和追捧。2009 年 4 月，国家广电总局发文，禁止未取得许可证的电视剧在互联网上传播，因为我国网络传播的美剧 95% 以上没有许可证，网络上的美剧资源被大规模地清理。优酷、土豆、搜狐等大的视频网站上的美剧视频基本被删除一空。PPS、PPTV、皮皮等十分受欢迎的网络电视也纷纷将欧美剧场完全删除。接下来在 2010 年 11 月，国家广电总局决定严厉打击网络侵权盗版的行为，特别是重点打击影视剧作品的侵权盗版。此后，我国受众只有在美剧论坛等社区通过下载来观看美剧。美剧在中国的传播似乎又遇到了障碍。此时，广电总局对美剧的限制，使得各大视频网站看准了庞大的美剧受众市场，开始斥以巨资来拓展经营美剧视频业务。搜狐视频重金购买到《生活大爆炸》《尼基塔》《摩登家庭》《国土安全》《嗜血法医》《傲骨贤妻》等正在播出和已经播出的热门剧集的版权，既可以和美国同步播出，也提供已播剧集的点播。新兴的

---

① 周志懿："电视的前途"，《传媒》2007 年第 3 期。

视频网站爱奇艺购买到《吸血鬼日记》《美少女的谎言》《邪恶力量》《破产姐妹》《危机边缘》《老友记》《广告狂人》《恐怖之源》《权力的游戏》等美剧的版权。虽然，美剧在电视上受到冷遇，又有广电总局规范美剧网络传播的要求，但在网络视频影响巨大的时代，美剧在中国的传播依旧不断地掀起一波又一波的热潮。

美剧的商业美学与普世文化策略

一、美剧的商业美学特征

美国电视台的经济收入主要靠商业广告，这些广告通常出现在节目与节目之间或节目中间。虽然频繁的广告经常打断人们流畅的观看电视剧，但也有人认为将广告穿插在节目中间，是一种吸引观众注意力的方法，这样做不仅可以增加悬念，还能使观众耐心看完全部的广告。电视台需要向广告商提供可观的观众人数和不断上升的收视率/收视份额才能赚取巨额的广告费。而这些数据主要由尼尔森收视调查率系统来提供，作为美国电视网和广告商都认可的权威调查系统，它统计的收视率/收视份额数字将成为衡量一部电视剧观众人数的权威数字，根据其统计结果，电视网才能够决定向广告商收取的广告费率。

通常来说，广告商愿意将自己的目标消费者定位在18~49岁，因为他们认为年轻的消费者比年龄大的消费者更愿意尝试新的产品，年纪较大的消费者会出于长期以来的品牌忠诚度而不愿意更换产品使用习惯。由此，美国的电视网也将自己节目的目标观众群做出了相同的定位。20世纪70年代，CBS取消了电视剧《绿色田野》《女儿国》的播出。虽然这些剧集的收视率还很不错，但由于观众的平均年龄偏大，不符合大部分广告商的需求，因而这些节目的时段不能卖出较高的价格。而《山街蓝调》这样的连续剧因为观众的年龄段和广告商的需求相符，尽管收视率不是很高，却比上文提及的电视剧能吸引更多的广告商投资。由此可见，美国电视剧的收视率不仅是定量的，也是定性的。美国电视台的受众定位使得传入我国的美剧同样受到了相似受众群体的喜爱，恰逢这个年龄层对互联网和英语都有着一定的基础知识或者良好的运用能力，所以较好地消除了美剧在我国跨文化传播的技术和语言壁垒。从创作原则和制作方法上来看，美国当代电视剧很多都借鉴了好莱坞电影的经验，所以美剧在很多方面和好莱坞电影是同质的，如商业美学原则："好莱坞根据一种商业美学进行运作，这种美学本质上是一种经济驱动的机会主义。好莱坞电影首先由它们的商品地位决定，这与古典主义和风格化决定的观念不一致。承认这一点很重要，除了在技术上、组织上或者风格上发生变化之外，它的核心商业并没有发生改变：娱乐它的观众，为了最大限度的利润而为最大数量的观众产生最大的快乐。"[1]清华大学尹鸿对电影的商业美学的定义是："以市场需要和经济规则为前提的电影艺术设计和创作体系。商业性制约规定着电影的题材、主题、故事、风格、类型、场景、视听系统甚至演员选择，并在此基础上形成一套完整的美学体系。这种体系首先要符合电影作为一种媒介生产所遵循的经济规律，同时也要符合电影作为一种艺术创造所服从的艺术规律。"上述的商业美学原则被美国电视剧创作大量借鉴，并长期奉行。

美剧强调满足观众的视听快感。根据电影心理学的研究，由光影、色彩和运动构成的电影影像带来的视觉快感超过其他任何艺术，是人的视觉器官接受外界刺激时产生的特殊愉悦感，作为影片的主要审美愉悦手段，影片的视觉快感是保证影片成功的重要元素。所以美剧中大量使用运动摄影，镜头调度灵活，使得画面动感强烈，电视剧的整体节奏明显加快，后期采用快节奏的剪辑、配合强烈的音乐、音响效果，在视听效果方面极尽所能。2005年，美国娱乐业发展公司的报告显示，美国每小时剧情样片的制作费用为400万美元。不仅如此，越来越多的电视剧邀请好莱坞顶级导演和制片人参与制作，昆汀·塔伦蒂诺曾执导《犯罪现场调查》2005年的第二季，斯皮尔伯格也帮助了《越狱》的顺利问世。

美国电视剧的影视娱乐性本质上是从观众角度出发的：研究观众观看影

---

[1] （美）理查德·麦克白：《好莱坞电影》，华夏出版社2005年版。

视作品时获得娱乐的心理机制和相应的美学要素,因而"使用与满足"理论在电视剧的创作上被广泛应用。要想获得理想的媒介传播效果,必须首先理解观众为什么和怎样使用媒体。这个方法假定观众是区别地选择各种媒体内容以满足他们的需要:(1)获得快感:通过影视媒体获得审美的、愉悦的和情感的体验;(2)获得信息:通过影视媒体获得信息、知识、提高理解能力;(3)获得逃避:通过影视作品减轻个人、职业或社会问题带来的压力;(4)获得陪伴:通过影视媒体解除孤独,寻求陪伴。在四种主要的娱乐机制中,快感包含的美学因素最为丰富,影视作品中的快感来源于奇观、逃生体验、两性关系、秩序与均衡、惊奇,以及幽默的某种组合。"对于美剧创作来说,改造社会、净化精神不是其主要目标,深刻地反映现实、反思社会、表达深刻的思想或进行教化宣传不是其主要功能,美剧创作追求的是对观众心灵的吸引和情感的触动。西方当代影视理论研究认为,电影(电视剧)文本是否反映现实是无关紧要的,关键是创作者能否在创作中契合受众无意识的"欲望",并根据这些"欲望"在文本中构建出一个欲望客体。基于这个原则,美国电视剧整体而言是"大众梦幻式"的,热衷表现与观众的现实生活远距离的场景和故事,带领观众进行陌生环境的体验,或熟悉环境中特殊故事的体验。从这个意义上来说,美国电视剧与美国电影一样,都是"梦工厂"。如美剧《迷失》表现一群飞机失事的幸存者在荒岛上的奇遇;《超能英雄》表现一群现代都市中具有超能力的人们拯救世界的故事;《越狱》以全知性的视角构筑了一个不为人知的牢笼世界,营造了一个"新、奇、特"的审美距离。这些电视剧并不强调客观性,故事的创意也都不是来源于生活,而是创作者的主观想象,内容基本都是虚构的,有时甚至存在逻辑的漏洞,但这些剧集的收视率一直居高不下,主要原因就是创作者满足了观众内心追求的与现实生活不一样的需求,从而创造了愉悦的、令人兴奋的观看体验。另外,美国电视剧的创作也长期遵循着一个"安全原则",即避免表现有强烈争议的社会话题,避免介入任何激烈的社会矛盾冲突之中。所以美剧长期以来一直主要表现两性、家庭、工作、法律、科学等稳定的主题。当然这并不意味着美剧从不过问"现时"题材,事实上,一些对美国及世界产生重大影响的时事会很快在美剧中得到体现,如"9·11"事件后推出的反恐系列剧

《24小时》；校园枪击事件后，《犯罪心理》制作了相同题材的故事；"卡特里娜"飓风后，《寻人密探组》讲述了灾后故事等。但值得注意的是，美剧在表现这些现实内容时，并不严格遵循现实主义的真实性、客观性原则，在表现现实的过程中，"主人公的个性魅力被推到前台，而社会与政治背景仅在开始时作为一个叙事的引子后就悄然退场。"①美剧并不会对社会问题和社会现象做深刻的剖析和理性的思考，而是始终保持商业本性，追随时尚，远离文化反思，以普世的人类情感和价值观诉求吸引观众，最终获得利润。美剧的创作原则和中国电视剧的创作有着很大的不同，中国电视剧属于社会主义文化事业的组成部分，除了满足观众的审美需求外，更主要地肩负着为社会主义精神文明建设和改革开放营造良好的文化环境的重任。国内主流电视剧主要体现的还是爱国主义、集体主义、英雄主义为核心价值观的意识形态，故而现实主义美学原则就成为其创作的根本原则，即电视剧作品表现的事件必须具有现实基础，作品中的人物情感、道德标准、价值观念也必须符合现实生活中的规定，不能逾越现实生活中形成的各种规则和界限。

我国国家广播电影电视总局也一直采取积极的措施，扶持和鼓励现实题材的电视剧创作。2004~2005 年，国家有关部门也相继发出通知，限制戏说剧、古装剧等电视剧的播出，从客观上扶持了现实题材电视剧的发展。2002~2010 年，中央电视台黄金时间播出的热门电视剧如《金婚》《激情燃烧的岁月》《士兵突击》《乡村爱情》《省委书记》《大雪无痕》等，都全面、深刻地反映了中国现实生活的方方面面。在欣赏国内现实主义题材的主流电视剧之余，秉承商业美学原则，以娱乐受众为导向的美剧通过互联网为国内影视市场做了一定补充，为国内观众提供了多样化的选择。

二、美剧的普世文化策略

文化如同水之于鱼，是一种日用而不知的客观存在。2001 年世界教科文组织发表的《世界文化多样性宣言》中解释：文化是某个社会或社会群体特

---

① 路璐："'奇观'制造：美国热播电视剧的新影像话语策略"，《现代传播》2008 年第 1 期。

有的精神、物质、智力和情感等方面一系列特质之总和；除了艺术和文学之外，还包括生活方式、共同生活准则、价值观体系、传统和信仰。

电视剧作为通俗文化、大众文化的代表，如果想要走向世界，就需要在带有本民族文化特色的同时融入普世文化的元素。美剧虽然从根本上体现着美国的价值观以及政治、经济、文化方面的意识形态，但其并没有直白地宣扬自己的主张，而是在具体创作过程中采用了普世主题策略，如爱情、亲情、友情，很少有美剧涉及美国自身的历史或传统，如独立战争或南北战争。这样的创作策略使得各国的观众（尤其是年轻观众）较为容易理解和接受。相比较而言，我国以及日韩的部分电视剧通常包含着深厚且独特的文化内容，很多剧情、情感、主题需要对其文化有相当的背景知识才能理解，在跨文化传播时，这种文化内涵的丰富和深厚可能反而成为一种负担，往往会影响其传播范围。

美剧主要以强调人类普遍的道德价值为表现内容，如自由、平等、博爱、爱国、人性尊严、生命可贵、友情、亲情等。以这些具有普世性的内容为主题，可以使美剧绕过比较敏感的政治意识形态主题，进入许多国家（包括中国）的电视播出领域。即便是带有明显政治意识形态内容的电视剧，美剧创作者也会将其置于普世主题表达的框架之下，使其得到合理的表现。例如 FOX 在 2001 年"9·11"事件后推出的电视剧《24 小时》讲述了以美国特工杰克·鲍尔为代表的美国特工人员在美国本土对抗恐怖主义的故事。剧中，杰克和他的同事们时时刻刻奋不顾身地捍卫着美国的国家利益，保卫美国民众免受恐怖分子的伤害，其中对政府、对反恐政策，尤其是对阿拉伯人、俄罗斯人、中国人所做出的不拘泥于现实的演绎，都体现着美国主流社会的意识形态。但反恐、爱国、爱亲人成为其表现的三大主题，共同构成该剧的主体构架。这部电视剧不仅在美国获得了巨大的成功（第 54 届艾美奖"剧情类最佳电视剧"奖），还在世界上许多国家，如英国、加拿大、日本收获了成功，至今已经制作、播出了 8 季。

美剧在创作过程中，经常有意识地淡化内容、主题的地域色彩，而表现世界性的主题，如国际战争、环境污染、地球毁灭等。在角色设置方面，编剧也会有意识地设计不同种族、不同肤色、不同国家的人物形象参与电视剧情节发展。如情景喜剧《生活大爆炸》中的4名主角就有一个印度人和一个犹太人;《超能英雄》中也出现了美国白人、美国黑人、欧洲裔美国人、亚裔美国人、印度人和日本人等族裔人群。在场景方面,美剧经常将故事场景设定为世界不同地方,2010年大热的《神探夏洛克》第1季的第2集几乎全在伦敦唐人街拍摄而成。这种做法不仅有利于满足美国国内多种族观众的需求,也有利于吸引相应国家、相应种族的观众收视。随着我国经济的日益发展,作为文化宣传的软实力也开始展现独特的作用。越来越多的中国文化元素被运用于美剧中,以帮助美剧在中国的跨文化传播。如《迷失》中杰克手臂的文身"鹰击长空"四字;《老友记》中的人物对中国风的书画家居装饰情有独钟;《灵指神探》中渗入的中国字则随处可见,剧中男侦探就住在一家"排骨馆"的楼上,且剧中人物特别钟情旗袍和富有中国特色的油纸伞;《犯罪现场调查》中主角还介绍了法医鼻祖宋慈的故事。需要说明的是,尽管美剧创作一直奉行"普世文化"的策略,但是本质上,美剧传播和宣扬的核心内容还是美国价值观和生活方式,"普世文化"策略只是一种商业手段而已。

美剧是美国软实力的重要组成部分

"在美国文化的这架飞机上,没有驾驶员。"法国社会学家、记者、作家弗雷德里克·马特尔在他的《论美国文化》一书中如此评论。以《论美国文化》和《主流》两部分析美国文化和美国软实力著作闻名的马特尔很喜欢美剧,他最喜欢《广告狂人》(Mad Men),"这是一部关于媒体宣传的片子,信息量很大,又是关于1960年代美国社会的故事。"

美剧的成功土壤,其实是美国这种独特的文化体制所决定的。在马特尔眼中,虽然美国没有文化部,但却存在着这样一种文化体制:国家处于弱势,以间接方式介入,但规范能力通过机构的自我审查体现;市场之外的独立机构极力撇开资本的影响;活跃的基金会和有效的院外游说团体的支持;生产并传播了全球商业文化中的绝大部分产品的产业界;富有的募捐者对精英文化的支持。总之,这一体制既不完全独立于国家,也不完全受市场主宰。

自 20 世纪下半页以来，美国政府在文化部门的作用有一个减弱的趋势。20 世纪初期，美国人认为，历史上联邦政府介入文化是不合法的和不存在的。1929 年经济危机之后，罗斯福新政时期首次以突然的方式大力度介入文化，目的只是给创意工作者提供工作。冷战时，文化成为对抗苏联的宣传工具。

政府强势介入文化阶段，是从肯尼迪任内开始的，不过维持时间不长。1965 年，美国创建了联邦文化处，即国家艺术基金会（NEA）。不过，尼克松时期，这一国家介入体制被去中心化，联邦预算被转给各州和各城市。以至于到了老布什任内，国家艺术基金会这个本已微不足道的事务处成了两党斗争的舞台，最终基金会被肢解，雇员被裁，预算被大大削减。克林顿上台后，直接将事务处转到国会。

那么，离开了政府的文化体制，文化如何运行呢？大多通过具有彻底隐身性的文化资助运行。这种体制清晰划分了商业与非商业的界限，而且层级分明，既包括如交响乐团在内的雅文化，又有前卫、反文化和反现代体制的文化表现形式，还有一大批批评甚至批判自身文化的活动家群体。如何理解这种文化体制，专门研究这一问题的法国专家弗雷德里克·马特尔对此进行了详细讨论。

娱乐性并非美剧成功关键

记者：最近一年，包括《纸牌屋》《国土安全》等在内的美剧大热，美剧的这种"普遍性"是怎么成功的？

马特尔：美剧在全世界都能吸引年轻人，因为它宣扬自由价值，提倡质疑精神，反对主流文化，追求迥异生活方式，推崇原创，总是充满创意等等。这些元素在其他国家的娱乐文化中很少同时存在。可是要问我，它是怎么做到的，为什么其他国家的影视剧产业无法成功，没人知道，就算法国人在这方面也不成功。另外一方面，美剧所针对的是美国和世界的受众，它作为大众文化的一部分，从本质上难免不是千篇一律的产品。各种商业文化、大众娱乐文化在国际上能够站住脚，是依靠美国的经济实力，它使得大规模生产和发行成为可能，但同样依靠好莱坞讲故事的技巧，依靠电影大片通过特效和那些"富有传奇色彩"的明星传播的梦想,依靠好莱坞所承载的美国价值观的威望。而且,这种大众文化在上游的使用构成了美国族裔的多元性。在下游,大众文化依靠民主的论据来自我推广,因为大众文化的合理性很大程度上来自它大幅度吸引公众的能力。

记者: 但在我们这些观众看来,吸引我们的是因为其强大的娱乐性。娱乐元素在这些剧集的成功中占据多大的因素?

马特尔: 在我看来,娱乐性并非美剧成功的最核心因素。美剧制作的专业性、制作品质和创造力才是最重要的原因,其他国家的影视剧产业都比不过。如果过于重视美剧的娱乐性,那可能是误解。

美剧的成功恰恰因为它不是宣传工具

记者: 在一些文化学者看来,美剧或者好莱坞电影的最大成功并非因为其在全世界获得巨大的经济收益,而是通过剧集和电影输出了美国价值和美国意识形态,你怎么看?

马特尔: 在我看来,意识形态在美剧或者好莱坞电影这样的产业里,扮演的角色并不是很大,即便在你提到的《纸牌屋》《国土安全》这样的政治色彩浓厚的美剧里也是这样,意识形态不是它们的重点。美国是世界上最热衷于批判自己政府和体制的国家,这也是为什么大家都爱看这样的美剧。

记者: 比如像《纸牌屋》《国土安全》等剧集,美国政府层面、美国意识形态有没有参与到剧集的制作中?

马特尔: 美国是个民主国家,美剧要反映的也是这样一种政治体制和文化,也就是美国特色的自由民主体制。剧集和电影无论通过正面还是负面反映,其实都在宣扬美国政治体制的优越之处,因为所有的政党、团体、各种观点、各种反对意见在各种美剧中都有呈现。在我看来,美剧首先并不是什么宣传品和宣传工具,它能在全世界受到欢迎,正是因为它的首要功能不是美国政治和政府的宣传工具。

记者: 美剧或好莱坞电影作为一种美国文化产品,对美国介入世界事务是否有着积极作用?

马特尔: 当然,美剧是美国软实力的重要组成部分,美国政府当然也会利用这种软实力。什么是软实力？软实力的意思就是，这种力量不是直接来自于政府。"软实力"的力量在于，它借助价值观、生活方式、文化和新技术，它让美国在军事硬实力之外，能够更大程度主宰世界。但如果你认为文化也能成为一种外交工具，那可能真的是一种误解，甚至是用宣传的意识去思考文化了，这是错误的。这也是很多国家犯的错误。但是，美国除外，国家层面从来没有想过要直接介入文化产品的生产，但这些产品却成功地成为美国最好的公关。

记者：像法国这样文化历史悠久的国家，在娱乐产业方面是否能复制美国的成功？

马特尔：法国学不好的原因很简单：我们的产品不够好。就是这样。走出法国国门，有多少人愿意看我们的电影和影视剧？几乎没有人。因为从头到尾，我们对待电视剧和电影的态度，我们的政府和社会总是对这些产品提出这样那样的要求，承担这样那样的任务，这完全就是错的。未来文化的重要部分已经显露雏形。未来在于创新、研发、新技术、互联网、家庭影院，美国在这些领域的好多方面已经领先欧洲和亚洲。

记者：美国所谓高雅文化也十分发达，娱乐文化的过于发达并没有腐蚀整个社会文化。这是否可以看作对娱乐文化泛滥的担心是错误的？美国的案例说明了什么？

马特尔：美国文化强大并且在全世界传播，并非仅仅因为其营销力量，而是美国文化知道如何利用不同的梯级层面。由独立机构中的非营利的大交响乐团、当代艺术博物馆、舞蹈团、大学和大学出版社所产出的以卓越为标志的"雅文化"，同样供应给全世界的音乐厅、文化中心和图书馆，这些是非商业的和非娱乐的。而在电影节和独立电影领域，美国的影响力被大大低估，在美国之外的电影俱乐部和剧院，反复出现的也是美国的实验电影。美国的精英主义和卓越文化业同样占据主导地位。[1]

---

[1] "法国社会学家马特尔：娱乐性并非美剧成功的最核心因素"，《东方早报》2014年2月18日。

美剧与国剧，差距有多远？

一、国产剧向美剧学什么

伊甸园美剧论坛曾对美剧观众作过一个调查："你认为美国电视剧领先国产剧多少年？"令人欣慰的是，还有18.52%的人选择"没有什么领先不领先，文化差异和欣赏角度的问题而已"；1.03%选择"也就一两年"；9.09%选择"也许十年吧"。然而悲观的人看起来占了绝大多数，选择"差得很多，大概二十年"的比例是10.12%。最令人触目惊心的是，有61.23%的人选择了最后一项——"十万八千年"。也许在一群美剧粉丝中做的这项调查并不能客观地反映大多数普通观众的看法，但它在一定程度上的确反映出有相当数量的人对国产剧抱有极大的失望情绪。

曾几何时，我们的古装戏、历史戏在港台地区和东南亚地区广为流行，掀起了令国人自豪的"中国热"，如《三国演义》的热播改变了当时台湾地区的收视率格局，《还珠格格》的风行引起了韩国电视业界的恐慌。但如今巨额的商业投资和摄制技术革新与电视剧创作理念的严重滞后已形成鲜明对比。"高清"、"名角"、"大资金"、"热炒作"无法改变剧情的跟风、题材的重复和表演的苍白。即使有了优秀的原创剧本，由于缺乏科学的市场评价体系和对编剧应有的尊重与重视，投资者们也会对原创剧本持怀疑或观望态度，缺乏创新的批量生产造成本土电视艺术文化领域水土的沙化。

电视受众是电视业的基础和希望。无论是集中着文化精英和意见领袖的小众，还是分布于各阶层的大众，对国剧的质量要求都越来越高，而受众欣赏水平的提升和美剧的网途入侵，令国剧处于前后夹击之势，腹背受敌的国产电视剧如果不正视这一现状，那么国产电视剧的冬天怕不远矣！美剧的网途入侵和小范围抢滩目前虽不会给国产电视剧带来致命影响，但不能因此就置若罔闻，应该以此为契机，正视问题，认真面对，打造精品国产电视剧，收复高端小众失地，创造更多的市场佳绩。那么，我们可以从美剧中学到什么呢？

1. 精准和细致的受众定位

美剧对受众的重视，表现之一即美剧的系列叙事模式。美剧的系列叙事模式是美剧的一大特色。同中国电视剧关注整部剧集的完整性不同，美剧更为关注每一集故事的独立性。因为观众在观看某一特定剧集时，上下两集的观看时间间隔通常为一周。这么长的时间会淡化观众对于情节线的印象，从而削弱连续性，而系列叙事结构恰好符合了美国观众的这种电视剧消费习惯。美剧的系列叙事统治地位的确立是媒体与消费者相互交流的必然结果，是电视台对于美国传统播出模式的适应，更是对观众观赏习惯的最大满足。

表现之二，是对不同类型电视剧的精确定位，满足观众的多样需求。美剧主要的三种类型：黄金时段播出的情节系列剧、日间时段播出的肥皂剧和情景喜剧，针对的观众群各不相同。

日间时段肥皂剧主要针对家庭主妇，这些主妇对家庭中的人情世故、家长里短比较关注，而不是社会敏感话题。因此日间肥皂剧的主要情节也是大家族内部家庭成员之间的人物关系冲突，情节本身通常并不激烈。黄金时段情节系列剧主要面向上班族和学生，这些观众的空闲时间通常集中于晚间，且受教育程度比较高，对故事情节的戏剧冲突性要求也比较高。因此情节系列剧的故事情节通常有比较激烈的冲突，且场面较肥皂剧宏大火爆。情景喜剧的特定观众群是以纯粹娱乐为目的的电视观众。这些观众观看电视的目的比较单纯，为的是通过电视在高节奏的现代生活中寻求片刻的欢乐。因此，情景喜剧无论从编剧上还是表演上都服务于这一目的，通常选取比较轻松欢乐且时下比较流行的话题。

表现之三，是在电视剧的创作过程中，美剧充分吸收观众的意见和建议，在改善剧情发展的同时，凝聚更多的受众。日间肥皂剧在播出之前一星期内制作完成，制片方针对观众的反馈调整以下的剧情发展，并将这一阶段发生的新闻和流行话题加入即将播出的剧集之中。情节系列剧在播出季之前 6 个月完成制作，根据受众的反馈来改变剧情的时效性较肥皂剧稍差一些，但在每季播出之后，仍可以根据观众的反应，或者继续发扬自己的长处或者改正不足，尊重观众的意见和选择。

中国电视剧在制作和播出机制上都与美剧有很大的不同，因而不可能如美剧一般，完全根据观众的反应来拍摄制作。但中国的编剧和导演勇于在借鉴中不断尝试。在新《西游记》新浪官网启动仪式上，导演张纪中说："想学美国，也来个按季播出。"因为新《西游记》涉及的故事和人物太多，仅拍摄就需要大半年，后期制作还要将近一年时间。如果50集一起播，观众看到新版《西游记》至少在一年半以后。而且这个剧在系列叙事方面有先天的条件，它本身就由一个个较为独立的小故事组成，这样观众不会在收看效果上感到割裂。不过，张纪中计划中最大的障碍，在于中国并没有按季审查的制度，剧组准备积极和上级单位沟通，争取以新颖的制作形式应对这部难得的经典大戏。这虽然只是我国国产电视剧借鉴美剧的一个小小的尝试，但起码这种勇于借鉴和学习的谦逊、上进的态度让我们看到了国产电视剧突围的希望。

2. 多变的奇观化的影像风格

适合观众口味的叙事能够维持观众对于电视剧的关注和期待，而多变的影像风格则在满足观众的视听刺激需求的同时，丰富了电视剧的叙事手段，吸引了年轻的电视观众群体。电视剧归根到底是视听语言的艺术，国产电视剧可用多样的影像风格和视听效果增添电视剧的魅力。

一般认为由于电视屏幕尺寸相对较小、观看环境较为嘈杂、观众心理参与度低等因素，电视画面不适合采用过于复杂和多变的影像，而应将注意力集中到剧本、对白和演员表演上，国产电视剧往往在影像风格上偏重单一的平稳摄像、中近景拍摄和流畅剪辑。这虽然符合大多数电视观众的观看习惯，但对于追求视听刺激的年轻观众来说则未免有所欠缺。美剧多变的影像风格很值得我们思考。它自然是好莱坞奇观化影像风格在电视剧中的流风余韵，同时无疑地，更是电视剧人出于对影像本身对于叙事的重要性的清醒认知，而这种多变的、奇观化的影像风格对于年轻观众的吸引力是不言而喻的。

3. 重视编剧的原创地位

当今影视经济越来越繁荣，但中国编剧的地位却没有得到应有的重视，境况让人唏嘘。编剧在工作人员中没有资金与权利，面对制片、导演的生杀大权，只能唯命是从。可以说从签合同开始，编剧就开始了一场赌博，没人知道最后能拿多少钱。几乎所有的合同都规定：乙方创作的剧本必须通过甲方审核才会支付稿酬。影片拍好了往往归功于导演，拍砸了归咎于烂本子。最终造成的现状是导演没好剧本拍，编剧们生活很困难。

中国电影文学学会可以说是中国的编剧协会，有400多名会员，其中200多位40岁以下的会员多是自由职业者，通过写剧本来获得酬劳是他们唯一的生活来源。许多没有入会的年轻编剧以"北漂"为主，他们大多没有职业证明，没有医疗保险。还有一些"枪手"编剧，作品更是无法保障不受侵害，更不用说什么署名权的问题了。

美国的奥斯卡奖设有"最佳剧本改编"、"最佳原创"两个奖项，都是颁给编剧的。几年前，美国的编剧们罢工，历时一百天，最终编剧们在新媒体方面的权益得到了保障，以胜利的姿态凯旋，鼓舞了美国的编剧们积极地维护自己的权益，尽心尽力地创作优秀剧本。日本电影剧作家协会会长加藤正人说，日本的编剧是最高的放权人，只有剧作家才能与制片商谈影片在市场的分成，导演是没有版权的。他们的编剧拥有影院、DVD、电视台播放、飞机播放版权，甚至弹子房游戏机上使用了电影的版权，编剧都有不同比例的收入提成。一部影片在日本发行DVD的话，编剧可以拿到50%的收入。影片在海外上映时编剧也能拿到相应的分成；在韩国，一些名编剧纷纷树起自己的品牌，他们可以自由地对演员、导演进行筛选，编剧成了质量和收视率的保证。

中国的编剧也在追寻自己权益的道路上不断前行。2004年中国电影文学学会会长、编剧王兴东联合40余位编剧共同发表《维护编剧权益的声明》；2005年，中国第一家剧本工业公司成立后，中国编剧的生存问题首次被影视界同人重视。2007年1月6日的"香山会议"，算得上是国内编剧们的第一次集体"反击"，他们就电视剧《沙家浜》和电影《墨攻》侵犯编剧权益事件在北京发表《影视编剧联合声明》。2008年2月24日,中国影视界80名编剧在北京钓鱼台山庄召开维权大会,共同签名发表了《2008影视编剧维权声明》。中国编剧争取权益的过程虽然艰难,最终结果也不尽如人意,但起码我们有了追求权益的声音和努力。有人说中国影视作品不好看是因为编剧水平低,可是如果编剧的基本权益得不到保护,生活得不到保障,谁还愿意投入更多精力在创作上?这样一来作品水准更加难以保障,影视繁荣又从何谈起?

此外,美国电视剧题材、叙事手法等方面也值得我们学习。中国有深厚的历史、文化积淀,完全可以在不断探索中尝试新的题材,形成自己的特色。

二、重建文化自信,回归共同人性

美国人推销其意识形态的手段是文化输出,因为在这个方面,文化的效率最高。美国发达的商业也在推销文化的过程中赢利,巨额利润使人才纷纷进入行业,加速了其推销速度。美国利益与美国文化牢牢挂钩,使其拥有了异乎寻常的力量,放眼世界,到处都是美剧。

美剧在我国的传播是一种强势文化的强势渗透,它所带来的严重后果是根源性文化、现实文化被忽略,从而使文化的主体性削弱,以致消失。面对海外电视剧的涌入,我们应该做的是仔细研究和吸收美剧中的优秀元素,拍好国产电视剧,提高国产电视剧的竞争力。

首先,我们要对中国文化充满自信。我国国力不断提高,奥运会、残奥会的顺利举办让世人真正认识了中国,中国文化也逐渐成为一种潮流,被越来越多的人所喜爱。美剧迷经常在美剧中看到中国文化的印记,中国文化给美剧带来了新鲜的文化气息。越来越多的中国文化元素被运用于美剧中。但沾沾自喜的情绪是要不得的,我们要在文化自信的基础上努力突破文化传播的樊篱,增强市场经济下的文化自觉,培养将文化与资本相结合的自觉意识,促进国产电视剧的崛起,让国产电视剧的海外传播承载起宣扬中国文化的重任。

其次,他国文化之所以强势,是因为这些文化中包含了许多共同价值,诸如公平公正意识,对唯美、理想的追求等等,这些都是我们文化中普遍存在但需要重视和利用的文化营养。因此我们在强化本土文化、构建文化根基时，应该吸收他国文化中具有共同价值的文化元素。另外，要重视对人性的回归。国产热播剧《记忆之城》《士兵突击》等在主题呈现方面，都注重共同人性层面上的构建，这些剧集如同广受观众喜爱的美剧，在构建属于自己的独特故事框架、人物形象背后，透视出了超越故事和人物本身的具有普遍意义和价值的共同人性。

最后，在文化产业的观念上，美国提出"软实力"，韩国政府则专门成立了"韩国文化振兴院"，以扶持电视剧制作。以漫画、动画片以及电子游戏为代表的日本流行文化产业，在最近10年内增长了3倍，增长率是日本经济的任何一个领域都难以企及的。而我国却出现了"文化赤字"的问题，国产电视剧既缺乏美剧的现代化实力，又没有韩剧的传统魅力，更缺乏品牌形象与理念。我国也应该进一步加强对文化产业的重视，借鉴外国的先进经验，不妨大胆采用当年电影业的"休克疗法"，在国外影视剧的引进政策、法律法规和观念观点等方面进行调整，通过市场竞争的方式刺激国产电视剧的发展，把文化产业的振兴当作一件民族的大事来重视、管理、运作，做好文化和媒介的联姻，运用好文化突围的"冲锋枪"，才有望最终打赢文化战争。

肆
菊与刀：日本动漫文化之魂

引言：中国的儒释道孕育了日本文化

与我国隔海相望的邻国日本，是一个由6 900个岛屿组成的"千岛之国"。日本有1.27亿人口，是世界上为数不多的人口过亿的人口大国。日本独特的地理条件和悠久的历史，孕育了别具一格的日本文化。樱花、和服、俳句与武士、清酒、神道教构成了传统日本的两个方面——菊与刀。日本民间有著名的"三道"，即茶道、花道、书道。

日本文化深受中国文化影响，日本文字也是在唐代时由熟悉中国文化的高僧，在中国汉字的基础上创造出来的。中国的儒家文化、佛教文化都深深影响了日本的文化，特别是阳明心学和佛教禅宗思想，对日本影响巨大。可以说，儒家文化影响所及的国家和地区，中国、中国台湾、日本、韩国、新加坡、越南等共同构成了世界东方的亚洲文化景观。

但是，19世纪后半叶的明治维新，日本拉开了向西方文化学习的序幕，自此，脱亚入欧成为日本当时思想家的主流。在经过几十年的现代化进程，日本渐渐拉开了与中国的距离，1894年，甲午战争重创满清北洋海军；日俄战争，一举击溃北方强大的俄罗斯帝国。日本开始膨胀，得寸进尺，1931年强占我东北，进而发动全面侵华战争，这同时也敲响了日本帝国崩溃的丧钟，1945年，在苏联红军出兵东北、美军在广岛和长崎分别投下一颗原子弹之后，日本宣布无条件投降。战争对日本现代文化影响极其深刻，这在日本的战后各种文艺作品中都有体现，反战与和平，一直是日本文学作品的一大主题。

战后，日本社会安定、经济持续发展、为文化的全面繁荣创造了条件。其最重要的特色是生活文化、物质文化的发达及其大众化现象。这是因为战后扩大了思想言论的自由度，且从制度上得到保证；战后劳动者权利的扩大与生活水平的提高，也成为大众文化昌盛的契机。这与美国大众文化的繁荣有几分相似。

战后日本文化的大众化特征主要表现为：①以劳动者为主的各类文化团体、文化俱乐部相继出现并展开活跃的活动；②旧文化形态的复活；③海外文化的流入；④大众文化与高级文化的融合。

文化的大众化所产生的社会作用是双重的：一方面它提高了作为社会主人的大众的主体素质，使其在社会经济发展中得以发挥更加重要的作用；另一方面它导致文化商品化，使人片面追求文化的消费价值，从而导致创作热情锐减，以至颓废文化泛滥。也就是说，战后日本文化繁荣的同时，也出现了一种不可忽视的负面现象，即文化的颓废与停滞。

日本是个十分重视也十分善于吸收和输入他国文化的民族，从7世纪的"大化革新"大规模地输入大唐文化，到19世纪的"明治维新"大规模地吸收与输入西方文化，都对日本的发展进步起到了巨大的推动作用。相比较而言，中国在历史上就不太善于吸收其他国家、其他民族的文化，历史悠久、地大物博固然是一种优势，但是如果只注意输出而不重视输入，不重视从其他国家、其他民族的文化中吸取营养、不断地发展自己，那么这种优势也会走向反面。

日本文化产业的崛起

战后的日本，确立的是技术立国的战略方针，经济一度高速发展，在世界上创造了惊人的"日本奇迹"，20世纪60年代末期，日本已经发展成为世界第二大经济体。但在20世纪90年代，广场协议后的日本经济陷入困境，直到21世纪初的十年，仍在缓慢的复苏过程中。为此，早在1995年，日本发布《新文化立国：关于振兴文化的几个重要策略》，正式确立了日本21世纪文化立国的新策略。2001年，新世纪的第一年，日本政府又提出了知识产权立国的战略，提出力争在十年内把日本建成世界第一知识产权国。2004年6月4日，日本又公布了《内容产业促进法》，同时内阁会议决定将内容产业划入《创造新产业战略》。2001年后，为了振兴动画、游戏、电视等文化产业，日本政府计划设立公共支援制度，通过日本政策投资银行的融资和债务担保，向相关制作公司提供资金保证。日本的地方政府也非常重视文化立市、旅游立县的口号，大力发展地方文化产业。

日本文化具有开放包容、兼收并蓄的特色。它非常注重国际文化交流，引进外资和国外的先进技术，推动本国的文化产业。2001年开业的东京海上迪士尼乐园，为日本扩大了在海外的影响。随着日本经济的高度增长，日本向外推销自己文化的意识越来越强烈，而且提出了战略性的口号，即曾任日本首相中曾根康弘所说的"国际化"。在这方面，日本政府投入了大量的资金。据90年代的一份统计资料显示，由日本官方机构主持的海外文化交流项目，诸如邀请或派遣学者、留学生，开展大型文化活动等等，每年的经费预算为10亿日元。日本外务省所属的国际交流基金，鼓励、资助的主要是和日本有关的项目，比如国外的日语教育，日本文化和文学著作的研究、翻译和出版，或与此相关的文化活动。政府的这种大投入推销该国文化的举措收效显著。日本的茶道、花道之所以享誉世界，日本的文学作品之所以有众多语种质量较好的译本，和这些举措是有密切关系的。

近年来，日本打造的"酷文化"征服了全球，世界范围内掀起了一股"哈日"风潮，这极大地带动了日本文化产品的出口。尽管如此，日本政府的知识产权战略本部"内容产业专门调查委员会"再次提出，日本内容产业的规模要在今后十年内提高两倍，必须进一步开拓海外市场。为此，2002年8月，主管文化产业的日本经济产业省与文部省联手促成建立了民间的"内容产品海外流通促进机构"，并拨专款支持该机构在海外市场开展文化贸易与维权活动。这表明日本政府对海外文化市场是高度重视的。

日本的数字内容产业一直是亚洲的龙头，从漫画、偶像商品到电影等为日本赚进了不少外汇，也让周遭各国急于追上。根据经济产业省于2001年的统计显示，数字内容产业的规模约为 11 兆日元，是汽车产业 20.8 兆日元的 1/2。以日本知名的动画"神奇宝贝"为例试算，从电动玩具到电视卡通、电影动画、玩具、衣服用品，约有 1 兆日元的直接市场效益。若加上海外的市场效益，则其市场获利高达 2 兆日元。

日本人喜爱动漫的程度超乎想象

日本动漫对日本社会的影响非常深远，几乎所有当代日本人都受到过漫画的影响，如同 20 世纪 50 年代到 80 年代的连环画（小人书）对中国人的影响一样。而且，随着社会的发展进步，日本漫画也随之变化，持续影响着一代又一代人。

日本是世界第一大动漫强国，其动画发展的模式具有鲜明的民族特色。动漫产业已成为日本的经济支柱，在世界上占有重要位置。日本动漫产业模式完整，是日本第三大产业。日本的动漫产业是以电视、电影、动画片为主体，包括杂志、图书、录像带、DVD 等的综合产业，并涉及玩具、电子游戏、文具、食品、服装、广告、服务等衍生产业的广泛领域。数据显示，2013 年日本动漫产业高达 1.67 万亿元。

看看下面一组数字就知道这样的成就从何而来了：日本一年的出版物大约 60 亿册，其中漫画期刊和单行本就占到 21 亿，超过 30%，而如果单单计算销售出去的数量，则占到总数的 50% 以上。全日本今天拥有 430 多家动漫制作会社和不计其数的自由动漫制作人，电影院年上映动漫大片 80 余部，电视台年播出动漫 4 000 多部。

据日本三菱研究所调查，有 87% 的日本人喜欢漫画、84% 的人拥有与漫画人物形象相关的物品，动漫迷组织的动漫俱乐部多达数百，并定期发行会刊。在海外，日本动漫同样势头猛烈：据初步统计，目前全球播放的动画节目约 60% 是日本制作的，世界上有 68 个国家播放日本电视动画、40 个国家上映其动画电影，许多日本动漫形象成为各国观众耳熟能详的偶像。日本也是世界上最大的动漫产业创作输出国。

目前全球动漫产业的产值约有 2 500 亿美元，而动漫衍生产业产值更在 5 000 亿美元以上。据业内人士统计，动漫已是日本第三大产业，年营业额达 230 万亿日元。有人质疑这组数字，2010 年日本 GDP 为 5.4 万亿美元，按照所说的占 GDP 10% 的话，日本动漫产值就是 5 400 亿美元。这是一个非常庞大的数字，已经超过了全球动漫产业包括衍生产业 5 000 亿美元的总估值了。

也有数据表明，日本动漫业只占日本 GDP 的 0.3%。有人进入日本内阁府网站，查询了 2010 年映画相关产业的产值，才 68 亿美元。假如把用来播放动漫作品的索尼、松下的 DVD 机和电视机 DV 机也算进动漫产业的话，占 GDP 比重 10% 的说法还稍微可信一些。10% 只是广义的数据，只是说动漫跟占 GDP 比重 10% 的日本产业有关，而不是动漫产生了 10% 的 GDP。这跟中国农业产值占中国 GDP 的 10% 是两个完全不同的概念。

日本动漫的发展简史

日本动漫发展的模式具有鲜明的民族特色而不失创新和吸引力，这是其他国家动漫望尘莫及的。动漫是日本的重要产业链，在全球鲜有对手。日本动漫的发展过程大致可分为 4 个阶段：萌芽期、探索期、成熟期、细化期。

萌芽期：1917~1945 年

1917 年，下川凹夫摄制《芋川掠三玄关·一番之卷》，北山清太郎制作《猿蟹合战》，幸内纯一创作了《塙凹内名刀之卷》，此三人为日本动画的奠基人。其中，下川凹夫创作的《芋川掠三玄关·一番之卷》被公认为日本的第一部动画片。1933 年，日本第一部有声动画片《力与世间女子》诞生，它是由政冈宪三和其学生懒尾光世制作完成的。"二战"期间，懒尾光世拍摄了"桃太郎"系列动画片，鼓吹侵略，美化夸耀日本军国主义。

探索期：1946~1973 年

1945 年，日本战败后，反战题材的动画影片颇受欢迎并且影响深远，其间的代表人物是被日本动画界誉为"怪人"的动画大师——大藤信郎，他于 1927 年拍摄了黑白版的《鲸鱼》，并于 1952 年摄制完成了彩色版的《鲸鱼》，该部动画片成为首部获得国际大奖的日本动画片。大藤信郎把流传在中国数千年的皮影戏和日本独有的千代纸结合起来绘制动画。大藤信郎在日本知名度极高，以他的名字命名的"大藤奖"更成为日本一流的动画片奖项。

成熟期：1974~1989 年

1974 年，日本动画进入了成熟期。70 年代初期，日本涌现出大批科幻机械类动画（即 Science Fiction 动画，简称 SF 类动画）的动画大师，代表人物有松本零士、富野由悠季、河森正治、美树本晴彦等。其中最著名的富野由悠季是"GUNDAM"系列的创始人之一，他执导了《机动战士 GUNDAM》（1979）等 SF 类动画电影。1982 年，河森正治在为《超时空要塞 Macross》担当机械设定时，开始崭露头角，随后他出任导演监制了《超时空要塞》的系列剧场版动画影片。《鲁邦三世》也在 70 年代成功转型向少年化，取得了巨大成就，TV2 系列更是真正使日本观众把动画与漫画结合起来，开创了动漫时代，获得了从学生至成人的一致好评，八九十年代也成功输出海外。据统计《鲁邦三世》拥有惊人的 13.5 亿人的粉丝，被誉为日本国民级漫画，至今已有 43 年历史并仍在放送中。同期的宫崎骏摆脱了 SF 类动画风格的局限，以剧场版动画为契点，走出了一条"宫崎骏式"的唯美、自然、清新的风格，传达着天、地、人、神的和谐。影片的思想触及人类心灵的深处，启发着人对神的敬畏，对生命的思考。1984 年的《风之谷》奠定了宫崎骏日本动画宗师的地位。2001 年宫崎骏摄制的《千与千寻》获得第 52 届柏林国际电影节金熊大奖和第 75 届奥斯卡最佳动画长片奖。宫崎骏在日本已成为动画的代名词，其成就与地位无人能及。

细化期：1990 年至今

在 20 世纪 90 年代，日本动画产业进一步完善，其动画的种类、形式、内容、题材以及从业人员发生了明显的细化。随着动画风格的多样性，日本动画进入细化阶段。在这一期间，日本动画的种类丰富多样：以浅香守生为代表的美少女动画，作品有《魔卡少女樱》(1998)、《Chobits》(2002)、《GALAXY ANGEL》(2001)；以大地丙太郎为代表的搞笑动画，作品有《邪流丸》(1998)、《水果篮子》(2000)。另外，押井守创作的《攻壳机动队》(1995)，自成风格，以得到观众的认可；今敏创作的《千年女优》(2002)，采用扑朔迷离的叙事手法，探索了一种全新的动画表达方式。总之，日本动画以"机器人"、"美少女"为契点，走出了一条独特的深具自身民族特色的动画之路。

这时期，动漫成为日本的经济支柱，跻身为日本第三大产业。

日本动漫的六个发展阶段

"二战"后的半个多世纪以来，漫画在日本的社会地位及人们对它的认识在不断变化。手冢治虫把日本现代漫画发展划分为六个阶段：

第一阶段（"二战"后的头十年）："玩具时代"，漫画只是供孩子们娱乐的道具。

第二阶段："清除时代"，漫画被视为低俗浅薄的读物。

第三阶段："点心时代"，父母和教师勉强允许孩子可以在不妨碍学习的条件下看一点漫画。

第四阶段："主食时代"，1963 年 TV 动画《铁臂阿童木》在电视上连续放映，许多家庭中的大人和孩子一起观看，漫画得到社会肯定。

第五阶段（20 世纪 70~80 年代）："空气时代"，漫画已经成为青少年生活中不可分割的一部分。

第六阶段（20 世纪 80 年代中期以后）："记号时代"，漫画成为青少年之间相互沟通的记号。

日本动漫的盈利模式

在商业社会里，投入要有回报才对得起担风险的人，这样才能鼓励再生产直到物质极大丰富。日本的动画产业是很能赚钱的，即使不断有相关公司倒闭（这是市场经济无法避免的），但动画这块触手可及的金矿仍吸引了大量资金，而赚钱最多的，自然是电视台了。电视台负责出资制作，而在资本主义社会，资方显然是收益最多的，所以也以电视台为主介绍。

动画之所以能盈利，其根本在于动画是一种有"内容"的，可以层层剥皮的"内容商业"，投资人出钱制作动画获得版权，然后通过收取转播费及销售音像制品等其他产品，如音乐、原型、原画来获利，这样就把一部动画的油水榨得干干净净。

按照电视台的传统观念，制作出节目后，应该尽力提高收视率，然后通过收取广告费来回收资金及获取利润，也就是说节目的商业价值只体现在播放的档期里。而如今的日本电视台早已采用发掘"内容商业"来盈利周边商品及出售播出权成了经营中的重要部分。

对于观众来说，一部经典的动画是给自己带来美好回忆的作品，但对于制作人来说，高成本的动画制作本身就是很危险的投资。只有良性资金流通才能让投资人有信心继续出钱制作，而这一切都要由市场决定。当然，从感情上指责过分商业化忽视艺术性是无可厚非的，但在日本做动画不是慈善事业，投资人都不愿白扔钱。这就好比满是艺术想法的欧洲电影人面对财大气粗的好莱坞电影时的无奈与迷惘。不错，艺术性固然重要，但投资人不这么认为，他们的钱是要生出钱来的，而不是用来砸进"无价的艺术深渊"的。从另一方面来看，无聊且满是铜臭的商业化作品的的确确给了很多人工作，刺激了经济，给从业人员带来了实实在在的面包，那又为什么一定要受到指责呢？

这就是日本商业动画的盈利模式。这种方式确保了动画产业正常有序的发展。而如果想保持稳定的发展，就必须回到一个我们提到的词：竞争。不错，保证动画产业稳定发展的，还是竞争。可以说，竞争是商品社会必不可少的组成部分。在日本，动画业的竞争也是十分激烈的。上文提到，动画是一项很有"赚头"的产业，因此便有许多投资人试图从中分一杯羹。日本动画是以"周"为单位制作的，一般一周一话（集），用卖上一话赚的钱拍下一话（真危险）。所以一旦一着不慎，整个动画就夭折了。而"季"则是动画播出的大时间单位。一般动画有13话（一个季度）、26话（两个季度）、50话（一年）等（那么，《蓝猫淘气三千问》如果在日本要做60年）。每个季开始尤其是6、7月是竞争不太激烈的时候，每周全日本播放的动画是六七十部。到了竞争激烈的季度中期和后期，同时播放的动画就有上百部之多！

虽然观众主要关心作品的制作人员（劳方），但真正竞争的主体是电视台（资方）。由于电视台投资制作，因此在决策权上高于制作方，前期市场调查、立项及题材选择都由电视台决定，当然还要监工。日本动画的主要竞争还是电视动画，因此，下文以电视动画为例，介绍一下各个电视台的竞争。

日本动漫的电视播放与档期安排

所谓"电视台之间的竞争"，自然是指同类型作品。日本虽然没有像中国的电视台那样有一个强大的官方中央电视台，但他们也有一个半官方的"日本广播协会"，即NHK，另外还有五个实力较强的民间电视台（分别是日本电视、TBS、朝日电视、东京电视和富士电视），基本把持着日本电视台市场。而且像朝日电视和TBS在资本构成上也早已传媒系统化、立体化了。有趣的是，大多早期原创动画都是由地方小电视台制作。究其原因，一是动画投资比电视剧成本高很多，二是原创动画风险比由漫画改编动画要高很多。高投入、风险大的原创动画在股权复杂的大电视台里很难通过，而相对股权集中的地方台来说，更有可能通过。

如果单看以上方面，地方台在和大电视台的竞争中吃不了太大的亏。但是，地方台的日子越来越不好过，这主要是技术落后的原因。这里所指的技术，不是动画制作技术，而是指电视台的播放技术。想讲清楚这一点，首先要了解日本《电波法》和《广播法》有关规定。该法规定不允许NHK这样的半官方电台单独向全国播放，必须以五大民营电视台为中心，结合地方台组成网络，把NHK和五大电视台的节目，通过各地方台转播给观众。因此，地方台还是有自己的生存之道的。

但是，卫星电视的普及改变了这一点。可以这么说，高科技的发展直接影响了日本电视动画的进程，使动画质量得到跳跃式提高。不少动画画质都达到DVD级别，这便得益于卫星传送及数字电视的普及（离我们好远啊）。

早在1997年，日本就已经开始用通讯卫星进行收费多频道数字电视的播放，但由于观众并不习惯花钱看电视，再加上要加装专门设备，所以进展一直缓慢。直到2000年12月，NHK和五大电视台开始用广播卫星进行数字节目的免费播放，使观众一下增加许多。如果大电视台把节目放在卫星频道，不通过中转站（也就是地方台）直接给全岛观众看，地方台就失去了存在的意义，动画产业尤为明显。因为数字化动画和模拟信号动画在质量的差距实在太大，就好像宽银幕影院和街头录像厅同时免费开放，观众的选择是显而易见的。

而数字电视的推广更让地方台雪上加霜。由于数字电视在欧美流行，一向重视科技的日本不甘人后，甚至将普及这种新玩意儿当作一项国策。不只是卫星电视，连当地电台也得用数字信号。

虽然数字电视在所有方面几乎都超过模拟电视一大截，但对于电视台来说，需要花费大量的资金购进播放设备，来进行这种没有直接收益的长期投资。大电视台有的是钱，无所谓，而对于已经被卫星电视拖得捉襟见肘的地方台来说，则是一笔不小的负担。

总的来说，地方台有消失的趋势。尚不能界定这一趋势对产业发展的好坏，是否消失也得视未来情况而定。但是，如果富有创新精神的地方小台倒闭，那么以后可能真的只能看到完全商业化的快餐动画了。

所谓"档期"，就是播放时段。我们常看到日本动画分"黄金档"和"深夜档"。一般观念认为，黄金档多是商业快餐作品，而深夜档则是注重暴力和挑逗、大打"擦边球"的给成人看的动画。其实这种说法也不尽然。实际上，日本电视动画经过多年的发展，如今已形成一套关于档期分段的基本框架：晚上8点半至10点半是"黄金时段"，播放面向青少年或老少咸宜的动画；深夜时分播放面向高中及以上的成人动画；周六、日上午播放面向儿童的动画。作品年龄段十分明晰，而且实行多年。

从1995年起，自怪物级的深夜档期电视动画《新世纪Evangelion》取得空前绝后的成功后，大量电视台忽然注意到深夜档这块一向忽视的蛋糕。一时之间深夜动画猛增乃至泛滥，甚至许多专供幼儿看的动画也不顾它们的观众早已被家长强迫睡觉的事实，也挤入深夜档试图赚钱。后来，深夜动画受卫星频道影响而有所下滑，但深夜档期从此也不只是专供青年和成年播放了。从2002年4月起，日本把隔周双休改为每周双休。以前隔周双休制度使收视率和学校是否放假息息相关，而一旦每个周六都不用上学，那么那个时段的收视率一定可观。按照电视台统计，这个决定十分成功，整个星期同类节目收视率上升了好几倍。

国内市场：随处可见的动漫书店和衍生品专卖店

动画市场可以大体上划分为三大块：电影市场、电视节目和录像带和DVD版的动画市场。20世纪70年代，日本动画作为文化产业概念迅猛发展。动画市场的规模，包括动画电影的票房收入、电视动画的收入和售卖及出租录像带、DVD的收益，1975年为46亿日元，80年达到了120亿日元，90年代则上升至千亿日元的规模。90年代，日本动画的市场规模基本保持上升的态势，除去1996年和1999年的些许回落。2001、2002年的市场规模扩张非常快，2002年的总收入达到了2135亿日元，这主要得益于宫崎骏《千里千寻》。2003年日本动画市场因没有具有冲击力的作品出现，规模萎缩到1912亿日元，下降了10.4%。到2004年，日本国内电影院上映的动画片约为81部，由于《哈维尔的移动城堡》轰动性的成功，电影票房、电视动画和录像带等的总收入又重回上升趋势。

日本的动漫销售渠道非常广泛，除了随处可见的动漫书店、衍生品专卖店之外，日本的商场和超市也都销售漫画书、动漫游戏光盘、玩具、模型等，有些大型商场里与动漫相关的产品占据了很大面积。尤其值得称道的是，日本各类衍生品的销售渠道十分正规，或是专卖，或是和连锁企业捆绑销售，有利于品牌培养和知识产权保护。

日本动漫作品大致分为两类，一是面向青少年的，二是面向成年人的。面向青少年的作品内容分类很细，如科幻、侦探、童话、校园、励志、运动、规劝、搞笑、幽默、探险、女生等主题；成年人作品主要是搞笑、幽默、调侃、惊险、家庭等内容，其中色情类有扩大蔓延趋势，路边的书店都可以买到，但印有18岁以下禁读的标志。

在和日本动漫策划人员的座谈中，笔者发现他们一直强调抓住青少年心理，用动漫反映和引导他们的生活，并强调"跟踪读者、服务一生"的创作意识。这些观点听起来有些理想化，但并不是完全没有操作性，让人感觉"动漫产业要从娃娃抓起"。此外，笔者在东京动漫展上看到了很多有关动漫书、动画电视剧的预告和预订启事，还有一些类似歌迷会的读者俱乐部，都可见动漫企业在培育受众方面的良苦用心。

日本2004年的票房收入前20位的电影中，只有7部是国产片，而其中4部是动画电影，占到了57%以上，并且动画片《哈维尔的移动城堡》以200亿日元的收入力拔票房头筹。另外，2004年日本本土出品的电影中票房收入前20位中，动画影片有10部，也占到了50%，每部影片的票房均超过10亿日元。

日本人对动画电影热情持续升温。日本经济贸易产业部（Ministry of Economy, Trade and Industry）公布的数据显示，2004年在影剧院观看动画片的观众达到了20 649 179人次，比上年的11 533 110人次增加了近80%，占观众总人次的18.7%。日本动漫迷们将他们的可支配收入的大约13%用在了动漫产品的消费上。

日本电视台动画片的播出数量在逐年上升，2001年是2 454集，2002年是2 748集，2003年是2 850集，2003年比2002年增加播出102集。因为大量动画片安排在孩子们放学以后收看，以及成人动画基本上在晚上11点以后播出，所以大约60%的电视动画片的播出时间集中在晚间（18：00-次日5：00）时段，上午时段（5：00-12：00）播出的动画片为30%多，而下午时段（12：00-18：00）的比例不足10%。

据日本影像软件协会对会员公司的一项调查，2004年售卖动画录像带、DVD的收入为925.9亿日元。其中，本土动画占28%，进口动画占22%；成人动画占82.1%，儿童动画占17.9%。日本本土动画和成人动画占了录像带、DVD市场的绝大部分份额。

国际市场：全球播放的动漫作品六成以上出自日本

日本动漫已经成为该国文化出口的主要产品，尤其是在亚洲国家和美国占据了大部分市场份额，并且对世界其他国家也产生了"榜样"作用，比如，韩国对引进的日方动漫创作人员给予每人每月30万日元补贴；美国在和日本动漫企业的合作中，80%的资金投入由美方补贴。这些做法无疑都是希望通过日本动漫的带动作用，促进本国动漫产业的发展。

当然，日本动漫产业也存在问题，比如政策方面的支持力度有限，漫画向色情化、低俗化发展，二维动画向三维动画转化的成本高，本国市场消费能力趋于饱和，周边国家动漫发展速度过快形成压力，以美国为首的大制作趋势形成市场挤压等。但对我国动漫产业而言，这些问题可能正是机会和机遇——在数字技术快速变革的时代里，后发者有先至的可能，中国动漫正处于力量蓄积时期，只要我们能够虚心学习，敢于迎接挑战，那么，中国动漫产品质量和效益提升的时代很快就会到来。

日本第一家动画制作公司、东映动画的总裁OkawaHiroshi早在1956年就说："不像缺乏国际吸引力的日本电影，我们期望通过动画的'动'和'画'来抓住观众的心，打进海外市场。"果然，他的愿望实现了。新加坡学者指出："日本动漫真正实现了全球化，它将日本的流行文化输出海外。只有它能够与具有霸权地位的美国动漫产业相抗衡，向人们展示流行文化的全球化并不是仅仅意味着美国化。即便是在美国、欧洲这些存在着巨大文化和语言障碍的地方，年轻人也痴迷于日本动漫。"目前，世界上人们观看的动漫产品大约有60%是日本制作的，日本占领了欧洲80%。现在的"anime"一词已经全球通用，专门用来界定日本风格的动画产品。另外，在英语里还衍生出一个新的词汇"Japanimation"，也是特指日本动漫。

19世纪70年代，日本动画开始羽翼丰满进军国际市场。开路先锋当属手冢治虫（Osamu Tezuka），60年代他的《铁臂阿童木》在美国和亚洲市场上的热播，让世界开始认识日本动画；此后，电影《魔神Z》在欧洲大行其道；90年代的《龙珠》和《宠物小精灵》冲击了美国市场，日本动画的出口大幅度上升。《宠物小精灵》是日本第一部在海外获得商业性成功的动画片。1999年底电影版的《宠物小精灵》在美国上映，创造了票房第一的纪录；电视版的《宠物小精灵》系列剧在世界上60多个国家播放，给日本带来了380亿日元的收入，是日本国内收入的两倍；另外，《宠物小精灵》价值12亿日元的游戏卡遍及世界各地；小精灵动画人物使用授权又分别在日本国内市场和海外市场上创造了1万亿日元和2万亿日元的收益。

此后，日本动画产业风生水起，在国际舞台上大施拳脚，展露异彩，每年都有非常成功的动画影片输出海外。一般的规律是：当动画产品在日本国内市场上流行起来之后才会被拿到海外开发国际市场，但目前的情况发生了一些变化，有些动画产品在开发之初，瞄准的就是国际市场。20世纪90年代，在海外市场上获得良好业绩的大多是日本的电视动画，而2001年《千与千寻》的轰动，成功地打造了日本电影动画的声誉，使更多的日本动画电影在国际市场上取得辉煌。

2004年到2005年期间日本在海外发行的主要动画电影有《哈维尔的移动城堡》《无罪》《蒸汽男孩》等大手笔制作，它们都是在日本发行成功后转战海外市场，《哈维尔的移动城堡》已经在世界上50个国家发行。日本大部分动画产品的出口地首选是美国，美国是日本动画主要的海外市场，它的电视节目中挤满了日本动画片。例如，仅2003年3月，就有20部动画片在美国电视台上播放。所以，日本动画公司非常重视美国市场，东映动画已经于2004年3月在美国建立了子公司。2003年销往美国的日本动画片以及相关产品的总收入为43.59亿美元，是日本出口到美国的钢铁总收入的四倍。

目前全球播放的动漫作品中有六成以上出自日本，在欧洲这个比例更高，达到八成以上。在衍生产品的盈利模式下，日本在欧美动画市场甚至可以免费提供给电视台播出。而随着一批日本动画片在国际市场的成功，日本的动画风格形象逐渐成为国际时尚。在世界范围内掀起的日本卡通热使得好莱坞的电影公司争相购买日本动画片的电影改编版权，日本卡通产业的出口额急剧扩大。2003年4月至2004年3月，日本的动漫市场销售额（动漫电影票房、动漫电影以及动漫电视录像带、电视专门频道等营业收入总额）达3 739亿日元，比2002年度的2 135亿日元增长了1 604亿日元，增幅高达75.1%以上。以动画片形象制成的相关衍生产品的授权收入更是拥有2万亿日元的市场。

宫崎骏："动画界的黑泽明"

随着宫崎骏《起风了》完满收官，日前，他在东京正式宣布退休。这唤起世界各国粉丝对宫崎骏经典作品的热烈讨论。在中国，这种追忆的情绪也在瞬间涌现。一时间，"那些年，陪我们长大的宫崎骏"在每个人心里回音缭绕。

一、他让日本动画电影领先了世界至少30年

对于外界的挽留，宫崎骏称他的每部动画作品至少要花5年才能完成，他本人自觉年事已高，未来可能没有多少个"5年"可以完成作品，才下决心退休。宫崎骏退休的消息成为爆炸新闻，也让很多人为之惋惜。作家吴晓波发微博表示，宫崎骏退休了，谁将继承他那无可替代的灵感与传奇般的吉卜力？他让日本动画电影领先了世界至少30年，他将爱、理解与宽恕灌注在每一部作品中。谁，将继承他的志向？宫崎骏的动画片是能够和迪士尼、梦工厂共分天下的一支重要的东方力量。他的每部作品，题材虽然不同，但却将梦想、环保、人生、生存这些令人反思的信息融合其中。其执着的精神，不单令人产生共鸣，更受全世界所重视。

这位接近法国影评家埃利·福尔预言的人物，堪称是日本动画界的一个传奇，他是第一位将动画上升到人文高度的思想者，同时也是日本三代动画家中，承前启后的精神领袖。

二、作品价值观深刻影响日本动画走向

宫崎骏的作品有对现实不满的控诉，有魔幻现实主义风格，有反战题材。其动画作品大多涉及人类与自然之间的关系、和平主义及女权运动，独特的世界观及人性价值观深刻地影响了日本动画的走向。"想住在《哈尔的移动城堡》里，有大《龙猫》是我的伙伴，每天都有《魔女宅急便》，偶尔到《天空之城》《侧耳倾听》那《岁月的童话》，或者到《风之谷》看望《幽灵公主》，让《红猪》用飞机带我去'虞美人盛开的山坡'升起信号旗，在那里还会碰上借东西的小人'埃莉缇'，她告诉我'小千'和'白龙'会在我听到涛声时来找我一起去看《悬崖上的金鱼公主》和她的宗介。"这是宫崎骏追求者对其有关经典作品的回忆，他表达了宫崎骏影响下的几代人的真实感悟，也道出了大家对其作品的热爱。有人说："我们都是被宫崎骏温暖过的孩子，因为有你，我们不论受到多大的委屈与困难，都能努力保持灿烂的笑容。"

三、从《风之谷》到《千与千寻》

《风之谷》于1984年推出便引起了极大轰动，宫崎骏的卓绝名声也是从这个时期奠定的。剧中独特的世界观以及人性价值观，深刻地影响了其后十余年日本动画的走向，也因此奠定了他在全球动画界无可替代的地位。

《天空之城》的原作、监督、脚本和角色设定都是由宫崎骏来担任，使得这部作品充满了宫崎骏的理念。其主题曲《天空之城》由音乐家久石让作曲，闻名全球，被改编成多种版本，成为经典的音乐名曲。

《龙猫》是吉卜力工作室与德间书店于1988年推出的一部动画电影，由宫崎骏执导。电影以表现大自然为主题。

《红猪》是1992年吉卜力工作室推出的一部动画电影。改编自宫崎骏在《Model Graphix》里的连载作品《飞行艇时代》的漫画，是宫崎骏一部带有自传性质的电影，宫崎骏自喻为剧中主人公波鲁克。

《幽灵公主》是吉卜力工作室于 1997 年推出。宫崎骏在《幽灵公主》中探讨对环境的破坏，以及人是否能够与自然真正和平共处等问题。

《千与千寻》是一部由吉卜力工作室制作的日本动画电影，导演和编剧为宫崎骏，被誉为宫崎骏的《爱丽丝梦游仙境》，获得柏林国际电影节最高荣誉的金熊奖，是目前唯一一部获得金熊奖的动画电影。

《哈维尔的移动城堡》改编自英国的人气儿童小说家黛安娜·W. 琼斯的《魔法师哈威尔与火之恶魔》。这是继 1989 年《魔女宅急便》后，宫崎骏又一部带有浓厚原著色彩的作品。

《悬崖上的金鱼公主》又被译为《悬崖上的金鱼姬》《崖上的波妞》，是由宫崎骏导演、编剧，久石让配乐，吉卜力工作室制作的长篇动画电影，于 2008 年 7 月 19 日首映。

《起风了》是导演兼脚本的宫崎骏以同名人气漫画所改编的动画电影。讲述的是日本航空之父、零式战机的开发者堀越二郎年轻时的故事。这成为宫崎骏的最后告别之作。

四、他用人手创造了一个宁静、美丽的禅之世界

宫崎骏曾说，当我决定成为一个动画师时，我决心绝对不抄袭任何人。宫崎骏曾谈到自己的创作想法："现在的日本社会越来越暧昧，善恶难辨，用动画世界里的人物来讲述生活的理由和力量，学习人类的友爱，发挥人类本身的智慧，这就是我制作电影时所考虑的。"

正如宫崎骏所说，其作品自始至终都蕴含着这种思想。宫崎骏影片背景的画风始终是清新浪漫的，意味深长而久远，总有一种能让人想要回归自然的感觉。从人物形象来说，其笔下人物全部采用手绘的方式创造而成，线条简洁明快，令人看后感觉简约朴实，贴近生活。这都表现出宫崎骏对于自然与生活的热爱。

《时代》杂志作者 Tim Morrison 高度评价宫崎骏："宫崎骏在一个高科技的时代，这位动画电影导演用老方法创造出不可思议的作品。"他是一个"可怕"的手工艺术家，从写剧本到画草图到纠正最后的故事结构，宫崎骏都参与了！而且全是用手去完成。他简直是沃尔特·迪士尼、史蒂芬·斯皮尔

伯格和奥森威尔斯的合体，而他作品中美轮美奂的山水风景又有一点克洛德·莫奈的味道，其调皮的程度与对孩子的无比了解又要比罗尔德·达尔本强一些。

第十放映室在评价宫崎骏时也表示，从开始到现在的所有作品，宫崎骏思想是一以贯之且辩证发展着的，他的世界观、历史观、人生观和艺术观都有着明晰的脉络，最终都为了构建那个完美的宫崎骏世界而努力。

"是什么令宫崎骏的动画如此受人注目？是因为在这个兴起用电脑作画的年代，宫崎骏依然一心一意地用人手去创造一个宁静的美丽的禅之世界，犹如清水滴在长满青苔的岩石上，犹如一列火车在黎明时分驶过大海。这生动的亮点，不是靠大量的音乐或高科技去传递，而是靠简单的出色的手艺，这些就足以令你想得很远很远……"

动漫：日本人逃避现实的梦幻小屋

一、"凡人英雄"是普通日本人所寄予的梦想

日本国民十分喜爱漫画，漫画文化非常发达。据日本三菱研究所的调查，日本有87%的人喜欢漫画、84%的人拥有与漫画人物形象相关的物品。漫画在日本超乎寻常的流行，有历史的原因，也与文化背景、社会背景紧密相关。

漫画艺术在日本已经有一千多年的历史，在木版印刷技术被发明之后，图画就成为一种大众传媒手段，日本人养成了利用画面来讲故事的习惯，有证据表明这就是动漫在当今的日本社会风行的源头。日本的社会环境也是动漫艺术极易生存的土壤。日本一个主流漫画杂志的编辑指出："今天的孩子们被沉重的考试系统所淹没和隔绝，很少有机会与他人交往，于是他们在漫画书中寻找自己的朋友。"同样的情景也发生在成年人身上。日本人崇尚团队精神，强调在组织纪律，不鼓励个人主义，因此，他们只能在动漫作品中去实现他们的冒险、刺激和张扬个性的梦想。所以我们看到，在美国动画作品

中的英雄一般都是超人，而日本动漫作品则不然，它里面的英雄大都是凡人，凡人在做不平凡的事情成了英雄，"凡人英雄"实际上是普通日本人所寄予的梦想。在空间拥挤、习俗戒律烦琐的日本社会，背负着巨大压力的日本人通过动漫得到了一种宣泄和放松，动漫作品的广阔而奇妙的世界，给了他们躲避现实的最佳场所，使他们能够自由地畅游在梦想中。因此可以说，动漫是在日本人强烈的逃避现实的需要下，催生出的一种精美艺术。第二次世界大战后，动画片便成为日本娱乐的主要形式之一。出生于20世纪50年代末期和60年代的人，是看着电视动画成长起来的一代，他们把对动漫的热爱又传递给了自己的孩子们。对动漫的爱好，在日本社会延续着，它是全民性的爱好，不分年龄和性别。在很多国家，动画片是儿童节目，而在日本，针对不同年龄段的受众群体，都有相对应的具有不同风格的动漫作品，所以动漫作品的社会基础相当广泛。

二、打造动漫精品，影响社会精神主体

日本善于打造动漫精品，以此树立良好的行业形象，形成具有正面推动意义的影响。动漫产业是资金密集型、科技密集型、知识密集型的产业，动漫精品工程的推进有助于形成巨大的社会影响力，吸引并推动更多的资金、人才和技术进入该产业领域。被称为日本漫画之父的著名漫画家手冢治虫就是观看了中国20世纪最早的一部精品动画电影《铁扇公主》后，受到感染而决定开拓日本本国的漫画风格。把动漫精品做成一个工程需要全行业的努力和合作，日本目前在动漫竞赛和奖励方面已经形成了一个庞大而完备的网络，能够鼓励并推动更多精品动漫的诞生。现在多数日本动漫才俊都是通过获得各种动漫奖赏而逐步成长的。韩国也在以精品动漫向世界推广，比如由韩国著名企业LG集团和东亚日报社联合举办的每年一届东亚—LG国际动漫大赛中，韩国就非常注重精品动漫的制作工作。

精品工程的打造，不但可以吸引资金和人才，而且可以扩大行业影响力，建立并培育未知市场。一部精品动漫不但可以打造良好的行业形象，还可以推动当地市场的迅速形成。如《千与千寻》连续获得柏林电影节金熊奖、奥斯卡最佳长篇动画片奖等十几项国际大奖，此后整个国际市场掀

起一股日本动画片热潮。在世界范围内掀起的日本动漫热使得好莱坞的电影公司争相购买日本动画片的电影改编版权，带动了日本其他动画片的出口增长。2002年至2003年，日本动画片对美出口额增长了三分之一，增长幅度之大为近些年之最。

精品工程的打造，还可以带来巨大的商业价值。当动画片走红后，不仅能收到来自各地的电影电视放映版权费、影像制品的出版费，动画片中的人物还可以被商品化，制成各种玩具进行海外销售，而后者的收益最为可观。如日本2003年所获得的动画片形象权收益高达39亿美元，占日本动画片出口美国总收入的近90%。《宠物小精灵》系列在全球45个国家公开播映，为日本带来了380亿日元的收入，约为日本本土的2倍。

精品工程的打造，可以影响社会精神主体，对青少年起到良好的教育和示范作用。20世纪60年代，日本著名漫画大师手冢治虫创造了阿童木的形象，使无数日本青少年立志投身计算机智能化领域，研制出像阿童木一样的机器人几乎成了日本人的共同信念。进入21世纪，漫画《棋魂》的出现又带动了无数日本青少年开始学习围棋，使日本围棋逐步走出低谷。

三、产品开发联合投资模式

产品开发的投资联盟体系是日本动漫走向成功的又一关键因素。在日本，一部动画作品往往是由几个方面来共同投资的，这其中包括：电视台或电影公司、广告公司、玩具商、游戏软件公司、动漫作品原创的出版商等。通过各方的共同投资，一方面分散了新产品开发的风险，另一方面拓宽了资金的筹集渠道。吉卜力工作室的代表作《千与千寻》就是非常好的运用了产品开发的投资联盟体系的一个案例。《千与千寻》是由Tokuma Shoten出版社、Nippon电视网、Dentsu公司（日本最大的广告公司）、Tohokushinsha电影公司和其他一些机构组成的投资联盟共同投资制作的，制作费用将近25亿日元。投资方根据各自的投资在总投资中的比例获取收益。由于风险共担、收益共享，强化了各投资机构的共同目标，各投资部门的积极参与，又强化了市场。2001年《千与千寻》的票房达到304亿日元，高效益地回报了各投资机构。

四、拥有国际顶尖级的动漫大师和大量动漫制作人才和机构

　　拥有一批国际顶尖级的漫画大师是日本动漫近年来在世界上扬名立腕、牛气冲天的一个主要原因。日本动漫产业从20世纪60年代开始繁荣，动画影片的流行程度在日本迅速反超美国，其原因是多方面的，其中著名漫画艺术家手冢治虫（Osamu Tezuka）功不可没。这不仅因为他创办了第一家电视动画制作室，他的《铁臂阿童木》让世界认识了日本动漫，更重要的是他影响了日本人对动漫的态度。手冢治虫在日本非常受欢迎，他的作品涉及各个领域，遍布在各类人群中。他认为漫画这种艺术表达形式可以被各类人群所接受，所以他既为孩子画小人书、为女性读者画浪漫故事画册、为男性杂志画幽默漫画，也为报纸画政治卡通漫画。手冢治虫的动漫理念有效地传达给了他的读者，使动漫作品成为一种老少皆宜的艺术欣赏形式。近些年来，宫崎骏、押井守大友克洋等动漫大师的辉煌崛起，更是在国际市场掀起了一波又一波浪潮。没有他们，日本动漫不可能取得今天的成就。

　　另外，日本大量优秀的动漫导演和兢兢业业工作在第一线的动画人才以及动漫制作公司，是打造成功动漫产业的根本保证。目前，全日本有430多家动漫制作公司，其中的264家，即61.4%集中在东京，产业群的地理位置相对集中。但关于日本动漫领域的专业人才、动漫企业员工的具体数量不是很清楚。在动漫人才的培养方面，日本有专门的动画制作学校，一些高校，比如东京大学，都设立了动画专业。Wao公司在1997年建立了日本第一家职业技术学校，培训动漫人才，2006年4月又投资开办了一所动漫研究生学院。

　　目前世界上的动漫产业已经开始与电影、电视、音像业互相渗透与融合，形成完整的动漫产业链。在这条长链上，涉及行业众多，需要多样化的动漫业人才进行衔接。如果没有优秀的人才作为保证，就不可能产生优秀的原创动画片及原创的动漫形象。动漫产业的人才培养极为重要，原创型动画人才的培养不但可以推动动漫产业发展，也是政府实施动漫发展战略的基础。日本政府在推动动漫人才培养方面可谓不遗余力，不但给予宽松的政策，而且

在宣传政府政策时也尽量采用漫画的形式表达，尽量营造适合动漫业发展的政治环境和社会环境。

五、政府扶持与产业创新

著名经济学家罗默（P.Romer）认为，新创意会衍生出无穷的新产品、新市场和财富创造的新机会，所以新创意才是推动一国经济成长的原动力。动漫行业本身就是一个依靠创意生存的行业，根据罗默的理论，动漫行业未来将在很长时间内成为推动国家经济增长的重要动力来源之一。事实也在不断证明这一理论推断，动漫行业在日本国家GDP中所占有的份额逐年攀升。

就动漫产业发展现状看，动漫业正不断与新型技术相融合，产生自我创新，调整自身游戏规则，产业价值链也在不断改变。动漫企业的获利也由传统动漫出版物中的产品销售模式向综合产业价值链的解决问题商务模式转变。从目前世界各国动漫产业的价值延伸情况看，多数没有政府的参与，但动漫产业调节如果得到政府相应的支持，往往会使产业更快完成商业转型，使动漫企业更快获得产业延伸部分的利润。

日本动漫产业的兴盛与日本政府的各种政策、资金的支持有很大关系。如日本政府出台了一系列优惠政策扶植本国动漫产业的发展，包括：为动漫企业出口提供商业保险，设立460万美元的小型基金来支持小型动漫和游戏工作室的发展等。

伴随着文化娱乐产业的兴起壮大，日本从政府到社会各界都普遍认识到内容产业的美好前景，加大了对它的支持力度。内容产业（Content industry）最早在1995年由"西方七国信息会议"提出，简单地说，就是"由主要生产内容的信息和娱乐业所提供的新型服务产业"，具体包括电影、电视、音乐、广播、出版和印刷等产业部门。这一称谓在美国叫作"版权产业"（Copyright industry），在欧洲叫作"创意产业"（Creative industry），前者包括计算机软件和信息处理服务，后者还包括设计和艺术领域。2006年全球内容产业的增长达到6.5%，超过GDP的增长，而2003年日本内容产业出口占总出口比例仅为3%，远低于美国的17%，所以日本内容产业并不像它表面所看到的那样具有竞争力。于是，日本政府开始推进内容产业。这一年，政府在知识产权战略总部（Intellectual Property Strategy Headquarters）建立了针对数字内容工作的专门组织，并且把内容产业作为一个战略部门，精心策划和打造，从而使其在国际市场上具有竞争性。

作为内容产业的重要组成部分，动漫产业获得了来自政府的支持。日本每年都有文化勋章，颁予对日本文化有贡献的人，不少漫画家、动画家都获得过此项殊荣。日本动漫大家可以把作品陈设在国立美术馆和博物馆，有时官方甚至出资在海外进行展览。1997年日本国际贸易产业部（Ministry of International Trade and Industry）发起组织了一个数字动画研究团体，旨在研究如何推进动漫产业。中央政府的这一举措得到了来自各地方政府的响应。比如在主要的动漫产品发源地东京，于2002年2月举办了东京国际动漫节，这是日本商业动漫产品的第一次国际贸易展。来自法国、韩国、美国等国家的104家动漫公司参加了展览，吸引了5万多名参观者。以前，动漫产品被认为是缺乏任何市场保证的，因此它的支持资金很难获得。2004年，由Gonzo、日本数字内容（Japan Digital Contents）、Rakuten证券（Rakuten Securities）和JET证券（JET Securities）共同发起和建立了日本第一家动漫基金。2005年，日本数字内容（Japan Digital Contents）、中小企业部（Organization for Small & Medium Enterprises）和地区创新部（Regional Innovation，一个独立的政府机构）又各投资5亿日元为内容产品建立了一个投资基金。银行也开始改变原先相对保守的态度，以积极的、进取性的姿态投入内容产业。

六、顺应国际市场要求，调整产品品位和风格

日本动漫的一个重要组成部分是成人动漫，所以在有些动漫产品中表现出浓厚的血腥、暴力、色情和宗教色彩，这些不健康或不适宜的内容曾经阻碍着日本的动漫进入国际市场。当日本动漫公司把目光投放国际时，首先就要适应国际市场需求，调整产品品位和风格，于是动画片中的暴力、色情、宗教等不适宜的画面被剪掉了。目前，产品输出成为日本动漫产业的战略定位，因此，很多动漫产品在策划和制作之初，就充分考虑外国观众的习惯和口味，将日本民族风格与外国观众的欣赏习惯有机地糅合在一起，使日本动漫能够顺利地进入国际市场。

中国动漫为什么落后于日本？

其实在中国，早在"动漫"这个词引入之前就出现了许多类似于动漫的作品。那时的漫画多用于讽刺、反映现阶段的社会情形或一些人物的动作表现，这和现在所说的"漫画"有所不同。当时我国的"动画"出现了不少精品，这些作品以国画、泥塑、木偶、橡皮等为制作工具，是十分有中国特色的动画形式。中国的动漫产业一直以民间的方式发展，其发展时间比日本同期同类产业发展的时间早得多，也精良得多。

但在文化大革命期间，中国的动漫产业进入停滞状态。就在这时期，日本动漫进入了飞速发展的阶段，动漫产业渐渐发展为其国内标志性的产业之一。日本因动漫产业的发展而带来的商机十分巨大，并为日本国内经济的发展带来巨大的财富和强劲的推动力。前两年日本国内个人纳税数据显示，排在纳税榜单前十位的，其中有四位从事动漫产业工作，动画音乐制作人久石让荣居第二位。

中国在"文革"后动漫产业的成绩由停滞不前转为急速下降。尽管现在国家广电部门给予动漫产业一定的"保护政策"，但与日本的差距仍十分明显。

我国动漫产业为何如此落后？其实原因并不复杂。

第一，观念落后，思想迂腐。由于长期处于比较封闭的环境，中国民众以及中国动画制作和管理人员对动画的观念和认识都十分落后。在我国民众眼里，动画和漫画都是小孩子的东西，动画片也只是想"给小孩子看"。因此很多成人观众直接将动画片拒之门外，当然这种影响也扩散到自己的子女。所以中国动漫的市场比较狭窄。另一方面，根植于动画片 = 小孩教育片的思想，动画创作人员的创作方向都集中在了儿童片，由于极大的成本风险，动画创作人员不会考虑制作面向成人观众的动画。剧情幼稚，没有任何感染力，当今的中国动漫被很多极端网友称为"脑残片"。

从我国动画作品和相关电视节目中不难看出，我国的动漫制作人对于动漫的定义是低龄儿童观看。从《中华传统美德》《蓝猫系列》的说教到《天上掉下个猪八戒》《天眼》的消遣，中国动画无不针对"小孩子"。十年前的《熊猫家族》到十年后的《红猫蓝兔》，中国动画始终无法跳出"动物拟人化"的主角偏向，动画内容肤浅、幼稚。而日本早期用十年的时间从《西游记》发展到《铁臂阿童木》，后者一跃成为日本动漫界的经典。漫画教父手冢治虫借助这部作品，利用独特的想象，表达了自身对于战争、人性和生命的独到见解，更使日本国民意识到动漫并不是小儿科的作业，其表达的、可包含的思想和精神可以等同于一本好书，甚至可以超越名著。

正是由于中国观众抱着"动漫幼稚"的观点，国内的动画片即使做得再好，也很少有青少年追捧者。

第二，国内的动漫作品内容单调、老旧，少有创新。从《大闹天宫》到《西游记》，从《哪吒闹海》到《哪吒传奇》，国内动画大多无法摆脱名著，总把名著改了又改，编了又编，结果浪费时间又无长进。为什么不去大胆创新呢？中国并不缺乏敢于想象的人才，问题在于管制太死，思想放不开，加上对国内动画作品的"保护政策"（即一日之内的播放时间必须达到一定的标准），导致许多质量不高的动画片在电视上重复播放。日本漫画家峰仓和也在作品《最游记》（已动画）中巧妙应用了《西游记》的人物，故事情节则完全是原创，加上突出的人物性格和深入浅出的观点，使其脱离名著且大放异彩，深受青少年喜欢。

如果中国动漫的思想稍开放些，贴近青少年的思想，要获得青少年的喜欢并不困难。重复播放有时一部动漫作品可以表现一个人、一个国家、一个民族所拥有的气质和民族精神，这些精神并不总是一看就可以明白，而是需要通过认真思考，对每一个细节仔细品味方可得出。对于中国动漫，创新是必须的。只要大胆想象，中国可创新的领域其实相当广阔。

第三，过于严格的审查管理制度。日本动画审查十分宽松，一般都是做好后直接交给电视台播放。即使审查，也只是对那些已经放映的引起比较大争议的作品进行审查。而中国的审查制度非常严格，所有电视动画作品都必须通过审核后才能在电视上放映，日本的动画制作流程是：动画公司拿着企划找投资商谈判，然后从投资商那里拿到钱后开始分季分期做动画，一般都是一集一集地做,一集做好后直接送到电视播放,所以日本动画公司一般不会因动画本身而亏损。而中国动画则是自己先掏钱将动画做完后送给审查部门审查,然后再交由电视台播放,从电视台那里拿钱。也就是说,即使创作人员呕心沥血完成了一部动画作品,还要担心是否能够通过严格的审查,一旦审查不通过,一部作品就前功尽弃,付之东流,自己消化亏损的资金。严格的审查制度,使中国的动画创作人员根本不敢尝试除"儿童片"以外的青少年和成人观看的作品,为了能够顺利通过审核,创作人员不得不缩小自己的创作空间,制作低龄观众看的动画片。

第四,不完善的市场经济制度,对知识产权的保护力度不够,盗版横行。简言之就是,在中国制作动画没钱赚。中国的市场经济还很不完善,相关的法律制度不健全,导致中国盗版横行。能够在网上不用付费就能看到高清动画和漫画恐怕也只有中国有这种福利。对于许多中国人来讲,正版盗版无所谓,"便宜才是硬道理","免费才是王道",为了图便宜,中国消费者更乐意购买盗版动画 DVD 和漫画书籍,更喜欢网上的免费点播。正是由于中国观众既希望有好的动画作品又不喜欢掏钱的想法,扑灭了很多独立动画制作公司和动漫创作人员的热情。由于盗版横行,创作者的正版作品销量上不去,创作者的资金回报就少,很难在中国市场上赚到钱,这极大地打击了动漫创作人员的创作积极性。此外,电视台对动画片具有主导权,而国产动画片市场却十分廉价,以电视动画片为例,正常制作成本在 1 万元/分钟左右,但在中央电视台的播出收入仅为 200 元/分钟,远远低于国际市场上 2 万元/分钟的收购价格。即便企业能从地方政府争取到补贴,也很难改变动漫企业的现状。很多动漫企业为求生存,只好粗制滥造来降低成本、拉长分钟数来换取政策补贴。企业本来就是以盈利为目的,没有钱的动漫企业如何良好运作?如果日本盗版横行,估计百分之八十的动漫公司也都无法维持而倒闭关门。

第五,专业化程度低,对人才的重视程度不够。中国的动画(除了少数电影动画)制作都是一套班子包干,整个创作团队既要负责动画,也要负责音乐、配音等。由于绝大多数动画公司主要业务在制作半成品的动画上,对音乐、配音基本上属于门外汉,这严重影响了动画片的成片质量,相对于日本动画的专业化分工，中国动画望尘莫及。

中国动画非常缺乏动画的上游（动画监督、脚本创作、策划等）人才。中国动画所以弱，不在技术上，实际上在动画制作技术方面并不弱于日本，日本的很多优秀动画都是中国代工的，如果要中国动漫人复制一部和《火影忍者》《海贼王》画面质量一模一样的动画，只要资金足够，绝对没有问题，《风云》就是一个典型的例子。仅就画面来讲，《风云》绝不输于同时代的任何一部日本动画。中国缺的是优秀的动画监督，缺的是优秀的编剧，缺的是充满想象力的动画造型师。

《我为歌狂》是一部令人惋惜的动漫作品，作品无论是内容还是人物都非常贴近青少年，但由于技术不成熟和资金的缺乏，动画画面粗糙，动作缺乏连贯，多次出现重复画面，使得其追捧者远小于预期。

就像一位网友说的，糟糕的画面可以抹杀一部动漫作品的一切优点。要做出好作品，成熟的技术和足够的资金是十分重要的。其实国产动漫可先尝试从短篇作品入手，慢慢提高制作技术的水平，节省资金，再一步一步投入高难度、高水准的长篇动画制作。如此慢慢磨炼，一定会有良好的发展前途。

此外，国产动画的配音水平偏低，对CV（声优/配音演员）的培养不够重视。纵观当前电视放映的国产动画，角色配音语言平淡，装腔作势，缺少感情变化和鲜明的特色，与日本的声优动画配音水平形成了极大的反差，《喜羊羊与灰太狼》是极少数在配音上得到广大观众认可的作品。由于中国的动漫市场没有形成完整而成熟的产业链，加上受到管理制度的束缚，动画、漫画、游戏、图书没有形成良好的循环互动，漫画、游戏、图书将动画远远甩在了后面。声优作为动漫产业中重要的一环，没有动画和游戏的良好运作，自然难以发展。道理很简单，没有好的动画作品，也就不需要好的动画声优，即使有再好的声优，没有动画给他提供配音工作也是枉然。中国动画迟迟没有形成像日本动画的声优圈，重要原因是中国动画的发展迟缓和落后。其实中国并不缺少优秀的、具有潜质的声优，网络上有一些得到很多漫迷认可的配音社团，如星之声配音组、声创联盟中文配音社团。宝木中阳（代表作《十万个冷笑话》）、山新、新月冰冰等也都是得到广大网友认可的新生代声优。北京青青树动漫科技有限公司主办的为动画电影《魁拔》及计划的一百多部动画选拔配音演员的全优声"中国首届声优选拔大赛",基本上汇集了中国目前网络上最优秀的声优。

《我为歌狂》可说是音乐、声优和作品画面都相当配合的作品,但在国内的动漫史上也只是昙花一现。调查统计,约三分之二的网友认为国产动画的音乐制作水平和声优质量相当低,有些甚至无法忍受。在国外,动画的音乐制作人都是顶级的,声优必须经过严格选拔和培训才能出道。

动画配音需要的是专门从事声优工作的人,目前央视的声优工作多数由主持人作为"兼职"。如果央视重视其在动漫中的地位,声优就不会是国内动画发展的弱点。再有,国内动漫完全可以让流行歌手来创作、演绎动漫歌曲,这样提高音乐质量的同时也能给动画作品带来一定的人气。

第六,急功近利,骗取财政补贴。从2009年开始,中国政府加大了对动漫产业特别是动画产业的资金支持,在税收和财政上给予优惠和补贴。从表面上来看,似乎能够促进中国动漫的发展。但是这好似一把双刃剑,很多动画企业就是奔着补贴去的。一般来讲,由于3D动画的制作技术比2D动画制作难度要低(这是科普),成本也要低一些,但是国家对3D动画的财政补贴远远高于2D动画,很多企业为了赚取国家补贴,一股脑儿扎进3D动画市场,制作3D动画,而并不安心制作2D动画,这也是为什么近几年我们的电视荧幕上涌现大量3D动画的原因。但是中国3D制作水平还不成熟,导致大量骗取财政补贴、却质量低下的3D片出现。

与2D动画相比,3D电视动画有先天的不足,特别是人物的面部表情和嘴型,动作都显得十分僵硬,完全达不到2D动画的艺术表现效果(当然耗资几亿美元的好莱坞动画电影除外)。在中国的电视动画领域,以武侠3D动画《秦时明月》为例,虽然其代表了国产3D动画的最高水平,但是就整体画面来讲,人物的表情显得有些僵硬,人物动作缺乏自然流畅,略显呆板,这极大地削弱了动画片的表现力和感染力。而看多了日本动漫的观众,对《秦时明月》的配音也提出了不同程度的批评。

尽管国产动漫还不尽如人意,但是,《秦时明月》《魁拔》《尸兄》等具有革新意义的优秀作品还是让我们充满期望。中国动漫市场庞大,有着无限的潜力,打开中国动漫市场的大门缺的只是一把钥匙。总之,不变革观念,中国动漫难兴；中国动画审查制度不改，中国动漫难兴；动画分级制度不实行，中国动画难兴；不打击盗版保护产权，中国动漫难兴；不蓄人才，中国动漫难兴。

在某项调查中一位网友说得好：日本之于动漫就如维也纳之于音乐，无视日本动漫的巨大商业机器就如自寻死路。中国要正视日本动漫的发展，并虚心学习其优点，取其精华去其糟粕，努力克服自身的弱点，有恒心有毅力，就定能将我们的动漫产业搞起来、搞上去。

伍
高天滚滚"韩流"急

引言：长期压抑形成的民族悲情

在同是儒家文化圈的亚洲国家中，韩国及其文化，对中国大众来说更加具有亲和力。除了地域上的接近，两国经济上交往最多，来往频繁。中国是韩国最大的贸易伙伴，韩国的电影、电视剧、流行音乐，甚至韩国的服饰和美食，都受到中国大众的喜爱。中国对这个近邻表现出特殊的文化亲近。

韩国文化是在中国文化的影响下成熟起来的，中国的儒学和佛教对韩国影响深远。当然，中国的佛教也是从印度传入并发扬光大的，其中禅宗就是佛教与中国文化碰撞后的产物，并深刻影响了日本和韩国文化。

佛教禅宗早在新罗兼并另外两个王国百济（公元前8~公元660）和高丽（公元前37~公元668）以前很久就传入朝鲜半岛，但直到统一新罗时代（668~935）末期，即强大的地方地主势力起而反对中央集权统治制度的时候才开始盛行。换言之，佛教禅宗之所以被接受和受到重视，因为它是符合当地地主需要的宗教。

新儒学在高丽时代（918~1392）末期被逐渐引起注意，最终发展成为在朝鲜王朝（1392~1910）占主要地位的哲学思想。据信它是在同中国元代的文化交流期间传入韩国的。但是，如果联系中产阶级的上升来看，就能更深刻地解释新儒学何以会被接受。中产阶级是指一批具有地方乡绅地位的中小地主，他们并非通过世袭，而是通过国家科举选拔进入官场的。这些人为人正直，对通过非法手段占有大规模产业的亲元朝的统治家族持批判态度。这个新兴中产阶级欢迎新儒学的道德原则，把它作为一种精神支柱。

韩国的文化受中国影响十分明显。早在唐朝时期，新罗国就专门派人到唐朝学习文化以及治国的策略，甚至有些东西直接照搬照抄地拿回去。新罗也因为吸收了先进的中国的文化，才渐渐强大起来，最终统一了朝鲜半岛。

历史上的朝鲜与中国历史上的唐宋元明清朝有着微妙的关系。作为中原王朝的藩属国，彼此之间既有争斗也有合作。到了清代末年，强大起来的日本，早就想把朝鲜变成自己的藩属，甚至变成日本帝国的一个省。这势必跟清王朝的利益发生冲突，这也是甲午中日战争的导火索。结果是朝鲜被日本占领。但朝鲜的独立运动一直没有停止，抗日战争期间，大韩民国的临时政府的总部就在中国。从这个意义上说，中国是朝鲜（包括韩国）民族独立运动的摇篮。

朝鲜这个民族，历史上因为长期依附于中国，活得比较压抑。近代又几次受到日本的侵略，江山社稷不保，知识精英、有志之士被迫流亡海外，久而久之形成了一种民族悲情。这与儒家文化中"士"的思想有某种关联，却与日本文化受儒家思想影响构成的"忠"的民族精神内核形成鲜明的对照。

20世纪90年代初，中韩建立正式外交关系，两国各个方面的关系发展迅速。以距离韩国较近的山东省为例，山东重要城市济南、青岛、威海、烟台等，都有韩国城。在青岛、威海等地都有大批韩国商人，他们很多都精通汉语，与当地人交流无碍，很多人甚至融入了当地人的生活。

"如果你爱她，就带她去吃炸鸡和啤酒。"这样别致的爱意，完全来自于前一段时间红遍亚洲的韩剧——《来自星星的你》。自中国拥有社交媒体以来，此剧成了最被热议的韩剧，剧集还未完结，在中国的视频网站上点击量已超过10亿次，成为近10年最火的韩剧。从普通观众到赵薇、范冰冰等一线明星全都苦盼更新。

从20世纪90年代开始，刮了近20年的"韩流"愈加凶猛。如今"韩流"早已不仅仅局限于韩剧、流行音乐和明星的范畴，而是已经发展成为包括出版、漫画、卡通、音乐、游戏、影视、广告、人物形象等在内的韩国文化创意产业。在"眼球"便是"经济"的时代，韩流，这个被争议了快20年的文化现象再一次挑动着人们的神经。

让我们先从世界"神曲"——《江南style》的传播奇迹开始。

《江南style》：韩流狂扫全球

被誉为"神曲"的《江南style》火爆全球，根据YouTube数据显示，这首MV在网站上点播超过4亿人次，打破了此前的世界吉尼斯纪录，成为该网站史上人气最旺的视频。韩国文化又一次征服了世界，再一次掀起了韩流3.0时代的浪潮。它火爆背后的原因值得我们分析，同时也给我国文化对外传播提供了启示。

从20世纪90年代以来，"韩流"作为一种文化传播现象就已经开始席卷我国。所谓"韩流"是指韩国的大众文化商品在以中国、日本等东亚地区被部分阶层所接受并成为一股流行的现象，包括音乐剧、连续剧、服装佩饰、游戏饮食、化妆造型等等在我国掀起流行潮流的文化现象。而作为韩流重要组成部分的韩剧是影响最强大的一种。

韩流在1.0与2.0时代凭借电视剧与音乐风靡中国，而处在3.0时代的韩流则集中体现了现代网络传媒方式下的传播。当下正处于一个信息产业、媒介产业、创意产业迅猛发展的3.0时代，我们可以在YouTube、优酷、腾讯、土豆等在线网络视频上看到所需要的东西。《江南style》也正是通过上传到全球最大的视频网站YouTube才一夜爆红。

一、《江南style》为什么这么火爆

1. 文化工业时代标准化的流行，音乐造成大众审美逆转

法兰克福学派代表人物阿多诺的流行音乐接受理论认为："面对文化工业产品，消费者所能采取的姿态只能是消极被动地接受，他们失去了任何抵抗的能力。"[①] 对于听众接受方面的思考，阿多诺是从这样两个假定开始的：

---

① （德）阿多诺：《论流行音乐》，发表于1941年。

第一，流行音乐建构了一种"阉割符号体系"；第二，音乐人（以及所有的大众文化生产者）与听众（以及所有的大众文化的接受者）的关系是一种施虐与受虐的关系。大众养成了一种精神涣散与漫不经心的听赏习惯，如此这般地长期与流行音乐耳鬓厮磨，人们感受音乐的能力势必下降。从传播学的角度来讲，消费社会更注重形式，而对内容在很大程度上已经丧失了最起码的欣赏与享受的能力。大众脱离了高雅音乐而转向于低俗音乐。我们已经习惯了听流行音乐，长期与流行音乐耳鬓厮磨，已经没有什么个性化可言，一说到流行音乐大家都能联想到有哪些歌曲，比如前几年流行的《忐忑》、《NOBODY》等。音乐人为了自身的利益也投入到被标准化的符号体系内，大众收听被标准化。我们感受音乐的能力已然下降，我们不会被贝多芬交响曲所震撼，也不会不习惯雷人神曲与搞怪偶像。《江南style》无疑是雷人神曲与搞怪偶像的标准结合体。如果真是从雅俗程度衡量，那它无疑是俗不可耐的，但它却迎合了当下大众疲劳的审美观。

2. 媒体热炒形成的议程设置

媒体的跟踪、风靡报道在一定程度上也间接形成了议程设置的效果。网络首先爆出《江南style》，接着报纸、电视等传统媒体都纷纷加入报道大军。央视《新闻30分》在正规的新闻播报中，介绍了这首火爆全球的歌曲，直接引起了观众的热议。在《江南style》"攻陷"央视新闻的当天，就有观众表示，自己第一次看到央视专门用一条新闻的时间来介绍一首外国歌曲。作为权威性媒体，它对《江南style》的突出报道无疑引起了大众的关注。各大卫视也都对《江南style》进行报道，江苏卫视跨年力邀鸟叔来演唱《江南sytle》。大众无不沉浸在媒介渲染的《江南style》海洋中。正如典型的传播理论所说，大众传播媒介愈是大量报道或重点突出某事件或问题，受众愈是热切地关注、谈论这些事件或问题。媒介的这种议程设置进一步放大了《江南sytle》的火爆效应。

3. 社交网络的病毒式传播

社交网络的传播更是功不可没。You Tube 在其中起的作用最大。《江南

style》虽然在韩国家喻户晓，但是欧美几乎没有人知晓，更别说听过 PSY 唱的歌了。在一个对美国青少年的采访中，美国青少年在这首歌之前几乎没听说过 PSY 的名字，现在也不知道这首歌到底谁唱的，他们只是关注这首歌本身。正是通过视频分享网站，让全世界的网友看到这首歌的 MV，才使这首歌如此迅速地在网络上传播。除了 You Tube 以外，Facebook、Twitter 等社交网络的分享功能，也加速了神曲的传播。如"新猫女"安妮·海瑟薇、贾斯汀·比伯的经纪人斯古特·布劳恩等欧美名流都纷纷特推并且转发《江南 style》的 MV。《江南 style》在全世界的热度随之急剧提升，加上各种搞怪模仿版本的"病毒"传播特性，使得《江南 style》在微博等社交网站也登上热门话题榜单，开始迅速走红。

二、由《江南 style》火爆所引发的思考

《江南 style》是一首充满了批判意味的流行神曲，所以广受全球大众欢迎，不仅仅因其口水化的 Pop 曲风及搞笑的骑马舞姿，背后其实还有着更深层的社会及文化意义。韩国流行文化近年来一直以其强劲势头风靡全球，它的对外文化传播不论从传播的方式、载体、渠道以及政府本身所采取的文化产业扶持政策，都有值得中国学习和借鉴之处。

1. 韩国对外文化传播的创新与拉动效应

韩国对外文化传播首先是以其制作精良的韩剧为爆破点。韩剧中的主人公多为平凡的小人物，这些小人物的生活背景和生活经历与我们颇为相似，拉近了与观众的距离。韩剧中处处渗透着传统的风情民俗，可以让观众领略到韩国人的饮食习惯、服饰文化、婚丧嫁娶、礼节礼仪等。韩国明星在"韩流"发展的过程中发挥了不可估量的作用。韩国的歌手、电影演员都是经过精心选拔，接受多年的培训后才得以登上舞台，明星综合素质较高。韩剧的男女演员大都是俊男靓女，并且韩国偶像推陈出新的速度很快。据调查，中国观众喜欢的外国明星中，韩国明星高居榜首。这些细节都让受众在了解韩国文化的同时，也带动了旅游业、服装业等相关产业的发展。

2. 政府重视、民众支持和媒体宣传所形成的合力

韩国国内协力合作营造韩国文化发展的良好环境。有人说："韩国从政府到民间都把电影当成一个事业来做。他们有一个明确目标——把韩国做成一个电影大国、文化大国。"韩国政府看到了文化的潜力和效益，自1998年提出"文化立国"战略，将文化产业作为21世纪发展国家经济的战略性支柱产业，文化世界化成为韩国人的战略和目标。随之，政府制定振兴文化的法律，健全文化产业机构，建立文化产业园区和人才培养机制，扩大和奖励出口，以及其他各项振兴文化的优惠政策。用于韩国文化事业方面的财政预算不断增加，2000年首次突破国家总预算的1%。2001年又上调至9.1%，进入"1兆韩元时代"，2003年达1兆2673亿韩元。韩国政府创立了专门负责文化旅游发展的行政机关——韩国文化观光部，通过文化旅游观光来带动本国文化在世界范围内的传播。同时，韩国政府为打造出一流的韩剧，出台了许多优惠的政策及法规，并且大力支持举办文化节，近些年来，韩国在本国、中国、日本等国相继举行了一系列以"韩国文化节"为主题的活动，借以加强世界人民对韩国文化的了解和认同。网络社会，媒体作为迅速传播信息的载体对社会起到巨大作用。而韩国文化正是借助于媒体的大力宣传，得以在世界范围内迅速蔓延，通过报刊、电视报道、影视作品、旅游宣传片、网络等多种渠道，韩国大幅度地宣传本国文化。

3. "以中国文化打败中国人"

用韩国媒体的话说，他们是"以中国文化打败中国人"、"以中国文化开拓中国市场"。凤凰卫视董事局主席刘长乐也说："韩国是把我们的文化精髓卖给我们，如同使用者向发明者收了版权费。""韩剧注重儒家文化的宣传与认同，情大于利的文化宣扬，深深地震撼人们的心灵。当儒家文化再次摆在人们面前，让曾经深受儒家文化影响的国家和地区，找到了归属感，心灵爆发了共鸣。"韩剧中儒家思想的鲜明展现是对西方文化霸占主导地位的一次冲击和反思，利让人感到累，而情让人感到温暖，在当前呼吁人情回升的社会，这股潮流正好适应了中国人内心的需求。韩国对外文化传播的成功，是

文化软实力在世界的彰显。这些不得不让人深思，我们应该警醒，在一定程度上可以说我国的主流文化没有一定的向心力，在对外传播方面更是让人困惑。中国对大众文化主旋律的大力扶植和宣扬，可制造出的也只是符合了"评奖意识"的大众文化，并不是观众所喜闻乐见的优秀作品。北京大学的张颐武教授说："中国一直着力于传播经典文化，却很难在国外受众中产生共鸣，往往欲速则不达，事倍而功半。""商品文化通过电视左右着我们的思维，艺术无限多样的文化功能和形态，被电视简化为单调的娱乐功能和复制形态。在一些热门作品里，弥漫着一股颓废、迷惘、失落的气息，到处是轻飘的戏说和浅薄的搞笑。中国有的大众文化制造者们羞于谈理想、谈积极向上、谈真善美，似乎这些都是俗而又俗的东西，一提就会暴露自己的落后和老土。"①

《江南 style》火爆全球的背后是韩流在全球传播的又一次胜利。韩流以它独有的传播方式融入到我们的文化之中，在全球掀起新的流行浪潮。韩流的经验告诉我们，在后文化工业时代，既要重视对传统文化的传承和发展，也要吸收、融合和借鉴现代文化，促进传统性与现代性的融合。同时注重创新，从而创造出更加先进、更加符合人类社会发展需求和引领全球潮流的中国文化。

三、《江南 style》不经意间输出了韩国文化软实力

这首名为《江南 style》的韩国流行曲，几个月内红遍全球。《江南 style》在欧美各国声势惊人，在美国拿下告示榜第二名，是 50 年来亚洲歌星第一次；在英国、丹麦则拿下第一，是亚洲歌手有史以来的最好成绩。韩国《朝鲜日报》报道，PSY 所创造的经济价值至今已超过 100 亿韩元（约台币 2.6 亿元）利润，他甚至被称为是"行走的中小企业"。

从菲律宾囚犯到美国总统候选人，从巴西球星到中国社区大妈，从欧洲体育赛场到南京婚礼现场，似乎人人都在跳《江南 style》。在中国，在搜

---

① "立意严肃表达幽默《江南 style》成功的跨文化传播"，《新华日报》2012 年 10 月 15 日。

索引擎搜索《江南style》的结果，达到惊人的4 830万条。同时，上海杨浦style、周星驰style、台湾萝莉双胞胎版style、客家话版style、雪姨版style等各种模仿版本也络绎不绝。《江南style》成为韩国最成功的文化输出品之一。《纽约时报》对此置评，韩国人并不在乎作为最成功的文化代言人的PSY是否高端雅致。对韩国人而言，PSY仍然是"软实力"的象征，是向世界输出韩国文化的一种方式。

《江南style》曲式夸张搞笑，以不断重复和非常容易传唱的旋律，加上独特的骑马舞，红遍每个角落，美国名校学生、海军，各国知名歌手在网络争相上传模仿版本，甚至新人结婚时也邀请宾客一起跳骑马舞。酝酿自新一波"韩流"体系中的《江南style》，让世界注意到韩国新崛起的流行文化风潮。

不只《江南style》，全球青少年，从小学生到初中、高中生，热情拥抱韩国歌手艺人，并着迷于他们的各种衍生产品，包括韩式美妆、韩版衣服、韩国戏剧等。韩国流行文化的渗透力极为惊人，韩剧在中东可以创造超过五成的收视率，韩国三人男子团体JYJ全球巡演时，在秘鲁这样遥远的小国，竟然也可以吸引到6 000名粉丝购买昂贵的票听演唱会。

四、文化软实力：征服世界的另一种方式

20世纪90年代初，美国哈佛大学教授约瑟夫·奈提出"软实力"的概念，意即"一国文化被普遍认同的程度"。就一个国家来说，一般"硬实力"是指支配性实力，包括基本资源（如土地面积、人口、自然资源）、军事力量、经济力量和科技力量等；而"软实力"则体现为国家的"吸引力"和"效仿力"。美国用好莱坞、麦当劳、米老鼠也能征服世界——美国拥有强大的硬实力，这是不用阐述的事实。不过，对美国来说，最大的优势还是拥有强大的文化软实力，其强大的文化软实力，迄今为止没有任何国家能够与之相提并论。

曾有人说，美国仅用三大片（薯片、芯片、影片）策略就征服了世界：美国一直是全球互联网发展的中心；迪士尼打造的米老鼠一直在全世界流行；好莱坞的大片风靡全球；美国的快餐文化甚至也称为"世界时尚"……现在，除了"三大片"，还必须加上一个"苹果"。一位法国前外长曾用"（美

国）能激发他人的梦想和向往"来评价美国的强大。德国《时代周报》主编约瑟夫·约菲认为美国的软实力甚至强于其经济和军事资源：美国文化，无论其通俗还是高雅，都向外辐射着只有罗马帝国时代才有的炽热，而且手法更新颖、迂回。罗马和苏联文化都止步于他们的军事控制范围，美国软实力才真正造就了一个日不落帝国。

软实力的强大，让这个事实上好战的国家魅力无穷，如大唐盛世般吸引来自全球的移民，让许多美国之外的人也做着"美国梦"。

英国：音乐是英国近50年来最强大的文化输出。伦敦奥运会开幕式上，那一曲《HeyJude》引发"伦敦碗"8万人大合唱的情景仍历历在目。有人估算，可能有204个国家的人认真听过并且会唱这一首英国摇滚歌曲。当来自世界各国的观众满怀激情地唱出这首歌，当电视机前的摇滚歌迷为它感动得热泪盈眶时，这生动地提出了一个问题：一首歌的文化能量有多大？音乐是英国近50年来最强大的文化输出。20世纪60年代，披头士乐队的首次美国巡演万人空巷，预示着英国音乐开始站上了世界流行音乐的主舞台。对许多乐迷来说，披头士、滚石、平克·弗洛伊德、皇后乐队、U2、酷玩，这些如雷贯耳的英国乐坛大牌，就是英国文化的金字招牌。半个世纪以来，英伦音乐占据了世界流行音乐的半壁江山，音乐成了英国出口到外国最重要的商品，成为乐迷们的共同语言。当"英伦风"刮遍全球，英国自然也成了圣地。

日本：哆拉A梦、HelloKitty们让日本正面形象位列全球第二。尽管日本在东亚一些国家不受人待见，但在正面的全球形象方面，日本位列全球第二。德国险胜日本，位列第一，美国位列第七。人们对日本有如此好感，离不开日本文化的输出。

2008年3月19日，日本机器猫"哆拉A梦"得到外务省任命，成为日本首任动漫文化大使，负责向全世界推广日本动漫文化。"二战"结束后，日本和平宪法限制国家发展军事力量，政府继而开始以增强软实力方式提升自己的国际影响力，试图借助经济、文化和对外援助等多种手段在全球加强攻势，为日本的崛起造势。

美国人道格拉斯·麦克阿雷曾撰文评价日本在动漫、流行音乐、电子游戏等文化领域的国际影响力，并指出"国民酷总值"是日本软实力的一种形态。如今,"COOLJAPAN"这种日本流行时尚文化正被世界所接受。仅哆啦A梦、HelloKitty两只猫就风靡全球。

五、《江南style》对中国提升软实力的启示

走向世界就必须首先国际化,不必刻意强调本国元素。韩国并不以原创著名,但它很懂得吸纳他国的精华,再加上韩式创新,三星手机如此,现代汽车如此,流行文化也是如此。例如韩国的流行音乐,表演形式取自日本的多人团体,音乐取自美国,再加上自创的元素,最后形成风格锐利的韩国流行音乐。

另外,许多韩国的流行文化刻意避开韩国传统文化的色彩,降低其他国家接受的障碍,他们不以宣扬韩国文化为包袱,而以全球最共通的喜好为要。动画、戏剧、音乐都有这种现象,例如,音乐类型为嘻哈、饶舌、电音、摇滚等主流流行音乐。不少上一辈的人会摇头叹道:"这哪里有韩国音乐的感觉?"但它就是有世界的感觉。

反观自身,我们在"民族的就是世界的"这一"真理"指导下,极力推广中国传统文化,但在推广过程中往往多强调"民族性"而忽略了普适性。老外对中国的兴趣,也仅仅是兴趣而已。保持文化多样性,容得下"化学歌",就要容得下"三俗"曲。中国不是没有"神曲"。以《月亮之上》《爱情买卖》《伤不起》等为代表的一类歌曲曾占据各大音乐排行榜,众人膜拜,粉丝数过亿。但是,这些歌曲不仅无法冲出中国走向世界,甚至在中国主流音乐界还不能得到认可。

保护多样性是文化繁荣的必要条件。当流行文化中的一切想象力和创造性均被扼杀,所产生出的歌曲也只能处于《化学是你,化学是我》的神级水平。

民间才是软实力输出的主力,官方不应喧宾夺主。谈到文化软实力,或许我们提到最多的是汉语文化、孔子学院。孔子学院遍地开花,"少林寺"也走出国门,不过,在文化产业方面,诸如出版、电影、流行音乐、广告设计、画廊、计算机游戏等,我们以真正的文化产业形式输出和传播中华文明、中华文化的成功例子仍不多见。我们的文化在对世界文化的影响力方面,还

缺乏深度、广度的渗透。

软实力的输出应该更多依赖民间的作用。文化的魅力完全是由受众的喜好来决定。好莱坞、NBA、哆啦A梦等民间文化之所以能风靡世界，是因为商业化的市场最了解人们的需求。

韩国电影：敢批评政府、警察和媒体

在中国电影圈高呼"传统电影已死"之时，我们在韩国却找回了电影的定义——电影就是电影。本节试图深入韩国电影产业的各个环节：人才培养、内容创作、项目运作……力图为大家揭开韩国电影大爆发的真正原因。

一、韩国电影有三宝：胆大、艺高、猜不到！

随着《继承者们》《来自星星的你》的走红，我们发现韩剧已从过去"车祸、癌症、治不好"的老三宝时代，升级到了"男神、女二、土豪金"的新时代。而相对高冷的韩国电影圈，同样也能找出必杀三大招：胆大、艺高、猜不到！如果你把这几年的韩国电影全看过一遍，就会发现人家早已脱离山寨好莱坞或者抄袭港片的低级趣味了。无论是类型杂糅，还是故事创新，韩国电影甚至比好莱坞电影走得更远。

真实事件改编电影，一直是韩国电影重要的一支。电影《辩护人》根据前总统卢武铉的生平改编，背景是震惊全国的"釜林事件"——在1981年军事独裁政权下，警察非法逮捕并监禁了多名大学生。

很多人感慨《辩护人》能在韩国上映，得益于韩国电影的创作自由。但事实上，经腾讯娱乐记者调查发现，即便在韩国实行民主化的今天，拍摄这样的政治题材，依然会有风险。影片上映前，在评分网站上，《辩护人》曾遭到卢武铉反对者的恶搞。

导演梁宇哲在处理这部影片时非常谨慎，除了人物名字尽量和卢武铉区分开以降低观众联想外，他还告诉腾讯娱乐记者："由于30年前的'釜林事件'真相至今仍未完全披露，有些地方仍被误解或被遮盖，老百姓并不知道实情,因而影片有一定的新闻性。我会尽量去除可能引起误解或争执的部分。"

去年获得多个大奖的《素媛》,与《熔炉》一样改编自未成年人性侵案件。2008年,强奸犯赵斗淳对8岁小学女生以残忍手段实施性暴力,并造成其终身残疾。电影重点讲述了平凡父母如何帮助受重创的孩子走出心灵阴影的故事,既抨击司法不公、媒体不义,又温情治愈感人至深。

当然,韩国电影也不都是揭示社会阴暗面的沉重题材,主流还是各种商业类型片。2013年的《柏林》堪称韩国动作大片的典范,囊括了河正宇、韩石圭、全智贤几位一线明星。该片在德国柏林取景,耗资百亿韩元(100亿韩元=6 000万人民币),讲述了四位朝韩特工深陷国际阴谋,互相猎杀的故事。虽然情节并不新鲜,但无论摄影、剪辑、动作设计都令人眼前一亮,水准不输于好莱坞大片,堪称韩国版《谍影重重》。

和《柏林》同样进入2014年票房前十的《监视者们》也是场面精彩、打斗惊险的动作大片,改编自梁家辉、任达华主演的香港电影《跟踪》,但在商业性上又上了一个台阶。

2015年韩国暑期档的几个古装片也尽显制作精良:票房超《阿凡达》的《鸣梁海战》,海战大场面超赞;《群盗》则在美术、摄影、动作设计、配乐上处处精致,令人叫绝。

韩国中小成本影片占市场主流,在资金有限的情况下,韩国的电影人则尽可能地把心思放在故事的巧妙构思上。"不走寻常路"是很多人在看完这些影片后最直观的感受。

《恐怖直播》在一个狭小的直播间内营造出让整个国家陷入恐慌的大格局,每一分钟都令人提心吊胆;《我是杀人犯》则设定一位逃脱追捕的连环杀人犯,在15年公诉期满后突然现身出书讲述杀人过程的故事,影片结尾处又出现了反转结局。《狼少年》和《奇怪的她》本身是幻想题材,但故事又十分"接地气",既新鲜有趣又温情伤感。

二、人才培养:教学注重拍摄实践,学生毕业得拿奖

韩国新人导演的高素质令人赞叹,在2014年票房前十的电影中,除了

《辩护人》和《恐怖直播》外，《捉迷藏》也是80后导演许政的处女作。而票房大热的《隐秘而伟大》和《狼少年》分别是新导演张喆洙和赵成熙的第二部长片，这两部电影也把金秀贤和宋仲基捧成了"忠武路四小天王"。在CJ娱乐北京公司的申美丽看来，"新锐导演的登场，是韩国电影这几年发展的重要元素"。说到韩国专业院校培养学生的秘诀，就是：实践，实践，再实践！

如果翻看韩国导演的履历，他们要么出自顶尖的电影院校，比如韩国电影艺术学院（KAFA）、中央大学导演系等，论起辈分大家都是师兄弟；要么存在师徒和帮带关系，其中一批人曾经给另一批人做过助理、副导演，在片场打过杂。

奉俊昊、许秦豪、金泰勇、金义石（《汉城假期》）、金泰均（《狼的诱惑》）这些导演，都是从韩国电影艺术学院（KAFA）毕业的。奉俊昊是第11期的学生，金泰勇是第13期的学生，算起来刚嫁过去的女神汤唯也得管奉俊昊喊一声学长。而姜帝圭（《太极旗飘扬》）、尹钟彬（《与犯罪的战争》《群盗》）、张贤洙（《谁都有秘密》）都是从中央大学导演系毕业的。值得一提的是，中央大学还开设表演专业，也向韩国电影界输送了不少男神女神，比如河正宇、尹恩惠和正在就读的金秀贤。

作为综合大学电影教育的代表，中央大学尖端影像大学院是亚洲第一个拿到招收MFA（艺术硕士学位）资格的研究生院。其导演方向研究生课程学制2年，学费较贵，一年需要8万人民币。该专业的中国留学生小毛告诉腾讯娱乐，学生在就读期间除了修满学分外，还需要拍摄4部短片。每部短片的拍摄费用平均在3万人民币以上，都需要学生自己筹集。

拍完4部短片就能毕业了吗？太天真了！要想毕业必须满足三个条件中的至少一个：①至少有一部短片入围戛纳、柏林、威尼斯三大电影节；②至少有一部短片在釜山、东京、上海等同级别电影节上获奖；③能够拍一部进入院线放映的长片。如此严格的毕业标准让学生们叫苦不迭，但也只能硬着头皮努力再努力。

1984年建立的韩国电影艺术学院（KAFA）是区别于一般高等院校的存在，不归教育部管，而是直接隶属韩国文化体育观光部，资金来自政府拨款的"电影发展基金"（电影票价的3%）。KAFA是名副其实的"韩国电影军校"，走出了众多大师名导。虽然这里只是培训进修班，无法获得硕士学位，但这并不影响它成为年轻人心中学习电影的最高殿堂。朴赞郁、金泰均在这里任专职教授，奉俊昊、金泰勇只要没事就会回来，给学生代几堂课。这么受欢迎自然不容易考，KAFA院长崔益焕告诉腾讯娱乐，这里的学生平均年龄在32岁左右，很多人在入学之前都有过几年的片场工作经验。2015年导演系在120名报名者中招收了12名学生，录取比例是10∶1。而目前出任KAFA导演系主任的金泰均（第4期学员）告诉我们，他入学的那一届录取比例大概要到100∶1，非常严格。

据院长介绍，KAFA与普通大学相比，除了学费便宜，一年仅象征性收取200万韩元（约1.2万人民币），更大的优势则是学校会向学生提供全额的拍片费用。每个学生在学习的第一年内必须拍摄两部短片，每部可获得拍摄金700万韩元（约4.2万人民币）。此外，期末还要上交1个长片剧本，学校会从中挑选3个学生进行第二年的长片制作学习，并将他们的剧本拍摄完成。每个学生可以得到7 000万韩元（约42万人民币）拍摄金，成片后都可以通过CJ公司发行进入院线放映。

三、新人入行：拍片先学省钱

又得掏钱、又得拿奖，能顺利从学校毕业已经够不容易了，但从学校毕业之后才是真正残酷竞争的开始。有人干了10年副导演，也得不到一个当导演拍片的机会，所以一切还是得靠自己争取。

首先，学校的资源一定别浪费了，比如KAFA除了自己出资让学生拍片以外，也会推荐优秀的学生给电影公司参与更大的商业制作。比如分别进入年度票房前十的电影《捉迷藏》和《狼少年》，都是KAFA毕业生的作品，一毕业就成为行业的重要新生力量。

当然，不可能所有人都这么幸运，大部分新人导演的第一部电影都是从小成本开始的。导演李勇胜的处女作《十分钟》在上海电影节上获"亚洲新人奖"评委会特别奖，又在香港国际电影节上获得了国际影评人联盟奖，拍片潜力备受认可。他告诉腾讯娱乐，这部电影的资金主要来自乐天公司在中央大学设立的拍片基金，实际只花了30万元人民币，相当于一般韩国院线电影百分之一的成本。为了完成拍摄，李勇胜只能拼命省着花。影片上映后，刚好赶上"岁月号"沉船事件，票房成绩并不理想。

韩国电影振兴委员会每年也有一部分预算，用来支持新导演和中小成本电影。据委员会北京代表处首席代表金姒贞介绍，由电影公司老板、资深导演等业内专家组成的审议团会在所有申请人中选出优质项目进行支援。在2015年第一期"项目开发扶持"招募中，15个剧本得到了每部3 000万韩元（约18万人民币）的扶持金。2013年，《七号房的礼物》的投资里就有一部分来自韩国电影振兴委员会的补助金。

如果是半路出家的导演，大部分人的职业生涯起点是从片场开始的。《隐秘而伟大》的导演张喆洙大学学的是美术设计专业，2002年在留学日本时，他看到了金基德导演的《漂流欲室》，异常激动，回国投身电影，成了金基德的助理导演，并在之后参与了金基德多部电影的拍摄。直到2010年，张喆洙才执导了自己的第一部处女作长片、独立电影《金福南杀人事件始末》。

国内观众熟悉的爱情片《建筑学概论》的导演李容周是建筑学专业毕业，在工作四年后鼓起勇气决定进入电影圈，结果连考两次电影学院都落败了。好在李容周运气不错，幸运地找到当时还没成名的奉俊昊，在他的导演组里打打杂。那部作品就是后来被认为是韩国十年来最佳影片的《杀人回忆》。李容周开玩笑地告诉腾讯娱乐："《杀人回忆》初期的名字叫《来看我》，我以为是搞笑片，进到里面才知道是讲杀人犯的故事，但我也出不去了（笑）。好多人都说我是'俊昊学院'出来的，在他的组里学了两年，我觉得是很好的选择。"

相比台湾导演主要靠"小清新"的青春片起步，韩国导演的处女作基本都走影展路线。从电影节起步有两个好处：拍片成本低，容易获得关注。比如张喆洙，他自己并不想拍《金福南杀人事件始末》这种类型的电影，但由于成本很低，能选择的题材有限。他的这部处女作被认为避免了普通文艺片的沉闷叙事，有金基德电影早期的风格，不仅入围了戛纳电影节"影评人周"单元，还在韩国富川国际电影节上摘得最佳电影奖，成功吸引了大众的注意。

张喆洙的第二部电影《隐秘而伟大》就转变为阳光温暖的风格，成为占领年轻人市场的青春片成功案例。李勇胜目前也在准备《十分钟》后的第二个项目，会考虑拍一个商业片。

四、大公司签导演看编剧能力，设专项基金开发项目

相对于导演的单打独斗来说，大公司在整个产业中真正把控着经济命脉。他们做出的每一个选择，既能决定导演的职业生涯，也能影响到观众将会看什么样的电影。

Showbox 是韩国四大电影公司之一，早年曾出品《太极旗飘扬》《汉江怪物》等令人尊敬的经典电影。这两年的片单里既有《盗贼同盟》《与犯罪的战争》《群盗》这样的豪华班底大制作，也有《隐秘而伟大》《我是杀人犯》这类构思精巧的类型片。

Showbox 首席运营官郑根旭告诉腾讯娱乐，Showbox 有自己的导演体系，现在已经和 9 名 A 级导演签署了长期合约，《群盗》的导演尹钟彬就是其中之一。"比如他有了拍《群盗》的设想后，就提案给 Showbox，我们一起评估开发的可能性。一旦获得通过，会进一步和导演讨论剧本细节。"

什么样的导演能签约？"我们选拔导演进入这个体系的标准，主要看重的是导演自己创作剧本的能力，并且会评估他对项目进行开发的能力，然后才是拍摄能力比较优秀。"

在韩国，制片公司和发行公司是各自独立的，和中国现在的情况有点类似，CJ、Showbox、乐天等几家公司旗下院线占韩国电影院数量一半以上，他们的主要业务是电影发行。而独立的小制片公司主要负责找剧本、攒项目、盯制作，两者之间有时也会交叉和合作。

Showbox 的电影项目除了来自自己的导演体系外，另外一部分则来自外部的电影制作公司。"我们一直跟外面的制作公司保持着紧密的联系，他们把开发好的项目拿给我们，如果项目启动，我们会全程参与一起商讨各项开发事宜。虽然也有那种已经全部完成的开发案拿来给我们，但大多数情况是从一开始就会参与其中。"

据韩国电影振兴委员会资料显示，在整个电影市场上，只有十分之一的项目能真正制作成为公映的电影，因而投资方并不愿意在剧本阶段多花钱。

但是，近几年大公司已经越来越意识到项目开发的重要性，"我们一般是从初期开始就投入资金（项目开发费），包括开发剧本和其他相关物料的费用，然后一起进行和推动整个开发过程。费用大概占总投资的 5% 左右，我们设定的目标是，在三年内作品成型，成功率必须控制在 80% 以上。"

Showbox 出品的中小成本电影《隐秘而伟大》在上映后连续刷新韩国影史十一项票房纪录，最终票房排名年度第五，并被认为首次打开了青少年市场，是一个典型的用新类型、新导演、新演员的成功案例。

郑根旭坦言在项目进行中自己也有过挣扎："韩国观众一般更喜欢比较有现实感的故事，因此魔幻题材在韩国不那么受欢迎。《隐秘而伟大》是根据著名漫画改编的，究竟是要多大程度地改变它的基调，让它看起来更像是一部现实性的电影？还是尝试着把漫画所具有的那种幻想色彩尽量用电影的方式呈现出来？我们一度也为此感到苦恼。几番挣扎后，我们选择采用后者的方式，就是想尝试做一下这种幻想型的故事，充实一下这个类型。"

导演方面，虽然张喆洙此前的残酷风格跟《隐秘而伟大》并不符合，但郑根旭还是希望给他一个机会，"首先导演的执导能力是可以肯定的。这个电影的后半部也有一些动作戏，可以发挥张导演擅长的部分，而前半部分那种比较喜剧温情的类型又是他本人特别想尝试拍摄的故事类型。"

起用当时尚未主演过电影的金秀贤作为主演，也被证明是一次成功的尝试。他首次"触电"和全智贤合作的作品，就是由 Showbox 出品的《盗贼同盟》。郑根旭介绍说，金秀贤虽然在《盗贼同盟》中戏份不多，但人气却高得惊人，所以在"考虑到演员戏路要比较宽、观众喜爱的程度，还有其他的很多因素后，最终决定选择由金秀贤来出演《隐秘而伟大》"，事实证明，Showbox 的这次尝试大获全胜。

近两年，很多电影公司大量起用新人，在郑根旭看来虽然冒险但也具有合理性，"新人导演多数通过执导短片等锻炼了执导能力。我们在使用新人导演的时候，希望他们能在创作上带来全新的视角，以及具有独特色彩的东西。加上专业工作人员（摄影导演，剪辑师，剧本编剧等）的从业能力近年有了很多提升，所以即使新人导演在经验上有些不足，旁边的专业人员也可以帮助他顺利完成拍摄。"

郑根旭认为，新导演并不意味着稚嫩和不成熟，"韩国新导演有个特点，他们自己会写剧本，具有企划开发项目的能力。基本上他们在学习如何导演的同时，也会花 5 至 7 年的时间来开发自己的项目，其中一些已经有了很高的完成度。"

五、片场听谁的？一切导演优先，演员片酬低于国内

到底应该"导演中心制"还是"制片人中心制"？这个话题在我国电影界一直争论不休。在韩国，到底导演和制片人，谁能为一部电影最终的好坏负责，谁能说了算呢？

KAFA 院长崔益焕毫不犹豫地表示，在韩国，导演的权利很大，"韩国的剧组一切都以导演优先，导演有很大的权限，比如住哪里吃什么，这些事情都是以导演的喜好来定。在五六年前，导演可以根据自己的意志暂停拍摄进度，比如工作人员准备了很长时间，布景都弄好，导演突然觉得天气不好，光不对，就可以一整天不拍。即便导演说心情不好今天停工，制片人也会尽量包容导演。现在这个情况会好一些，但导演的权力依旧很大。"

在崔益焕看来，"导演中心制"是理所应当的，他们觉得"导演是剧组的核心，片子怎么拍、怎么让它更好看，都是导演要去考虑的，导演是剧组最重要的人。"而导演的创作状态决定了片子最终的呈现品质。

导演李容周发现，中国电影好像比韩国更商业化一些，"我跟中国制作方、导演有接触，我觉得中方模式更像好莱坞的风格。韩国也会慢慢地转换成更商业化的形式，可是作为导演我不喜欢这种方式，还是喜欢导演为帝、为王的感觉，可是没有办法，只能慢慢地接受这一点。"

韩国演员的片酬，比大家想象中低得多，在一部电影的总制作费中，通常只占一小部分。

比如《盗贼同盟》的演员阵容在当时被认为是超豪华，"天价片酬"也引起韩国媒体的热议。SBS 电视台的《一晚的 TV 演艺》节目就对这些演员的片酬进行了一次大公开：金允石 6 亿韩元、全智贤 3.8 亿韩元、金惠秀 3.7 亿韩元，金秀贤 8 000 万韩元。换算成人民币，分别是 360 万元、228 万元、222 万元、48 万元。

金允石和宋康昊一样，是韩国片酬最高级别的演员，据说这两年因为市场不错，一线演员片酬也从6亿韩元涨到了最高10亿韩元（约600万人民币）。以宋康昊主演的《辩护人》为例，纯制作费只有42亿韩元（2 520万人民币），宋康昊的片酬还不到总制作费的四分之一。如果放在中国，这全部的制作费都不够一个顶级男星的片酬。

韩国演员片酬为啥那么低？除了市场有限以外，还跟2006~2007年韩国电影市场跌入谷底有关。当时，为了挽救韩国电影市场，大部分明星主动降低片酬，改为基础片酬+利润分红的模式，使得韩国的中小成本电影既能保证制作资金，又可以请得起大明星。韩国电影人自上而下的团结精神，支撑他们走出低谷，除了导演能剃光头明志，韩国演员也能降片酬救市。所谓利润分红，是指电影实现盈利后，演员可以得到一定比例的利润分成。每卖出一张电影票，除掉附加价值税10%、电影发展基金3%，影院可以分成43.5%，制作公司和发行公司分成43.5%（在我国，电影院的分账比例达到50%，发行方和制片方大约能分到43%）。《7号房的礼物》放映后，柳承龙分到1亿韩元，看上去很诱人，其实也没多少钱。柳承龙主演的《7号房的礼物》是当年票房冠军，但他最终的利润分成仅有1亿韩元（约60万人民币）。

金毖贞分析这一中韩差异时说，"有一段时间韩国也像中国一样，给演员很多钱，结果制作费减少，直接影响到整个作品的品质，拍出很多烂片。票房不好，连带会影响演员自己的事业，所以慢慢这种泡沫现象就没有了，我们现在会根据预算的比例去谈演员的片酬。"

调查、解析韩国电影，是希望为中国电影现阶段的浮躁和乱象找到良方，韩国电影也是从拼大片、拼片酬的泡沫阶段走过来的。真正可怕的是，当我们身处泡沫中，还感觉自己很强大。

亚洲红星是怎样炼成的？

从裴勇俊到李敏镐再到金秀贤，从金喜善到全智贤再到少女时代，只有

1 000万人口的首尔，似乎每年都能制造出几个红透亚洲的明星，让无数粉丝为之疯狂。韩国严密的造星体系足以令人感叹，一个个年轻人从这头送进去，一个个席卷亚洲的 SUPER STAR 就从那头被制造出来。韩国造星产业究竟先进在哪里？媒体记者实地走访了韩国经纪公司高层、培训老师、练习生，韩国中央大学表演系学生，揭开亚洲最成功造星基地的秘密。

一、练习生："一个甩手动作练一天"

"练习生"一词，对于韩娱粉丝来说再熟悉不过。在韩国，以 SM Entertainment、JYP Entertainment、YG Family 三大巨头为首的经纪公司，每年都会定期面向全球"选秀"。所谓"选秀"，就是挑选合适的年轻人成为练习生，作为公司的偶像培养人才库。也许，很多有明星梦的小伙伴都梦想过去韩国当练习生，进而成为大明星。但腾讯娱乐记者实地调查发现，练习生们每天的艰辛生活真不是一般人能坚持下来的。

韩国经纪公司 Pledis 的练习室设在一栋写字楼的地下，想进去一探究竟，先要走过一段楼梯。进去之后，一间 30 平方米的排练室映入眼帘，四面的墙壁上镶着落地镜，浅黄色的木地板干净整洁，看起来和普通舞蹈教室没什么差别。但仔细观察后记者发现，往里走，厨房、洗手间、储物间一应俱全，除了排舞、练声，其他"生活杂事"都可以在此解决。说是练习生的练习室，但实际感觉更像一个集中管理的"军营"。

虽然经纪公司带记者参观了练习室，但是对训练的具体内容严格保密，不允许拍摄。练习生在进入公司之前，也必须跟公司签下严苛的保密协议，不允许泄露任何相关内容。不过，腾讯娱乐记者还是辗转联系到了一位来自中国的练习生小超，通过他的叙述，记者发现，"吃得苦中苦，方为人上人"这句老掉牙的俗话，在韩国练习生训练营里又一次得到了验证。

"虽然公司提供住宿，但是 15 个人要挤在一个公寓里。为了避免早上起来抢厕所发生冲突，厕所上贴有'放水顺序表'，谁先上谁后上都有规定。"饮食方面，公司更有明文规定，不论练习多么辛苦，每天的热量都要控制在 1 000 卡路里内（相当于两碗拉面）。在两年的训练中，小超几乎每天只吃两餐，肚子饿了，也只能喝点白水。韩国消费水平高，尽管练习生的吃住均由公司统一安排，但小超每月还是得管家里要五六千元人民币的生活费，"除了吃饭常常还要打车，因为只要经纪人喊话，无论我们在什么地方，都要在5分钟内出现。"

16岁的小超来自广州一个普通家庭，两年前通过韩国经纪公司在中国的公开选拔，获得了成为V公司（化名）练习生的资格。"当时我很惊讶，因为我知道自己的舞蹈基础和长相都不是最出众的。但是来了韩国后，我才发现，长相和才华都没有耐性重要。因为训练很艰苦，留下来的基本都是耐性最好的人。"谈及练习生选拔的标准，Pledis公司朴社长的说法更直接："比起实力和外貌，勤奋和耐性才是最重要的，韩流的成功很大一部分源于艺人的努力，他们在漫长的训练中没有反抗，为了练习，可能连睡觉的时间都没有。"

小超到韩国后，很快发现自己要面对非常严酷的竞争："我所在的V公司有很多练习生，被分成了A、B、C三组。"小超所在的是级别最低的C组，"其实这个组的人只能称为教育生，只有一个舞蹈老师辅导，重复练习基本功，一个甩手的动作就要练一整天。"这个阶段也是经纪公司的考察期，为时三个月，通过密集训练，一些怕苦怕累的练习生会自动退出。

如果能顺利通过各种考察，从C组升到B组，练习生才开始学习演技、唱歌、舞蹈、语言等方面的课程；因为多数练习生都是未成年人，接受性教育也是必不可少的。如果能通过B组的考试，优秀的练习生会被选拔到A组，公司将把他们视为一个即将出道的团体来培养。这时候他们能同时拥有三个舞蹈老师，学习芭蕾、HIP-POP等多种舞蹈，还会有经纪人专门监督日常生活，甚至学习如何应对记者采访。但别以为进了A组，出道这事儿就妥妥的了，经纪公司会根据每个人的训练情况，随时重新排列组合。当年HOT的五个成员，就分别是五个团体的队长。

虽然韩国演艺圈更新换代快，但经纪公司对待艺人出道十分谨慎，不会为了市场盲目推出各种组合。朴社长告诉记者："公司并没有固定的出道名额，练习生除了要技艺精湛，还要等待时机。"有运气不好的练习生，练习10年也得不到出道机会。

那一年，V公司正计划推出一个年轻的偶像组合，无论从年龄还是外形，没有人比小超更吻合组合的定位，比起那些已经练习了五六年的"哥哥们"，仅练习了两年的小超简直是万幸。被问及即将出道的心情，小超兴奋之中透露出一丝焦虑："这个月底有个最终考试，不过关的人还会被淘汰。"

其实在训练期间，小超同所有练习生一样，已经经历过无数次考试，"每周有小考，每月有大考，成熟的艺人、公司代表、理事都是考官。就连周末休息，有时还会一大早被电话吵醒'突击考歌'，如果考官对懵懂的声音不满意，就不准休息……"

二、出道后：想红得挤上综艺节目还得配合整容

历经各种考验，成功获得出道机会，才走完了万里长征的第一步，想要成为 SUPER STAR，还要在娱乐圈里继续修炼、攒人品。据统计，韩国每 20 个出道艺人中，只有 1 个能红起来。在走红之前，经纪公司会对他们进行更高标准的包装和培训，而在冷板凳上的小艺人们还要心甘情愿被前辈踢屁股。

从练习生出道的艺人一般没有多少个人自由，不论曲风还是个人形象，都在培训时被早早确定下来，出道后也不太可能根据个人喜好更改。尤其在刚出道时，就算十分有创作天赋，公司也不会发布他们自己创作的作品，而是按照既定路线，最大程度地规避风险。

不仅发展路线有规定，从衣着到发型到外貌，公司都会有更严格的要求。每个艺人配有专门的服装顾问，出道久一些的前辈，还会拥有自己的美容室，专门负责美容和发型。当然，在整容业发达的韩国，要求刚出道的艺人配合整容也是一件平常事。

精雕细琢后，如何让新人迅速被大家认识，是经纪公司下一步要考虑的事。韩国综艺节目发展得很成熟，因此经纪公司十分鼓励新人上各种类型节目多露脸。韩国一共就那么几家电视台，想上节目还得看经纪公司是否强大。有调查显示，S.M 娱乐、YG 等排名前十的经纪公司所属的歌手在 KBS《音乐 bank》、SBS《人气歌谣》、MBC《音乐营地》这三大老牌音乐打榜类节目中的出演次数，超过了歌手总出演次数的 40%，其中尤以 S.M 公司所属歌手出演次数最多。

目前，韩国正火的节目包括任务挑战类节目《Running Man》、搞笑游戏类节目《无限挑战》、歌唱比赛类节目《不朽的名曲》等，不少刚出道的艺人，都争相上这样的节目。比如当红男团"SHINee"刚出道时，成员崔珉豪参加了KBS的竞技类节目《出发吧！梦之队》后，因擅长体育项目，成为节目里的王牌选手，随之在团体中的辨识度也提高了许多。朴社长说："一方面，艺人通过节目提高了知名度，宣传了唱片；另一方面，韩国娱乐节目做得相当成熟，明星也相当配合，自然的状态让大众可以进一步了解明星的性格、人品、特长等方方面面。"

新人想上综艺节目，电视台一般都会要求经纪公司采用以老带新，买一赠一的形式。比如，本期节目主打同一家公司的"一哥"组合，新晋的后辈组合可以来"蹭"节目。最常见的方式就是后辈给前辈暖场、讲冷笑话，或者给前辈伴舞。朴社长承认，这是比较普遍的一种方式："比如FT·After School以前也做过孙丹菲的伴舞，或者在后面念rap"。通过这种方式，后辈可以累积舞台经验，也能混个脸熟。不过，后辈们在节目中常常会被制作公司无底线地嘲笑，还要表演吃屎、被踢飞等极尽搞怪的小桥段。

如今正当红的韩庚，在SJ刚出道那会儿，因为受政策所限不能在一些电视台露脸，不得不戴着面具登台表演。但即使这样，韩庚也坚持了下来，因为在韩国，上综艺节目就意味着强大的曝光率。

有时候经纪公司为了让重点培养的对象获得更高的曝光率——经常上综艺节目，还会重金向电视台高层行贿，这种模式在韩国演艺圈已经成为潜规则。

除了保持曝光度，韩国经纪公司还深谙培育粉丝之道，十分看重如何给粉丝创造福利，以帮助小艺人攒人品。在首尔街头，经常会看到各种明星的FM（Fan Meeting，即粉丝见面会），不仅是小艺人，成名的大牌明星诸如少女时代、CRAYON POP、鸟叔（PSY）也会经常在街头举办小型演唱会和签售会。如今大红的金秀贤、李敏镐、李准基等，来华的首选亮相方式通常也都是FM。

三、韩国没有北影、中戏，想考表演系得先过文化课

《来自星星的你》中，大牌如千颂伊也要在大学里深造学习的情节让不

少中国观众印象深刻，这其实在韩国娱乐圈是真实存在的。在韩国，偶像歌手和专业演员，虽然都是艺人，但却属于泾渭分明的两个行业。因此，除了通过练习生训练以偶像歌手、团体的形式出道外，还有不少明星是"科班"出身——从综合大学的演艺专业毕业，进入娱乐圈。

"都教授"金秀贤正是通过综合大学的演艺专业进入娱乐圈的，他现在还是韩国中央大学的学生，金喜善、玄彬、张娜拉等影星，都是他的学姐、学长，而《继承者》中的女主角朴信惠则是他的小学妹。

虽然韩国的诸多大学都有表演系，但想要考进中央大学这样排名前十的重点院校并非易事。相比于我国对艺考生文化课成绩要求较低，韩国艺考生的文化课成绩必须达到跟其他专业一样的分数线，才有资格参加艺考。

每年，中央大学表演系的录取名额只有20多个，就连"都教授"都是连考4年才获得一纸录取通知书。同样复读数年的金炫明说，学校会安排"复读生考区"，与普通考生分开考试，"像我们这届录取了17人，复读的考生只收了三四人"。其实除了实力，运气好也很关键，因为面对众多应考生，经验丰富的教授也有看走眼的时候。

除了通过高考进入表演系深造，还有许多成名的大明星或者练习生也会选择重回校园深造。一是为了弥补之前落下的文化基础课，二是能在公众面前树立更有内涵的正面形象。

对于普通考生和明星，韩国大学在招生时会做到"一碗水端平"，为了减轻普通考生的压力，大学会设置专门的"明星考区"，对明星考生还会增加特殊的考试项目。当然，也有少数名气极大的艺人能得到"明星特招"的优惠，被破格录取。例如申世京、朴信惠、金范等明星。

另外一位就读于中央大学表演系的中国女孩佳佳告诉记者："不像国内的艺术院校需要拼关系、拼钱，韩国大学更注重实力。我有很多朋友，参加国内艺考时，都败给了'内定人选'，但却考上了韩国的顶尖学校。"

在中央大学表演系，各种实践课程占了很大比重。在北京电影学院，老师并不鼓励学生过早接戏；在韩国，在校学生就算签约经纪公司也没问题，灵活的休学制度允许学生先成名，再毕业。金喜善就历经10年，屡次休学后才完成学业。

26岁的金秀贤本应该在2013年毕业拿到表演系本科文凭,但他大二那年就签约了经纪公司Keyeast。和千颂伊一样,"教授"走红忙于演艺事业,很少有空能回校上课,至今还没有完成全部学业。在我们的采访对象中,读大一的金主元已经签约了经纪公司,在课余时间,也偶尔去剧组参与拍摄。

　　除了练习生培训和考入演艺专业两种主流方式,在韩国想进入娱乐圈还有第三种选择——参加电视选秀。有别于经纪公司举办的非公开的练习生选秀,电视选秀选出的艺人可以直接出道。韩国当红歌手李夏怡就是通过SBS电视台举办的第一届《K-pop star》选拔一炮打响,凭借出色的表演被YG公司社长杨贤硕看重,直接进入YG大家庭,当年就发行了新歌《1.2.3.4》。男歌手许阁则在选秀节目《Mnet SUPER STAR K2》中获得冠军,从而正式签约。

　　此外,星探机制在韩国非常成熟,除了各大经纪公司都配备专门的星探挖掘练习生外,也有星探挖掘草根直接出道。韩国演员白珍熙就是在读中学时被星探发现,直接出道拍摄了广告和电影,而金主元14岁时,也曾有过被星探发现的经历。

四、练习生PK科班生——哪种方式造星能力更强?

　　现今当红的韩国明星,大多来源于以上几种培养模式。其中,我们熟悉的偶像团体以练习生制度培养的居多,而一些影视演员则多为科班出身。这两种制度相比,哪种造星能力更强呢?

　　在韩国大学的表演系学习,其实跟普通大学生差不多,更注重综合知识和个人素质修养的培养。除了表演系专业课(例如基础演技、舞台剧、话剧、音乐剧等等)外,还有很多诸如外语、计算机、社会人文、历史、心理学等课程必须选修。

　　而经纪公司对艺人的培训则更有针对性,虽然公司会根据商业规划制定不同的教学方案,但训练多以跳舞、唱歌等专业技能为主,很少会在娱乐圈谋生技能之外的方向上下功夫。

　　记者发现,大学表演系的课堂上,经常传出师生们的大笑声,学习气氛相当自由。众多毕业于欧美表演艺术名校的教授都会在校任教,每年有很多不同的课程供学生自由选择。

然而，经纪公司对练习生通常采取严厉的家庭式管理，经纪人是"大家长"，"孩子们"必须对家长的话言听计从，不允许反抗，也不能怠慢，孩子们做错事，挨打也是天经地义的。而且因为高强度训练、残酷的竞争压力，练习生之间互相殴打的现象也屡有发生。

不过，从另外一个角度计算，科班生一个学期 500 万韩元（约合 3 万人民币）的学费可不是每个家庭都能承受得起的。而练习生的培训是免费，适合很多家庭条件没那么好的年轻人，只不过，出道之后，要加倍奉还给经纪公司。

那么两种制度到底哪个造星更多呢？尽管在韩国大学里教书的著名导演很多，但教授通常不会给普通学生介绍工作。已经毕业的学长中，只有一半从事了演艺工作，还有很多人转行去当白领、做生意了。而自己虽然已经签约了经纪公司，但面临导演选角时，金主元并没有感觉科班生有任何优势："导演还是会选性格和外形更接近角色的演员。"

相比而言，练习生制度的淘汰率更高，几百个练习生，可能只有 1 个人获得出道机会，而出道的艺人里 20 个才能红 1 个，还可能很快被取代。这条韩国娱乐圈的"淘汰法则"，已经成了不少练习生心中的梦魇。

五、韩娱扩展模式：吸纳亚裔成员，贴近欧美风格

韩国成熟的造星机制确保了源源不断的艺人供给，而本土市场消费能力的限制，使得各大经纪公司不得不把触角伸向海外，寻找更广阔的市场。与韩国演员通过输出剧集和参演海外影视作品的传统方式相比，韩国偶像近年来的输出方式更具特色。业内人士向记者分析，不论欧美还是亚洲，韩娱发展得都不错，但要赚钱还得靠亚洲市场。

2014 年，EXO 的专辑销售高达 100 万张，是名副其实的"销量王"，这都要归功于中国粉丝。记者从 Pledis 经纪公司了解到，目前中国和日本是韩娱最主要的输出国家。像 HOT 这类全部由韩国本土艺人组成的团体，如今已经很罕见了，而在组合中吸纳亚洲各国成员才是最新的模式，如 EXO 等组合还专门设置了针对中国市场的分队。

日本造星机制成熟，年轻人不用外出学习，因此吸纳中国成员就成了经

纪公司此项战略的核心，Miss A、F（X）、Tint 等当红组合都有中国成员的身影。Pledis 公司向记者透露，今年将推出一个新组合——Seventeen，这个组合由 17 个人组成，其中有 3 名是中国人。朴室长说，如果团体中有中国成员，不但免去了语言障碍，还能收获更多的中国粉丝。

除了吸纳中国成员，与内地经纪公司联手造星，也是韩国经纪公司的战略之一。Pledis 公司就与国内的乐华娱乐达成协议，由双方共同出资，让歌手统一在韩国接受练习生式的密集培训后，返回中国出道。值得注意的是，这种合作模式下练习生受训的时间往往可能只有一两周，因为韩国的培训经费实在太高了。

不久前，Lady Gaga 在个人推特上宣布，韩国女子组合"Crayon Pop"将作为开场嘉宾，参加其个人演唱会《artRAVE: The ARTPOP Ball》，消息一出吸睛一片。或许因为韩语发音可以用罗马音标拼读出来，相对中国歌曲，欧美人对 K-pop 的接受度比较高。相较于直接吸纳亚裔成员，韩国经纪公司在对欧美市场的输出上，更着重于曲风和形象塑造上贴近欧美口味。如当红男团 Bigbang 就具有较多欧美属性，因此在欧美市场人气颇高，专辑《Alive》还登上了美国 Billboard 流行音乐单曲排行榜的重要位置。

如今，偶像低龄化已成为韩国团体的普遍现象。当红组合 EXO 的 12 位的成员一水儿的 90 后，平均年龄只有 22 岁，许多粉丝想叫声"欧巴"都叫不出口。低龄偶像可以为公司多演几年多赚钱，而且识才越早，包装的成本越低，可塑性强，利于公司培训。

另一方面，偶像组合闯荡歌坛几年后转行进军影视圈，直接在本土就能完成市场扩张，也是韩国经纪公司常用的"再利用方式"。例如，女子组合 Fin.K.L 的成宥利 17 岁出道，当了 5 年偶像歌手后，22 岁出演电视剧踏入演艺界。随着艺人年龄趋于低龄化，跨入影坛的时期也提前了，女子组合 F（X）成员雪莉 11 岁时就进入影坛，4 年后转入歌坛发展。

六、机制弊端：市场饱和竞争惨烈，资源分配太集中

表面繁华光鲜的韩国娱乐圈，其实在机制方面存在很多弊端，背后掩盖了很多肮脏的交易。市场空间有限，加速了韩国艺人的淘汰率，竞争压力巨

大。再加上资源分配集中，电视台垄断推广平台，艺人失去了主动权，很容易堕入潜规则的怪圈。另外，韩国人的民族特性、男尊女卑的社会准则，也为不良机制提供了存在可能。

韩国虽然只有5 000多万人口，但艺人的数量却相当惊人。每年各大学电影戏剧专业的毕业生就有上千人，再加上演艺企划公司培养的大量练习生，竞争压力可想而知。有数据显示，从2010年起，韩国娱乐公司在4年多的时间内，共推出了102个偶像组合。其中，仅2012年，就有39个组合出道。在市场空间过度饱和的情况下，"红不过三年"成为韩国娱乐圈的魔咒，很多偶像团体都难逃"一张死"（出道后发行一张专辑就解散）的命运，像CHAOS、X-5、VNT等组合仅仅出道一两年，便被经纪公司抛弃。而像东方神起、Wonder Girls、Bigbang等这样的长寿天团屈指可数。

资源分配过于集中是产生潜规则的最直接原因。有别于国内各省、市电视台数量众多，网络、新媒体应用发展成熟，韩国艺人的推广平台相对单一，还停留在主要依赖电视台曝光的阶段。由于韩国电视媒体都垄断在三大传播财团——KBS、SBS和MBC的手上，艺人的发展空间极其有限，得罪了任何一家电视台就等于失去了三分之一的露面机会。张紫妍生前男友朴一泽曾抱怨道："艺人根本不敢得罪电视台！如果得罪了这些'贵人'，他们便会通过各种资源和手段限制你在韩国演艺圈的发展。因此才会出现不少艺人出于畏惧和恐惧而选择屈服。"

有社会学家指出，韩国人的民族特性也间接催生了娱乐圈这种不良机制。一方面，整个社会出人头地的观念深重，对成功的迫切渴望让韩星们全力拼搏，甚至不择手段；另一方面男尊女卑的思想仍然盘踞主导地位，女明星被经纪公司当成"社交筹码"谋取利益，潜规则是她们永远无法摆脱的精神牢笼。一旦负面新闻曝光，公众的严苛评判对她们来说无疑是雪上加霜。

接二连三的悲剧给韩国娱乐圈敲响了警钟，在反思机制弊端的同时，社会各界也在积极寻找解决办法。韩国演艺公司正努力开拓海外市场，通过跨国合作为艺人提供更大的空间；一些公司开始尝试打破传统流水线式的造星机制，突出艺人的个性，以延长他们的演艺道路。此外，保护艺人权益的相关法律法规也在逐渐完善，比如加强艺人合约审批力度，缩短签约期限；全国推行网络实名，以防网友言论攻击；严禁未成年女星参与大尺度表演，杜绝潜规则滋生等。

近些年，娱乐产业作为韩国文化输出的重要平台，其产生的巨大经济价值让世人有目共睹。随着李敏镐、金秀贤等一批韩星成功抢占中国市场，也引发了中国娱乐行业集体恐慌。我们既惊叹于韩剧产业的机制成熟，又折服于造星工场的点石成金，但在其成绩背后掩盖的种种机制弊端也不容忽视，值得我们引以为鉴。

韩剧：编剧才是幕后大佬

当所有观众都在质疑国产剧为什么拍不出韩剧 feel 时，郑晓龙、刘江、于正、赵宝刚等一批业内大拿先后嘬起了嘴，深表不能认同。什么韩剧题材单一、只会拍爱情偶像剧，市场不好、体制不健全等诸多原因喷涌而出。吵一千句也得不出一个"我们是否能拍出《来自星星的你》"的结论，点一万个赞也无法概括韩剧到底牛在哪里。在此我们探访韩剧产业链，看看它们究竟哪里比我们强。

一、顶级编剧、作家身价与名演员持平

曾几何时，宋丹丹因为"拍戏不是拍剧本"的言论引发了编剧、导演与演员之间的骂战，国产编剧遭遇"集体架空"的窘境再次被抛诸于世人面前。除了六六、二月河、于正等少数大牌编剧能够拥有话语权，多数编剧在交稿后都丧失了"主权"。但韩剧却正好相反，编剧能在整个制作流程中拥有 60%~70% 的决定权，包括剧情走向以及演员选定等。

在韩国，编剧被统称为"作家"。他们通常不用驻组跟拍，只需跟制作公司开会讨论题材、选演员，然后按时完成剧本，随时跟导演电话沟通，就算基本完事。相比国内编剧普遍"哭穷"的状况，在奔赴"小康"的这条道路上，韩国作家们遥遥领先了一个身位。

目前，韩国公认的三大顶级作家分别是金秀贤（这位跟"都教授"同名

的女编剧,是早期韩剧作家中知名度最高的,代表作有《澡堂老板家的男人们》等)、金恩淑(代表作《继承者们》)以及崔完圭(代表作《Iris》),这三位作家的单集稿酬已经达到 1 亿韩元(约 58 万人民币)。以周播剧一般 16~20 集的体量,写一部剧便可轻松赚得千万元人民币。而普通的署名作家单集稿酬也能达到 2 000 万韩元,折合人民币约 11 万元。

Astory 制作公司 CEO 李尚白(曾制作《我的公主》《灰姑娘的姐姐》等剧)在接受采访时告知记者:"在韩国,很多作家的身价比演员还高,像《来自星星的你》作家朴智恩,她的单集酬劳能跟'都教授'持平,能有 1 亿韩元。"

对于动辄上百集的日日剧,有名的作家一般可拿到 3 千万韩元一集(约 17 万人民币),但由于剧本体量庞大,总酬劳十分可观。去年播出的日日剧《欧若拉公主》原定 150 集,由于收视颇佳,电视台又临时增加了 25 集。据韩国媒体分析,该剧作家任成汉至少能拿到 45 亿韩元的稿酬,约 2 600 万元人民币。

在以正式作家身份出道前,韩国的编剧们也需要经历一个漫长黑暗的"学徒"期,也就是所谓的助理编剧。据一位韩国同行透露,签约制作公司的助理作家一集稿酬能有 60 万韩元(约 3 500 万元人民币),但如果签约电视台,就只能拿 3 500 元人民币的月薪。2008 年,韩国 SBS 电视台一名助理作家就因为压力过大而自杀,震惊一时。

再回看国产剧的制作环境,普通编剧的单集稿酬通常不到 5 万元,成熟编剧能到 10 万元。而六六、高满堂这样叫价四五十万元一集的大牌编剧,通常是用稿酬抵投资的形式支付的。至于枪手、助理的行情,那真是世界大同,一集的价格从几百到几千元不等。

作家的地位在韩剧生产线上举足轻重。SBS 电视剧制作二部的执行制作人金永燮先生肯定了这个看法,"我们在投资一部剧之前,一般会先选定作家,因为剧本很重要。确认合作后,再根据作家的意向挑选制作公司,甚至演员。"

记者有幸拜访了韩国三大顶级作家之一的崔完圭先生,那部曾火遍亚洲的谍战剧《Iris》就出自他的笔下。"演员基本都是我来选,像《Iris》的李秉宪就是我定的,之前我们合作《洛城生死恋》很愉快。倒不是说我的权利最大，我会和导演一起讨论哪个演员最适合出演剧中角色。"

像崔完圭这种选择固定演员长期合作的例子，在韩剧圈屡见不鲜，《来自星星的你》的作家朴智恩也是个典型代表。自2009年起，她先后通过《贤内助女王》《逆战的女王》和《顺藤而上的你》三部剧集，把当时欲摆脱花瓶形象而不得门路的金南珠送上了SBS演技大奖视后的宝座。而此后成功继任的朴女郎，就是"二千"全智贤。

《继承者们》里的灰姑娘朴信惠，也是被作家金恩淑看中出演的。金恩淑先是给朴信惠打了一个电话说明意图，又说服SBS的高层，将角色定给她。

作家的地位固然高高在上，但也不是绝对的权威。他们可以决定剧情，决定演员，但如果反响不好，也会反过来被民意决定，韩国俗称"下车"。《新妓生传》和《对我说谎试试》都曾中途辞退过作家。《说谎》播到11集的时候，观众对作家的漫骂已经让电视台不能坐视不理了，最终让作家金艺丽"下车"。

目前，在韩国作家协会登记的编剧大约有500位，年龄集中在35~40岁之间。留着浓密胡子的崔完圭向记者介绍，女性作家在韩国编剧圈占了主导，"比如写家庭剧的十个编剧中，可能有九个都是家庭主妇。"

尽管女性作家在数量上占有压倒性优势，但男性作家正在"抱团"打反攻！2013年的3月，以崔完圭为首的五位男性作家集中爆发，推出《野王》（李熙明）、《七级公务员》（千成日）、《广告天才》（薛俊锡）、《钱的化身》（张英哲夫妇）等优质剧集，这是韩国男性作家集体反攻的巅峰。

二、大牌如全智贤也要全天候场

在韩国，男主角的片酬要普遍高于女主角，一来男演员后劲足，可以从男神演到大叔，老少通吃。二来，韩剧的主要收视群体是女性，把姑娘大婶哄开心了，也算马屁拍到了点上。

像金秀贤、李秉宪、张东健等这些片酬能到1亿韩元的演员其实屈指可数，他们大都在海外市场拥有超高人气。李敏镐2012年拍《信义》的片酬大概是6 000万韩元一集（约35万元人民币），但随着《继承者们》的热播，大长腿红遍整个亚洲，尤其是在中国市场的人气超越了张根硕，这为他晋级亿元片酬俱乐部打下了坚实基础。

据韩国同行爆料，金秀贤在拍电影《盗贼同盟》时的全部片酬才8 000万韩元（约46万元人民币），而全智贤当时的片酬是3.8亿韩元（约220万元人民币）。相比我们国内一线演员出演电影动辄千万的片酬，韩国演员真是物美价廉！这也是他们大都爱拍电视剧的原因，多金又能吸人气！

别看《来自星星的你》中千颂伊各种耍大牌，但事实上，韩国演员在剧组中的地位并没有想象得那么高，尤其是得罪了作家、电视台就等同于自毁前程。

崔完圭直言："如果演员的表现力支撑不起剧中人物，我会重新调整剧情。"在他此前的某部戏中，崔完圭认为女主角并没有驾驭好角色，于是就把她写成了配角。

曾红极一时的李多海不仅在中国口碑差，在韩国当地更是不佳。采访中，她的陈年旧事又被翻出：2008年，她和宋承宪合作拍摄《伊甸园之东》，李多海嫌剧本混乱，与制作公司意见不合，甚至还提出辞演。该剧的作家罗妍淑很无奈，多次协商无效后，只好把李多海饰演的女主角"送去海外留学，再也不用回来"。

即使是大牌全智贤在拍摄期间也要全天待在片场。导演柳哲荣（代表作《洛城生死恋》）透露说，"即便今天没有戏份，演员也要留在片场，以防临时调整剧情时找不到人。"对于超大牌的演员可以适当放宽条件，但也要确保"随叫随到"，且坚决杜绝跨组"串戏"。张根硕在拍《贝多芬病毒》的时候，就被同组演员齐齐吐槽经常迟到，且态度不佳。

要知道，负面新闻对韩国演员的影响非常大。据说每家电视台都有一张艺人黑名单。一旦进入黑名单，再想翻身就难了。SBS的金先生表示，演员一旦签约就不能同时接演其他剧，主要是怕他们消化不过来，这在韩国是明文禁止的。而在我国，一人同时接演三部戏的情况都有，尔冬升导演就曾在微博上公开表示对串戏演员的不满。

三、多数导演拿电视台月薪，拍摄期24小时连轴转

与中国情况截然不同，韩国电视剧导演的地位处在整个产业链的最底

端。在开新剧发布会时，主持人会先介绍编剧、再介绍导演；而演员在接到剧组邀约时，也是先看作家，至于导演是谁，基本不会太在意。

在韩国，大部分导演都隶属电视台，像《来自星星的你》和《继承者们》的导演，都是台里的"自己人"。SBS 执行制片人金永燮告诉记者："他们都是从导演助理做起的，一边工作一边积累经验。有天赋的导演助理花个四五年便可独立出道，而资质差些的则需要七八年的磨炼才能到达成熟期。"

导演助理的工作事无巨细，拍摄前要先联系音乐、美工、造型、服装、道具等部门进行创作设计，帮导演选外景；在影片进入拍摄期，要做好现场准备工作，协助导演给演员讲戏……我们的采访对象柳哲容导演在创办制作公司之前，也曾给电视台打了十年"苦工"，光是助理就做了整整四年。

柳哲容导演告诉记者，周播剧的拍摄进度非常赶。拍摄之前，导演手中只有几集剧本，其余的要等作家边写边拍。中国国内常见的分组拍摄，在这里却极少看到。通常，韩剧导演在拍摄期需要 24 小时连轴盯场，他们面临的是体力和脑力的双重考验。

尽管工作辛苦，但导演的地位却远不如编剧。柳哲容无奈地向记者解释道："如果拿导演和作家做一个比较，作家相当于整个剧组的'大脑'，而导演则相当于'四肢'，只负责体力活。"

值得一提的是，在电视台效劳的导演们和普通员工一样拿着月薪，只有作品突出时，电视台才会额外发些奖金。而那些脱离电视台的独立导演，生存状态也颇令人堪忧，他们不仅要为作品把关，还要承受巨大的经济压力。

曾指导《太王四神记》等多部人气剧的导演金宗鹤就被发现在某宾馆自杀，警方推断他自杀的原因是官司缠身、压力过大。金宗鹤生前指导的最后一部作品《信义》在播放期间受到观众的诟病，收视率极低。后来该剧因无法支付演员片酬和工作人员薪资被告上法庭，金宗鹤导演也因此事深陷渎职、贪污丑闻，被江南警署以涉嫌诈骗罪立案调查。

四、制作费 100 亿韩币封顶，一部剧只在一台独播

Astory 公司 CEO 李先生说，在韩国，即便是规模较大的独立制作公司，也不会将全部拍完的电视剧卖给电视台，这跟中国的模式完全相反。李先生

透露说:"制作公司一般都跟电视台有深度合作,当确定拍剧后,电视台出资60%,影视公司出40%,双方一起分担成本。"

导演柳哲容说,一部爱情偶像剧的成本大约是60亿韩元(约3 500万元人民币),但这60亿的投资肯定无法请到金秀贤、李敏镐。"如果想请这种超大牌演员,那整体制作费就要追加到90亿甚至100亿韩元(约5 800万元人民币)。"100亿韩元几乎是韩剧投资的"封顶费",尤其是周播偶像剧,一般都不会超过这个标准。

由于周播剧的拍摄模式比较费钱,为了节省预算,剧组在服装、化妆、道具上也是能省就省。能找到赞助的就绝对不买,能在室内完成的戏份,绝对不去室外拍。

"服装、道具这些都不会花很多钱。"一位中央大学导演戏的学生说,"这些都有赞助,比如《来自星星的你》中千颂伊的服装,就基本不需要掏钱,都是品牌直接赞助的;还有一些私人设计师也愿意拿出作品跟剧组合作。当然,也不排除明星自己出钱购买服装。"至于道具方面,已经成为韩国文化一部分的三星手机、现代汽车等,几乎在每一部韩剧中都有体现。

导演的开机时间一般会提前半个月到一个月,剧组先把已有的4至8集剧本拍完,拿到电视台播放,作家再根据播出后观众的反馈做适当调整。"没有剧本就开拍的情况绝不可能出现!"导演柳哲荣说,"作家至少要提前一周交剧本,像周三、周四要播的剧,最晚周一也要把剧本交上来,这已经是底线了!"相对应的,留给后期制作的时间非常短,最多也就有两天时间能用来剪辑。所以,在播出前才把后期做完的情况时有发生。

在中国,像《甄嬛传》《水浒》这种大剧,一般会通过几个电视台联播的方式,来分担购买版权的费用,但在韩国,这种现象完全不存在。

众所周知,韩国的电视台只有KBS、SBS、MBC和EBS(教育台)四家,每晚10点,是韩剧播放的黄金时段,除教育台外的其他三台都会同时播放电视剧。"不会出现三台播同一部剧的情况,都是各家播各家的。"Astory公司的李先生向记者解释,"合作模式就决定了播出平台,例如,我们拍剧的资金是和电视台共同承担的,要么跟SBS合作,要么跟KBS合作,哪家出钱就给哪家独播。"

记者了解到，目前韩国还没有中国"网台联动"的播出模式，"因为要考虑电视台的广告收益，以及 DVD 的销售业绩。"李尚白表示，网友可以通过登录电视台官网，以付费的方式在线点播，700 韩元（4 元人民币）一集。同时，电视台也会将精彩内容剪成 5 分钟花絮，上传到 YouTube 上，供网友免费观看。而那些非法下载的网站在韩国很难找到。

韩剧制作商们一向都嗅觉敏锐，日本和中国是他们的主攻市场。很多公司在拍剧时会考虑到海外观众的口味，为迎合市场而更多元化。《继承者们》的制片人尹夏林在受访时分析说："韩剧在发行销售的渠道上正在多元化，尤其是视频网站的出现，让韩剧的版权销售找到了一个新的突破口。《继承者们》就通过海外发行代理公司，成功输出了视频版权。"

五、韩剧分级严格，"广电"不准"教授""滚床单"

早在十多年前，韩国政府就对所有电视节目实行了分级管理，分为"7 岁"、"12 岁"、"15 岁"、"19 岁"、"所有人"五个级别。细心的观众可能会在韩剧的片头，发现一个手拿气球的卡通小人，气球上显示的数字，代表该年龄以下观众不宜收看。

热门周播剧基本都属于"12 岁"或"15 岁"这两个级别，因为要想在黄金时段播出，必须适宜全家老少一起观看，内容要温情健康小清新。《来自星星的你》中"都教授"守身如玉四百年，就算遇上真爱千颂依也没能跨越雷池一步，让无数观众看得百爪挠心。尽管"滚床单"的呼声一浪高过一浪，但二人的亲密镜头也始终局限在亲亲小嘴的范畴。有网友评论"叫兽是不是身体不行呀？"而事实上，韩国"广电"对于电视剧中的亲密镜头有着严格的限定，不是教授"不行"，而是政策不允许！除了色情镜头，像《夜叉》《水木葬》等这些含有暴力元素的电视剧也被归为"19 禁"。

在严格的审查制度下，有不少违规的电视剧都遭到了政府部门的警告。金秀贤早期作品《Dream High》虽然是校园题材，但因为有胁迫未成年人以及性骚扰的画面，被政府告知"注意"；《欲望的花火》也因不伦、劫持、暴行等内容，多次受到制裁。

除了分级制度，韩剧也有"限广令"，如果植入广告太突兀就会挨罚。

韩剧《那年冬天，风在吹》因多次出现宋慧乔代言的护肤品，遭到了韩国广播通信审议委员会的警告，并要支付高额罚金。此前，朴有天在《想你》中也曾因反复使用某相机，并积极推荐其功能而受到"警告"。

然而，植入广告同样密集的《来自星星的你》不但没有遭到观众反感，反而还成为韩国时尚潮流的风向标。对于女剧迷来说，没什么比在"大结局夜"吃着炸鸡啤酒，看着"教授"爱情告白，研究女神今天又穿了啥大牌更酣畅淋漓了。Astory 制作公司表示，"赞助商并没有绝对的话语权，在植入广告之前，都要和电视台、制作方积极沟通，一切以剧情为重。"

另外，还有一条规定令韩国电视人压力山大——收视率不佳会被停播。由韩国本土漫画改编的 20 集电视剧《垂涎之岛》就曾因收视率只有 5%，在播完 16 集后提前终映。SBS 电视台执行制片人金永燮告诉记者，如果收视率不佳，20 集的周播剧很可能被压缩成 12 集。

收视率不好会遭停播，那么收视率飘红的周播剧会不会拍续集？金永燮直言："第二部基本不会比原版更好。"似乎所有韩国电视人都明白这个道理，就算韩剧再狗血，也绝对不会出现"公主生了娃、王子又婚外情"这种狗尾续貂之作。

六、量少质优一年只拍 30 余部，灰姑娘永远不过时

2013 年，韩国共生产了 24 部周播剧和 7 部日日剧，按照周播剧每部 20 集，日日剧每部 120 集计算，韩国电视剧的年产量在 1 320 集左右。而这个数字，还不到去年我国国产剧产量的十分之一。

量少质优是韩国制片公司普遍认同的道理。制片公司一年也就制作 2~4 部电视剧，与中国影视公司一年至少打造 10 部剧的数量来比，韩剧明显在质量上更下功夫。

不仅仅针对海外市场，在韩国本土，灰姑娘式的爱情剧也是永恒不变的题材。像《继承者们》这种歌颂"玛丽苏"的故事，韩国人百看不厌，贫富差距越大越能深入人心。

SBS 的金先生就坦承，电视台在题材选择上坚定地认为"灰姑娘主题不能轻易改变"。观众喜欢看从下游到上游的进化励志过程，而在爱情题材里，

灰姑娘是最符合励志价值观的。

Astory的李尚白先生毫不避讳地指出，前几年韩剧在中国的没落，有两个重要原因：首先，中国广电总局在韩剧引进的数量上设置了壁垒；其次，引进的韩剧不能在黄金时段播出，也影响了传播推广。"这几年我们一直在主攻日本市场，在行业政策还不明朗的情况下，贸然向中国地区输出韩剧，要承担的风险太大。"

但是《来自星星的你》和《继承者们》又让韩国的制作公司和电视台看到了新希望，视频网站成了韩剧输出的最大平台（《来自星星的你》大结局甚至能在中国的视频网站上同步直播）。Astory与SBS的负责人表示，最近已经有很多中国电视人来洽谈版权引进事宜了。

韩国电视人骄傲地展示了自己的智慧——了解海外市场。他们每说完一个韩剧现象时都能指出"我知道你们中国是怎么样的"；SBS的高层也知道哪些元素是中国观众喜欢看的。至于像李尚白这种以商人自居的制作公司老板，更身体力行地开拓着和中国导演高希希合作的可能性。懂市场，才会有市场，从过去的20年来看，韩剧虽然没有明显的进步，但却一直是在真正地领先市场。

中韩之间的"文化战争"

一、韩流在中国传播的成因

由于韩流在包括中国在内的东亚、东南亚地区以至欧美等地的盛行，对其的研究也日渐成为一门"显学"。学界对韩流发展的历史，韩流的特点、影响，韩流的原动力及其局限性，以及后来出现的"反韩流"现象的研究等，都取得了不少的成果。根据中韩两国学界的研究成果，韩流在中国的发展过程可以分为初始期（1997~2000）、成长期（2000~2002）、成熟期（2003~2005）和停滞期（2005年至今）；也有的分为韩流初期阶段（1999年以前）、展开阶段（1999~2005）、停滞阶段（2006年至现在）。还有的研究提出韩流在中国的发展变化大体可以 2000 年为分界点，分为"旧韩流"和"新韩流"两个时期。相比较而言，旧韩流是部分明星和几个韩流种类流入为特征的；之后新韩流的韩流粉丝年龄层扩大，也较普遍化，除了韩国音乐及其他几种娱乐形式，韩国的历史、文化也受到人们追捧；物质层面、精神层面影响力的深化都是有目共睹的，并且新韩流向人们展示了其内在的"净化心灵"的作用以及"汉字文化圈民族"特有的整体性。

力图揭示韩流在中国传播的原因是韩流研究的主要内容之一。研究者普遍认为，韩流正是借助了官方意识形态的支撑而成为韩国的全民族意识，而其充分的市场化运作及在技术层面与世界全方位的接轨也有力地保障了它的巨大成功。韩剧成功的另一重要原因是完善的产业化机制和成功的产业化运作。韩国和中国共处于东亚文化圈，具有文化的同源即儒家文化，韩剧在中国的盛行体现了传统文化即儒家思想的强大生命力，以及韩剧制作精良、明星效应等特点。

中国学者在解释韩流成功的原因时，有些过分强调了中韩两国在文化上的相通性或共同性，认为"两国在跨国文化的传播中存在着文化趋同性。可以说，两国文化上的相通性为韩流在中国的流行提供了首要基础和条件"。韩流之所以会在中国劲吹，是"以儒家文化为核心的'汉流'在发挥着至关重要的作用"。诚然，以儒家文化为核心的韩国传统文化的确和中国传统文化有着千丝万缕的联系，但这只能说明一部分群体接受韩流的原因，而拿来解释韩流受众的主体即青少年为什么喜欢韩国歌谣、街舞和韩国游戏等大众文化就很难说得通，因为韩流中还蕴涵着现代都市的新颖、时尚、前卫等。

2006 年以后，在韩流文化盛行的亚洲国家，韩流进入了一个分水岭，一方面是韩剧、韩星汹涌而至，另一面则出现了抗"韩流"的声音，"反韩""抗韩"呼声不断，出现"嫌韩流"（或称"反韩流""抗韩流"）的倾向。韩国江陵端午祭申遗事件、东北工程和高句丽历史争端、韩国历史剧对中国的歪曲描写等历史问题和文化纠纷的不和谐现象，引起了部分网民的不满，成为"反韩流"的一个原因。韩国"文化民族主义"、"经济民族主义"近年来有所抬头，韩流中客观存在的一些过分强调韩国民族主义，无视东亚他国人民感情的排他态度引来中国、日本等周边国家的反感。而且，韩国执行的是内部保护措施，也就是单边保护，光输出却不引进。从文化交流的角度上，它缺乏互动，也就缺乏了生存的空间。中国政府自2006年以来实施的文化政策对韩流的输入造成了不利影响，但账不能都算到中方头上，韩国单方面的文化输出实在难辞其咎。此外，韩剧优秀作品的缺乏，创作上的雷同导致观众审美疲劳，使中国部分受众对韩剧兴趣大减。

在经历了2008年北京奥运会前后"反韩流"的高潮之后，在中韩两国政府及民间组织等的努力之下，"嫌韩"浪潮逐渐消退。2010年之后，随着K-Pop等的大力推广，"新韩流"再次风靡中国，相对固定的韩流产品的不同消费群体开始形成。笔者在这里提到的"新韩流"和前期研究所提出的2000年以后的"新韩流"不同，是指从2010年开始，K-Pop向K-Cultoe转型时期的韩流，也有的学者称之为"韩流3.0时代"。在变K-Pop为K-Culture的过程中，继韩剧、流行音乐之后，韩国文化逐步实现了大众化、现代化、世界化，从而带来了韩流的新一轮热潮。以《大长今》与《江南style》为代表的两个不同阶段的韩流文化现象，表现出韩流生成机制的变化和日趋成熟。韩流机制的完善，以及它所表达的价值认同构成了韩流不断发展和传播的动力与基础。

近年来，"文化软实力"这一概念已广为人知。韩流已经建立和发展了完善的文化产业链，它不仅是韩国文化产业的集中体现，更是韩国发展国家文化软实力的缩影。韩国政府认为，不应该把韩流现象看作是单纯的文化传播，而要使之成为亚洲的代表性文化，大有通过韩流文化来与中国争夺儒家文化正统地位的味道。网上有人评论《大长今》，说该剧是韩国崛起于东亚的一部政治宣言书，是韩国傲然走向世界的一张文化身份证。它的目的是要与中国争夺儒家文化主体精神的解释权。韩流是一种文化软实力，并用鲜明的实例演绎着文化软实力的威力和内涵。韩流将文化软实力理论推向了国际力量角逐的舞台，而文化软实力理论为韩流进一步壮大和扩展奠定了坚实的理论基础。这些研究将韩流提升到了一个新的高度，赋予了它一种更高的地位。

自20世纪90年代发展至今，韩流在中国已走过了近20年的时间，其间也经历了曲折的历程。2013年6月，韩国总统朴槿惠访华期间，和习近平主席就加强中韩人文交流、进一步巩固和发展中韩战略合作伙伴关系达成了共识。随后"中韩人文交流共同委员会"成立，双方将继续加强教育、旅游、文化、艺术、体育等领域的多种交流，增加学术、青少年、地方交流、传统艺术等方面的交流合作项目。在这种情况下，进一步深入探讨韩流在中国传播的原动力，有助于我们认识韩国文化和文化产业（韩国现在称为"内容产业"）的竞争力及其局限性，而正确认识韩流传播过程中遇到的障碍因素，可以避免产生文化误读、减少误会，更好地推进中韩人文交流和中韩关系。

二、韩流战略及其竞争力

韩流在中国的传播、发展，与中韩建交以来的政治和经贸关系的飞速发展是相辅相成的。随着两国官方和民间交往的增多，韩流文化顺利地进军中国，同时也带来了年轻人喜欢的韩国生活方式和时尚。伴随韩剧和歌谣的热潮，韩国商品从"韩版"服装、化妆品到韩国饮食，以及电子产品、汽车等，开始源源不断地快速涌入中国市场，韩流从文化快速转向经济。可以说，韩流不但使中国人更多地认识了韩国，还促进了两国经贸等领域的交流与合作。韩联社的报道称"（韩国）国内100名企业首席执行官中，有95%回答韩流对海外经营起到了积极的作用，58%回答韩流对制定企业战略带来一定的影响"，这也可以很好地说明韩流的积极作用。

经过近20年的传播，以韩流为代表的韩国文化产品在中国已有非常稳定的受众群体。和初期狂热的"哈韩"不同的是，人们不再无差别地追求和崇尚韩国音乐、电视、时装等流行娱乐文化，"哈韩族"在穿着打扮和行为方式上也不再表现为另类独行的生活方式和形象外观，而是更加理性地享受和消费韩流产品。人们关心的领域从韩国大众文化扩展到韩国的传统文化。如今韩国文化产品最有竞争力的是韩国游戏，其次是电视剧、电影、动画片、卡通形象、漫画和大众音乐等。当今的韩流早已经超越了影视剧为主的时代，成为一个相互影响、相互带动的循环体系。

韩流热潮为韩国创造了惊人的"韩流经济"，在国际收支项目中，文化、娱乐服务收支（通常被称为"韩流收支"）在2012年首次出现了8 550万美元的顺差。据韩国银行公布的资料显示，2013年1~5月，韩国文化、娱乐服务产业收支实现5 200万美元顺差，顺差规模比2012年同期的4 350万美元增加了19.5%，这主要得益于音像制品方面的出口业绩大增。如今韩国文化产品在国际文化市场上的占有率，从20世纪90年代中期的不到1%上升到2011年的5%；韩国文化产业占国内生产总值的比重超过6.5%，达到650亿美元以上的规模。韩流的传播也给中国文化产业带来了一定的冲击，并在一定程度上改变着中国影视等领域创作的内容和形式。韩流流入中国，从一开始的惊异——模仿——排斥，到后来转变为内化——学习——对应，这从一方面说明韩流在中国的竞争力是十分强劲的。

如前所述，此前的研究分析韩流在中国掀起热潮的原因即竞争力时，多强调韩国和中国文化的共通性，韩剧在中国的盛行体现了传统文化即儒家思想的强大生命力，韩剧制作精良、明星效应，以及完善的产业化机制和成功的产业化运作等等；更多的人强调韩流是国家层面主导的，是韩国政府在文化输出方面的成功尝试。但是，对韩流的魅力和竞争力的省察，应该更多地从韩流产品及文化产业内部的发展原因和规律方面进行深入探究。下面我们重点探讨韩国是如何培育文化产业在企划、创意、技术和制作等方面的竞争力的。

韩国发展文化产业是一项国家战略。韩国政府培育韩流产品的竞争力，第一，通过法律制度建设、专门人才的培养和技术研发、搞活投资与流通体系、地区文化产业发展及开拓外国市场等方面来实现的。其中，技术开发层面上，着重发展具有高成长潜力的3D、CG（computer graphics，电脑绘图）、虚拟现实、智能内容、下一代游戏五大产业部门。韩国政府指定光州科学技术院为文化技术研究的主管机关，长期目标是将之培育成为国际高水准的文化技术研究机构。同时，为了充分发挥出口的窗口作用、强化流通基础，构筑了强大的全球性平台，主要支援基础建设、安全支付解决方案、市场营销等部门。韩国文化产业部门的大型企划公司在"制造"韩流明星方面的体制与企划能力早已为世人所瞩目，而其游戏产业在生产和经营过程中所蕴含的雄厚技术力量也奠定了领军地位。

第二，韩国文化产业在生产和经营过程中大力推广OSMU（One Source Multi Use）模式。OSMU模式是将一个创意题材用于影视剧、游戏、动画制作、漫画出版、形象产品、音乐、舞台活动、明星等多个子项目中，实现用途的多样化。在这种运作模式下，一个创意就可以形成一条产品链。以电视剧《大长今》为例，不仅电视剧作品本身获得巨大成功，也推动了漫画、音乐剧、主题曲 OST、韩国食品、主题公园等多个方面的发展。游戏产业也是如此，将"游戏"这个单一资源扩大化，并让其影响到韩国产业等多个领域。韩国首先把动画形象在漫画、电视剧、电影、网络 flash 等原创领域中"做透"，然后是玩具、童装上的授权使用；最后推广到手机游戏、网络游戏等数字内容产业。"游戏"的力量不仅推动了韩国产业经济的发展、产业链的实现，而且还在政府政策、法律、教育等多个方面促进了韩国综合实力的发展，取得了显著的成效。

第三，近年来智能手机等智能类产品的普及为韩流文化扩大市场提供了良好的技术环境。智能产品的普及和社会性网络服务（social networking services，SNS）使用者的激增，推动了知识情报产业的大幅增加。在此类产品的出口市场上，最具竞争力的是在线学习（E-learning，也译为网络教育）和教娱内容（edutainment contents）系列服务产品。2011 年韩国内容产业销售额为 826 146 亿韩元，比 2010 年增加了 14.6%；出口额为 41.59 亿美元，比 2010 年增加了 28.9%。如此高的增长率，得益于政府政策的支持、媒体环境的变化和"新韩流"等因素的影响。其中，随着智能产品市场的扩大，开放市场活性化、K-Pop 人气组合团队等"新韩流"热风劲吹的结果就是音乐产业、游戏产业的销售和出口大幅增加。

得益于"新韩流"热潮，韩国文化产业领域的出口蒸蒸日上。韩联社引用韩国银行（央行）的国际收支统计资料报道称：2011 年，韩国个人、文化、娱乐服务的收益达 7.94 万美元，创下了自 1980 年进行相关统计以来的最高纪录。这里所说的服务收益具体来说就是在电影、广播、电视节目、音乐、教育和保健服务等方面从国外获得的利润。统计数据显示，截至 1990 年，韩国文化产业在国外所获利润始终为零，直到 1997 年首次创利 500 万美元后开始猛增，2005 年达到 2.68 亿美元，2007 年增至 4.48 亿美元，2010 年更是上升到 6.37 亿美元。2012 年鸟叔（PSY）的《江南 style》很好地诠释了韩流的优势，随着 K-Pop 在亚洲乃至欧美地区大受欢迎，与韩流相关的文化产品收益也得到迅速增长。①

第四，为保证文化产业出口的持续增长，韩国政府着力构筑财政金融支援体系。最近韩国政府提出的中长期目标是：出口 100 亿韩元以上的企业数由 2010 年的 15 个扩大到 2020 年的 110 个；文化产业投资规模 2020 年要达到 2 万亿韩元。出口专项"全球内容产业基金"（global contents fund）2011 年是 1 236 亿韩元，2012 年追加 1 000 亿韩元并将继续扩大。和进出口银行签订业务协作计划，继续扩大文化产业海外输出企业保证金制度。总的目标是提升该产业出口占世界市场的比重，从 2010 年的世界第九位（2.2%）提高到 2020 年的世界第五位（5%），预计出口额为 224 万亿韩元。

第五，韩国政府历来重视开拓国外市场，由于国内市场规模有限，要取得文化产业的大发展，开拓海外市场是其重要战略。之前韩国文化产业的对外输出战略基本是以中国和日本为主要交易区。后来通过加大投入、开发适销对路产品，利用驻外机构加强宣传，以及奖励出口等措施，逐步进入其他市场。2010 年以来，随着文化产业所面临的国内外经济形势的变化，韩国政府也适当调整了该行业的出口战略。2011 年文化产业出口额为 41.59 亿美元，比 2010 年的 32.25 亿美元增加了 28.9%；这一数值大约是 2006 年出口额（13.73 亿美元）的 3 倍多。文化产业由内需为主的产业逐渐转化为以出口为主的产业，而 2011 年是一个重要的转化基点。为了促成这一转变的实现，韩国文化产业界积极突破内需市场的限制，面向全球市场，从政策、市场培育、财政金融支援等多个方面推动出口的持续增加。

在政策层面上，韩国政府主导实施了一系列战略措施，在全球范围内开展文化产业的开发和流通，积极进攻海外市场。这些战略措施包括：为促进电影出口与共同制作进行的融资支援；为强化游戏产业的全球主导权而确保其能动力；为了激活动漫制作产业而筹措专门动漫制作基金；通过召开"亚洲动漫峰会"来确保韩国动漫出口国外的渠道；发掘优秀漫画内容和扩大原创漫画的产业化；激活国产角色（卡通形象）的流通和许可出口；以韩—欧盟 FTA 为契机积极支援文化产业出口欧洲，等等。

---

① 综合 2012 年 2 月韩国央行发言人的相关新闻报道。

同时，根据出口状况，进行市场细分。充分考虑各海外市场的特点以及文化产业出口的不同阶段，建立市场特别化战略，并进行差别化的对口支援。亚洲作为韩国文化产业交易最为活跃的地区，有着地理文化的相似性，韩流在这里处于成熟、成长的阶段，其中的中日韩三国可以建设成为区域内的单一市场，采取共同进行制作和设立共同基金的方式加深合作。美国和欧洲是世界上最大的文化产业市场，但是，韩流在那里还是启蒙阶段，出口销售处在初级阶段，需要强化文化产业的流通网和网络覆盖，利用韩—欧盟FTA，促进视听产品的共同制作，把美欧建设成为终极目标市场。印度和中南美市场属新兴市场，拟派遣市场开拓团。而对非洲等发展中国家，可以看作是潜在的市场，主要依赖官方开发援助来扩大文化产业。

在开拓中国市场方面，大批韩流明星进军中国内地，很多韩国演员参与中国的影视拍摄，有利于扩大韩流的影响。此外，中韩两国还加强了文化产业领域如动漫、影视剧、数字文化产业等领域的合作，活跃在策划、制作、营销等各个方面，呈现出一种两国共同制作的新形态。中韩两国游戏产业的交流发展日渐频繁，在引进、代理、出口、授权游戏产品的过程中，中国游戏企业正在通过网络游戏、移动游戏等多维呈现的娱乐方式扩大在韩国的市场份额。以"完美世界"为代表的中国游戏企业进军韩国市场，市场份额逐步扩大。韩国作为游戏产业发达国家，在游戏研发和运营方面积累了丰富的经验和资源；而借着移动游戏快速崛起的东风，中国游戏企业也将会在韩国市场得到进一步拓展的商业机会。

第六，培育具有竞争力的文化产业"杀手级内容"（killer contents）也是韩流重新发力的重要因素。要想对外发力，必先练好内功。韩国文化产业部门提出要发掘传统文化资源，从中寻找产业的源泉，变K-Pop为K-Culture，继韩剧、流行音乐之后，实现传统文化的大众化、现代化、世界化，也即韩国文化的全面输出。

韩流的魅力或竞争力在于强调韩国民族特色的同时，也融入"亚洲共同性"，因此对中国的观众很有吸引力。韩流中的"亚洲"是一种主观建构的地缘文化想象，用以处理不同文明对撞时的困惑与矛盾，更是韩流引起区域内共鸣、得以跨文化流行的重要文化元素。换句话说，韩流现象在中国的传播不仅仅是因为韩国大众文化的优秀或两国文化层面上的相似,还在于韩流现象是顺应时代变化而产生的。因为韩流所体现的并不是单一的韩国文化,它对世界多个国家和地区具有文化的普遍适应性。"韩流是一种创新文化,它以东亚传统文化为本源,融合西方现代文化要素而形成,即它的基因来自于东亚传统文化,而形式则是从西方现代文化借用而来的。因此可以说,韩流是东西方文化、传统与现代文化相结合和相融合的产物。"[1] 韩流试图表现的价值追求能够激发超越国界的认同感,它体现了一种共同的价值认同,因此才能和各国观众达成共鸣。作为在融合东西方文化的基础上发展起来的一种具有原创性的新文化,韩流文化新鲜而不浅薄,因此对青年人更具一定的感召力。

综上所述,韩流在中国的传播,除了众所周知的中韩两国文化上的亲近性、韩流是国家层面主导的文化输出模式、明星效应等因素外,韩流及韩国文化产业发展的内部原动力是赋予韩流强大竞争力的根本原因。韩国政府和民间合力构筑了对文化产业的财政金融支援体系,大力培育文化产业的企划、创意能力,推广 OSMU 模式,并依托智能类产品和技术力量来开拓市场,实施积极的出口战略等,极大地促进了文化产业的发展。特别是在变 K-Pop 为 K-Culture 的过程中,继韩剧、流行音乐之后,实现韩流文化的大众化、现代化、世界化,从而带来了韩流新一轮的更高的热潮。以《大长今》与《江南 style》为代表的两个不同阶段的韩流文化现象,表现出韩流生成机制的变化和日趋成熟。机制的完善和它所表达的价值认同,构成了韩流不断发展的动力与基础。

三、"反韩流"现象及"韩流"的生命周期

韩流在以中国和日本为主的东亚国家流行并向全世界扩散,一直在传递韩国大众文化及韩国的形象,表现出了顽强的生命力,而这种顽强的生命力正是来自它强大的竞争力。但是,韩流的传播和流行并不是一帆风顺的,怀疑和批判韩流的观点与态度也逐渐增加。有两种观点值得注意:第一,韩流

---

[1] 朴光海,"韩流:'文化启示'",《国外社会科学》2011 年第 4 期。

到底能持续多久？甚至还有人提出"韩流泡沫论"。持这一态度的人认为韩流现象只是在青少年中出现的一种现象，而青少年没有收入来源，他们的经济能力有限，从而限制了他们对韩流产品的消费。他们忧虑韩国文化产业生产不出更多的、具有吸引力的精品而使韩流失去后劲，最终导致昙花一现。此外，他们还担心中国政府会对韩国大众文化过多地进入采取限制措施。2012年上半年，韩国文化体育观光部和韩国文化产业交流财团进行的一项调查结果显示：对韩流可持续性，约有60%的外国人和国内CEO回答，在四年内会结束。然而，通过前述韩流竞争力的分析，可以看出对韩流的持久性完全无须忧虑。尽管韩流的发展历程是曲折的，但由于其内在的强大竞争力和生命力，它的可持续性是毋庸置疑的。

第二种观点更为引人注目，这就是"反韩流"情绪的高涨。对韩流热潮的反思引发了"韩流侵蚀了中国大众文化"的忧虑。最早是一些影视导演和演员站出来"反韩流"，他们成功地说服中国政府，限制了韩剧的引进数量和播出时间，使得韩剧退出了中国电视台的黄金时段。此后，由于高句丽历史争端、江陵端午祭申遗事件的出现，引起一些年轻人对韩流的不屑，互联网上"厌韩情绪"、"反韩流"情绪一度非常高涨。

中韩之间一些存在争议的问题开始显现出来，韩流在2006年后也开始衰弱与退潮。2006年以后，因为当时的中国广电总局加强了对韩国影视剧的限制，所以韩国节目在中国的播出量减少，对中国的出口量也降低。在这个时期，中国对韩流的态度不算乐观，网络上的"反韩流"言论不断涌出。2008年北京奥运会以后，"反韩流"舆论高涨。实际上，中韩民间关系并没有像媒体报道得那样严重，这种现象主要集中在一部分网民身上，但因为SBS电视台提前报道奥运会开幕式彩排表演，"反韩流"言论又得到扩张。根据媒体报道："'厌韩情绪'的主要原因是韩国否定中国的文化产权，这体现在韩国将'江陵端午祭'列入世界非物质文化遗产，以及有传说韩国拟将中国汉字申报为世界文化遗产的说法等。"此外，印刷术起源、韩医与中医之争等，也被看作是韩国对中国文化的侵犯。

这一时期"反韩流"言论主要分为三种：一是自古以来韩国文化就是中国文化的一部分，要抵制韩国的文化歪曲；二是认为韩国无视中国文化及艺人；三是认为中国电视剧也不比韩剧差，应该光明正大地站出来。2009年《环球》杂志上刊登的一篇文章《韩国影视剧为何频现鄙华》，以《神机箭》和《该隐与亚伯》为例，强烈批评韩国媒体和电视剧制作公司"出现过多部歪曲、丑化和贬低中国的影视剧"，认为"最近几年，很多韩国影视剧播出以后都遭到了'辱华'指责"，国内部分媒体和网民也对此现象展开了热烈的讨论。该文认为，与其说韩国影视剧是"辱华"，倒不如说是"鄙华"，这是多种因素相互作用促成的。该文先后被人民网、新华网、搜狐等大型网站转载，更加剧了不少网民对"韩流"的反感情绪。中国的网友们还列举了歪曲中国历史的电视剧，如《渊盖苏文》《明成皇后》《大长今》《薯童谣》《太王四神记》《大王世宗》《朱蒙》等。对此，有中国学者指出：与文化霸权相比，韩国影视文化作品中的这种行为是在对他国历史刻意歪曲的基础上对本国历史的粉饰，不能改变别国人民的人生观、世界观以及生产生活方式，只能算是一种低级的文化剽窃和文化粉饰行为。一般来说，在商业社会里，影视剧的制作会以娱乐性和收视率为主，所以影视剧制作方往往不会过多考虑事实和史实。但不可否认，韩国影视剧有时会带有强烈的政治意图，尽量配合政府和部分利益集团的宣传，如借助影视剧宣传韩国的历史和领土问题等。这些做法引起"嫌韩情绪"急速上升，阻碍了中韩文化更深层次的交流，也成为韩国文化产业开拓中国市场的绊脚石。

分析"反韩流"产生的原因，可以从历史、文化领域的冲突和误解、媒体环境的不利影响、东亚各国民族主义情绪的高涨及国家间经济利益和软实力的竞争等多个方面来入手。

学界及民间人士关于中韩两国之间因为历史文化冲突和误解而导致的相互藐视乃至对立论述得最多。韩国文化和中国文化有着很多历史上的相同之处，两国都在东亚文化圈内，有着儒家的文化传统，带有很强的文化共通性，因此韩流更容易被中国人接受。

但是，任何事物都有它的两面性。中韩文化上的共通性或相似性也是一把双刃剑，既可以拉近两国人民的感情，也可能造成历史文化的起源和"所有权"等方面的误解。历史上中韩两国一直保持着密切联系，在长期的文化交流中产生了很多共有文化。然而，经过历史的沉淀，两国的文化也都不可避免地打上了各自的民族烙印,形成了各自的文化特性。代表性的事例是朝鲜王朝接受了中国的儒家文化,并与本土文化融合,创造出本国特色的儒教文化。韩流则是融合了韩国传统文化与西洋文化的产物。而这种文化的差异性一开始并没有被人们重视。在韩流的初期,中国人看着以爱情、亲情、友情为主要题材的韩剧,重新感受到了家族的含义,在享受时尚与城市气息的同时,感叹儒家文化传统在韩国保存得更好更完整。2004年下半年之后,随着东北工程和高句丽历史问题浮上水面,两国并不存在的所谓"领土纠纷"引起人们争议,文化源头问题成为"反韩流"现象产生的社会因素。

韩国和中国的政治体制不同,只在韩国的立场上看待中国并妄加评判是片面的。舆论媒体本应该公正客观地报道对方国家的情况,要成为两国国民了解对方国家的平台。与此相反,对中国的理解不够是由韩国媒体对中国的报道不实引起的。另外,中国的许多媒体对韩国一再歪曲中国历史、剽窃中国文化等的渲染,进一步激化了矛盾。虽然这些报道可能不实,属恶意中伤或是未经查证,但随着事件曝光及通过网络广泛流传后,中国网络上的反韩情绪有增无减。"网络暴力"很大程度上体现在民间情绪的对立上,导致中韩之间的友好关系逐渐变味,相互之间认知的好感度急剧下降。

围绕着韩流问题,中韩两国间经济利益的冲突和文化软实力的竞争是"反韩流"现象发生的更根本的原因。韩流在中国的传播是和中韩经贸关系的发展相辅相成的。随着中韩两国间贸易与投资活动的空前高涨,以韩国的影视剧、流行音乐、韩国游戏和韩国服饰与料理为特色的韩流席卷了中国。与此同时,韩流也带动了更多的"韩国制造"的产品和服务进入中国并为中国人所喜爱,给韩国带来了更多的直接或间接的经济效益。韩流不仅帮助韩国获取了惊人的政治效益、经济效益、文化效益,还不断输出着这个国家的软实力,韩流以有形或无形的效益验证了文化软实力是国际关系中正在崛起的一股力量。

但是,如同中韩贸易上韩国方面总是赚取顺差一样,韩国文化在中国的单方面传播也引起了中国人的忧虑。一方面,中国进口了很多韩国文化产品;另一方面,中国文化产品出口到韩国的数量却少之又少。单方面的文化传播过于严重,就会引起抵抗情绪,因为这不论在精神方面还是经济方面都会给对方国家带来损失，于是便产生了"反韩流"情绪。单方主义的韩国文化传播也阻碍了中韩之间深层次的文化交流。

进入21世纪以后，中国政府做出了深化文化体制改革、发展文化事业文化产业的战略部署。2009年7月，中国通过第一部文化产业专项规划——《文化产业振兴规划》，标志着文化产业上升为国家战略性产业。在"加快发展文化产业、不断提升中国文化的整体实力和竞争力"的口号下，中国文化产业的成长出现了长足的发展，其自身的竞争力和效率性正逐渐提高。这些不但直接威胁到韩流在中国传播的市场，而且随着中国文化产品的出口不断增加，中国逐步成为韩国在文化产业领域的强有力的竞争对手。

韩国政府为了发展"韩流经济"，在政策上对韩流过度干预，它推行的某些文化外交政策被认为是国家干预主义，在中国引起了强烈的反感。因为韩国政府的文化产业支援政策，并不是为了通过与对方国家的交流来建设相互信赖和相互理解的关系，而是为了单方面地扩散韩流，以此来获得经济利益，体现了"文化帝国主义"的目的。韩国政府把韩流当作一种文化资本，加以保护、培养并用于扩大再生产，它主导的韩国文化产业扩张使各国政府和企业感受到了危机意识，不得不在政策上加以警戒。如此一来，中韩两国在发展文化产业方面就遭遇了利益和政策的冲突，反而从经济层面上加剧了反韩情绪。

在从"哈韩"向"反韩流"转换的过程中，有人把韩流看作是一种对中国的文化和精神上的"入侵"，认为韩国文化对中国市场有策略的输出或渗透，已经事实上形成了一种文化和精神上的"入侵"。这种"入侵"不仅是娱乐层面的，也是经济层面的，同时还隐含着意识形态层面的可能性。从国家长久的文化安全计，我们应该对韩流的入侵和国人的哈韩现象给以必要的警惕，"给国人的'哈韩'热泼一点冷水"。

这种说法未免有夸大其词的片面性，但是，也从另一个方面说明了韩流不仅仅是一种娱乐文化，更表现为一种意识形态的传播和经济上的利益之争。在中韩两国复杂的历史背景和现实关系当中，韩流不再被认为是单纯的文化传播，它还是韩国文化产业的集中体现，是韩国发展国家文化软实力的缩影。在这种认识之下，"反韩流"被赋予了某种反对韩国文化和经济"入侵"的手段的色彩。于是历史、文化领域的冲突和误解成为"反韩流"现象产生的社会因素，而媒体环境的推波助澜无疑为这种现象的产生提供了一个温床。中韩民族主义情感的碰撞以及由此产生的言论和行为，导致了中国的"嫌韩"与韩国的"反中"情绪迸发。而"反韩流"出现不仅仅是意识形态领域冲突的结果，其更深层次的原因在经济利益和国家软实力的竞争，即中韩两国在文化产业领域存在竞争关系，这也成为阻碍韩流传播发展的重要因素。

总之，"反韩流"现象的一度流行，折射出中韩关系的发展也会遇到"暗流"，说明未来中韩战略伙伴关系的深化仍然面临着诸多需要克服的因素。加强人文交流和经贸等各领域的合作，避免"嫌韩"与"反中"情绪的重演，将是两国共同面临的重要课题。

陆
宝莱坞：印度走向世界的电影名片

引言：神奇的月亮国度

在我们的邻国中，印度无疑是一个大国。但大部分中国人对印度了解并不多。印度，这个有着12亿人口、面积为中国三分之一的大国，越来越引起世界的关注。

"印度"在梵文中是"月亮"的意思。这个曾在汉唐时代就令中国人神往的西方乐土，经过唐僧取经以及更后来的文学作品《西游记》，成为中华民族想象中的天堂。经过历代高僧的传播，佛教在中土大行其道，成为与中国本土的儒家、道家文化鼎足而立的佛家文化，并通过中国传播到日本、韩国。佛教本土化之后形成的中国特色的禅宗文化，重塑中国文化的作用不可估量，对日本文化的影响同样深远。但吊诡的是，汉唐以来传入中土并深刻影响了中华民族文化的印度佛教，现在竟然在本土近乎式微，印度本土大部分人信奉的是印度教。

目前，印度是世界上发展最快的国家之一，经济增长速度引人注目。若以购买力平价来衡量，2011年印度国内生产总值4.457兆美元，与日本并列世界排行第三，仅次于美国、中国；但是若以美元汇率评估，印度的国内生产总值仅有1.676兆美元，世界排名第11位，和人口只有2 300万的国家澳大利亚相差无几。过去20年间，印度年成长率为5.8%，并于2011年至2012年间达6.1%。社会财富在印度这样一个发展中国家极度不平衡，全国10%的人口掌控全国33%的收入。由于印度人口众多，平均国民生产总值很低，2011年，印度人均国内生产总值（按购买力平价）为3 694美元，列世界第129位；美元汇率则为1 389美元，为世界第140位。1991年以前，受社会主义计划经济影响，经济政策实行贸易保护主义，印度政府过分干预劳工及金融市场并监管商业活动，由于1991年印度经济危机，加上苏联解体，新国大党政府开始在印度实行经济自由化改革，借由外国贸易及直接投资，逐步转型为自由市场，印度的经济规模获得了较快速度的增长。

印度与中国同属于发展中国家，是"金砖国家"集团的重要成员国。一个我们不熟悉的、还停留在历史想象中的印度正在崛起。印度的崛起与中国的崛起一样，都是21世纪最重大的历史事件，它将彻底改变世界政治和经济的版图。中印两国，完全可以摒弃前嫌，携手并肩，在21世纪上半叶，创造出举世瞩目的东方奇迹。中国人本来就对印度人没有多少成见，现在我们要做的是，了解对方的文化和历史，增加彼此的文化亲和力。其他的不说，仅电影一项，也就是享誉世界的印度宝莱坞电影，就值得我们下功夫去研究和学习。

印度电影百年风云

印度素以"世界最大的电影生产国"而闻名天下，2013年，印度电影迎来100周年诞辰。1913年5月3日，印度黑白默片《赫里谢金德尔国王》的公映代表印度电影诞生，这部影片长40分钟，讲述印度赫里谢金德尔国王的生平传奇，开启了印度电影的历史。而今，印度宝莱坞电影已发展为仅次于美国好莱坞的电影产业，以独树一帜的风格立于世界影坛。

印度电影在1931年步入有声时代，随着有声电影的发展，外来电影在印度的数量急剧下跌。孟买、加尔各答和马德拉斯等电影产业中心迅速崛起，有声电影促进了印度歌舞片的繁荣发展。自有声电影诞生以来，音乐和舞蹈成为印度电影的重要组成部分，几乎每一部电影中都缺少不了，歌舞片因此成为印度电影中最重要的类型。

1947年后印巴分治，给印度电影业以沉重的打击，尤其是加尔各答的孟加拉电影、拉尔的旁遮普电影等。由于印巴分裂而导致电影人才及观众的流失，大量优秀的演员、制作人、导演和技术人员离开巴基斯坦来到孟买和德里，他们的到来推动了印地语电影的发展，为独立后印地语电影产业的发展奠定了良好的基础。

独立后的印度百废待兴，印度国大党领袖尼赫鲁试图为印度寻找适合本国历史和现实的发展道路。为了配合国家重建和经济复苏，政府建立"电影部门"。独立初期，"电影部门"制作了大量的纪录片，多数题材表现尼赫鲁的社会主义观念。同时期，印度还成立"印度人民剧院协会"，主要任务是"建立一个自由、公正的新社会"，并掀起了从城市走向农村的文化运动，当时很多进步作家、导演、演员都纷纷投身到这场文化运动中，并创作了大量有关农村题材的电影作品。

自 1947 年独立后，电影在印度现代化的过程中扮演了重要角色。印度政府还曾几次降低电影的娱乐税，并且成立官方机构推动电影业的发展，如 1951 年印度成立"电影咨询委员会"；1960 年成立"国家电影发展公司"，主要扶持艺术电影，机构的成立为电影融资迈出了关键性的一步。在成立之初的 5 年内，"国家电影发展公司"就资助了 149 部艺术电影和 57 部纪录片，其中协助拍摄的影片《甘地》获奥斯卡金像奖。

20 世纪 50 年代是印度电影的"黄金时代"，独立后的印度作为一个国家，不断探索自我身份。很多导演如梅赫布罕等创作了《印度母亲》等影片，从电影学的视角关注社会转型。

独立后印度城市的兴起令边远的农村人口迁往城市，试图在城市寻找就业机会。这一时期，很多印度电影题材表现了传统文化同现代都市生活的冲突。萨蒂亚吉特·雷伊是印度著名导演，他的《大地之歌》等作品是独立后印度电影的代表，影片讲述婆罗门少年艰难融入主流现代社会，从而完成主体自我认识的过程。《大地之歌》是一部民族寓言，也是由殖民统治转向独立的寓言，转向的主体代表了殖民国家与独立国家的连续性，同时也是走向现代化的自我叙述。

1971 年印巴战争和 1973 年的世界能源危机导致印度国内通货膨胀，电影业深受影响。由于社会的动荡和人民生活水平的下降，此时印度电影关注的内容从家庭伦理转向犯罪、失业、贫穷以及政治腐败等严重的社会现象。

1991年的改革是印度经济的分水岭，经济改革深刻地推动了文化的发展。1992年印度建立卫星电视，新媒介的发展使全印度电视台覆盖到85%的城市人口和56%的乡村人口，可以说，卫星电视和有线电视重塑了印度人的文化生活，并给印度人带来更多的娱乐选择，这对印度电影业造成了不小的冲击，进入电影业将近10年的"黑暗时代"。1982年的《意义》是一部开拓性的电影，打破了"黑暗时代"的禁锢。伴随着经济的发展，印度电影的商业色彩渐浓，商业电影逐渐在印度崛起，以歌舞片为代表，表现现代人的都市生活和消费欲望。

20世纪90年代中期，印度电影业为了争取更多的观众，全面提升产品质量，推出了数字音效、大量的歌舞表演和改善影院硬件等措施，并更注重电影的发行和推广。1997年开始，随着互联网在印度的发展，电影发行商更是借助互联网来推广电影产品，这些渠道有效地宣传了电影、提高了票房收入。随着经济的复苏，印度电影的业态情况有所好转，并逐渐形成产业化模式。虽然电影情节仍有些套路化、单一化，很多甚至是好莱坞电影的简单拷贝，但在技术上有质的飞跃。

1991年的经济自由化改革不但促进了印度国内电影的发展，还推动了印度电影产业的国际化，伴随着全球化的扩张，印度政府开始放权、允许私营资本参与补贴艺术片在海外电影节放映，印度电影开始在欧美逐渐流行，甚至在戛纳、威尼斯和多伦多等电影节上，印度电影都成为重要的参展影片。

从1998年开始，印度电影的海外市场成为重要商业来源，尤其是英国和美国市场的票房收入甚至赶超印度国内。印度电影《君心复何似》和《真心赢得美人归》以其反传统的剧情和有效的市场操作，获得国际市场的好评，成为印度电影史上的票房之最。走向海外市场的印度电影在题材上也发生了明显变化，从以往的种姓差异、经济贫困转向文化冲突，主角也从低等种姓变成富贾之人。印度电影的国际化让海外观众认识和了解了印度文化，即便在好莱坞电影横扫天下的局势中仍有一席之地。兰贾妮·马宗妲曾说，印地语电影伴随着全球化而扩张，并在欧美日渐流行，这让人们注意到印地语电影中所表达的情感以及与现代性的复杂关系。

印度电影在广义上分为"神话片"和"社会片","神话片"直接取材自印度两大史诗传说,"社会片"则表现当代生活,其中包括紧张的剧情、男女主角的离别和团圆、超越种姓的爱情,并穿插大量的歌舞。"社会片"以歌舞类型居多,以平民化、底层化叙事作为主流,冲击了印度传统的社会等级秩序。"社会片"表现出同现代性的复杂关系,通常以家庭环境的小格局表现人物的思想道德冲突,最后以理想化的结局解决矛盾冲突。印度电影和印度戏剧在美学上有明显的传承关系,"味论"是印度古典诗学的理论核心,"味"在戏剧艺术中是指观众的感情效应,因此"味"也是衡量叙事效果的标准之一。印度学者巴沙姆在专著《印度文化史》中曾说,印度电影受传统戏剧"味论"的影响,表现出艳情、滑稽、悲悯、暴戾、英勇、恐怖、厌恶和奇异等"味",它们分别加强了影片中故事的叙事效果。

宝莱坞是印地语电影的中心,它和泰米尔语、孟加拉语等影视基地共同构成印度庞大的电影产业。早在英殖民统治时期,印度的电影年产量已经位居世界第三。2012 年,印度电影产量达 1 600 部,一如既往地位居世界第一。印度同时也是世界上电影观众人数最多的国家,每天观影人次达 1 400 万之多。目前,全印度有近 100 家电影制片厂、1.3 万家电影院、500 多家电影杂志以及 30 多万电影从业人员,这些都形成印度电影庞大的产业规模。作为独立的文化生产者,印度电影业正更大规模地占领国际市场,并凭借其浪漫的故事、印度式的歌舞、戏剧化的情节,"向遥远地域出口印度观念"。

印度电影经过了百年发展,在坚持自己的风格、坚守民族文化特色的同时,又吸收好莱坞电影的特点,成为世界上最大的电影生产国。通常一部印度电影的时长都在 2.5 小时至 3 小时,其中有 40 分钟属于歌舞,因此一部电影通常分成上、下两个半场,上半场主要交代剧情和人物,下半场歌舞居多。通常电影歌曲会被制作成音乐光碟,并先于电影发售,精彩美妙的歌舞场面会为一部电影赢得更高的票房收益。印度电影业是一个庞大的工业化聚合体,从音乐光碟、网站到有线电视,涵盖了诸多消费环节。近 50 年来,电影成为印度重要的大众媒介,通俗化的剧情、低廉的票价和相对舒适的环境使得电影成了印度大众最热爱的文化消费,每天都有上千万的观众走进影院。对普通印度人而言,电影是最大众化的娱乐方式,电影不仅以歌舞更以其文化多样性吸引了大量的观众。进入21世纪，印度电影的特效技术已经非常成熟，成为受欢迎的重要元素之一。

孟买作为印度电影的发源地，如今已是宝莱坞电影的代表。以宝莱坞为首的印度电影日趋多元化，并不断向海外发展。尽管好莱坞电影横扫全球，但它在印度电影市场所占比例不到15%，而印度电影的出口排名居世界第二，仅次于美国，英国和北美是印度电影最大的海外市场。印度电影产业的经济规模在未来5年将从20亿美元增至36亿美元。伴随着全球化，有着百年历史的印度电影已然成为印度的文化软实力，凭借其良好的投资环境和有效的机制运作，正大步走进黄金时代。

宝莱坞——印度最美丽的名片

一、"宝莱坞"成为《牛津英语词典》中的一个单词

宝莱坞（Bollywood）是位于印度孟买的广受欢迎的电影工业基地的别名。印度人将"好莱坞"（Hollywood）打头的字母"H"换成了本国电影之都孟买（Bombay）的字头"B"，因而把"好莱坞"变成了"宝莱坞"（Bollywood）。尽管有些纯粹主义者对这个名字十分不满，看上去"宝莱坞"还是会被继续沿用下去，甚至在《牛津英语词典》中也已经有了自己的条目。

宝莱坞也被称作是"印地语（Hindi）的影院"，其实乌尔都语（Urdu）诗歌在这里也相当常见，同时英语的对白和歌曲所占比例正在逐年增加。不少影片中的对白都有英语单词短语，甚至整个句子。一些电影还被制成两种或三种语言的版本（使用不同语言的字幕，或者不同的音轨）。

宝莱坞和印度其他几个主要影视基地泰米尔语（Tellywood）、特鲁古语（Telugu）、孟加拉语（Bengali）、坎拿达语（Kannada）和马拉亚拉姆语（Malayalam）等构成了印度的庞大电影业，每年出产的电影数量和售出的电影票数量居全世界第一。宝莱坞对印度以至整个印度次大陆、中东以及非洲和东南亚的一部分流行文化都有重要影响，并通过南亚的移民输出传播到整

个世界。

很多人说，宝莱坞的电影形式单一，内容自娱自乐。看一部觉得新鲜，看第二部就觉得雷同，只有印度人才会如此推崇不已。但是对全世界来说，宝莱坞就像印度最美丽的一张名片，展现了印度人独特的魅力。而今，印度的电影明星们在世界名流的圈子里风头日健，不少好莱坞明星开始往宝莱坞发展。宝莱坞明星的婚礼上，可以请到美国前总统克林顿夫妇和英国女王伊丽莎白，就连美国前总统布什到访，还传出了宝莱坞第一美女没空见布什的消息，可见印度宝莱坞的影响力越来越大了。

二、贫困使人们向往电影的浮华

"灯光！镜头！水！"导演一声令下，一场人造暴雨倾盆而下，雨点打击着精美的玻璃窗，窗内是个假造的现代豪华舞厅，里面正在假装举行着新年舞会。舞会上人们都在狂欢，女孩们身着白色长裙，男孩们佩着黑色领带，旁边的人都瞪着眼围观。"停！"

这是摄影棚内的一幕。而在巨大的黑色摄影棚外，几条瘦得皮包骨的狗无精打采地在垃圾堆上嗅来嗅去；一个没穿裤子、刚会走路的小孩用木棍在空易拉罐中探着什么；一位10来岁的女孩，抱着没穿衣服的婴儿，用脚趾挑弄着灰尘；一群穿着T恤衫、牛仔裤的小青年蹲在地上，分享着手卷的劣质烟叶。棚内豪华的假象，棚外严酷的现实，其实是同一事物的两个方面，都是宝莱坞的固有组成部分。在印度，贫困使人们无止境地向往电影的浮华。

在宝莱坞几十个类似摄影棚里，印度每年制作的电影比世界任何其他地方都多。尽管大多数电影在票房上惨败，尽管印度影片制作获得资金支持越来越难，尽管印度电影总在一系列固定的情节、场面中兜圈子，但结果依然是，成千上万的印度人仍然痴迷宝莱坞。

对大多数美国人而言，一场电影只是夜晚外出活动的一部分，一种工作之余的休息方式。而对众多印度人来说，一场宝莱坞电影就是某种逃避，逃避日复一日必须忍受的现实困境，不论这种逃避是多么短暂。制作与喜爱这些电影的人认为，这种现实生活的安慰需要，基本上可以解释为什么宝莱坞电影总是些闹剧、音乐、混乱、恐怖、旅游的大杂烩。

看电影是印度大众最廉价的娱乐方式

在印度，人们常说："宁可错过一顿正餐，也不能少看一场电影。"电影不但在印度普通民众的精神文化生活中扮演着重要的角色，也在一定程度上反映着当代印度社会的变迁。绚丽的色彩，夸张的表演，热闹劲爆的歌舞，加上各路超级明星，构成了五彩缤纷的宝莱坞。电影在印度为何如此流行？在宝莱坞从业的年轻人工作生活状态又是怎样的？为什么歌舞是宝莱坞电影必不可少的环节？

对于印度年轻人来说，宝莱坞是一个化腐朽为神奇的造梦工厂，这不仅是因为宝莱坞电影里的场景营造出许多让印度人无限向往、美轮美奂到让人心醉的世界，更因为这里造就了一大批明星。几乎每时每刻，全印度都有许多人追逐着梦想来到宝莱坞，希望终有一日成为大银幕上闪亮的一员。

这里有刚刚步入影坛、信心满满的青春丽人。普丽扬卡："我叫普丽扬卡，我以前是个空姐，我不知道我为什么来孟买，只是觉得宝莱坞是如此吸引着我，现在我觉得我是其中的一员。"

这里有从农村一路闯到大都市，笃信自己一定会成功的文艺青年。穆克什："我叫穆克什，我来自比哈尔。我之所以来孟买，是因为我坚信我是一个有内涵的人，我觉得我是注定以写剧本为生的人，就是这么简单。"

这里还有放弃了在印度硅谷班加罗尔的工作，追逐自己梦想的电影配乐作曲家。维贾依："我以前在 IT 公司做咨询，和我钟爱的音乐相比，我认为那是一份没有创造性的工作。创作一首曲子让我感到无比满足，这种满足是不可能从以前的工作中得到的。所以，我现在过得比以前快乐！"

在外人乃至亲朋们看来，这些追逐梦想的年轻人在孟买的生活也许有一些艰苦，但对他们自己来说，物质上的缺乏并没有什么，追求梦想的过程带来的满足感才是最重要的。他们年轻、自信，从小在宝莱坞电影编织的美梦中长大，他们现在来到宝莱坞继续编织属于自己的梦。

但生活是残酷的，宝莱坞编织的梦再甜美，也有醒来的一刻。和不少年轻人一样，拉杰什也是年轻的时候放弃了在塔塔钢铁公司待遇优厚的工程师工作来追逐自己的演艺梦想，也取得过一些成功，主演过几部电影。在宝莱坞浮浮沉沉十几年之后，他对追梦宝莱坞有着更深的感悟。

拉杰什："在来到宝莱坞四五年之后，我主演了第一部电影，我非常高兴。然后我又主演了第二部以及第三部电影，我兴奋极了。但是三部电影之后，我的事业却被卡住了，我一直在等着我演的电影被发行，但是却没有人买它。原因是因为没有明星参演，宝莱坞电影完全基于明星的运作。然后我结婚了，我有一个孩子，已经5岁了。我决定彻底忘记过去，重新开始。我做过模特，试过音。我去各个地方，见所有的人，做所有能做的工作。"幸运的是，36岁的拉杰什在而立之年重新找回了梦想。在转行一段时间之后，他却意外地迎来新的片约，现在他已经是宝莱坞小有名气的男演员之一。

这些在好莱坞追梦的演员，一朝取得成功，成为大银幕上的巨星，他们的工作就从追梦变成了造梦。他们在华美的场景里用力地舞蹈，尽情地歌唱，为十几亿普通印度电影观众营造出有别于他们日常生活的美轮美奂的梦。

印度人爱看这些带给人美好的电影，尤其对那些生活在贫穷、疾病乃至痛苦中的人们，宝莱坞电影是最好的精神安慰。资深电影评论家、电影业观察员库马尔·辛格在谈到为何宝莱坞电影在印度如此流行时说："印度是个大国，有许多人口，电影是人们最廉价的娱乐方式。去看一场舞台演出是很昂贵的，但是只要步入影院，你就能在电影中得到和舞台上一样的所有的娱乐因素。电影是印度大众最廉价的娱乐方式，而且大众需要它，对印度人来说它已经成了一种生活必需品。"

库马尔说，为了保证所有人都能看上电影，印度一些地方政府通过各种方法控制电影票价。比如，现在在德里和孟买等大都市，一张电影票要卖到150~300卢比（约合20~35元人民币），而在一些小城镇和乡下，一张电影票只需要20~30卢比，约合2.5~3.5元人民币。"在小地方，电影票价是受限制的。政府必须保证穷人们能够看得上电影，他们甚至不敢试着让电影涨价，因为那有可能会引发选举等政治问题，所以政府对待电影票价是十分小心的。"

在印度的电影院里，观众们最喜闻乐见的还是热烈的歌舞。跟随着热烈欢快的音乐尽情地舞蹈，似乎能让人们忘记现实生活中的忧愁和烦恼。歌舞也因此成为印度电影最大的特色，库马尔说："印度的文化有许多庆祝的内容，因为印度有许多节日，而无论是撒红节、排灯节还是其他任何一个节日，歌舞都是必不可少的因素。而电影故事是取材于日常生活的，宝莱坞电影中歌舞的盛行实际上反映了印度社会的文化。"库马尔还说，除了一些纯艺术片以外，几乎所有的宝莱坞大片都需要包含歌舞、搞笑、耍酷、浪漫等元素，因为所有的商业导演都深知印度观众需要什么，必须在电影中把所有受欢迎的娱乐因素包含其中，因此宝莱坞电影有时候看起来像是一盘大杂烩。

宝莱坞是一个梦想云集的地方，有一些人来到这里追逐梦想，而宝莱坞则通过电影为更多的人制造梦想。尤其是对那些身处艰苦环境中的印度观众，电影为他们打造了一个与他们日常生活迥异的梦幻般的世界。而正是这种追梦与造梦之间，电影业在印度得到了最大程度的繁荣。

尽管三分之一的人吃不饱，但印度仍年产超千部电影

也许，一首《拉兹之歌》（《流浪者》主题曲）可能更贴近我们对印度电影的印象，出生于新中国最早的那一代人，可能个个都会感伤地吟唱"我是流浪者，呜……我是流浪者"，还有一辆快乐的吉普赛"大篷车"。

曾获奥斯卡最佳影片的《贫民窟的百万富翁》，讲述一个穷小子极其荒诞地成为一个富翁的故事，暴露了大量关于孟买鲜活的细节，才让我们发现，也许，对那片深邃且饱含悲怆和落寞的土地，我们了解得实在是太不够。虽然印度仍然有1/3的人无法解决温饱，但每年出产的电影却有一千来部，其中4成出自孟买的宝莱坞，数量早在40年前就已经超过了好莱坞。揭开印度宝莱坞电影的运作幕后，风光的票房后面，是印度电影所经历的危情时期，制片商和导演曾受到黑社会威胁。因为印度观众热衷于看电影，成就了宝莱坞电影坚挺的"内需"。宝莱坞电影维持了40年的辉煌，并在政府银行注资的新兴现实下，成为支柱产业的印度电影业更加有了底气。

一、千部电影 4 成出自孟买"宝莱坞"

孟买电影城的全称为"马哈拉施特拉邦电影、戏剧暨文化发展公司",成立于 1977 年 9 月,位于孟买市西北郊,占地面积 500 英亩,是马邦政府为支持电影业发展而成立的一家大型国有公司。电影城主要为电影制片商提供外景地。城内有森林、绿地、山丘、河流、湖泊等多种自然风景,亦有一些可以改造成多种外观的永久性建筑、足以以假乱真的临时布景等。电影城有 15 座摄影棚,城内提供各种租赁服务以及拍片所需的摄影、录音、复制、剪辑、灯光、洗印、化装、影院等设备,此外,还可以提供保安、客房等服务。

二、"拉兹"家族的豪华阵容

卡普尔家族被誉为"宝莱坞第一世家"。"拉兹"的扮演者拉杰·卡普尔集演、导、编于一身,成就也最大,也最为中国观众所熟识,其父普里特维·拉杰·卡普尔是卡普尔家族的第一代电影人,他在《莫卧儿帝王阿扎姆》中扮演的帝王形象至今都很难有人超越。普里特维的三个儿子拉杰、沙米和沙希都受父亲影响进入电影圈。拉杰的三个儿子兰迪尔、拉吉夫和里希又将家族事业的接力棒接了下来,其中,里希最受人瞩目,他的妻子尼杜也是一位当红明星。而今,里希 26 岁的儿子兰比尔也亮相印度影坛了,他的处女作《爱人》改编自陀思妥耶夫斯基的著作《白夜》,是宝莱坞和好莱坞的首次合作。

与卡普尔家族争奇斗艳的还有巴强家族,现年 65 岁的阿穆塔布·巴强,出演过 150 部影片。他的儿子阿比什克·巴强演技则远不如父亲,脸部表情比史泰龙还要呆滞,更要命的是舞也跳得不好,然而靠着父亲的提携,他依然能在宝莱坞受到追捧,还能抱得"印度电影女王"艾西瓦娅·蕾这一美人归。

三、印度观众喜欢传奇的爱情和夸张的歌舞

初到孟买,给人印象最深的就是充斥街头的广告牌。但那不是令人生厌的楼市广告,也不是大多数人难以消受的奢侈品广告,而是光彩熠熠的电影海报……连电线杆上都张贴着俊男靓女的海报。在这个人均月收入仅 1 000 卢比左右的城市,市民却愿意花上 60~80 卢比(约合 12~16 元人民币)买上

一张电影票，而且每月要"唱国歌"两次以上（电影放映前一般有唱国歌的仪式）。看电影几乎是这个城市唯一的娱乐方式，孟买拥有 75 座多幕影院以及 30 多座单幕影院，它们生意火爆，人潮川流不息直至凌晨。其中比较著名的影院有孟买 Regal 影院、去年底曾遭恐怖袭击的 Central 影院和拥有亚洲最大的 IMAX 立体成像幕墙的孟买 IMAX 剧院。

印度本土电影始于 1913 年印度斯坦影片公司拍摄的历史故事片《哈里什唱德拉国王》。此后，一批讲述神话故事，幕后有风琴手鼓伴奏的"有声"默片被搬上银幕。1930 年，阿德希尔·伊兰尼制作了第一部有声电影《阿拉姆阿拉》，传奇的爱情故事和夸张的大段歌舞，也奠定了此后宝莱坞的风格。一部标准的宝莱坞影片必须要有五到六段的华丽歌舞，且时长至少要有 3 个小时，印度的观众才觉得钱有所值，他们也只喜欢皆大欢喜的大团圆结局，当然，如果再加上一些炫酷的惊险场面，那就更好了。影片的表演者通常被称为"钱之所值"，这样的电影被称作"Masala"电影，以一种混合香料的印地语命名，除此而外所有的电影都被称为艺术电影，但印度观众是不买账的，只能拿去国外评奖。

四、制片商和导演曾受黑社会威胁

高度破碎的家族式生产使得宝莱坞山头林立，没有大的制片厂，也限制了宝莱坞物质设备的更新，一间带有中央空调的制片厂都被认为太过奢侈，制片人员也习惯了在摄影棚中跳来跳去，因为地板上到处裸露着电线。管理也是非常的混乱，又加上印度人天性自由散漫，制作时间甚至可能拖延一年以上，费用超标才算正常。例如 2002 年反映明星多角恋爱的故事片《德夫拉斯》，它的拍摄费用为 1 000 万美元，拍摄时间为两年，都分别为原计划的 2 倍，成为宝莱坞耗费最高的影片。

家族式作坊经营同样也为黑社会的进入提供了便利，"黑金"甚至一度占到宝莱坞资金来源的 40%。在过去 5 年中，制片商和导演们受到黑社会威胁是家常便饭，甚至有 5 人被歹徒杀害，几年前制片人亚吉特·德瓦尼就被枪杀于家门口。黑社会的侵蚀对宝莱坞是致命的，相比好莱坞的 510 亿美元年收入，整个印度影业的年营业额只有 13 亿美元，产量虽高，能够盈利的尚不足10%。所幸这个脆弱的产业主要是为国内输出，每天观看电影的人数能够稳定到1 000万人，电影是印度人暂时忘却现实苦难的麻醉剂，印度人只对本国合口味的电影有认同感，好莱坞很难冲击到宝莱坞电影市场，历史上也只有一次（指《泰坦尼克号》）。

五、青年导演们的"新电影运动"

口味保守的观众也使得宝莱坞的艺术创新停滞不前，类型单调，故事内容重复，公式化的剧情一成不变，又兼之印度法制蜗牛式的办公效率，以致剽窃之风越吹越烈。宝莱坞的编剧们也承认，他们的同事在看近期的好莱坞影碟时是如何疯狂地做着对话记录，而导演们在抄袭电影前又是怎样地研究影碟。一些更加现实和清醒的青年导演们意识到了这一点，他们发动了一场复兴20世纪50年代的"新电影运动"，同时融合印度古老的简朴文化，不仅吸引了传统的中低阶层观众，同时也触及到那些西化了根本瞧不起宝莱坞的城市精英。

但在中东、非洲和东南亚，宝莱坞电影仍然很流行，并成功地扮演了输出印度文化的角色，那些看似荒诞的柔情和感伤，比好莱坞玩世不恭地兜售暴力，也许更能安慰第三世界人们的心，它甚至缓解了与巴基斯坦的紧张关系。印度政府也开始认识到本国电影业的潜力，2006年，正式将电影业列入国家重点扶持的支柱产业。这个举措使电影工作者第一次可以得到合法的银行贷款，印度银行业也加入到电影业的经营改革中来，宝莱坞终于摆脱了黑社会的噩梦。比如"Idream"制片公司，一家地方投资银行的分支机构，已开始对电影预先独立投资，其投资的两部影片《季风婚宴》和《像贝克汉姆那样》，在票房上都取得了成功。

宝莱坞真能成为世界电影工厂吗？

宝莱坞号称印度的"好莱坞"电影工厂，但由于运作不规范、被黑道控制等因素，其效率和产值都不能与好莱坞相提并论。宝莱坞能成为真正的世界级电影生产基地吗？

梅赫塔一直都梦想成为一名电影制片人，但2001年夏天，她忽然发现自己扮演的角色竟像是一名监督操练的军官。为了使宝莱坞电影《耶尔夫妇》顺利完成拍摄和制作，这位身材娇小的"制片人"不得不每天清晨5点起床，在那个位于孟加拉北部大吉岭深处的电影拍摄基地来回"巡逻"，并敲门催促所有演职员工起床。一个小时以后，她在餐厅里高声点名，所有人包括影星、带班等都睡眼蒙眬地喝着早茶。这位30岁的制片人感慨："感觉真像在集中营，但如果我不那么严厉，我们永远不可能及时完成。"不过最终，梅赫塔这套在索尼（印度）公司工作3年学来的严厉的工作方式得到了回报。150名演职员工共同努力，在50天的计划期限内完成了所有工作，而且成本也控制在了预算之内。《耶尔夫妇》这部以社会暴力为背景的影片，不仅在瑞士洛加诺电影节上荣获最佳亚洲影片奖，还在夏威夷国际电影节上捧回了最佳故事片奖。

一、宝莱坞崛起东方

宝莱坞的成功看来是巨大并且持久的，其影片年产量甚至已超过好莱坞，那些情节复杂的影片开始如风暴一般席卷发达国家。宝莱坞巨片《安嘎拉》（又译名《地税》）被提名2002年奥斯卡最佳外语片奖。米拉·奈尔执导的《雨季婚礼》，讲述了一桩发生在新德里的婚姻，投资仅150万美元，却在全球范围内净赚3 000万美元。安德鲁·劳埃德·韦伯导演的音乐剧《孟买之歌》，结合宝莱坞独具特色的歌曲、火花以及软鞋，在英国伦敦西区引起轰动，据说也将在百老汇出演。2002年1月，由迪士尼前创作总监威拉德·卡罗尔执导的《金盏花》正式开工，标志着好莱坞和宝莱坞首次成功合作。米拉·奈尔说："宝莱坞已经拥有世界上一半左右的观众。西方观众如今也已苏醒，开始关注其他地区了。"

印度的决策者们最终还是认可了宝莱坞的发展潜质，在过去，宝莱坞被认为是次等产业基地。经过电影界人士数十年的游说，电影产业终于获得了印度官方认可。在印度似乎有些怪异的经济规划中，电影制片人首次获得了向银行贷款、发行债券以及申请保险等合法权利。2001年4月，印度工业发展银行成为首家涉足电影融资产业的银行。该家银行向 14 部电影提供贷款，总额已达 135 万美元，至今无任何亏损。位于孟买的印度工业发展银行总经理瓦伊尼·库马尔评价说："银行参与电影融资，使这个行业变得正规些了。"

二、2002 年，宝莱坞的全球营业额 13 亿，好莱坞 510 亿

那么，被几十亿观众接受甚至崇拜的宝莱坞可以欢歌不断了吗？其实不然。"宝莱坞席卷全球"仅仅是这出戏的第一幕。问题是，宝莱坞能经得起细细推敲和深入调查吗？表面上看，宝莱坞深具发展潜力。印度的新兴电影产业年增长率达 15%，这个数字是印度国民生产总值增长率的 3 倍。尽管近些年来印度电影在西方国家愈加流行，但 2002 年的大体形式并不乐观，只有一小部分电影获得盈利。在经济形式大好的年头，一部巨片可以获得超出 25% 的利润回报。只可惜 2002 年宝莱坞的全球营业额只有 13 亿美元，只是好莱坞 510 亿美元的巨额数字的一个零头。2001 年，宝莱坞在国外通过发行 DVD，出售卫星电视节目等共获利 1.08 亿美元，比 2000 年增长了 25%。

宝莱坞要达到真正的正规化，还有相当长的路要走。即使是好莱坞，也会有入不敷出的尴尬境地，但印度宝莱坞的问题则大多是自身情况造成的。

参与电影制作的剧作家、导演及演员，很少人签订书面合同。印度松散的知识产权法律体系更是让剽窃侵权行为四处泛滥。印度电影产业的物质条件近乎原始：印度没有大型的摄影棚，摄影棚内有空调则会被认为是穷奢极侈。一位制片人告诉我们，外国演职人员目睹了宝莱坞技术人员赤脚在布满线路的地板上来回走动，对于宝莱坞的安全标准感到极度恐慌。

影星们同时向五六部影片承诺加盟，却从不确定他们究竟何时出演。（即使是罗素·克罗，也不可能这般我行我素）。付给影星们的片酬占据整部电影预算的 40%，留给剧作、前期计划以及后期复杂的数码制作的资金寥寥无几。与此形成鲜明对比的是，在好莱坞，影片《终结者》预算共计 1.7 亿美元，主演阿诺德·施瓦辛格获取片酬 3 000 万美元，还不到整部影片的 20%。

《德夫拉斯》是 2002 年推出的热门影片之一，讲述了一对命运不佳的爱侣的故事。这部影片是宝莱坞历史上成本最昂贵的电影，投入近 1 000 万美元，花费两年时间才完成拍摄和制作，不论成本和时间都是预期的 2 倍。究

其原因，那一整套被一场大火烧毁了的道具价值 250 万美元。扮演情妇的女演员马德哈里·迪克西特身穿的那件绿色镶金边的丝裙价值 3.1 万美元。此外。制片人伯勒德古布·沙阿因涉嫌使用黑道财源而被捕。尽管影片获得了一些利润，但由于其成本过高，与业内人士所期望的巨额回报相去甚远。印度电影产业要达到好莱坞的生产率和价值水平，还需要数年时间。

宝莱坞电影的盗版行为在印度国内和国外比比皆是，这导致印度电影产业每年亏损近 8 000 万美元。宝莱坞仍有几百万的忠实观众，但越来越多的印度人已将他们的注意力转向了好莱坞巨片，比如《蜘蛛人》。此外，他们也逐渐表现出对电视肥皂剧、游戏秀以及音乐频道的强烈兴趣。这些节目的主要语言为印地语，所以节目制作相当迅速。宝莱坞最著名的制片人兼导演娅淑·乔普拉说："观众的品位在不断改变，他们的要求越来越苛刻了。"

三、走向坦途

在决策者以及外界制片人的资助下，宝莱坞的业内人士正努力使印度的电影产业变得更专业化，而且其中的一部分措施显得相当明智。印度政府已经宣布取消复合影院（同时具有多个放映厅的影院）须交纳 100% 的 "娱乐税"。这项税收曾使电影票价翻一番，被取消后，预计 450 多所复合影院将在接下来的 5 年内建成。剧院将成为印度首当其冲的现代电影院，这对于印度当前的 1.2 万家影院（主要是破旧的礼堂或大厅）来说，不能不是一个巨大的进步。复合影院的增多，以及可能随之而来的更多资金，将鼓励制片人拍摄更优秀的影片。

印度银行也开始参与电影产业的运作。Insigtll 公司和 Idream 公司都是当地投资银行旗下的子公司，他们相信，如果在近乎混乱的宝莱坞实行严格的商业运作模式，一定能大赚一笔。Idream 公司发行了《雨季婚礼》和《疯狂爱上贝克汉姆》（一部由英国导演格林德·查达执导的热门电影，关于一名疯狂的女球迷的故事）。两部影片都使 Idream 赢利不少。此外，这两家公司都竞相模仿美国迪士尼旗下的独立公司，对成本低于 200 万美元的电影尤感兴趣。

如今的好莱坞也在做着宝莱坞的梦。索尼公司旗下的哥伦比亚集团发行了《拉嘎安》和《克什米尔使命》，还有几十部影片正在计划中。20世纪福克斯与著名的宝莱坞制片人拉姆·格帕·威尔玛签订了合约，准备在印度国内甚至国际市场上发行他执导的3部电影。

亥伯龙图片公司发行的《金盏花》获得美国投资1 000万美元，使用印地语和英语，其中充满了宏大的歌舞场面。制片人汤姆·威海特和导演威拉德·卡罗尔在电影开拍前一年就与主要演员签订了合同，这在从前运作混乱的宝莱坞是不可想象的。制片人表示，虽然影片的情节设计没什么特色，但决不会让观众失望。当然，宝莱坞渴求更多的东西：尊重，还有利润。在获得它们以前，宝莱坞将永远是一部惊险片的主角。

超级巨星——印度电影吸引世界目光的法宝

当电影进入21世纪，明星、明星制，已经逐渐成为电影产业中的两个重要因素，明星们靓丽的外形、饰演角色时的精湛演技为其赢得了众多追捧者。屹立在南亚大陆的印度，电影技术远远领先于东方的其他国家。他通过自身优势，汲取美国好莱坞和欧洲等国家的经验，印度形成了一套本土化的明星制运营方式。再加上印度向来以盛产俊男美女闻名于世，因此明星对于电影制作的作用在印度表现得尤为突出，他们在印度还有着一个更加响亮的名字：超级巨星！

一、关于明星

明星一词几乎充斥在世界的每一个角落，大街上的电影海报随处可见，电视上不停地重复播放代言广告，还有各大晚会上的精彩亮相，明星已经被社会上的各种事物贴上了商业标签，一些学者更是将明星看作是一种商品。那么，明星的含义到底是什么？印度人眼中的超级巨星又有何不同之处？在中国的词典中，明星主要有两层意思，一是有名的且技巧非常高的表演者，二是被大众所熟知的人或事物。通俗来说，只要有媒介出现，有文化产业存在的地方，就会有明星。但是印度的超级巨星在一般明星的基础上更加活跃，更有影响力，对人们的思想控制更加有力。只要他们出现在台上，就会吸引无数人的目光，只要是他们出演的电影就会受到疯狂的追捧。印度的超级巨星名副其实，通过他们，电影的商业价值和娱乐价值得到了最完美的结合。

二、明星制的文化现象

随着明星的出现，一些国家开始尝试接受并采用这种新的元素，他们开始挑选一些具备明星潜质的人员作为培养对象，对他们进行包装，提高知名度。他们利用明星为电影宣传，保证票房收入。因为商业经济的需要，越来越多的地区在电影制作中确立起明星体制，美国、韩国等国家用各自的方法造星，发展自己的文化产业，明星制成为一种文化现象进入人们的视野。印度电影的起步晚于美国好莱坞，也正是因为这一点，印度电影产业得以从美国学到了更多的经验。同美国一样，印度电影产业经历了从公司制到明星制的转型。虽然曾经流水作业形式的公司体制也产出了一些优秀的电影作品，但是随着市场经济的发展，公司体制的陈旧僵化，明星体制逐渐取代公司制。1951年，印度电影委员会正式肯定了正在形成的明星体制。事实上，自20世纪50年代大制片厂制度瓦解以后，明星就成为电影制作所围绕的关键元素。苏珊·哈沃德解释说："制片人愿意为那些拥有最走红明星的影片慷慨解囊！"明星体制充分调动影星的个人才能，知名影星是票房的基本保证，如电影《大篷车》的女主角阿鲁纳·伊拉尼在当时有良好的票房号召力。进入千禧年之后，印度将眼光更多地放到海外市场，在明星的发展方向上也更加倾向于国际化，再加上影迷俱乐部这类附属产业对明星和电影的宣传和推动，印度电影产业欣欣向荣。但是与其他国家有所不同，印度是一个有着浓厚宗教信仰和东方传统文化的国家，人们对自己的民族特色有着偏执的爱好，因而巨星们垄断了印度一大半的电影市场，即使是美国好莱坞的大牌明星也很难插入，走进印度人民的心中，这就造就了印度人自己的超级巨星的诞生。

三、印度巨星的美学特征

1. 印度人的审美定位

什么样的人才能称得上美？这个问题没有一个标准的答案，不同的国家因为历史、文化、民族等原因，有着各不相同的审美定位。与西方直接、张扬、开放的美学观不同，印度是典型的传统东方国家，在美学上尤其讲究味和韵，这和中国人所遵从的意境有异曲同工之处，体现的都是一种韵外之致、味外之旨的东方美。那么从这种主体、客体和精神关系上回归到现实世界的审美角度，印度人眼中的美女要气质高雅，明目闪烁，流盼生辉，嘴唇丰润而饱满，最重要的是还要有一头乌黑顺滑的长发；帅哥则要有健康的肤质，浓密的眉毛，以及一双炯炯有神、摄人心魂的眼睛。另外，在服饰上，印度人坚定地保持着自己在服饰上的悠久传统和审美习惯，因此电影中的主角们往往都会穿印度的传统服饰。色彩艳丽的纱丽和旁遮比服既雅致又带有朦胧的诱惑感，展现了女子典雅大方、婀娜多姿的风韵；男子白色的托蒂舒适宽松，代表了自然、圣洁和权威。这种与西方截然不同的审美定位使印度人更加偏爱本土明星，热衷由自己国家的明星出演电影，而印度超级巨星们独特的韵味在国际影坛上也颇受欢迎，成为一道别样的风景。

2. 舞出一片天

舞蹈是印度电影最显著的标志，也是印度民族电影最耀眼的表征。印度的舞蹈历史悠久，它由祭祀礼仪活动逐渐演变而来。历经千年后，印度的舞蹈发展成了一个饱满、具有浓厚文化内涵的实体，深受印度人民所喜爱、尊重、珍视和保护，是印度人民日常生活中所不可缺少的伙伴。在印度，电影是承载印度舞蹈的最佳媒介，也正是大量穿插的舞蹈使印度电影更加吸引观众的眼球，并作为一种别具特色的电影类型立足于世界影坛。有时一部电影中，舞蹈部分可以占据电影时长的一半，因而对于印度的明星来说，学习舞蹈是必不可少的，一个擅长舞蹈的演员，成为超级巨星的几率也会大大增加。印度的顶尖舞蹈家玛杜丽·迪克西特便是因为舞蹈一跃而成为印度的超级女星，极受人们的喜爱。舞蹈是印度影星区别于世界其他电影明星的一大特点，印度的超级巨星凭借舞蹈为印度电影舞出了一片天地，通过歌舞的表现向世界观众展示了自己的文化。

四、印度的超级巨星

1. 卡琳娜·卡普尔

在印度电影业中有种很特别的现象，即裙带关系，没有背景的新人很难获得出演主流电影的机会，因此家族的力量尤其不可忽视。印度美女巨星之一的卡琳娜·卡普尔就出生于一个演艺世家，她的父母都是有名的演员，祖母是鼎鼎大名的歌手，而她的祖父正是导演并演绎印度著名电影《流浪者》的拉杰·卡普尔。小时候，卡琳娜的梦想是成为一名优秀的律师，但是，成长在电影家族中的她，从小便耳濡目染各种与电影相关的事物，先天的表演天赋加上后天的学习，在亲人的影响下，卡琳娜最终没能实现自己幼年的梦想，走上了星路。2001年可以说是卡琳娜电影事业中最值得纪念的一年，在这一年中，她凭借电影《花无百日红》以及在印度史诗巨片《阿育王》中对卡瓦基公主这一角色的出色扮演，一跃成为印度的实力派电影明星。如今的卡琳娜已经出演50多部电影作品，2009年，她在印度导演引荐下幸运地与美国巨星西尔维斯特结缘，共同出演电影《难以置信的爱》，这部影片成为她进军好莱坞的一大力作。卡琳娜正在从印度巨星向世界巨星迈进，也许在不久的将来，她会超越她的家族，带给家族更大的荣耀。

2. 艾西瓦娅·雷

如果说之前的卡琳娜·卡普尔在电影道路上借了家族之力，那么印度家喻户晓的明星艾西瓦娅·雷便是全凭自己的实力了。艾西瓦娅·雷出生在一个普通的中产家庭中，父亲是海军军官，母亲是作家，在大学学习建筑的她一直以为自己以后也会拥有这样一种平淡、朴实的生活。但是，21岁那年，她参加了在南非举办的世界小姐选美比赛并一举夺魁，而这也改变了她一生的命运。随着知名度的上升，她被许多电影导演选中并请求其出演自己的电影。她的第一部作品《舞蹈王子》上映后便得到印度观众和电影界的广泛好评。随后，因为出演电影《宝莱坞生死恋》《舞动深情》等影片，在印度红透了半边天，不仅如此，来自美国好莱坞的片约也源源不断，排起了长队。事实证明，艾西瓦娅是印度一颗不容忽视的超级巨星，在2003年的法国戛纳电影节上，艾西瓦娅成为印度有史以来第一位国际电影节评委，《时代》杂志把她列入当今全球100位最具影响力的人物，世界著名的伦敦图索夫人蜡像馆还为她制作了蜡像，使她成为享有此项殊荣的第一位印度女性，被誉为是继奥黛丽·赫本之后的又一位世界第一美女，更是印度头号超级巨星。

3. 沙鲁克·汗

他是宝莱坞的领军人物，至今已经八次获得印度影帝；他在全球拥有数十亿粉丝，只要是他出演的电影，就不用担心票房问题；他独一无二的银幕魅力无人能及，被称为是宝莱坞之王。沙鲁克·汗初次露脸是在电视连续剧中，此后，他先后出演了电影《阿育王》《我的名字叫可汗》《勇夺芳心》等电影，大获成功，从此成名。但是他并没有止步于此，1999年，沙鲁克利用自己在传媒大学学到的知识和对电影的一些了解，开始尝试做制作人，他成立了自己的制片公司，同时还涉足于电视节目的制作，制作了包括《第一夫人》《骑士与天使》在内的多档电视访谈节目。他的表演和才气让世界认识了他，让更多的印度电影走出国门。2005年，因其为印度电影所做的非凡贡献，印度政府向他颁发了卓越贡献奖，这无疑是对一个印度电影巨星最大的肯定。

五、商业运营手段

1. 巨星带来的商业效应

从印度第一位电影明星产生开始，明星就成为一种鲜活的新元素进入电影产业，不仅改变了印度电影产业的体制，还改变了电影的运行和营销宣传手段，明星们凭借偶像作用，为电影带来了巨大的商业效应。就像明星代言的广告一样，电影的制作同样需要通过明星来宣传，有知名度的明星常常能让电影增色不少。在筹备影片时，导演和编剧对于角色扮演人的选定工作都会很慎重，既要满足造型需要，又要能吸引观众，往往很难抉择。但是在印度，这样的烦恼似乎并不多见，因为他们有着自己的超级巨星。这些巨星的演技、容貌或是舞蹈都已经得到了观众的认同，拥有超高的人气，因此在众多的印度电影中，阿米尔·汗、沙鲁克·汗、艾西瓦娅·雷、玛杜丽·迪克西特这几位巨星的身影几乎无处不在。超级巨星的加盟，足以保证电影的票房收入，有时还能为电影营销节省一大笔开支，这样大的商业效益让制片方和导演颇为满意。

2. 进军国际市场的名片

印度电影除了在本土占据的主导地位外，对于中东、东南亚地区以及整个南亚大陆的流行文化都有着重要的影响。半个世纪以前，印度电影在世界影坛一直默默无闻，随着电影产业的改制和政府的扶持，印度电影渐渐开始崛起，而其中一个重要因素便是印度的超级巨星。印度电影最初走出国门靠的是南亚移民的传播，对本民族的文化情结和身份认同，使他们无可厚非地成为印度电影最初在海外盈利的主要贡献者。与此同时，电影中那些有着精致东方面孔的影星引起了一些欧美人的极大兴趣，精美的服饰和妆容都让西方人耳目一新，他们开始与印度影星签约合作，邀请影星来参加各种颁奖盛宴。印度影星渐渐被海外观众熟知，频频登上杂志的封面，真正扬名于海外。有学者说，婚礼、文化仪式、以沙鲁克·汗为代表的印度影星，是印度电影吸引海外市场的三大法宝。现在，头顶光环的印度巨星不再仅仅依靠印裔移民的传播作用了，因为他们已经成为印度电影走出国门的最佳名片，为印度电影创造了更大的发展机遇。

全球化背景下的今天，明星、明星制度早已不分国界，在这个庞大的圈子中，美国好莱坞影星无疑是最大的赢家，拥有最多影迷的支持，尽管如此，印度却是唯一一个好莱坞至今无法插足的区域。印度人利用自己的优势和对东西方电影产业的借鉴，打造出了本土化的超级巨星，特有的东方韵味、美丽帅气的外貌、精湛的演技丝毫不逊于好莱坞。而影星们也没让印度人失望，他们的出现为印度电影撑起了半边天，为印度电影产业的发展提供了更大空间，为国家的软实力提供了强有力的保障。

印度电影音乐——南亚民族传统风情画

自电影产生之日，音乐、舞蹈都以附属部分存在，而在印度电影中，歌舞的场面却有着至关重要的作用和地位。印度的电影与音乐就像孪生姊妹，形影不离。当"电影"和"音乐"这两颗璀璨的明星相遇时，照亮的是更广阔的印度电影音乐发展之路。印度的电影音乐以它独特的魅力，犹如中流砥柱般占据着世界电影文化的重要席位。

一、快乐的节奏与及时行乐的人生哲学

众所周知，印度是世界四大文明古国，它历史悠久，传统丰厚、音乐特色鲜明，其电影音乐是建立在印度传统音乐的发展基础上的。印度传统音乐中，其独特的音律，富有创造性的装饰音、特定的旋律框架、复杂的节奏节拍体系和独特的乐器等，赋予了印度电影音乐民族的、鲜活的生命。

印度传统音乐的主要元素是旋律、节奏与持续音，和声并不重要，支撑旋律的主要因素是节奏节拍。在印度音乐的审美中，节奏节拍显得十分重要。这种节奏性特征是印度传统音乐历史发展的必然，其本质是印度人乐观天性的一种表达，是印度人对快乐本质的文化认同，这主要来源于民间音乐中普遍表现出的极大的开朗性格。这也许正是为什么如此多的电影乐于表现印度民间的各种喜庆节日场面，因为在节日里，快乐的、富于节奏感的音乐比比皆是，印度人奉行即时行乐的人生观。我们结合《流浪者》《大篷车》《印度往事》等当时风靡一时的老电影就会发现：印度电影音乐是一种线性、旋律性的音乐，和声的概念很浅，旋律非常精致，这主要是由印度音乐的特点所决定的。《贫民窟的百万富翁》的音乐之所以获得大奖，除了电影与音乐、视觉与听觉两者的完美融合之外，更重要的是影片以印度为故事背景配以印度风格的民族音乐，将这个传奇故事的题材、内容、风格完整地展现出来，

让人印象颇深。

二、载歌载舞的南亚风情

印度是世界公认的传统舞蹈的起源，歌舞成为印度电影与世界其他电影的最显著的区别，无疑也是印度民族电影最耀眼的表征。印度电影几乎无片不歌、无片不舞，并形成了"三个舞蹈、六个歌曲、一个大明星"的电影模式。优美的歌曲、热烈的舞蹈、绚烂的民族服装、美轮美奂的场景，无不使得印度影片呈现出华美的风格，牢牢地吸引着观众。13世纪的音乐大师萨兰卡的瓦曾说，音乐是一种综合性艺术，它是"包括歌曲、舞蹈和乐器的旋律"。

宝莱坞电影将爱情和歌舞场面相结合，经常被称为"马沙拉"（masala）形式，这种因香料而命名的概念，其特点是将甜蜜的爱情故事、凶残的打斗场面加以欢腾的歌舞、滑稽表演和奇幻的想象，甚至是相互矛盾和排斥的元素熔于一炉，形成独特韵味的电影，将南亚风情凸显出来。一部宝莱坞电影片长3~4小时，包括10个以上的歌舞场面。印度电影歌舞与西方不同，以抒情为主叙事为辅，因此很注重对舞者的感情处理。于是，在印度影片中歌舞的位置并不是均匀分布的，歌舞的安排主要由影片中情感的需要与发展决定。歌舞是医治心灵创伤的良药，"以歌舞抚平心灵的创伤"，这是慰藉观众心灵的、潜在的吸引力，也是宝莱坞歌舞历久弥新的深层原因。印度的大部分电影中，个人暂时的忧郁并不会影响整体的欢悦气氛和团圆的结局。

大家较为熟悉的经典电影《流浪者》《大篷车》中就有大量的歌舞片段，《流浪者》和其主题曲"拉兹之歌"，传遍了中国的大街小巷，还有《宝莱坞生死恋》中华丽的古典宫廷"卡萨卡舞蹈"，历史剧《阿育王》中唯美的舞蹈画面，都展现出一幅幅绚丽多彩的印度风情画。

《贫民窟的百万富翁》中虽然没有大段的歌舞，但是听众的内心还是能感觉到印度的歌舞气息，本质还是宝莱坞的歌舞音乐。事实上，丰富多彩、变化无穷的节奏节拍一直是作曲家拉曼的电影音乐创作的主要表达方式，这是由印度音乐自身所具备的丰富的节奏特征决定的。该片结尾以一段充满着印度宝莱坞风格的歌舞《胜利》曲来结束，的确是水到渠成。印度的电影歌舞吸收了传统舞蹈的精华，以变化万千的手势和眼神，配合复杂多变的舞姿，在神秘而动听的印度音乐和鼓点的伴奏下，演绎出魅力四射的青春活力，使得电影在视觉和听觉上达到完美的结合。

三、电影音乐借鉴了宗教内涵

印度是一个有着深厚宗教文化的国家，电影作为文化的表现形式自然也会渗透出宗教色彩，因此，我们在观赏印度电影时，应该站在宗教的角度去解析它独特的魅力。宿命论是印度哲学的一个重要内容，不只在印度，对整个世界的宗教领域都有着极大影响。

印度电影音乐借鉴了宗教的精神内涵，引人深思。正统的电影音乐要配合"冥想"来聆听，以与电影内容达到心神合一的共鸣。大部分印度电影音乐有时为"冥想"会产生一些即兴演奏，观众如果对"冥想"没概念或无兴趣则会听得很无聊，就像对佛法无兴趣而被抓去听法会念经的感觉是一样的。所谓外行看热闹，内行看门道，这也算是印度电影音乐对宗教精神的融会和借鉴。

在印度人的精神世界里，宗教永远是他们心中的灯塔，只有在丰富的旋律和复杂的节奏变换中，才能感受到宇宙与人生的碰撞。所以表达宗教思想的印度传统音乐、歌舞、器乐表演的目的并不在于取悦观众，为观众服务，为观众所欣赏，而是希望每个参与者都能通过音乐来达到与神之间的交流。

印度，这个世界最大的电影生产国，拥有遍及全世界的36亿观众以"无歌（舞）不成片"的传统为世界奉献了独具特色的歌舞片。从50年代风靡中国的《流浪者》，到近年红遍全球的《贫民窟的百万富翁》，虽然历经半个多世纪的沧桑，印度电影依旧是歌舞升平、如梦似幻。印度电影中的歌舞表现和剧情叙事的发展浑然天成，已经成为一种稳定的民族电影模式，成为印度电影永不舍弃的民族元素，是印度电影的标志。有理由相信，印度电影的未来会像电影中的歌舞一样绚丽多姿，彰显出顽强的生命力。

21世纪宝莱坞电影民族符号的强化与融合

自1970年起，印度成为世界上生产影片最多的国家，其中以孟买为中心的宝莱坞电影被公认为民族风格最为突出的电影。进入21世纪，在好莱坞主导的电影全球化的语境下，宝莱坞电影积极适应全球化趋势，同时"西为我用"，运用电影特有的艺术语言对其传统民族文化进行视听符号重构，将电影民族化进程推向一个新的高度。鲜明的民族化特质在引起本土观众共鸣的同时，又有效抵制了世界范围内文化同质化的侵袭。

一、历史反思——超越种族的梦想

1. 殖民主题的人文主义色彩

印度沦为殖民地的历史可以追溯到18世纪中期，直至第二次世界大战之后才正式独立。200多年来，英国的殖民统治对于印度的影响极为深刻，而文化工作者对于这段历史的反思也从未停止。近些年来，宝莱坞电影中对历史、旧文化残余和社会现状的反思颇具创意。

《印度往事》（Lagaan，2001）选材的新颖性是整部电影可观性强的主要原因。历史大背景是殖民统治时期，而斗争范围仅限于一个小村庄，斗争形式是不动一枪一炮的英国传统游戏，斗争结果显然是令人振奋的反转胜利；其次是人文主义色彩。在全体村民为板球比赛做准备的时候，主角罗素以"同在一片土地、同享一片阳光，彼此有什么区别"来鼓励训练中的选手。全片贯穿超阶级的思想，也有对印度社会内部阶级的批判。

2. 种姓制度的阶级反思

种姓制度指代印度的五个等级阶层：僧侣贵族、军事行政贵族、商人、农民以及贱民。其中前四个阶层拥有种姓，贱民无种姓，被称为"不可接触者"。种姓由出身决定，职业世袭，内部通婚。这个特殊的制度影响至今，而新世纪的宝莱坞电影中仍然有对这一制度的反思。无论在现实中还是电影中，高种姓仍掌握着印度的国家经济命脉和行政大权，贱民则长期处于社会底层，而阶层之间普遍存在矛盾。

爱情歌舞片《宝莱坞生死恋》（Devas，2002）对种姓制度进行了深刻的反思，其最为独到的手法是树立了一位妓女形象——山德拉姆。除却姣好的容颜、充满活力的舞姿，这一形象之所以打动人心，还在于她自尊的展现。在一次宗教仪式舞蹈表演之后，被德夫达斯的家人贬低时，山德拉姆即刻捍卫自己作为一个人应有的尊严，她一席发言如同智者，振聋发聩。影片借社会底层人员之口表达出反对旧制度的强烈呼声，这与好莱坞惯用的疯子、连环杀手等"底层上帝"手法类似。

值得一提的是，在当代宝莱坞电影中，种姓制度多弱化为阶级差别。《未知死亡》（Ghajini, 2008）中，女主人公代表奋斗着的、大喜大悲的市井小民，而男主人公则象征生活优越的成功人士。二者之间不存在种姓上的鸿沟，但仍位于巨变城市中的两端。而女主人公乐于助人式的博爱，成为直抵男主人公心灵的特别之处，最终有了这段超越阶级的生死之恋。

二、宗教身份——世界最大的宗教国家

印度是世界宗教发源地之一，现为世界上最大的宗教国家，可以说印度文化就是宗教文化。因此，宝莱坞电影对宗教的运用有着得天独厚的文化基础。

1. 印度教的歌舞之魂

在印度，83%的人信奉印度教。与印度教相关的神话故事家喻户晓，这些故事的影视化运用手法多样，并总能在国内市场引起强烈共鸣。再次以《宝莱坞生死恋》为例，电影文本蕴含着深远的印度传统音乐文化符号，全片的音乐主题为"克里希那与达拉"。保护神毗湿奴的化身与牧牛女郎的爱情故事，构成了全片跨越阶级鸿沟的暗喻。在印度，人与神相爱的信仰深入人心，这一音乐主题的成功说明其拥有强大的群众基础。

2. 宗教冲突中的身份认同

伊斯兰教在印度拥有仅次于印度教的信奉者，而围绕伊斯兰教的宗教冲突，在印度史书上是充满血泪的一页。在宝莱坞电影中，宗教冲突多为人物命运的转折点，因为它不仅带给民众肉体上的摧残，更有动荡中延续终身的恐惧，以及迈出国门后身份上的怀疑。

《我的名字叫可汗》（My Name is Khan，2010）中的自闭症患者里兹瓦之所以来到美国，起因就是一场残酷的宗教冲突。正值"9·11"事件发生，穆斯林在美国遭受的待遇堪忧。影片表现了里兹瓦承受"三座大山"的重压，凭借性格中的执拗和对宗教、身份的信仰，最终赢得了国际社会的认可。著名台词"我的名字是可汗"从个人的说话习惯上升到宗教、国族的象征层面，整个过程十分感人且颇具深意。

三、社会现状——批判、反思和政治隐喻

1. 批判传统教育以反衬民主

在宝莱坞电影中，由于受种姓制度残余影响以及出国热的冲击，印度的教育（无论是家庭教育还是学校教育）都在多方面禁锢了受教育者的学习方式和发展方向。《三傻大闹宝莱坞》（Idiots，2009）中的法兰一心想成为摄影师，但在遇到兰彻之前，他甚至没有勇气说出自己心之所向。法兰的父亲说过："你能做的只有好好读书，将来成为一名工程师。"类似的话在宝莱坞电影中屡见不鲜。

只要剧情中有父亲的角色存在，他希望孩子的出路就只有"工程师"、"医生"和"律师"。

同时，陈旧的教育观念、生硬的教育方式在宝莱坞电影中被夸大和强调。《地球上的星星》（Taare Zameen Par，2007）中，患有先天性读写障碍的伊翔在学校受尽不公正的待遇。他丰富的想象力和老师对其不由分说的斥责，在夸张的、绝对化的表演风格中，形成鲜明的对比。

2. 对贫民窟现代化的政治隐喻

贫民窟多位于新德里等大城市的边缘区域，贫困、拥挤和混乱是其基本特征。宝莱坞电影借助贫民窟场景以用于交代人物生活背景、推动情节点骤变（黑帮介入生活）以及表达社会思考等。

与在里约热内卢、香港贫民窟拍摄的房顶追逐戏不同，印度贫民窟在银幕上多为服务剧情的生活场景。而与黑社会势力相关的电影《未知死亡》是

一次难得的例外。黑帮势力的猖獗程度与贫民窟人口间的反比现象，是社会发展中看似悖论的一条规律。当生活的外在越是贫乏，生活在贫乏中的人的欲望越是滋生。而在贫民窟中少有的空旷的废墟上，黑帮也显得孤立无援，最终在半露天的场景中接受应有的惩罚。值得一提的是，电影学者纳特纳卡尔指出，"城市贫民窟"是当下印度流行电影的政治隐喻。它展现了日常生存的艰难，但也体现了这种环境下人群不可遏制的热情，是一种悲喜剧的交杂。①贫民窟中蕴藏着印度社会进步的巨大动力，例如《三傻》中生于贫民窟的拉杜受到此种环境的影响，力图凭借自己的能力反过来影响贫民窟。

四、民族奇观——超现实的华丽符号

1. 超现实歌舞形成奇观式标志

印度著名电影导演戴夫·阿南说："印度电影就是歌舞电影……音乐是电影的一部分，好的歌舞正是电影剧本的精华所在。"自诞生时起，宝莱坞电影便以"无歌（舞）不成片"为代表性标签。步入21世纪，宝莱坞在运用歌舞方面做了大量物质上的投入和文本上的创新，在歌舞场面愈加精致宏大、具有梦幻效果，同时，也更多地显示出植根于历史传统的文化生命力。

（1）歌舞的外在形式更为华丽多变

外在形式上的精细化首先体现在物质投入方面。与《红磨坊》《芝加哥》并列为新世纪影史上最绚丽的三大歌舞片，《宝莱坞生死恋》投入大成本，将雍容华贵的贵族童话气质发挥得淋漓尽致。

影片中到处是气派的宫殿，金碧辉煌的陈设，夜间浮着祈福灯的环楼水面，华美繁复的传统服饰……为绚丽的舞蹈搭建了充满高贵气息的立体空间；机位运动往往与场面调度方向形成一个逆向或侧向的切面，镜头具有很强的冲击力，大大强化了歌舞节奏的渲染。

同时 MTV 化倾向更加明显，并增加摇滚、说唱等元素，使得歌舞形式

---

① 阿希什·拉贾德雅克萨（AshishRajadhyaksha）主编：《你不属于：印度电影的过去与未来》，上海人民出版社2012年版。

更能被国际市场接受；在舞蹈人员的妆扮和动作上向精细化发展，时刻舞动但保持整齐的纱丽，"爱情之灯"等宗教器物作为道具，与主角在歌声中尽情互动，都增强了电影在舞蹈技巧方面的表现力。

（2）歌舞主题与传统、现实互动更为深刻

近年来宝莱坞在歌舞上的突出特点即民族歌舞现代化——弱化对绝对"美"的几近艳俗的展示，转而与社会现实深刻互动，以此进一步拉近角色乃至影片与观众的距离。

印度电影中极少的现实主义影片《季风婚宴》（Monsoon Wedding，2001）中，歌曲均以有声源呈现，舞蹈具有一定的随机性，完全舍弃了MTV式的歌舞展示。类似的影片还有《自杀事件直播》。这种具有返璞归真意味的现实主义手法，在表现民族热情乐观的风貌上更为自然和真诚，毫不逊色于集体排练的歌舞表演。

歌舞的超现实对宝莱坞电影的作用是无可替代的。对于个体观众而言，歌舞象征着困难的释然或解决，给人提供了苦难现实中的避难所；对于国内市场的集体观众来说，对民族文化细致的视觉化与听觉化处理，有效地实现了主流商业电影的意识形态效果；对于国际影坛，印度歌舞通过演员昂扬的状态、集体忘我的狂欢形式，向外充分展示了乐观、自尊的民族形象，毫无争议地成为宝莱坞电影最明显、最权威的象征。

2. 多样民俗勾勒民族印象

与歌舞以片段为周期展示不同，民俗风情在宝莱坞电影中往往以潜移默化的形式勾勒出叙事之外的印度印象，这源于印度人民对宗教节日、仪式习俗的集体无意识。

（1）基本的外在习俗

《阿育王》中哈加尔遵循双手合十的礼节，但仍带有万分威严；支撑《三个傻瓜》中一个学生奋斗的力量之源，就是能给母亲买上象征身份的纱丽。光鲜的赤橙黄绿交错，人们满面笑容、鞠躬行礼，印地语与英语并行不悖……这些日常的约定俗成的外化礼节和个体形象，是宝莱坞影像色彩的源泉。

（2）繁缛的婚嫁习俗

《季风婚宴》虽为现实主义题材，但充满生活情趣，用肩扛摄影、生活化的焦距，探讨了一个严肃的命题。在美学和内容上，电影摒弃了大段的超现实歌舞，对性别差异和性的讨论有着活泼开放的表现，站在历史的高度对印度民族进行审视和分析，反映印度社会面临的冲击和改变。

作为新概念印度电影的代表作，尽管多彩的纱丽和首饰以及象征吉祥的菊花、巨大的花架帐篷遍布全片，但更重要的是这场婚宴充满了现代社会中应有的人性展示。有无言的怀疑与相恋，有年迈的焦虑与无助，也有新娘的摇摆不定和最终成长。婚宴的整个氛围和进展，都是由影片中特定的人物推动的，这一点即是该片在展示婚嫁习俗的一次人本回归和现代化调整。

宝莱坞电影在提高民族文化辨识度的同时，力图与国际审美与价值观接轨，形成了独具魅力的东方人文景观。这不仅凸显，印度电影对民族性的重视，更折射出其对西方文明的主动思考与接纳。如今在文化全球化的语境中，如何处理并充分表述电影、民族符号和大众情感的关系，成为很多国家电影民族化面临的新课题。例如新世纪以来中国大片的题材多为古装武侠或历史传奇，但对中国民族奇观的艺术表达不够充分，也未与当下中国社会产生有效互动。在这一点上，也许中国电影可以从宝莱坞电影中得到独特的文化视野和艺术视角。

新宝莱坞电影与普世主题的接轨

宝莱坞电影最常见的主题就是永恒的爱情，那些伴随着歌舞演绎的坚贞不渝、悲喜交集、最终有惊无险团圆结局的爱情故事，是印度人百看不厌的传统模式。在印度电影中，与"爱情"线索并进的，必然还有"阴谋"、"复仇"等"苦难"线索，印度这个人口众多、贫富悬殊的国家，在浪漫情怀之外，也有"苦情"审美的传统，残酷的复仇、疯狂的阴谋和浪漫的爱情结合在一起，是宝莱坞电影中最普遍的选题，而完满爱情、眷侣团圆、善恶有报等传统东方伦理价值也符合印度普通观众的日常梦想。进入 21 世纪的印度电影，结合全球化语境和印度本国的新形势，开拓了一些具有普世观照和现实对应的题材，价值观也趋向多元化，但与此同时也并未放弃宝莱坞一贯对梦想、激情、欢腾的审美需求。

一、东方伦理的普世价值

《三个傻瓜》的选题是在传统印度电影中少见的"校园青春剧"，这种在好莱坞驾轻就熟的题材，在审查制度严格的印度，规避了在美国青春片里惯常表现的青春冲动、性爱大麻，而是专注生活态度和人生理想，将视角放在挑战教育体制与追寻生命真谛的主题上，在摆出令人熟悉的好莱坞姿态后，又另辟蹊径地讲了一个亚洲风格的故事。《三个傻瓜》反映的故事是全球都关注的教育问题，对第三世界国家普遍存在的"填鸭式教育"的反思，对人生是要追逐世俗眼中的成功还是要追求自由与梦想的思考，这种主题无疑是具有世界性的，能引起广泛深刻的共鸣。在影片中，印度首屈一指的帝国理工学院里的学生，从小就被教育和各种事物赛跑，当好孩子，上好大学，找好工作，达成理想的人生状态。在这所集结了印度精英青年的学校里，人生的成功之路就是：抛弃质疑和创造，疯狂投入竞争应试，拿高分拿文凭，先学工程，再读MBA，然后在美国成为银行家……在这所学校，院长被称为"病毒"，而学校被称为"鸟巢"，而这其中偏偏有一只"自由之鸟"——兰彻，一个天才青年开始了"反体制"的战斗。他执着地追寻自由、激情、梦想、信仰，挑战禁锢人性、压制创造的教育体制，一路潇洒不羁，屡战屡胜，还改变了两位原本循规蹈矩的朋友的人生，三个傻瓜活得疯狂灿烂，并最终获得成功，不留一丝遗憾。兰彻所抗争的教育体制，让普遍经历过类似教育模式的观众感同身受。如果要寻求宝莱坞与好莱坞之间的某种一致性，应该就是共同的"造梦"追求，印度和美国都是有"白日梦"情结的民族，具有激情乐观、活泼奔放的民族性格，这种性格投射到电影中，让两个电影基地都形成了根深蒂固的"造梦"传统。但两种"造梦"模式还是有精神气质上的差别，印度梦是一种在纷杂熙攘的南亚土地上孕育出来的梦境，充斥着金碧辉煌、悲欢离合、奢华迷离，而美国梦是一场在辽阔空旷的美洲土地上滋生出来的幻像，崇尚个人奋斗、超人英雄、自由灵魂。《三个傻瓜》融合了这两种"造梦"模式,让一个"神话英雄"完成理想主义的逐梦之旅。影片主人公兰彻以近乎完美的"叛逆者"姿态出现,他不遵循禁锢人性的种种约束,嘲弄墨守成规的权威和传统,就是这样一个处处与学校教育和社会价值相悖的人,居然没有为叛逆付出代价,而是屡屡化险为夷,就连他身边的人也一同鸡犬升天找到了理想人生。影片乌托邦式的结尾,兰彻在碧海蓝天下收获了成功与爱情,在这个他一手创造的世外桃源里,没有阶级的不平等,没有价格标签式的爱情,没有老师与学生的不对等交流,没有阶级与分工的不公,这都是现实世界中遥不可及的,兰彻选择了另一种实现人生价值的方式,那正是现实中大多数人永远在找却找不到,永远在爱却无法爱的东西。尽管电影带有乌托邦式的理想色彩,但也在嬉笑中揭示着印度社会的诸多值得深思的问题,如高等教育的失败,社会等级制度的不公,就业选择的匮乏,人才流失的严重。贯穿影片的三次自杀事件,都是无法适应体制而付出生命代价的悲剧,而死记硬背的模范学生"消音器"查图尔最终成为大众意义上的成功典范,虽然影片对这个毫无人格魅力、缺乏创新精神的"典范"极尽揶揄,但在一个贫富分化严峻,大部分人尚在为温饱奋斗的国家里,这种"打工皇帝"或许是大多数人奋斗的目标。印度是一个复杂的国度,宗教信仰、贫富差距、人口问题……这些话题的任何一个侧面都足够尖锐。《三个傻瓜》在张扬理想主义的同时,也在乐天诙谐的基调中,轻轻触碰现实的痛处。

二、"马沙拉"与美式叙事的嫁接

"马沙拉"模式是印度民族电影的特有形式,"马沙拉"本意是一种广泛应用于印度菜肴中的调料,是一种将爱情、戏剧、打斗、歌舞、喜剧等类型成分熔为一炉的"大杂烩"电影。各种类型元素就像"马沙拉"一样在影片统一的情节中混为一体。这在一定程度上体现了印度的文化立场,区别于传统好莱坞纯粹明确的类型片模式,倾向于综合、混杂和融汇。而这种形态难免会在电影叙事上存在表述混乱和指向不清的弊端,新宝莱坞电影保留了"马沙拉"模式的多元混杂,也吸取了好莱坞模式在叙事上的精准紧凑,以梦想、爱情、奋斗等主题为主线,用激烈的矛盾来结构戏剧冲突,以煽情场面来设计叙事高潮,最后统一在一个大团圆的结局中,美式叙事移植到"马沙拉"土壤中,融汇成符合国际审美的印度电影。

三、化用好莱坞青春剧的脉络

传统印度电影节奏缓慢、情节冗长,片长超过 3 小时的影片比比皆是,这在普遍快节奏的当代世界显得不合时宜,但天性闲散的印度观众却历来接受这种影院里几个小时的休闲。《三个傻瓜》在片长上延续了这种传统,160 分钟的电影对大多数商业电影来说已是极限,但影片没有延续单一缓慢的宝莱坞叙事路数,而是借鉴了好莱坞式的一波三折,让 160 分钟高潮迭起、悬念丛生,毫不冗长难耐。

《三个傻瓜》的故事结构非常类似好莱坞青春剧的脉络,法兰和拉朱是两个出身平平的寻常青年,走着寻常人奋斗的轨迹进入帝国理工学院,遇到了特立独行的天才学生兰彻,三人开始了精彩纷呈的校园生活。影片的故事其实很简单,主线就是兰彻对抗教育体制的一次非典型战争,但叙事方式却很讨巧,让影片紧凑曲折、峰回路转。影片开头就采用了设置悬念的方式,又带有印度式喜剧元素,法兰在机舱里假装晕倒迫降已起飞的飞机,拉朱清晨衣冠不整地从家里飞奔而出,一切都是为了去见一个十年前的朋友——兰彻,到底兰彻是谁,能让人如此疯狂?开头就吊足了观众胃口。接着影片开始了"非线性"的双线交叠的情节推进,一条线是寻找兰彻的旅程,另一条线是过去记忆的还原,过去与现在两个时空交叉剪辑,两条叙事线的重合、分离与相辅相成,让故事越来越丰满,倒叙、插叙、顺叙交叉,时空过渡流畅自然,抽丝剥茧地将一个并不复杂的故事讲得妙趣横生。同时,《三个傻瓜》的叙事充分体现了西方戏剧传统中对细节的高度重视,对各个环节整体呼应的匠心构思。影片微小的道具、台词和动作行为都成为伏笔而贯穿全剧,兰彻的随口祝福"一切顺利","病毒"院长的太空笔,乔伊的遥控直升机,兰彻的信口发明"电力转换器",都在影片的各个阶段举重若轻地抛出,又在之后的剧情推进中一一逢迎,毫无"虚设段落"与"空掷细节",情节编排的精准严谨也是西方情节剧的一贯追求。

四、轻松嬉笑的印度式幽默

印度是一个乐天幽默的民族,具有不可多得的喜剧天赋,"小丑"角色一直是宝莱坞影片中不可或缺的人物构成元素,宝莱坞电影中的"丑角"一般都对情节发展影响不大,只为调节影片氛围,增加幽默色彩。《三个傻瓜》中也有"丑角"设置,如院长"病毒"和"消音器",但这两个人物绝不是单纯的幽默点缀,他们笑料百出又对剧情发展起到关键作用,成为影片配角中的亮点。影片同时赋予这两个"丑角"性格的复杂性:"病毒"既是专制守旧的校长,又是个带有悲剧感的失败父亲;"消音器"既是个趋炎附势的小人,又是对"填鸭式"教育机制的绝佳讽刺。宝莱坞电影素来就有欢快热闹、笑料不断的传统,而与旧式宝莱坞电影大段刻意为之无关情节的插科打诨不同,《三个傻瓜》贯穿始终的每一个笑点安插都恰如其分且有理可寻,诸如院长的胡子,盐水导电原理,春梦臆想中的"骑摩托新娘",所有笑点设置都不是"无厘头"式的颠覆恶搞,而是蕴含着严肃的思想。

五、歌舞与剧情严丝合缝

《三个傻瓜》有两段较完整的歌舞片段,在歌舞与情节的融合上非常紧凑,与剧情严丝合缝,不为歌舞而歌舞,民族特色的载歌载舞与流畅轻松的校园青春故事相辅相成,在自然转折中舞动青春,创造出影片张弛有度的节奏感。

影片的第一个歌舞片段安排在兰彻入校不久,帝国理工的男生们在校园里的集体群舞,俏皮生动地展现了他们的生活场景,这段歌舞节奏明快,形式现代,在舞曲接近尾声时,画面由兰彻制造的飞机载着歌曲的高潮部分,载着观众的情绪一点点向上飞扬,最后在一个自杀学生的悲剧画面里戛然而止,剧情急转直下,观众的情绪从欢快的云端跌落到沮丧的谷底,形成节奏跌宕起伏的张力,歌舞片段与现实场景的衔接顺畅又造成强烈的冲击。第二段歌舞则集中表现了皮娅爱上兰彻后的春心荡漾,诙谐有趣的歌舞配合美轮美奂的画面,饱满绚烂的色彩,以及轻盈飘逸的镜头运动,将女主角的情窦初开表现得奇幻瑰丽,与影片节奏浑然一体。

宝莱坞的歌舞一直坚守民族特性，即使当今印度以英语为官方语言，但电影歌曲大多使用印地语、孟加拉语等民族语言演唱，曲调也不脱离民族音乐的传统，伴奏通常使用西塔尔琴、塔布拉鼓、维纳琴等传统乐器，舞蹈大多源自印度两大传统舞蹈卡塔克舞与婆罗多舞。现代印度电影为适应国际潮流和时尚趣味，在电影歌舞设计上日趋多元化和时尚感，在民族音乐基础上融合流行音乐和电子音乐，于传统印度舞蹈中添加现代舞和街舞元素。《三个傻瓜》的歌舞设计集中体现了现代印度电影的革新，影片的歌舞场景游刃有余地穿越古典与流行，融合东方与西方，兼具民族感和国际性。那段诙谐欢闹的男生宿舍群舞《一切顺利》，以印度传统的"邦格拉"歌舞为主基调，融入非洲打击乐元素，印度Dhol鼓结合非洲乐器马林巴和牛铃，混合口哨声、响指声，合奏出一场喜庆热烈的敲击盛宴。而在兰彻与皮娅相爱的那场浪漫的《蓝色婚礼》中，百老汇式的歌舞场景闪亮登场，以吉他为主的伴奏，借用电声打击乐，慢摇滚旋律的浓情蜜意透出美式风味，而在唱法和舞蹈动作上，依然延续印度民族歌舞的路数。直至影片到达高潮篇章，兰彻唤醒昏迷的拉朱，随即响起《我们不会放开你》的音乐，大气煽情的交响乐曲风，极具好莱坞大片音乐的风格，而在曲调上却依然保持印度音乐的"七拍"传统。影片在音乐舞蹈设计上一方面靠拢国际化审美趣味，同时又不失传统宝莱坞的风骨气韵。

印度导演库马尔·古普塔评论说：印度电影既是夜总会又是神庙，既是马戏团又是音乐厅、比萨饼和诗歌研讨会。在很多国家为电影文化入侵措手不及的时候，印度电影人在全球化电影浪潮中却依然如鱼得水，一方面坚持民族精髓以抵御海外影片的冲击；另一方面又推陈出新，开放吸收他国长处，在印度文化熔炉炼造之下，历练出富于国际感和现代感的新宝莱坞风格。鲜明的民族特色与好莱坞风格的完美结合，是新宝莱坞电影的显著特点与趋势，也为其他民族的电影产业在全球语境下的生存提供了绝佳的借鉴。

柒
中国港澳台和新加坡：亚洲大众文化的桥头堡

引言：定格于我想象中的香港、澳门和台湾

在我们的印象中，香港是周星驰、周润发们电影中的香港。黑帮内讧、旺角、油麻地、铜锣湾，各种帮派，包括革命党，在香港这个花花世界打打杀杀。这是我们想象的香港。

1997年，香港这块魔毯一样的飞地，历经百年沧桑终于回到祖国的怀抱。就像祖国走散多年的一个小儿子，因为多年失联，虽血脉相通，却难免有些生分。

但香港是无可争议的世界金融中心，也是东南亚最大的港口。自由、宽松的税收政策，借助内地的力量，香港这条"小龙"近十多年来发展更快。除了经济发达，香港一般被认为是一个文化沙漠，文化艺术乏善可陈，除了影视和音乐。

香港的武侠电影、电视，风靡东南亚乃至全球，武侠片（即功夫片）征服了好莱坞。亚视的电视剧《霍元甲》《陈真》，无线的《上海滩》《射雕英雄传》，连带其中的粤语主题曲，一同席卷大陆，成为那个时代的绝响。

其实，香港文化创意产业的发展相当不错，相关产业对生产总值的贡献已超过15%，这个数字比占GDP 5%的内地文化创意产业要高出3倍左右。以广告业为例，目前香港经营广告业务的公司超过1 100家，如此高密度的

广告公司，在内地是不太可能生存下来的。

香港生活方式充满了刺激与动感，紧随国际大都会的节拍，各种信息流通自由。香港享有受宪法保障的新闻及言论自由，许多国际新闻机构均在香港设有办事处。截至2005年底，香港除拥有50份日报、多份电子报和821份期刊外，还有2家提供免费电视服务的私营公司、3家收费电视服务挂牌机构、13家非本地电视服务挂牌机构、1家兼有广播和电视的政府电台以及2家商营电台等。

一般认为，文化创意产业分为三大块：文化艺术、数字传媒业和设计出版业。在这三大块中，香港的传媒业比较发达；相对而言，其文化艺术比较薄弱。虽然香港的艺术品交易市场规模较大，但是香港在文学、书法、摄影、绘画、雕塑等艺术原创领域比较苍白，其厚重程度无法与内地相提并论。

但香港的市场化开展得时间早，比较成熟，这在一定程度上弥补了其原创性的短板。即使是香港电影，这几年来也呈现出疲态，在内地强大的发展势能下显得微不足道，昔日耀眼的港星也不得不放下身段，来内地淘金。

1999年，香港回归两年后，澳门也毫无阻碍地回归祖国。当时有一个宣传片，一个小女孩演唱闻一多的《七子之歌》——

你可知Macau不是我真姓？
我离开你太久了，母亲！
但是他们掳走的是我的肉体，
你依然保管着我内心的灵魂。
三百年来梦寐不忘的生母啊！
请叫儿的乳名，叫我一声"澳门"！
母亲！我要回来，母亲！

闻一多的《七子之歌》写的是七个被掠夺的殖民地，他还写到了香港和台湾。他把香港比喻成"黄豹"："我好比凤阙阶前守夜的黄豹，母亲呀，我身份虽微，地位险要。"他写台湾，联想到收复台湾的郑成功："我们是东海捧出的珍珠一串，琉球是我的群弟，我便是台湾。我胸中还氤氲着郑氏的英魂，精忠的赤血点染了我的家传。"关于香港、澳门、台湾，在中国近代史上，凝聚了我们民族太多的血泪。许多周边国家不能理解中国的民族悲情，认为这是官方长期宣传教化的结果，其实并非如此。

韩国也有民族悲情，这与他们几百年来民族的磨难与漂泊相关。但历史是诡异的，香港、澳门本来是屈辱的杂交文化，却造就了这两地东西交汇、中西交融的繁荣文化。就像澳门，本是"孤悬海表"的一个小渔村，因为明朝嘉靖年间葡萄牙人的一次临时靠岸而改变了她的历史。

在经济上，仅有几十万人口的澳门无法与国际大都市香港相提并论。澳门自16世纪以来就成为中西文化交流的桥梁。400多年来，由于特殊的历史发展进程，以及政治、经济、传统习俗和宗教等各种因素的作用，赋予了澳门独特的文化底蕴。但长期以来，澳门独特的历史文化并没有得到相应的地位和重视，而常常被视为香港文化的附庸。这是一种认识上的误区。

澳门没有香港那样高度发达的商品经济，也没有像香港那样高度开放的国际地位，经济发展对文化的影响十分微弱。但是澳门却有比香港更长的开埠史，澳门在中西文化交流史上的地位是香港所不能比拟的。

不仅如此，澳门比香港及中国其他地方幸运之处，是基于澳门在历史上的特殊际遇，使它成功地避过几次战争的破坏，从而使大量珍贵的文化遗产，包括历史悠久的建筑物，连同保存在教堂、庙宇、洋行、当铺内的书面资料和档案，以及在中国内地已经失传的某些习俗，都完好无损地保存下来。

澳门的博彩业是其经济支柱产业，占生产总值将近一半，因此澳门也被称为东方的"蒙特卡洛"和东方的"拉斯维加斯"。但近几年博彩业呈明显的下降趋势。

澳门兼有欧洲地中海式景观和中国南方城市景观。妈阁庙、莲峰庙、普济禅院等典型的中国建筑体现着中国传统文化在澳门的延续和发展；大三巴牌坊、圣明我堂、圣珊泽宫、南湾宫、陆军俱乐部、峰景酒店及20世纪初建成的白宫、永乐邨、岗顶花邨等则带有鲜明的欧洲古典主义和新古典主义色彩。因此，发展文化旅游业和休闲文化产业，几乎是澳门文化创意产业的不二选择。

再说台湾。20世纪80年代初，曾一度流行台湾校园歌曲《乡间的小路》

《外婆的澎湖湾》《童年》等。唱惯了革命歌曲的年轻人，第一次接触到那么柔软的旋律。当然，还有台湾的邓丽君。《美酒加咖啡》《何日君再来》《小城故事》等，年轻的心灵第一次被这么抒情的歌曲拨动。通过这些歌曲，我们想象歌曲后面的台湾，阿里山、澎湖湾、基隆港。我们感到，这跟我们的革命文化是完全不同质的概念。

再后来，蔡志忠的漫画《老子说》《庄子说》和几米的漫画在大陆出版，人们读到余光中、洛夫、罗门、席慕蓉的诗，喝到台湾的高山茶。听蒋勋讲美学、孤独和《红楼梦》，听傅佩荣讲《论语》和《孟子》，看到台湾出版的《天下》和《远见》。

20世纪六七十年代，就在大陆忙着搞"文革"的时代，台湾的经济获得高速发展，成为亚洲四小龙之一。与香港不同，台湾在文化创意产业的发展具有独特之处。自由的政治氛围，让台湾的文化艺术、传媒出版、创意设计三大板块均有不俗的表现。因为政治的因素，台湾受美国影响较大；因为殖民的历史，台湾受日本影响也很深。

台湾的市场机制成熟，创意产业发达，与台湾政府的大力扶持紧密相关。"创意台湾"概念的提出，让台湾成为亚洲的文化创意中心。就电影而言，台湾产生了侯孝贤、杨德昌、蔡明亮这样杰出的电影人，也培育出像李安这样的既懂市场，又有极高的电影美学素养的华人电影大师。但由于台湾的市场太小，所以很多台湾电影人开始探索与香港和大陆合作的道路。

台湾的设计产业相当发达，这得益于其强大的原创能力。台湾设计师连续获得国际设计大奖，而人口是台湾地区几十倍的大陆，却几乎与这些大奖无缘，令人不得不反思这背后的深层原因。

再说新加坡。首先，新加坡与香港、台湾一样，也是"亚洲四小龙"之一。建国时间短，人口500万，面积只有几百平方公里，相当于中国一个大的县级市，或者介于中国的二、三线城市之间的规模。但从李光耀执政以来，新加坡就成为东南亚的强国，可谓亚洲的"以色列"。

同样属于儒家文化圈的新加坡，70%的居民为华人。当代新儒家的代表人物、著名学者杜维明先生写过一本书：《新加坡的挑战》，论述了东亚企业家精神与新儒家伦理的内在关系。新加坡同样是多民族文化交融的国家，也再次证明多种文化交汇碰撞所产生的活力。

新加坡著名的《文艺复兴城市计划》确立了以文化创意产业立国的国家战略。与香港、台湾一样，新加坡同样属于自然资源匮乏的地区，只能依靠发展文化创意产业这条道路。如今的新加坡俨然已是东南亚著名的艺术交流中心。由此看来，只要有创造力、想象力，就可以创造奇迹。

香港：亚洲的文化创意中心

长期以来，香港作为亚洲的文化创意中心，在数码娱乐、电影、设计、漫画及出版等领域具有广泛的影响力。从经济型态看，香港已进入创新驱动经济增长阶段，具有知识型、创意型及服务型特点的文化创意产业已成为经济增长的新亮点。祖国内地文化创意产业起步较晚，但发展潜力巨大。香港文化创意产业的发展经验对于内地积极探索在社会主义市场经济条件下大力发展文化创意产业和文化经济，实现经济增长方式的根本转变，具有十分重要的启示作用。

一、香港文化创意产业的发展历程

由于历史渊源与地理条件的关系，香港自古以来就是东西方交汇的舞台，因此形成了一种东西共存、多元文化共生的独特环境。根据香港大学文化政策研究中心完成的《香港创意产业基线研究》，香港创意产业在狭义上分为三大类 11 个行业。第一类是文化艺术类，包括艺术品、古董与手工艺品、音乐、表演艺术；第二类是电子媒体类，包括数码娱乐、电影与视像、软件与电子计算、电视与电台；第三类是设计类，包括广告、建筑、出版与印刷。从广义的角度来思考，香港也将健身美容、美食、文化旅游等服务业称为创意行业。

进入 21 世纪，香港陆续推出研究报告，全面梳理文化创意产业的现状。2002 年 9 月，香港贸发局公布了首份题为《香港的创意产业》的研究报告，评估文化创意产业对香港经济的贡献。资料显示，至 2002 年 3 月底，香港创意产业聘用员工超过9万人，占香港总就业人口3.7%；创意产业在2000年的出口总值达100亿港元，占香港服务出口总额3.1%；同年，创意产业产值为250亿港元，约占香港本地产值2%。该报告认为教育与培训、出口推广、融资、数码融合程度及创意文化等五项因素，有助于推动香港文化创意产业的发展。

2003年6月，香港与祖国内地签署了《关于建立更紧密经贸关系的安排》（CEPA），此后三年又分别签署了四个补充协议，祖国内地承诺向香港开放服务业领域已达38个，其中有多项行业如广告、视听、文化娱乐、摄影等属于文化创意产业范畴。按照有关规定，香港服务业可以进入内地投资，并可从事文化市场开发等活动，这大大促进了香港相关产业的发展。研究结果表明，香港自1999年至2004年的整体创意指数显示出正增长，指数由1999年的75.%上升至2004年的200%（以2004年作为基准年）。2005年香港特区政府在《施政报告》中，更详尽论述了推动文化创意产业的原因和限制，并指出目前香港文化创意产业只占本地生产总值的4%左右，尚有很大的增长余地。同年4月，香港民政事务委员会在立法会讨论中，提出为文化创意产业提供有利环境，培育相关人才，促进珠江三角洲、亚洲乃至国际社会联系，向商界推广香港文化创意产业及进行此方面的发展研究。2006年以来，CEPA在实施中不断深化，祖国内地居民访港"个人游"的计划逐步扩大，已遍及珠三角全部省会城市；2007年元旦起进一步扩展至石家庄、郑州、长春、合肥及武汉等五个省会城市。同时，香港特区政府更加持续建设、落实发展文化创意产业，加快公共投资步伐，包括政府总部、立法会大楼和公众休憩用地的添马舰工程已开始招标工序，香港会议展览中心的扩建也开始动工，九铁与地铁实现合并，启德机场规划检讨结束第三阶段咨询，在机场跑道旧址兴建油轮码头，规划西九龙文娱艺术区等。香港文化创意产业不仅直接推动着当地经济的发展，也为其他行业及经济活动注入创意元素，有助于提升香港各行各业的增值能力，巩固香港的国际贸易及金融中心地位。同时，香港注重社会的全面发展，在巩固主要产业的同时，也重视有利的社会环境的营造，以培养和吸引各方人才。因此，香港不只为经济因素发展文化创意产业，同时也为提升市民生活水平，提供一个尊重言论自由与保护知识产权的社会。香港广告开支前十名的多是体现文化创意的行业。此外，在数码娱乐、电影、设计、漫画、出版等方面，香港在亚洲也占据重要位置，在业内获得了广泛的影响力。

二、香港文化创意产业的发展经验

经过多年发展，香港文化创意产业已经形成相当大的规模，创造了令人称道的成就。相关产业对生产总值的贡献已超出15%，并且在经济转型中发挥着巨大的催化和推动作用，促进了整体经济向知识型经济迈进。以广告业为例，目前香港经营广告业务的公司超过1 100家，其中约半数从事广告策划代理及顾问服务，其他包括广告招牌制作及广告赠品制作公司分别约200家，宣传展览公司约50家，广告喷画制作公司40多家，电视广告制作公司20多家，户外广告制作公司约20家，另有直销市场服务、报纸及期刊广告制作公司以及网上广告制作公司等。各行业广告开支十分巨大，2005年香港各行业整体广告总开支剔除折扣后为164亿港元，同比上升1.48%。香港文化创意产业的发展经验可以归纳为以下几个方面：

1. 健全的自由市场体制

香港的自由市场体制表现在企业可以自由经营、自由贸易，无关税及配额，对外来投资和对外投资亦无限制。同时，香港实行独立税收制度和低税政策，无外汇管制，港币可以自由兑换。香港连续11年被美国传统基金会评为世界上最自由的经济体系，是世界上主要的金融商贸中心，但政府除了发行低面额的辅币外，没有中央银行和存款保险制度，印发法定钞票由私营商业银行负责，政府对银行业的监管较松，资金流动和进出十分自由。目前，香港是亚洲唯一低风险地区，已成为美元和欧元的亚洲实时结算中心及人民币最大境外流通中心。作为独立的关税区，香港还可以"中国香港"的名义在WTO框架下进行商贸活动。正因为香港具有健全的自由市场体制，使文化创意企业具备较强的适应性和灵活性，能够随国际政治、经济形势的变化，做出快速的经济结构调整和转变。

2. 自由市场主导下的政府角色

香港特区政府依照不同产业链的需要，承担着不同角色，尽量使文化创意产品实现自由生产和流通，政府只提供必不可少的法治基础和商业环境。具体管理方面，香港采取事后机制，即市场的文化创意产品只在违法或受到市民正式投诉之后，政府才依法处理。在自由市场的主导下，特区政府的政策范围虽然有限，但执行力度却很有效。在私人企业能力不达的范围，在符合公共利益和资源许可的情况下，政府才予以协助。例如，近年来，香港电影业与银行业达成共识，由政府成立电影贷款保证基金，银行以履行合约保证的方式，发放贷款给电影制作公司，使各界在不同的平台上相遇和合作，缔结出更多的文化创意良缘。

3. 市民社会主导管理的文化创意市场

香港社会自由开放，公共秩序良好，政府虽有大比例经费资助公共服务，但总是通过市民社会来协助管理。香港的市民社会大多接受政府资助和委托任务，与政府形成伙伴合作关系，政府则负责提供相关资源、监督场所运作及专业咨询等。此外，香港各行各业大部分都有自己的商会、联会、行会或协会等，主要职责为协助会员争取业界的利益，协调会员之间的各种关系等。这些行业组织包括香港广告商会、香港时装设计师协会、香港建筑师协会、香港设计师协会、香港电影制作行政人员协会、香港唱片商会、香港作曲家及作词家协会、香港出版总会、香港讯息科技协进会等。

4. 积极有效的吸引创意人才机制

香港在吸引创意人才方面极具竞争优势，创意人才汇集。在"引入内地人才计划"下，香港过去三年已成功吸纳超过1.1万名内地人才。对于人才引进，香港一向秉持自由开放的态度，各类人才可以根据行业变化的需要，自由申请工作签证或以其他身份来港发展及定居。因此，在文化创意产业的很多方面，香港都拥有众多高水平的专业及管理人才。不同国家、文化背景出身的人才汇聚在香港，不断产生交流及碰撞出创意的火花，增加了香港企业的创意与活力。目前，香港的文化创意人才，普遍具备企业经营技巧，而且有长期的国际合作经验，精通国际融资、成本控制、人才搜罗与市场开拓等技能，为香港文化创意产业的不断发展奠定了强有力的人力基础。

5. 公正的司法制度和法治精神

香港是法制社会，其独立的司法制度保证了法律面前人人平等以及文化创意产业发展的法律环境。香港除了外交事务、国防及中国宪法外，终审法院是其他一切事务的最终裁决机关。于1985年成立的香港国际仲裁中心，如今已是全球主要仲裁地之一。香港在商业、金融、船务及建筑等方面的专长，能为仲裁提供经验丰富的各行各业专家，包括会计师、律师、建筑师、工程师、银行家等。香港在20世纪70年代初期就已通过《防止贿赂条例》和《廉政公署条例》，建立起有效的肃贪倡廉的执法制度。公正的司法制度和法治精神，以及完善的知识产权保护法律体系，确保从事文化创意产业的企业和个人无须顾虑隐蔽不清的交易成本，实现商业上的公平竞争。

6. 自由开放的国际化生活方式

香港生活方式充满着刺激与动感，紧贴国际大都会的节拍，各种信息流通自由。香港享有受宪法保障的新闻及言论自由，许多国际新闻机构均在香港设有办事处。截至2005年底，香港除拥有50份日报、多份电子报章和821份期刊外，还有2家提供免费电视服务的私营公司、3家收费电视服务挂牌机构、13家非本地电视服务挂牌机构、1家兼备广播和电视的政府电台以及2家商营电台等。同时，香港是个汇聚东西文化的城市，不仅设有众多的艺术中心、博物馆、大会堂、电影院和图书馆，而且在每年举办的艺术节、电影节等文化活动中，都有世界著名人士参与。国际化的生活方式和富有艺术文化气息的环境，使创意思维、商业投资及科技知识充分结合，有效促进了香港文化创意产业的发展。

当然，香港文化创意产业在快速发展的同时，也存在着许多隐忧和亟待改善的地方。20世纪50年代至80年代的急速工业化，使香港经济结构向房地产等泡沫经济和暴发户式的消费转型，经济发展在殖民体制内并没有产生相应的社会文化发展。即使从战后历史孕育出来的电影、粤曲、粤语流行曲等本土社会文化，亦在泡沫经济及以后的经济衰退中逐渐失去生命力和发展动力。香港回归前形成的财大气粗的陋习，在金融风暴后转成自信心的危机，暴露出过去的教育制度没有鼓励学生拓展广阔的胸襟、培养社会各界自力更生的魄力、社会文化日趋煽情而忽略批判和反思等一系列问题。在新世纪的市场竞争中，香港文化创意产业的发展尤其需要创新的思维和创新的行为。

三、香港文化创意产业的发展经验对内地的启示

尽管香港文化创意产业的发展尚存有不尽人意的地方，但其对整体经济发展的贡献以及国际竞争力与知名度的提高，都产生了显著的影响。祖国内地目前正在建设创新型社会，香港文化创意产业的发展经验对于内地在发展文化创意产业和文化经济中实现经济增长方式的根本转变上，具有十分重要的启示作用。

其一，必须建立市场机制，努力开拓国际市场。

近几年来，祖国内地文化创意产业开始蓬勃发展，许多地区建立起多种形式的文化创意产业园和生产基地。但内地文化创意产业的内容产品比例偏小，广播影视业、音像业、文化艺术业、休闲娱乐业等行业的原创能力还很薄弱；市场规模也不够大，单靠本地市场难以获得足够盈利，影响了产业发展的动力和竞争力。内地可以借鉴香港利用东南亚华侨华人和美加华人聚居地市场来扩大产品发行网的经验，确保文化创意产品的外销出路和资金回笼，增强投资者的信心。例如，可以音像制品出口为突破口，确立电视剧、电影、民乐、书法、杂技、现代舞以及武术、风光、医药等与中国传统文化紧密相关的音像节目为重点目标市场，利用文字和文化亲和力，辐射港台、韩日、东南亚华人文化圈，并进军欧美等文化创意主流市场，积极拓展外向型文化创意产业。

其二，必须加强区域市场整合，建立区域性的文化创意市场体系。

香港在人才、技术、资金以及开拓海外市场等方面具有优势，而祖国内地是新兴的文化创意消费市场，庞大的市场容量和潜在需求为文化创意产业

提供了巨大的发展空间。加强香港与内地市场整合，建立区域性文化创意市场体系，可以降低生产制造成本，扩大市场销量。内地目前的市场机制在不断改革和完善，很大程度上保证了区域内生产要素、商业服务及信息的自由流通和结合，有利于文化创意产品和服务实施"走出去"的发展战略。拥有内地区域内的政策支持，香港可以更加充分地发展"高尖端"的文化创意产业，并与内地形成优势互补，便于采取独资、合资、合作等灵活方式拓展区域文化创意业务，利用"前店后厂"等生产模式，带动两地文化创意产品的出口。

其三，必须制定有效的发展政策，营造良好的创意社会基础。

世界性的文化创意中心，如伦敦、纽约等，往往以金融商贸中心的地位为发展基础。考虑到香港国际性金融商贸中心的战略地位，中国大陆应超越常规，突破传统政策局限。一方面，凡是企业愿意投资于适合经济发展的文化创意产业项目，政府都应给予大力支持，并充分依托香港的地理优势，从总体视野来制定发展政策，用区域市场的经营来实现文化创意产业的全球化生产。另一方面，要积极鼓励广大市民，尤其是年轻的一代，增加对文化创意艺术及其传统的认识与参与，增强社会凝聚力和共同价值观。在这其中，尤其需要营造一种自由、开放、灵活、变通的文化创意氛围，在提倡保留中国优秀文化传统的同时，更要广泛接触海外先进文化，做到洋为中用、东西结合，开创我国文化创意产业发展的新契机。

其四，必须充分发挥政府职能，建立公平竞争的法制环境。

文化创意产业具有公共产品的性质，政府应协助相关产业和行业，结成策略性的发展联盟，争取公平的市场待遇，并利用与香港紧密的经贸关系（CEPA），推广内地文化创意产业的整体品牌，谋求更大的国际市场。在法制建设方面，尽管内地文化创意产业发展势头很快，但对文化创意产品（如商标、专利、外观设计、版权、集成电脑的布图设计及动植物品种）的知识产权重视程度远不及香港及其他发达国家或地区，软件业、音像业等行业的盗版现象还十分严重，若不加以严格控制和完善相关的法律法规，将会严重削弱技术创新的积极性，限制文化创意产业的发展空间。内地与香港必须在知识产权保护、专利技术转移与产业化等方面进行区域合作，形成共同的知识产权保护环境,为文化创意产业的健康发展提供有利的法制保障。

最后,必须不拘一格地引进创意人才,加强本土创意人才的培养。由于种种原因,内地存在着人才错配、分布不均和人才不到位的人力资源浪费现象;而在香港地区,创意人才的培养有着成功的基础,即使近年来香港创意人才流失比例增大,但其所具备的人才培养和引进模式以及人才的交流环境是内地短期内无法超越的。因此,政府必须加强两地的信息交流,努力营造良好的生活与工作环境,不拘一格地引进各类创意人才,让不同的思想和价值观互相撞击,产生持久的创意灵感和理念。同时,更要加强本土创意人才的培养和提高广大群众的艺术与文化修养,将设计、媒体、艺术等融入到各个阶段的教育中,在相关院校中设立艺术、设计和媒体学院,培养一批真正认识内地与香港文化、既懂文化创意产业发展规律又懂国际化经营理念的复合型人才,让每个从业者在自己的工作中都能迸发出创造力的火花,进而推动文化创意产业及相关产业的全面发展。

四、结语

在当今知识经济的时代,文化和创意已成为经济发展越来越重要的推动力量。香港文化创意产业的发展经验表明,文化创意产业是充满活力的发展领域,已成为经济增长的新亮点。新世纪的前一二十年,是中国发展的战略机遇期,文化创意产业也面临着难得的发展机遇。从外部环境看,随着CEPA的不断落实和深化,香港与祖国内地合作空间从经贸方面进一步扩大到社会文化等方面,文化创意产业将从中受益,带来更广阔的消费市场和强大的生产支持中心。从内部环境看,随着内地文化体制改革和文化经济建设的加快,以及一批规模庞大的文化创意产业项目推出,文化产业结构将得到有效的优化和调整,无疑为发展文化创意产业提供了巨大的推动力。

因此,中国大陆应充分借鉴香港发展文化创意产业的成功经验,把握有利的内外发展机遇,制定有效的发展政策,在自由市场的体制下,打造一批拥有自主知识产权、主导业务突出、品牌效应明显、核心竞争力和创新能力较强的文化创意企业集团。同时，内地企业还应加强与香港企业的沟通与合作，充分利用其先进的技术、超前的创新思维、有效的管理经验、全球性的营销网络、雄厚的资金实力等优势，努力构建广泛的文化创意产业交流网，不断提高建设先进文化的能力，促进香港与祖国内地文化经济的融合，走出一条在社会主义市场经济条件下发展壮大文化创意产业的新路子，实现香港与祖国内地经济社会的全面发展。

澳门沧桑：并非香港文化的附庸

澳门自16世纪以来就成为中西文化交流的桥梁。400多年来，由于特殊的历史原因，以及政治、经济、传统习俗和宗教等各种因素的作用，澳门被赋予了独特的文化底蕴。但长期以来，澳门的历史文化并没有得到相应的地位和重视，而常常被视为香港文化的附庸。这是一种认识上的误区。尽管澳门在经济上对香港有所依赖，但澳门文化与香港文化则是表面相似、内在有深刻区别的两种不同文化。

一、澳门文化的历史渊源

文化是历史的投影，是时间积淀的产物。因此，要了解澳门的文化特征，就不能不追溯澳门的400年沧桑历史。

1. 特殊政治地理区域

澳门本是"孤悬海表"的一个小渔村，历史上曾分别隶属于广东省番禺县、南海县、东莞县和香山县。明嘉靖三十二年（1553），武装航海贸易的葡萄牙人借口舟触风涛，请求借地晾晒货物，并通过贿赂地方官员取得在澳门的赁居权，此为葡萄牙人进入澳门之始。但中国政府在行政、军事、土地、海关、司法等方面仍对澳门实行全方位的主权管理。清光绪十三年（1887），中葡签订《中葡友好通商条约》，葡萄牙人获得"永驻管理澳门"的特权，中国政府对澳门主权的行使受到破坏，从而使澳门成为一个属于中国领土但由葡萄牙政府管辖的、主权与治权相分离的特殊政治区域。直至1999年，澳门才回归祖国，成为实行"一国两制"的一个特别行政区。因此，无论是政治、法律、社会，还是语言、文化、宗教等，澳门无不留有葡萄牙殖民统治的印记。

2. 东西方贸易枢纽

自16世纪中叶葡人入侵澳门以来，澳门凭借优越的地理区位和适于远洋大帆船停泊的海港优势，迅速发展成为明代最大的对外贸易港口广州的外港、广东乃至全国的外贸商品集散地以及海上丝绸之路国际贸易的中继站。澳门作为东西方贸易的枢纽，主要有三条航线：澳门—果阿—里斯本、澳门—长崎、澳门—马尼拉—墨西哥，沟通四大洲（亚洲、非洲、欧洲、美洲）和三大洋（大西洋、印度洋、太平洋），构筑了当时最大和最重要的世界贸易网络。海上贸易的兴盛促使澳门从一个小渔村发展成为"高栋飞甍，栉比相望"的繁荣港市；而经贸往来和随之而来的传教活动，作为文化传播的重要媒介，无形中也推动了东西方文化在这里的交汇和融合。

3. 中西文化交汇点

著名学者季羡林先生在《澳门文化的三棱镜》一文中说："在中国五千多年的历史上，文化交流有过几次高潮，最后一次也是最重要的一次是西方文化的传入，这一次传入的起点在时间上是明末清初，在地域上就是澳门。"传教活动是这次中西文化交流的先导，澳门成为天主教教廷在远东的传教中心，进而带动了东西方文化交流的深层发展。在澳门建成的圣保禄学院，是中国乃至远东第一所西式大学。它不仅培养了一批又一批优秀的汉学家，也造就了中国第一代精通西方文明的专家。在他们的努力下，中国人首次接触到天文、历法、水利、数学、物理、测量、地理、医学、建筑学以及音乐、绘画等西方科技和文化艺术，而中国的哲学、文学、医学、绘画、工艺美术等文化精粹亦经澳门向西方各国广为传播。这次滥觞于澳门的中西文化交流，对东西方社会都产生了广泛而深远的影响。它不仅留下了许多别具欧陆风情的建筑与文物，而且因时代的不同，也沉淀下色彩缤纷的文学艺术遗产。对澳门自身的文化发展来说，它的作用和价值是难以估量的。

4. "华洋杂居"的移民社会

澳门自开埠以来，就是一个以华人为主体、华洋杂居的移民社会。澳门开埠初的1555年，只有400人，1580年，就增至20 000人。移民是澳门人口增长的主要因素，历史上的几次人口大变动，也都与移民的迁入、迁出有关，其中主要是来自中国内地各省份的移民和海外归侨。此外，澳门还汇集了众多的葡萄牙人、英国人、西班牙人、意大利人、德国人、法国人、瑞士人、日本人、印度人、越南人、马来西亚人、柬埔寨人和非洲黑人等。他们来自不同的国度，拥有不同的肤色，属于不同的种族，带来了不同的风俗习惯、宗教信仰和文化传统。按1991年人口普查，澳门出生的人口仅142 697人，占总人口的2/5，而非澳门出生的移民占3/5。可见，澳门是一个移民城市。人是文化的载体之一，这种混合型的人口结构必然会带给澳门更为丰富深厚的文化内涵。

二、澳门文化的多元特色

澳门特殊的政治、经济、历史和社会背景，共同推动了澳门的多元发展。中西两种异质文化在此相遇、相交和碰撞，经过400年的融通和沉淀，形成了多元文化结合的状况，表现出和谐多于冲突、平衡多于对抗、包容多于分离的特性。这种相互影响更以螺旋向上的循环方式引领着澳门整体文化的发展。日本著名学者池田大作指出："人们发现澳门从来就是一个各种思想相互宽容的社会，在澳门，葡萄牙人文主义和中国的宇宙观和谐相处。中西文化互相尊重，互相学习，澳门这种开放而兼收并蓄的精神为不同的文化增添了光彩。"[①] 澳门文化的多元性，不仅反映在城市建筑、宗教、语言、节庆习俗等方面，更体现于澳门的特殊族群——土生葡人。

---

① （日）池田大作：《池田大作选集》，北京大学出版社1988年版。

1. 城市景观

澳门兼有欧洲地中海式的景观和中国南方城市的景观。妈阁庙、莲峰庙、普济禅院等典型的中国建筑体现着中国传统文化在澳门的延续和发展；大三巴牌坊、圣明我堂、圣珊泽宫、南湾宫、陆军俱乐部、峰景酒店及 20 世纪初建成的白宫、永乐邨、岗顶花邨等则带有鲜明的欧洲古典主义和新古典主义色彩。还有更多中西合璧的建筑风格体现于随处可见的教堂、庙宇、堡垒、亭阁、房屋、店铺、花园、墓地、广场等，名胜古迹与人文景观浑然一体，形成独特的文化魅力。

2. 宗教信仰

澳门宗教信仰种类繁多，教派林立，却能长期共存，各行其道。据 1991 年的统计数据，澳门常住总人口为 355 693 人，宗教信徒为 139 418 人。这并不包括一般烧香拜佛的善男信女。中国人多信奉佛教、道教，重视祖先崇拜。民间信仰众多，如妈祖、洪圣爷、朱大仙、三婆神、水上仙姑、悦城龙母等海神以及黄大仙、曹大仙、谭公、关帝、吕祖、鲁班等。此外，澳门是天主教、基督教的东方基地，教徒众多，势力较大。其他外来宗教还有伊斯兰教、巴哈伊教、摩门教、基士拿教、神慈秀明会、新使徒教会等。这些教派和分支的教堂、庙宇在澳门都得以保存，教堂的钟声与寺庙的晨钟暮鼓此起彼伏，耶稣圣像出游活动可以同妈祖诞或关帝诞的拜神活动同时进行，成为澳门特有的景观。

3. 语言：汉语、英语、葡萄牙语、马来语共用

澳门的语言多种多样，这是由它复杂的人口构成决定的。来自不同国家的人有自己的语言，来自中国内地的也有各自的方言和次方言。在这个只有 40 多万人口的城市里，汉语（包括普通话及粤、闽、吴等方言）、英语、葡萄牙语等不同国度的语言被同时使用，甚至还有讲马来语和泰米尔语的人群，因而有人将澳门称为"语言博物馆"。据 1991 年的人口普查统计显示，在澳门 3 岁以上的居民中，有 86.3% 是以粤语为日常用语、1.1% 用普通话、

9.2%用中国方言，1.8%用葡语，1.6%用其他语言。但是因为澳门人口少而居住集中，族群之间交流频繁，因而语言的相互影响和多语现象已比较普遍，如官方语言是葡语（澳门回归后改为汉语和葡语并用），居民日常生活中主要使用粤语和英语，各族群除了使用主导语言或官方语言外，一般都保存着自己的语言（包括方言和次方言）。澳门的葡语方言以葡语为基础，还吸收了粤语、马来语、西班牙语、英语等成分，反过来华人的主要方言粤语也吸收葡语的词汇，而有别于广州和香港的粤语。

4. 节庆习俗

在澳门，中国的传统习俗有着深厚的根基，而葡人在澳门的400年，也带来了自己的风俗习惯并广为传播。从节令岁时到婚丧嫁娶，乃至五花八门、中西合璧的节假日，无不充满了华洋交融的多元特色。这些华洋各异的节庆习俗在澳门不仅和平共处，而且互相影响，融会贯通，你中有我，我中有你。如华人的春节、元宵节、土地诞、清明节、天后诞、浴佛节、端午节、盂兰节、中秋节、重阳节以及冬至等传统节日，许多土生葡人与华人一同欢庆；西方的情人节、父亲节、母亲节以及圣诞节、复活节、追思节、圣母无原罪瞻礼、花地玛圣母在葡显圣日等也得到华人社会的尊重和接受。在回归前的澳门公众假日中，中国的传统节日占6个，西俗节日占5个。回归后这些传统节假日仍予保留。澳门各族群有不同的饮食传统，因而澳门的饮食文化也多姿多彩。中式菜有粤菜、潮菜、闽菜、客家菜、四川菜、淮扬菜、上海菜及各种北方菜，西式菜以葡萄牙风味为主，兼有法国菜、马来菜、越南菜、印尼菜、缅甸菜、意大利菜、日本菜等。虽然各种饮食习惯互相影响，但各族群都保留自己的传统食品、食物禁忌和进餐礼仪。

5. 土生葡人

土生葡人是澳门社会一个特殊的族群。澳门现有土生葡人约11 000人，虽然人数不多，却构成了澳门文化的重要特征。所谓土生葡人，是指在澳门出生，具有葡萄牙血统的葡籍居民，它包括葡萄牙人与华人或其他种族人士结合所生的混血儿及其后裔，以及长期或数代在澳门生活的葡萄牙人及其后代。他们认同葡萄牙,但在葡国和中国都没有自己的根,而视澳门为土生土长的故乡。中葡文化长时间的接触发生了文化涵化现象,使这一族群的文化具有混合的特征,在语言和文化的各个方面都体现了东西文化的交融,表达出来的思想感情、思维方式、心态特征、价值取向、审美情趣等都带有他们的特殊身份、生存环境和历史文化背景。

他们接受葡萄牙的教育和文化,保持葡萄牙的生活方式和传统习俗,但源远流长的中国文化和独具特色的社会风俗习惯,又不可避免地给他们以深刻的影响。他们信天主教,但不少人家里还供奉着观音和妈祖;他们欣赏粤剧,甚至用葡语唱粤剧;他们的语言吸收了粤语词汇,文法结构也与正宗葡语有所不同。他们生活在两种文化的边缘,两种文化的渗透交融、矛盾冲突在他们的生活中和精神上都产生了深刻影响,因而他们有着与葡人和华人都不相同的思维方式和行为方式,形成了非常独特的文化现象——土生文化。他们有自己惯用的方言——土生土语,有自身独特的饮食文化和烹饪方式,也具有葡人和华人交融的民族品格、中西文化兼容的习俗和传统,以及在葡人和华人之间独有的自成体系的生活圈子。

三、港、澳文化的多元性比较

澳门与香港分居珠江口伶仃洋东、西两侧,相距仅40海里。它们具有相似的历史背景:长期的殖民统治、自由港、移民社会、共同的文化传统等。地理空间的邻近,历史背景的相似,很容易给人一种错觉:澳门文化和香港文化差不多。实际上,港澳文化虽然都是中西文化交融所形成的一种多元混合型文化,但是这种多元性的内涵显然是不同的。

1. 不同的文化风格

澳门文化是中国传统文化与拉丁文化相结合的典范,而香港文化则深受以英国为代表的盎格鲁-撒克逊文化的熏陶。两者在语言、艺术、饮食、习俗、建筑风格等方面都有明显的差异。虽然均为欧洲的强势文化,但英国人因其国势较强,就具有更多的强制性,强制本地华人接受英国文化,受英国教育;但葡人因其国势渐衰,而少具强制性,不强制本地华人学葡语或接受葡国文化。前者培育了一套以华人为主体的英式管理制度和管理人才，而后者则仍保存以祖家的葡人为主要统治者，辅之以本地的土生葡人、下层官员，以便与本地华人沟通。此外，香港实行的是不成文的欧洲海洋法，而澳门实行的是成文的欧洲大陆法。管理模式和法律制度是制度文化的重要组成部分，由此也可证明澳门文化与香港文化是不同风格的两种文化。澳门文化的外观是多元并存，内质则表现为平和、宁静、圆融。澳门拥有比香港更为宁静、宽松、富有文化气息的环境，到处弥漫着"欧陆小镇"的休闲情调。香港信息业发达，是自由开放的"国际文化橱窗"，都市文化气氛浓厚，自由资本主义意识形态占主导地位，流行商业文化是香港文化的主流。

2. 不同的族群文化

尽管港澳社会都是以华人为主体、华洋杂居的移民社会，但中西文化的融合状况是不同的。如前所述，土生葡人（尤其是在澳门出生的与本地人或外地人通婚的欧亚混血后裔）是澳门社会的一个特殊族群，在澳门历史上扮演着沟通葡人社会与华人社会的重要中介角色，他们的存在和发展是历史的产物。在16世纪中叶，葡人要从大西洋绕过好望角经印度洋东来到澳门，行程11 890海里。因为当时尚处于帆船时代的航海技术，这是一种十分冒险的行为，妇女或家眷一般是很难参与的。由于葡国妇女的缺乏，产生了第一代欧亚混血的土生葡人。与英国人不同，葡人鼓励不同种族通婚，因此，在四个多世纪的人口繁衍过程中，土生葡人在澳门已形成牢固的根基和强烈的认同感，构成澳门社会的一个不可忽视的特殊阶层。这是香港社会所不具备的。英国占据香港的历史较短，与葡人占据澳门的时代条件不同；在大国文化心理作用下，英国并不鼓励异族通婚；在香港的英国人多是政府派来的官员、技术人员以及香港企业的工作人员及其家属，对香港没有归属感。因此，土生葡人是澳门文化与香港文化相区别的重要标志之一。

3. 不同的文化成因

香港是个全面开放的自由港和国际性商业大都会，它的经济活动、政治运作以及社会趋向，都是自由开放的；香港文化不是从祖国内地流入，便是从世界各地输入。因此，香港文化是以自由资本主义意识形态为主体，具有中国传统文化和殖民主义文化深刻烙印的、多元化、混合型文化。香港作为国际金融中心、贸易中心、航运中心，其国际市场型经济的发达和相应的政治、法律制度，进一步促进了香港文化多元性的增强。经济因素是香港文化发展的主导因素，这种多元性，更多地表现为一种国际性，它主要是通过文化的传播和借取来实现的。澳门没有香港那样高度发达的商品经济，也没有香港那样高度开放的国际地位，经济发展对文化的影响十分微弱。但是澳门却有比香港更长的开埠史，澳门在中西文化交流史上的地位是香港所不能比拟的。而且澳门比香港及中国其他地方幸运之处在于澳门历史上的特殊际遇，这使它成功地避过几次战争的破坏，从而使大量珍贵的文化遗产得以完整保存。因此，澳门文化的多元性以历史的传承为主，传统的成分居多。同时，澳门的微型海岛型经济和经济增长的外生性，以及特殊的历史原因，还造就了澳门独特的博彩文化，以"东方蒙特卡洛"的赌城风貌闻名中外。

四、澳门文化的价值评定

1. 澳门文化的自身价值

如前所述，澳门文化与香港文化的形成和发展过程是各具特色的，它们是不同的文化成因所塑造出来的两种不同的文化模式。由于经济的强弱在相当程度上决定了文化的辐射力，香港的经济中心地位以及澳门经济对香港的依附关系，使澳门文化的特色很难不被香港文化的光彩所掩盖。但这并不代表澳门文化就是香港文化的附庸。虽然经济上有发达或不发达、强与弱的区别，但文化没有优劣、高低之分。每一种文化都有其独立的存在价值。作为迄今400多年东西方两种异质文化逆向交流和多元融合的产物，澳门文化的精彩之处和它对于中国历史和中华文化的重要性，就在于那经由长期与西方文化交融所产生的客观存在的人文价值。这是澳门相对于香港及其周边地区的优势所在，也是澳门城市发展的内在动力。最重要的也许并不是经济的发展史和兴衰史，而是一种割不断的文化之脉，使澳门成为澳门，永远能从中看到新鲜的风景。

2. 澳门文化的经济价值

澳门文化是联系欧盟和通向拉丁语世界的桥梁。文化背景对经济发展、经济合作的重要性早已得到公认。世界上共有拉丁语系国家30个，分布在南欧、非洲和美洲，占世界总人口的1/9和国民生产总值的16%，是潜力极大的发展中市场。澳门与拉丁语系国家间具有天然的语言、文化、宗教等联系，因而也是中国与这些国家联系最密切的地区。澳门与葡萄牙的关系以及澳门在亚洲的区位优势，使欧盟长期以来对澳门比较优惠和照顾，在投资、贸易、关税、环保、电讯、咨询、旅游、金融、科教、培训、传播、文化、社会发展等多种领域给予特惠待遇，这些都是澳门发展经济的有利条件。澳门独特的历史文化也为学术研究及发展旅游提供了丰富的资源，人们普遍认为多个世纪以来的文化汇集，形成澳门本身的特征，使澳门成为富有旅游吸引力的地方，除了特别的乡土人情外，本澳是唯一能到处体现东西文化融合的地方。但一直以来，澳门旅游业主要偏重博彩业的发展。抛开博彩文化本身的负面作用不谈，谁也不能否认，旅游博彩业是近年澳门最主要的经济支柱。据澳门统计暨普查司的调查，1996年澳门旅游博彩业收益266亿澳元，其中博彩收益159亿澳元，占本地生产总值的40.24%，为澳门政府提供稳定的财政来源，也带动了投资、基建、交通、购物、酒店餐饮服务等其他行业的发展。但近几年澳门博彩业有较大幅度下滑，其陈旧体制和落后的经营管理方式引发许多治安和腐败问题。因此，在发展和提升博彩业的基础上，利用澳门中西文化荟萃的特色发展文化旅游和休闲活动，推行旅游现代化和多元化，是澳门旅游业发展的必然趋势。

澳门回归后，伴随着"三化"政策（公务员本地化、法律本地化、中文官语化）的实施，澳门文化的多元化特征可能会逐步淡化。因此，澳门政府应采取适当措施，保护澳门的文化特色，并发挥它在澳门未来角色定位中的重要作用。

创意台湾的"美学经济"思路

一、台湾文化创意产业发展的社会历史语境

当下,世界经济的发展正处于"全球化"的情境中,跨民族、跨国界、跨地区的资本流动、产业配置、信息流通、文化互动日益频繁。随着全球化趋势的加剧,各国的产业结构开始进入大调整时期,全球经济发展的"梯度"结构更加明显,一部分发展中国家和地区在经过快速的工业化和城市化进程之后,以制造业和劳动密集型为发展优势的经济模式开始显露其局限性,加上土地、劳动力等经济发展成本优势的丧失等因素,不可避免地要经受产业结构调整的阵痛。在我国台湾地区,这种情境发生于 20 世纪 80 年代。从 1945 年光复之后,台湾以传统制造业和电子代工业驱动了半个多世纪的快速发展,并创下"亚洲四小龙"的发展奇迹。而自 20 世纪 80 年代始,台湾地区产业外移、外贸萎缩、劳动力价格上涨、生态环境恶化等问题日趋严峻,谋求经济转型、产业升级便成为台湾地区跨世纪的发展课题。此后数年,文化创意产业作为台湾一种新的产业类别和经济形态,逐渐开始在世界经济文化舞台崭露头角。

文化作为一种产业的存在早已有之,但在全球范围内,文化创意产业作为普遍化的经济形态和成熟的产业意识,并以国家政策的形式进行大规模的推动,则是晚近发生的事情。一般认为,英国是最早提出文化创意产业概念并以之为政策思想纳入国家发展决策的国家,英国文化媒体暨体育部(简称 DCMS)在 1998 年提出的"创意工业"(Creative Industries)概念以及划分的十三个产业分类,对全球其他国家、地区制定与发展文化创意产业提供了重要的蓝本,而曾经是老工业化国家代表的英国也提供了由传统工业经济形态转型为文化经济"创意经济形态的典范"。

在日益崛起的亚洲国家,文化创意产业被看作是国家发展的新动力,与西方主流国家相比,亚洲国家发展文化创意产业虽然一如既往地具有鲜明的

"后发性",但这并不妨碍亚洲国家发展文化创意产业的雄心壮志。新加坡政府就提出"文艺复兴城市计划",以此作为重要的文化产业政策,目标是打造新加坡成为全球的艺术城市、"世纪亚洲文艺复兴"的首要城市、全世界的文化中心。而在中国的大陆和香港特别行政区,文化产业或创意产业的发展也已经取得显著的成就。

在全球经济结构调整和文化创意产业崛起的社会历史语境下,台湾地区于2002年推出《挑战2008——文化创意产生发展规划》,以投资人才、研发创新、全球运筹通路与生活环境为主轴,推动十大重点投资计划,涵盖经济、人文与生活三大面向:E时代人才培育计划、文化创意产业发展计划、国际创新研发基地计划、产业高值化计划、观光客倍增计划、数字台湾计划、营运总部计划、全岛运输骨干整建计划、水与绿建设计划、新故乡社区营造计划等。《挑战2008》可以看作是台湾地区顺应全球化语境下产业结构调整和经济发展模式转变(或谓经济转型),以提升台湾地区综合竞争力为目标的一次重要的政治、经济、社会变革发展运动。其中,文化创意产业发展以地区政策的身份首次出现,并被赋予推动台湾产业转型和提升综合竞争力的重要地位。

二、"社造"时期的文化产业

"文化创意产业"以地区发展规划的重要构成出现,虽然始于《挑战2008》,但追溯台湾文化创意产业发展的历程,文化与产业的结合被作为社会经济发展的重要议题,则肇始于1995年的"文化·产业"研讨会。而此前,20世纪80年代以来,台湾地区的文化建设得到了全方位和具体的落实推动,并逐步培育出台湾地区良好的文化生态环境,也为2002年推行"文化创意产业"政策打下重要的根基。而在文化的产业化方面,从事多年"辅导地方特色产业发展"的台湾手工业研究所(台湾工艺研究所的前身,该所于2010年为顺应文创产业发展改名为台湾工艺研究发展中心)于1991年邀请日本"造町"运动的发起者和推动者宫崎清教授,来台传授地方产业振兴、地域活化的观念和技术,由此推动了1994年台湾"社区总体营造"政策的出台。这一政策延续至今已历十多年,对台湾社会、经济、文化的发展影响深远，也可以看作是台湾地区在后工业社会时期寻求区域平衡和地区振兴具有重要意义的社会运动。虽然"社造"运动背后有着复杂的政治意识形态背景，但从文化实践层面来看，以"社区文化"为角度，以重振地方经济为出发点的"社造"运动，确实推动了台湾文化政策和文化建设的多元化，并使得处于基层和民间的地方文化，包括一直被边缘化的原住民族文化，重新焕发了文化活力和产业生机。

1995年，台湾"社造"运动的主要推动者"文建会"委托台湾手工业研究所举办"文化·产业研讨会暨社区总体营造中日交流展"。在这个研讨会上，陈其南提出了"文化产业化，产业文化化"这一命题，他从"社区总体营造"的角度出发，阐述了依靠地方文化进行产业振兴和社区再造的施政主张。陈其南强调了文化的市场性与经济价值，指出文化可以衍生出"产业"和"经济"的能量，产业也可以发展出自己的文化风格，"文化产业"自此开始正式进入台湾经济社会发展的视野。"社造"时期的"文化产业"，虽以"文化产业化，产业文化化"为发展路线，但这一时期的"文化产业"强调的主要还是以文化切入产业的角度，文化的"产业化"其实并未形成，这与台湾地区对"文化产业"的"预设"有很大关系。陈其南在《地方文化与区域发展》一文中，特地将台湾地区的"文化产业"与"文化工业"区分开来。他指出，文化工业指向"大量复制的均一化、庸俗化、流行品位、提供大量消费的产品"，而"文化产业"则着重于创意和个性，强调地方传统、手工创作的差异性或独创性带来的美感与价值。

"文化工业"是"后工业社会"时期"后现代消费文化"的重要构成，也是以阿多诺、霍克海默为代表的法兰克福学派的批判焦点。霍克海默在1937年的《现代艺术与大众文化》中首先表达了对大众文化的批判："个人生活转变为闲暇，闲暇转变成最细微的细节也受到管理的常规程序，转变成为棒球、电影、畅销书和收音机所带来的快感，这一切导致了内心生活的消失。"1947年霍克海默与阿多诺在《启蒙的辨证法》一书中，则用文化工业取代大众文化概念，并树立了对文化工业的文化批判向度。在法兰克福学派看来，机械复制和批量生产机制下的文化工业，使文化沦落为消费社会的商品，文化的个性和创造力被扼杀，艺术的批判功能被取消，而其结果则是培养出一个"没有思想的大众"和制造可怕的文化压抑。美国文化学者弗雷德里克·詹姆逊则揭示了文化工业和后现代主义文化的关系："在它们（后现代主义）当中，取消高级文化和所谓大众文化或商业文化之间先前的界限，形成一些新型的文本，并将那种真正文化工业的形式、范畴和内容注入这些文本。"①

在后现代主义文化中，文化成为创造、经营利润的一种新的意义上的物质形式，美学生产与商品生产普遍结合，艺术日益向物质产品趋近并承担社会的娱乐性消费职能。法兰克福学派对于文化工业的批判性解读显然已经形成强大的话语传统，而20世纪80年代西方马克思主义思潮在台湾的传播和反响，也在台湾建构了文化批判的人文视野和精神向度。陈其南用"文化产业"概念标榜了与"文化工业""大众文化"的区别，显然，这种概念上的区分首先出于策略性的需要，以"文化产业"区分于"文化工业"，就不会直接抵撞到台湾业已形成的文化批判传统。另一方面，陈其南有意突出"文化产业"概念建构中的地方性、独创性等"差异性"价值，而在全球化语境下，地方性、独创性等"差异性"价值正是"后发现代性"的国家和地区主动寻求全球经济文化席位的策略性选择，也是建构"文化产业"合法性的重要路径。

脱胎于"社区总体营造"政策的文化产业，具有强烈的人文精神与地方色彩。台湾学者杨敏芝与辛晚教根据文化产业的特质，曾将文化产业划分为"大众消费型文化产业"、"设施型文化产业"、"地方型文化产业"三种类型。其中，地方型文化产业表现出空间与地域相关性，即利用地方文化之独特性、创造性，塑造出属于当地独有之文化图像，将地方居民内发性的空间、活动与产品转化为可消费的商品或体验，是地方经济再生与文化保存延续的重要策略。

"社造"时期的"文化产业"，基于"地方性重构"的考量，因而更多指向于"地方文化产业"或"社区文化产业"，希望借由文化产业的发展，推动地方经济和文化的平行发展，这是台湾地区对文化产业发展的基本认识，

---

① 詹明信：《晚期资本主义的文化逻辑》，北京三联书店1999年版。

这种观念一直延续到2000年之后。在"社造"政策和地方型文化产业发展理念下，台湾文化产业的"在地"文化维度得以确立，地方特色重新被关注及发现，具有地方特色的"人、文、地、景、产"成为发展地方文化产业的重要资源。台湾的文化建设和文化产业发展，全面进入了以县市和社区为中心，发掘"在地"文化资源和资产、发展地方文化产业的阶段，比如地方古迹和特色建筑的挖掘、地方民俗文化的再现、社区空间的再造与美化、地方传统产业的文化包装、社区传统产业的扶植、地方文化观光体验的推动等。地方工艺产业作为最具地方文化特色而又具备悠久产业历史的资源，则成为"社造"运动和地方文化产业发展的中坚力量。工艺产业与当地经济振兴发展的紧密结合，是台湾产业发展的一大特色。

"社区总体营造"以来的文化产业发展，显然是21世纪初台湾地区文化创意产业发展的雏形，也可以将它看作一个准备阶段，它贡献了三个方面的作用。首先，是解决了"文化"和"产业"的关系，并以"文化产业化，产业文化化"明确了文化产业发展的两种方式；其次，是对地方文化产业资源的盘活和传统文化产业的再造，对提升地方经济与文化的发展影响深远；最后，它树立了台湾地区文化产业发展的"传统""民族"和"在地"等文化维度，开启了台湾地区多样化和差异性的文化空间，树立了多元主义的文化视角。这为台湾地区于21世纪以"在地"文化创造"美学经济"，发展文化创意产业，提供了重要的理论和实践路径。

三、文化创意产业的政策体系架构

1. 文化创意产业总体政策

2002年5月，《挑战2008》十大计划发布，文化创意产业发展成为台湾区域经济社会发展总体方案的重要构成，列入十大计划之一。文化创意产业发展计划的提出，基于台湾地区对半个多世纪以经济发展形态的自我检示："台湾经济面对高度工业化后的新局面，既有以大规模制造业为主的生产型态已逐渐失去优势，台湾除了往高科技的方向发展之外，势需建立起更能适应（后福特）时期的生产组织型态，深化以知识为基础的经济竞争力。事实上,知识经济附加价值最高的类型应该就是以创意设计为核心的生产领域,尤其是源于艺术美学创作的设计。在过去的经济发展政策中,这是比较被忽略的一环。"① 基于台湾地区经济模式亟待转型的现实需求,以及全球文化创意产业发展卓越成就的刺激,文化创意产业与生物科技、医疗照护、绿色能源、精致农业、观光旅游,成为台湾地区六大"新兴产业"。

《挑战2008》文化创意产业政策由五个方面构成:

第一,成立文化创意产业推动组织。由"经济部""文建会""教育部"及"经建会"共同成立"文化创意产业推动小组"及办公室。

第二,培育艺术与设计及创意人才。包括艺术与设计人才养成教育、延揽艺术与设计领域国际师资、艺术设计人才国际进修、艺术设计人才国际交流等。

第三,整备创意产业发展的环境:包括成立台湾设计中心、规划设置创意文化园区、协助文化艺术工作者创业、强化知识产权保护等方面。其中,初步指定原烟酒公卖局民营化后的闲置酒厂,包括台北华山、花莲、嘉义、台中、台南等五地"工业文化遗产",进行"闲置空间再利用"转化为文创产业发展空间和平台。

第四,促进创意设计重点产业发展。包括商业设计、创意家具设计、创意生活设计、纺织与时尚设计、数字艺术创作、传统工艺技术等在设计创新、人才培育、市场营销等面向的辅导与促进。

第五,促进文化产业发展。包括创意艺术产业(表演艺术、视觉艺术等文化艺术核心产业)、创意出版产业、创意影音产业、本土动画工业等,在人才培育、资金募集与流通、产业市场、国际营销、文化行政升级等各项政策的操作。

台湾地区将"文化创意产业"定义为:"文化创意产业系指那些来自于个人创意与文化积累,透过智慧财产的生成与运用,有潜力创造财富与就业机会并促进整体生活环境提升的活动。"并将文化创意产业区分为三个层次:文化艺术核心产业——精致艺术之创作与发表,如表演(音乐、戏剧、舞蹈)、

---

① 引自2002年台湾"行政院"发布的《挑战2008——"国家"发展重点计划》。

视觉艺术（绘画、雕塑、装置等）、传统民俗艺术等；设计产业——建立在文化艺术核心基础上的应用艺术类型，如流行音乐、服装设计、广告与平面设计、影像与广播制作、游戏软件设计等；创意支持与外围创意产业——支持上述产业之相关部门，如展览设施经营、策展专业、展演经纪、活动规划、出版营销、广告企划、流行文化包装等。最后，依照国际文化创意产业分类和对《挑战2008》文化创意产业发展规划进一步的修改和整合，台湾文化创意产业被具体划分为十三个产业类别：①视觉艺术产业；②音乐与表演艺术产业；③文化展演设施产业；④工艺产业；⑤电影产业；⑥广播电视产业；⑦出版产业；⑧广告产业；⑨设计产业；⑩设计品牌时尚产业；⑪建筑设计产业；⑫创意生活产业；⑬数字休闲娱乐产业。

2. 地方与国际：文创产业的双向维度

从上述定义和分类来看，"文化创意产业"的内涵和外延都比"社造"运动中的"文化产业"宽广得多，但更重要的是，《挑战2008——文化创意产业发展规划》架构下的"文化创意产业"与1995年以来"社造"运动下的"文化产业"呈现出不同的着眼点和发展路径。

首先，作为"社区总体营造"政策的重要构成和地方经济复兴的重要路径，"社造"时期的文化产业发展主要聚焦于地方人文传统的复兴和传统文化产业的再造，某种意义上是一种产业创新的发展理念，而不是一种政策架构。《挑战2008》则将文化创意产业发展作为总体政策进行规划，从产业发展的主导思想到政府领导的组织架构，从核心文化艺术产业、设计应用型产业到周边支援型产业三个层次产业结构的设计，到相关产业发展的具体举措，都有一个系统的设计和操作方案。可以说，《挑战2008》"总体化"的政策体系建构标志着台湾文化产业政策的正式形成。

其次，在产业发展视野上，文化创意产业发展也不再局限于县市或社区的层面以及地方工艺产业、民俗产业，都市型文化产业和流行文化产业成为台湾文化创意产业总体政策的主体构成和领军力量。事实上，都市型文化产业和流行文化产业是世界各国、地区主打的文化创意产业类别。为对接国际文化创意产业的交流与发展，台湾地区以都市为枢纽的艺文中心、创意中心和研发中心开始有计划、大规模地建设,台湾文化创意产业发展的"国际化"目标日益凸显。

最后,从文化创意产业概念的阐释和十三个产业门类的划分来看,《挑战2008》带来的另外一个重要的转折,即是将法兰克福学派批判向度意义上的"文化工业"纳入文创产业政策的构架之中。前面讲到,"社造"时期的"文化产业",是建立在与文化工业的区别基础上的。《挑战2008》以"文化创意产业"的概念阐释和十三个产业类别的架构,以及对文化创意产业的产值、提供就业人口数、国际市场的关注,说明了文化创意产业不仅已经从"地方文化"的层面扩展至"大众文化",也意味着台湾文化产业发展中"产业思维"的日趋成熟和对"文化工业"在文化经济学意义上的接纳。在台湾学界,以下观点已形成共识:一个产业能否真正确立和成熟起来,关键要建立一个产业链条,即创意——产权化——商品化——企业化,直至形成独有的商业模式——"产业化"的运作,才能使文化真正变为经济,或者说,创造真正意义上的"美学经济"。

但另一方面,《挑战2008》出台以来,"在地"仍是台湾发展文化产业的一个重要维度,台湾当局的"本土化"思维仍然驾驭着新时期的文化创意产业发展。地方性仍然是文化创意产业政策的重要维度,"国际化"的产业发展目标和对"文化工业"向度的接纳,并不意味着对"社区总体营造"以来标举的地方性的抛弃。《挑战2008》文化创意产业发展计划中,"社区总体营造"的主角工艺产业仍占有重要比重,作为"创意设计重点产业发展"的子计划,它提出了通过地方工艺振兴发展计划、传统工艺活化与创新计划、生活工艺推广计划等的推动,实现"促进工艺传统产业往现代创意型产业转型发展"的目标和任务,并把工艺创意产业的发展提到重要的高度:"期能借由工艺文化的创新发展来塑造21世纪台湾文化新样貌。"此外,《挑战2008》也提出"台湾当然也应该善用自己的题材",发展本土漫画工业的计划。此其一。

其二,《挑战2008》十大计划中的"新故乡社区营造计划"、"观光客倍增计划"也有较多涉及对地方性文化发展和既有产业创新的计划和措施,均从不同角度强调了台湾的"在地"向度。"观光客倍增计划"指出,文化观光产业是当今重要的经济形态,文化观光又必然与地方文化产业结合,以蕴含丰富的地方历史文化,地域性、地方意象为发展特质,强调古迹、传统聚落及产业建筑对地方意象的塑造等,因此,"提升地方文化产业之观光附加价值,并适时将观光优势融入地方文化产业之发展",是地方文化产业发展的目标。这种结合文化观光产业与地方文化产业发展为一体的做法,表明了台湾地区对全球消费形态转变(文化旅游、体验经济的崛起)的认识与全球化语境下"在地"差异性的重要意义的体认,也显示了台湾地区应对全球文化经济发展趋势的敏感性。"新故乡社区营造计划"则显然是 20 世纪 90 年代"社造"政策在新时期结合文化创意产业政策与发展的深入表现之一。该计划强调"这是一个总体性的计划",并将充分实践"社造"的精神,结合社区特有的文化传统、空间环境、建筑设施与各种地方产业等资源的盘活、创新与发展,"预期由此带动社区内部包括社会关系、文化艺术、空间设施与经济产业的整体转型,提供新的就业机会与生活条件"。传统的工艺产业仍是社区产业资源的重要构成,此外还包括向文化观光、体验经济转型的社区型文化观光产业的发展等。事实上,《挑战 2008》以来的台湾文化创意产业发展,一直在"地方性"和"国际化"之间寻找平衡的支点。台湾发展文化创意产业仍具有鲜明的后发性特征,这一特征所带来的对全球化的反省和经验显然具有重要影响,这也是台湾文化创意产业发展仍然注重"地方性"的原因。进入 21 世纪以来的台湾文化政策,也贯穿着"地方"和"国际"的双向维度。台湾文化事权的主管机构"文建会",在新世纪之初提出的文化建设的"四大目标"和"十大文化政策",其要点有三:一是台湾文化的主体性建构,二是地方文化环境的建设,三是以促进国际视听为目的的台湾文化形象塑造。

不仅如此,结合地方与国际的双向维度也是台湾地区进入 21 世纪以来的发展思路,《挑战 2008》就将"全球接轨、在地行动"作为区域发展的基本策略。所谓"全球接轨、在地行动",一方面是"培育具备世界观与国际对话能力的新世代,打造能与全球同步的典章制度、企业经营与生活环境,力求台湾与全球接轨";另一方面,则是"掌握国际网络与分工的趋势,突显'在地'化主体性与不可取代性,创造台湾特有的利基"和"善用台湾知识化的优质人力、多样化的地理环境、多元化的人文特质等利基，发挥高科技、观光旅游、文化创意等产业的雄厚潜力，创造台湾特有的竞争力优势，营造具地方特色的现代化社区"。

3. 具有强大创造潜力的设计产业

从营业额来看，广告、广播电视、出版、建筑设计、工艺产业是13个产业中规模较大、发展较好的产业。而从2002~2007年间的平均增长率来看，文化展演设施产业和设计产业的发展最为可观，前者主要得力于台湾地区长久以来在文化硬件设施建设上的投入，而后者则与文创政策实施以来台湾地区对设计产业发展的重视与推动密切相关。设计产业除了可观的产值增长，在国际竞赛上也有优越表现。据统计，2003年台湾设计界获得德国IF、德国Red dot、美国IDEA、日本G-Mark奖数16个，2004年53个，2005年100个，2006年148个，2007年133个，2008年201个，而在素有"设计界奥斯卡"之称的德国IF产品设计奖中，2010年台湾有76件得奖，金奖3件，总计获奖79件，2011年则有95件得奖，金奖7件，共102件的佳绩，台湾获奖数超越韩国，仅次于德国与日本，全球排名第三。可见台湾的设计产业具有强大的创造潜力与发展能量，如何保持并激发设计产业的能量，并带动台湾文创产业整体更大更快的发展，对此后台湾文化创意产业发展具有重要意义。

四、"创意台湾"：文创政策的深化和突破

2009年5月，台湾地区出台《创意台湾——文化创意产业发展方案行动计划》，为台湾文化创意产业第二期发展方案（即"文创二期"），实施时间为2009年至2013年。"创意台湾"可以看作是台湾文化创意产业发展的延续和深化，它是在总结和检视《挑战2008》以来台湾文化创意产业发展的基础上，针对台湾当前发展文化创意产业发展之优势、潜力、困境及产业需求，从环境整备和重点文创产业推动两个方面架构未来5年的文创发展体系。文创二期突出三个面向：一是突出包括文创资金挹注、文创市场开拓和文化创意产业立法在内的产业环境建设；二是突出以五大创意文化园区为带动力的

产业集聚效应；三是包括电视内容产业、电影产业、流行音乐产业、数位内容产业、设计产业和工艺产业在内的六大重点旗舰产业的专项推动策略。与《挑战2008》相比较，《创意台湾》有许多重大的突破。在组织架构上，《创意台湾》突破文创一期的"跨部会"制，在"跨部会"的基础上成立"文化创意产业推动小组"，整合各项文化管理事权，并指定"文建会"为文化创意产业总体政策整合及协调单位，具体产业则分由推动小组各成员专项负责。在行政推动力度上，除了文化创意产业专项预算投入外，马英九政府执政一年后即成立"文化观光部"，并在4年内将文化预算从1.3%提高到总预算的4%，此外还拨款300亿台币成立观光发展基金；而台湾"行政院"则于2009年编列10亿元台币成立"地方产业发展基金"，推动包括农特产品、工艺品、园艺休闲等在内的地方产业发展计划，强调地方特色产业的文化价值、艺术价值、体验价值，体现了《创意台湾》"美学经济""体验经济"的发展思路。

《创意台湾》和文创二期最大的突破在于它在两岸关系上的新视野和大华文市场的定位，从封闭的本土化思维走向更开放的文化视野和国际化的市场，是《创意台湾》的主要方向。《创意台湾》出台于2009年，系二次政党轮替之后的文化创意产业发展架构，与《挑战2008》中文化创意产业发展"形塑台湾"、建构台湾"主体性"的本土发展诉求不同，《创意台湾》将台湾文化创意产业发展的目标定位于"拓展华文市场，进军国际，打造台湾成为亚太文化创意产业汇流中心"，两岸文化交流和文化创意产业合作纳入台湾文创发展框架。

这种"两岸"视野的形成基于两个层面，一是对台湾文化与大陆文化关系的深刻认识，二是对大陆市场冲击效应的重视。随着大陆经济社会的快速发展，大陆承接和转移台湾传统制造业的阶段已然迈过，当下对台湾发挥强烈"磁吸"效应的，是大陆文化创意产业的发展势头和蓬勃市场，台湾地区有限的资源和市场显然成为文创产业发展的最大障碍。基于这一认识，目前已有众多台湾文创从业者转战大陆，包括影视、设计、广告、动漫等产业在内的人才和资金，大举流入大陆。在两岸政治关系发展的新局面中，文创产业既竞争又合作的两岸视野开始成为共识。如何从共同的文化基础中发挥创新与融合的创意思维,并加以产业化、优质化,成为台湾在两岸文化创意产业竞争中胜出的关键。《创意台湾》指出:"尤其现今两岸开放,两岸经贸关系逐步正常化,华文市场也渐渐成形;台湾近年来成为精致、创新及当代华人文化的孕育地,影视和流行音乐产业更是引领风潮,因此两岸和亚洲华人所形成的新的大华语市场,对于台湾来说是一个难得的新契机。"

文创二期的另一个重要突破,是台湾地区《文化创意产业发展法》的正式颁布。《文化创意产业发展》的出台,对台湾文化创意产业的发展具有重要意义:通过健全文创产业法制基础,以及建立著作财产权设质登记、授权制度,为文化创意产业的发展、流通提供制度保障;通过补助艺文团体、鼓励企业购票捐赠学生及弱势团体,以及文创业者租税优惠措施等,增加艺文消费人口,扩大艺文消费市场,活络文创产业发展环境;健全文创产业商业机制,设立财团法人文化创意产业发展研究院,建立文化创意事业投融资机制及台湾自有品牌,拓展国际市场,等等。

五、结语

台湾文化创意产业政策随着外部社会政治意识形态的变动和文创产业发展的实际而不断地调适、整合,既有延续又有突破,而文创政策在产业的推动上也已显露重要的作用。台湾文化创意产业政策的发展过程,也是台湾对发展文化创意产业认识逐步成熟的过程。台湾文化创意产业从最初经济发展视野下产业转型升级的现实需求,到寻求世界文化格局中"创意台湾"的形象定位,是一个逐渐深化和扩展的过程,由经济视野而涵盖至集政治身份、经济阶层和文化地位的整体诉求。

诚如"文建会"主委黄碧端所言:"如何善用台湾丰厚的文化基底及民间活力,结合产业、科技、文化、服务所发展的文化创意产业,不但是台湾未来进行产业升级转型的关键,且有助于标示出台湾人文与经济的全球定位。"[①] 综合地看,台湾地区推动文化创意产业发展,通过高度的创意加入,将文化产业提升为具有美学意义的产业,一方面延续"社造"运动的脉络,

---

① 引自2009年黄碧端为《视界——2008台湾工艺创意产业》所作序言。

使地方文化产业发展起到提振地方经济和社区文化认同的作用；另一方面以推进台湾的"国际化"为目标，通过文化创意产业塑造"当代台湾"的国际文化形象，对外行销台湾开拓市场，对内推广生活美学，引导民众消费品位和提升民众生活品质，活跃文化创意产业发展的内外环境，带动台湾地区由文化而经济、由经济而文化的社会人文环境整体优化。

交融、共生与困境：港台与内地合拍片的文化选择

一、华语合拍大片中的香港文化调整

澳大利亚学者大卫·古德曼（David Goodman）把"跨地性"定义为"认同多个地方"。华语合拍大片作为一种跨地文化的存在，其内在理念要求有"多方认同"的普世性。就其中的香港文化而言，必然通过自身调整以适应内地政策与市场要求。

1. 文化地位的悄然调整

从20世纪七八十年代内地与香港交流逐渐增多开始，香港文化所代表的流行、时尚、前卫就一直作为引领内地审美尤其是年轻人的风向标。香港明星偶像在内地的风行成为重要的文化现象，香港的服饰、发型成为内地流行一时的模仿潮流，录像厅中纵横恣肆、原汁原味的香港电影以本土原貌构成了观众对香港的仰视与想象，更重要的是，早期的合拍片在香港影人的主导下，对内地市场和观众都采取高姿态的单向文化输入。

如今，随着内地经济发展与影视产业的崛起，香港文化的单向流动成为历史，取而代之的是内地与香港的互动交流。香港影视剧中常看到的维多利亚海湾、中银大厦、尖沙咀、青马大桥等标志性符号，对内地人而言不再是纯粹的文化爱慕与想象，身临其境已变得十分简单平常。内地偶像层出不穷，逐渐盖过港星风头；录像厅不再，取而代之的是城市的多厅影院和多样的电影选择。随着电影产业的崛起与电影市场的扩大，内地文化逐渐提升自信，

内地市场和观众也对香港文化提出了新的要求。香港影人开始放下身段，认真考察市场，探索真正的融合之路。

2. 港式人文理念的主流置换

纯粹港式的人文理念往往集中于较纯粹的人性关怀，很少承载传统道德、家国情怀这样的主流价值，体现出香港重娱乐、重实用以及世俗性的价值观。在内地与香港合作的华语大片中，可以鲜明地指认出港式人文理念及其注重个体生命、情感以及人性复杂的影响。为适应内地需求，包括获得上映的保证、主流文化的赞许等因素，港式人文理念在融入华语大片的同时，自觉加重了传统道德、家国情怀、民族大义等主流价值观的展现。香港导演所携带的个人化的历史观念，在内地主流意识形态的强大裹挟下，呈现出自觉的调整：淡化历史消弭政治裂隙，或强化历史寻求政治庇护。灵活多变的历史书写策略，在合拍片中为香港文化留存了一份话语空间。

改编自张彻导演的《刺马》的《投名状》，所采取的就是淡化历史的策略。由于香港与内地对于以太平天国运动为背景的故事的不同讲述，造成接受语境中的裂隙。《投名状》悬置了对于历史运动的价值评判，对"长毛"、"太平军"的身份和名号予以抹去，而是将叙事中心集中于兄弟情义之上，从而将历史淡化成个人史。

2009年适逢新中国建国60周年，《十月围城》则在历史书写中选择了另一种路径——通过虚构历史来强化主流历史认同。在故事设置上，影片强化了革命性。电影讲述了20世纪初孙中山到香港以探母之名政治集会，清政府派出几百名杀手伏击，香港各行各业的人挺身前来保护孙中山。而历史上虽然孙中山一直都与江湖联系甚密，身边不乏游侠义士，但孙中山是否在香港遭到刺杀并无史料可查。《十月围城》所设置的刺杀孙中山的历史背景，从本质上讲源于"纯属虚构"的香港制作。对国族历史的认同与渲染，个人为国家牺牲精神的表达，使得《十月围城》似乎更趋向于"主旋律"影片，有大量对内地主流意识形态的唱和。但是，通过对历史观念的深究以及贩夫走卒们的个性刻画，《十月围城》仍保留了双重历史观中香港文化的隐性书写。笔者引入《集结号》与之对比，阐述两部影片在双重历史观体认中的不同选择。

3. 双重历史观的调和共生

2007年的《集结号》与2009年的《十月围城》，是一组诠释港式人文与内地话语调和的恰当案例。两部影片分别集中于战乱时代的个人书写，都是通过个人的牺牲成就了民族大义。《集结号》打开了中国战争片的全新叙事方式，以个人来观照历史，在传统的大历史叙述中加入个人史的讲述；而《十月围城》则将传统香港电影对个体命运的关注融入大的历史背景之中。不同的文化策略体现了两种历史观的冲突与调和。

首先，《集结号》与《十月围城》中个人牺牲具有不同目的，体现出不同的价值导向。《集结号》中，九连的少数人为了大部队的撤退而死守阵地，以个人生命换取集体利益。对于个体来说，牺牲的原因是因为集结号没有吹响，在对集体命令的绝对服从与指导员王金存对死亡的畏惧中，逸出了一丝主流意识形态对个人权利的剥夺。而《十月围城》表层的主题是宏大的——一群人保护一个精神领袖，为拯救民族而牺牲；但从个体上说，每个人都是为个人的追求而拼搏：沈重阳为挽回尊严，刘郁白为告别颓废，方红为替父报仇，阿四是为了报主恩情……更有意味的是，故事中除了少爷李重光，其他五位主角连将要保护的对象是谁都无从知晓——对革命领袖的保护，更多的是无关政治意义的个人目的。于是，在宏大叙事中，表现了浓厚的港式平民色彩。其次，两部影片都强调个人对历史的参与，但蕴含不同的历史观。民粹主义下的"人民史观"认为人民创造了历史，但实际上人民并未得到实质的权力，只是获得一种权威的名称。正如《集结号》中所强调的虽然个人为历史牺牲，最终获得了历史的"正名"，但"英雄"名号对于生命已逝的个体，相当于斯洛文尼亚哲学家齐泽克所说的"主人能指"，虽然赋予了主体一种相对稳定的象征身份，但实质上剩下空洞的躯壳。《十月围城》虽然刻意营造历史，寻求主流意识形态的肯定，但集中了大量平民的个人书写。导演陈德森一再强调，他只关心从平民的视角叙述历史。

因此，《十月围城》体现出另一种历史观。作为一种"叙述史的复兴"，贴近个人命运的日常史、微观史和新文化史的兴起已逐渐成为人们认识历史的新视角。德国历史学家汉斯·麦迪克为"日常史"所提出的"小即是美"的历史观，贯穿在《十月围城》中，体现出对小人物及其日常生活细节的叙写，镜头处处流露着人本主义的温情与悲悯。再次，对于"命名"的不同处理，也体现了香港本土文化的留存。法国哲学家路易斯·阿尔都塞所谓的"意识形态将个体询唤为主体"，体现出"命名"所具有的浓厚的意识形态招募意味。《集结号》中对"英雄"名称的执着寻求，背后蕴含着对意识形态的绝对臣服，个人必须在获得命名之后，才能完成个人意义的肯定。因此，以谷子地寻求命名的过程之艰辛，与最后命名结果的达成，完成了主流意识形态的权威性论证。而《十月围城》中，每个人物牺牲之后，字幕上直接打出人物姓名。小人物的自然"命名"，一方面显现出港式人文的个体尊重，另一方面也与主流意识形态做了巧妙的对接。

二、华语合拍大片中的香港文化困境

1. 内地主流文化的顺应

基于中国民族主义新殖民的思考，香港学者和西方学者都从后殖民理论论述了香港电影的身份迷思。对于"消失论"、"夹缝论"等后殖民理论，首先应该厘清的概念是"殖民"是针对不同国家或民族以及不同意识形态之间的征服与统治，中国内地与香港具有相同的文化根基，因此内地民族主义的后殖民话语难以成立。但是仍需警醒的是，内地文化所秉承的古老中原文化的强大融合力，在权力集中的主流话语主导下呈现出一定的文化熔炉倾向。1995年，香港资深影评人列孚通过观察香港电影由盛而衰的过程，论述了"香港电影之死"。

历经十余年探索，起死回生的香港电影在走入逐渐兴盛的内地市场之时，内地中心或主流意识，在很多地方都有一些强势表现。例如，中国电影合作制片公司起到了文化"把关人"的作用。"合拍公司"负责影片的立项、海关通关、审读剧本、初审影片，其中，审读剧本是重要的工作之一。客观上为电影的流通作了保证，但从文化意义上看，也起到了文化引导作用。基于商业目的的合拍大片必须为上映调整内容，适应内地主流话语的要求，对文化选择做出相应的调整。

2. 香港电影文化的变奏

2010 年《电影杂志》（Cinema Journal）上发表了一组名为《聚焦：中国崛起》（In Focus: China's Rise）的文章，海外研究者大多看到了在跨国跨地区制片的全球时代，中国蓬勃欲出的"打造中国的好莱坞"的文化野心，以彰显东方大国的软实力。而在此过程中，内地与香港的新文化协作势必是富有成效且伴随争议的，其症结在于两者文化属性的再现方式。在合拍之路上，香港影人一方面努力整合两地文化，调整香港文化以适应内地市场和主流话语；另一方面，在合拍片的文化熔炉中，香港电影文化已然出现了些许变奏。传统香港电影的一个特色是从内容到形式都已达到一种极致化的程度，即学者所称之的"尽皆过火，尽皆癫狂"。

而"文以载道"的宣教传统形成内地观众传统的观影思维定式，即使是商业电影，内地观众也并非作为纯粹发泄情绪的简单娱乐，而是要求其具有趣味性和认知性的双重价值。因此在合拍大片中，港式癫狂的极致性有所收敛。正如香港影评人罗卡所说："和内地合拍关系更形密切以后，内地华语片的娱乐性和电影动感是大幅度强化了，但香港的本土制作却像失去了从前的冲劲活力……所谓融合更多是香港特色融入了内地而给驯化了。"

对内地主流意识的讨好，使得民族主义元素在大量动作片中成为叙事动力。除了《十月围城》较好地保留了港式平民情怀之外，其他如《霍元甲》《苏乞儿》《叶问》《叶问 2》等几部动作片都体现出民族主义模式化倾向。民族主义的滥用，也体现出香港文化对于内地主流文化的妥协与屈服。需要指出的是，在香港文化试图寻求主流庇护而进行主流话语的融合的同时，也出现了主流意识形态融合中的裂隙。这不仅体现在相关学者对于《投名状》"掩盖春秋大义的无史之阵"的非议，也体现在《十月围城》中从暗杀发展为巷斗的为展示动作场面而导致的历史失真感。

在华语合拍大片的多元文化空间中，具有民族共性与地方特性双重样貌的香港电影文化，显现出独特的文化力量。当香港文化遭遇内地主流文化，两种文化在冲突、博弈，乃至最后的融合共生过程中，既有文化策略调整之后的共赢，也存在香港文化力量的走弱与"港味"的迷失。

三、新世纪以来内地、香港、台湾合拍片与中国国家形象塑造

1982年电影《少林寺》开启了内地与香港合拍电影的新模式。新世纪以来，随着世界经济文化合作的进一步深化，合拍影片日益成为中华区电影发展的趋势，并占据了内地大多数票房，涌现出了《卧虎藏龙》《英雄》《辛亥革命》等华语代表性影片。在取得票房以及社会影响的同时，经济目的永远不是电影的唯一目的。电影被称为"装在铁盒子里的文化使者"，文化就是软实力。内地、香港、台湾有着共同的文化根脉，在合作共赢取得良好票房收入的前提下，传输民族主流文化与价值观，塑造中国正面形象，抵御好莱坞等外来异质文化的侵袭与大机器生产所带来的异化，是新世纪赋予三地合拍电影的神圣使命。

提及"国家形象"时，一般将形象定义为："一种客观具体事物的主观映象，是客观刺激物经主体思维活动加工或建构的产物，是直接或间接引起主体思想情感等意识活动的迹象或印象。"国家是个体的集合与政治代表，个人与集体的形象最终将形成国家形象。西方学者指出"中国未来发展的最大问题不是经济，而是被扭曲的国家形象"。电影是具有意识形态属性的艺术媒介，它所表现与传达的形象正是人们所能接受的，是塑造民族与国家形象的重要载体，要有正确的价值体系。

1. 香港电影的形象塑造

在"九七"回归前，香港是杂糅英国文化、内陆文化、岭南文化甚至黑帮文化的高度复混体，对内地的黏合度与归属感不强，一直在中华文化向心/离心的张力下矛盾地发展着。香港影视是高度工业化的生产，商业是其唯一性目的，票房成为塑造形象的唯一考量因素。香港电影体裁上是注重娱乐性的喜剧、闹剧以及注重斗勇、斗狠、宣扬民族主义气节的功夫电影，形成了一种彻底解放的自由娱乐的"港味"娱乐美学。如同苏联文艺理论家巴赫金所言，是"死亡与再生的结合，否定（讥笑）与肯定（欢呼之笑）的结合"。

受拍摄场地所限，大场景拍摄往往以"三五兵卒即为千军万马"的戏剧手法表现，深受"梅兰芳"戏剧体系影响。理念上以"娱乐"为龙头，传达的价值观比较杂糅，有崇尚西方的自由与虚无，也有东方的江湖与暴力，夹杂着对中华强盛的怀念与对美好未来的期盼，形式上表现极致化与重视细节，20世纪下半叶曾经席卷东南亚与内地等主要华语区，其功夫片在世界上也有一定位置，形成了"香港电影"流派。总之，由于相对自由宽松的社会与经济环境，香港电影的创作可谓天马行空，其塑造的形象可谓五花八门，可用"天涯浪子"来形容。

2. 台湾电影的形象塑造

与作为东方之珠和大陆的联系从未间断的香港不同，台湾这一悬海天际的孤岛，孤零漂泊成为其文化宿命，也注定了电影的飘零主题。台湾由于政治因素等不会像香港电影那样自由，在独特的政治、社会背景下，强调导演风格、注重台湾历史，并崇尚以电影做宣传工作，但在本岛不叫座，票房下滑。1998年，台湾电影生产不到20部，2001年1~10月间，仅有11部，至2006年，在台湾的占有率仅为1.62%。银幕形象充满着对自身身份的怀疑与对西方文化的融合、冲突，如李安的《推手》《喜宴》《饮食男女》等。在侯孝贤、杨德昌为代表的传统新电影之后，形成了台湾新族群导演（台湾学者卢非易的命名方式）。林正盛的《爱你爱我》、侯孝贤的《千禧曼波》和《最好的时光》第三段、戴立忍的《台北晚九朝五》等从不同角度表现了台湾人解构生活以及主体对心灵死亡的漠然态度。正如《千禧曼波》的旁白："街上都是行色匆匆的上班族、学生、家庭主妇，她（Vicky）让自己像他们之中的一分子，吃拉面、看电视。"台湾在社会成长和成熟之际，本身所拥有的纯真与真挚也被消磨殆尽。塑造的形象虽然没有回归前的香港那样五花八门，但在三地影片中，台湾电影最具有先锋特色和后现代色彩，超前与先锋、游离与孤独、文化的无根性成为台湾电影主题的注脚，可用"海外游子"来形容。

新加坡的"文艺复兴城市计划"

随着全球经济一体化的进程加快,各国之间的竞争已发展成为综合国力的竞争,文化竞争力在综合国力的竞争中占据着越来越重要的位置。作为我们的近邻,新加坡国土面积狭小,仅687平方公里,甚至不如我国很多县区国土面积,其人口有530多万(2012年统计),独立建国也仅40多年。就是这样一个东南亚小国,不仅创造了"亚洲四小龙"之一的经济奇迹,更是改变了"文化沙漠"的地位,成为世界文化产业最为发达的国家之一。汲取和借鉴新加坡发展文化产业的成功经验与做法,对提升我国文化软实力具有重要意义。

一、新加坡文化产业发展历程及现状

在新加坡,文化产业被定义为"创意产业",根据2002年的《创意产业发展战略》,新加坡创意产业共分为三个领域:文化艺术、设计和传媒。其中,文化艺术包括表演艺术、视觉艺术、文学、摄影、手工艺、图书馆、博物馆、画廊、档案、拍卖、文物遗址、艺术表演场所、各种艺术节及其他艺术辅助事业等行业;设计则包括广告、建筑、网页、制图、工业产品、时装、室内外装修等设计行业;传媒包括广播(包括电台、电视台和有线广播)、数字媒体、电影和录像、唱片和出版印刷等行业。目前,新加坡文化产业已成为其经济发展的重要产业之一。

1. 新加坡文化产业发展历程

从20世纪80年代末开始,新加坡政府就高度重视文化产业,将文化产业的发展上升为国家战略,通过设立负责文化产业发展的专门机构,制订分阶段文化产业发展规划,通过财税优惠、资金扶持等加大文化产业扶持力度等措施,全面引导和促进文化产业的发展。

(1)初始发展期(20世纪80年代末)

1988年,新加坡文化和艺术咨询理事会(ACCA)成立,旨在将新加坡建设成一个充满文化活力的社会。次年，该理事会提交了国家艺术发展报告书，该报告书被认为是新加坡文化艺术发展的分水岭，对加强文化自身建设的重要性作了明确定义，并直接促成了新加坡国家艺术理事会、国家文物局以及新加坡美术馆、亚洲文明博物馆、国家图书馆体系等行政机构和艺术场所的建立。

（2）战略发展期（20世纪90年代）

20世纪90年代是新加坡文化产业发展的关键十年。1990年，文化部撤销，其职能职责由社区发展部和信息艺术部承担。随后，新加坡又在1991年和1993年分别设立了国家艺术理事会和国家文物局，隶属于信息艺术部。这期间，全国加快了艺术场所的建设，国家历史博物馆、新加坡美术馆等26个艺术场所相继建成，而在80年代，建成的艺术场所仅有2个。1998年亚洲金融危机给新加坡经济带来巨大冲击，也使新加坡更深刻认识到文化产业发展的作用，将"创意产业"提高到21世纪战略产业的高度，作为推动经济快速增长的引擎之一，文化产业的发展自此上升到国家战略高度。

（3）加速发展期（2000年至今）

进入21世纪以来，在各规划项目的指引下，新加坡文化产业围绕发展目标，实现了加速发展。2000年，新加坡制定了《文艺复兴城市计划》，该计划规划时期为2000~2004年，目的是将新加坡发展成为"有特色的全球文化城市"，使新加坡因文化艺术而成为适于"工作、生活和休闲的地方"。此计划也标志着新加坡由重视文化硬件基础建设逐渐开始向重视文化软件建设转型。2002年，新加坡掀起了文化建设高潮，结合"再造新加坡"目标，积极推行"艺术无处不在"、"巧思妙想计划"、"艺术之旅"计划、"知识新加坡计划"等项目，意在通过发展文化资产，提升整个国家和人民的竞争能力，打造创意新加坡。同年9月，新加坡政府成立了创意工作小组，并公布了《创意产业发展战略》，该战略将新加坡创意产业发展重点明确为三大领域：文化艺术、设计和媒体，并提出了各个领域中的具体发展目标，包括"文艺复兴城市""全球文化和设计业中心"和"全球媒体中心"。随后，针对发展目标制定了3个非常详尽的战略计划《文艺复兴城市2.0》（规划期为2005~2007年）、《设计新加坡》（规划期为2004~2008年）、《媒体21》（规划期为 2003~2008 年）。新加坡政府希望到 2012 年将创意产业增加值对 GDP 的贡献提高到 6%。目前，这三个战略计划已分别升级到《文艺复兴城市 3.0》（规划期为 2008~2015 年）、《设计新加坡》（规划期为 2009~2015 年）、《新加坡媒体融合计划》（规划期为 2009~2015 年），三个战略都对 2015 年的发展目标作出了明确规定，甚至对 2020 年进行了展望。

这一时期，新加坡文化产业管理机构更加健全。2003 年先后成立了媒体发展局（MDA）和设计理事会，分别负责全国传媒产业和设计产业的发展，现均隶属于新加坡通讯和信息部。文化艺术产业则由 1991 年成立的国家艺术理事会和国家文物局负责，现隶属于新加坡文化、社区和青年部。作为负责文化产业管理发展的法定机构，媒体发展局、设计理事会由国会通过专门立法设立，董事会主席是最高领导人员，由各个政府部门委任，对所属部门负责。这些机构在促进各自文化领域的发展方面取得了巨大成就。它们既是行政管理机构，又同时具备完善的公司治理架构，任命首席执行官、首席运营官、财务官等职位。可以说，这些机构通过采用市场化运作的模式，既有着公司的办事效率，又有利于接受政府和公众的监督。

2. 新加坡文化产业发展现状

（1）文化产业对经济社会发展的支撑作用不断增强

2003 年，新加坡信息通讯艺术部（MICI）组织专家学者完成了研究报告《新加坡创意产业的经济贡献》，对 2000 年全国创意产业发展情况进行摸底。经过十年的发展，到 2010 年，新加坡创意产业增加值由 2000 年的 29.77 亿新币增长到 118 亿美元，占 GDP 的比例也由 2000 年的 1.9% 增长到 3.8%。从业人员实现大幅增长，由 2000 年的 4.685 万人增长到 14 万多人，占全国总就业人数的 4.8%。其中，文化艺术产业增加值达 12.8 亿美元，就业人员达 24 863 人；传媒产业增加值达 66 亿美元，增长尤其显著，自 2005 年起年均增长 25%，从业人员达 68 300 人；设计产业增加值 39.2 亿美元，从业人员达 47 300 人（注：以上数据均不包含文化分销产业数据）。

（2）文化产业集群已具相当规模

按照新加坡文化产业的三大领域划分，其产业集群也分为文化艺术产业集群、传媒产业集群和设计产业集群。新加坡文化产业集群发展已具相当规模。

文化艺术产业集群：根据《2012年新加坡文化统计》，至2011年，全国文化艺术企业共有856个，是2003年的2.8倍；各类文化艺术活动达31 886场，与表演艺术相关的演出为8 663场，其中售票演出达4 630场；2010年各类文化艺术表演运营收入达57亿美元。

传媒产业集群：根据新加坡媒体发展局《年度报告2011/2012》，2011年，全国电视广播公司达12家，提供400个电视频道；2010年，新加坡出版行业产值已达12亿新币，创造了9 300个相关就业岗位，拥有550家出版机构；数字媒体产业增加值自2007年至2010年，年均增长12%，达到12亿美元。

设计产业集群：目前，新加坡的建筑设计、广告设计、平面设计、时装设计在国际市场上具有较高的知名度，并占据了一定的市场份额。

（3）文化产业基础设施建设完备

新加坡拥有世界级的城市基础设施。近年来，为发展文化产业，新加坡积极兴建各种现代化文化艺术场馆，文化产业基础设施门类齐全，非常完备。截止到2011年，新加坡共有各类博物馆、艺术场馆56个。其中：历史博物馆13个，文化、军事、科技馆各10个，艺术、保健博物馆各5个，生活用品博物馆3个。2002年10月建成的滨海艺术中心是新加坡首屈一指的艺术表演场地，已成为建设全球性艺术城市的标志性建筑，全世界最繁忙的艺术中心之一。新加坡也成为国际知名的艺人、艺术公司亚太巡回演出的必经之地。各类文化艺术活动，吸引了大量海外游客到新加坡旅游观光，与其配套的酒店、餐饮、商贸等配套设施也加快发展。全球15大连锁酒店集团当中，已有包括希尔顿、喜达屋、洲际酒店集团、阿联酋的Jumeirah集团、四季酒店、雅高和万豪国际俱乐部等9家在新加坡设立区域总部。

（4）文化产业国际竞争力不断提升

根据世界经济论坛（WEF）《2012~2013全球竞争力报告》，新加坡全球竞争力排名第二，仅次于瑞士。这为提升新加坡文化产业国际竞争力奠定了扎实的基础。目前，新加坡的创意文化产品在世界上具有较好的知名度，广告设计、出版印刷等占据了一定的市场份额。从产业群看，新加坡的传媒产业已居于世界一流水平,其中动漫和游戏产业为首的数字媒体产业发展尤为抢眼,增长迅速,在国际竞争中具有一席之地,也吸引了众多世界知名的数字媒体公司进驻新加坡,包括日本电玩制作公司 TECMO、美国电影公司 Lucas Film、英国著名视觉特效工作室 Double Negative、艺电(Electronic Arts)和欧洲最大游戏工作室 Ubisoft。

二、新加坡发展文化产业的经验

1. 定位高远

受制于国土面积狭小、资源贫乏等不利因素,新加坡人很早就认识到发展文化产业的重要作用,成为亚洲第一个将发展文化产业上升为国家战略的国家。早在 1989 年,新加坡总理吴作栋就提出新加坡已处于应该在文化和艺术上投入更大的关注和资源的阶段。为应对 1998 年的金融危机,新加坡从国家战略高度将"创意产业"定性为 21 世纪的战略产业,并确立了将新加坡建设成为"亚洲主要城市和世界级文化中心"的宏伟目标。随后,围绕发展目标,新加坡根据文化产业的不同领域,分别制定了不同发展阶段的产业发展规划,设定了不同的发展目标和相应的发展政策,全面系统地确立了文化产业的战略核心地位。

2. 政府引导大力扶持文化产业

世界各国文化产业发展主要有两种模式,一是由市场和行业自发主导并运行的,如英国、美国、日本等;二是由政府主导下进行的,如韩国、新加坡和中国等。新加坡充分发挥政府的引导作用,从生产到需求、从政策到资金,对文化产业进行全面扶持,积极推进文化产业的发展。2000 年制定的《文艺复兴城市计划》提出了发展文化产业的六大措施,包括培养欣赏与从事文化艺术的庞大群体、发展旗舰艺术公司、加大政府投入培育本地人才、提供良好的基础设施等,并明确提出在 5 年内增拨 5 000 万新加坡元用于发展文化产业。随后的《文艺复兴城市 2.0》、"设计新加坡"等规划中,更是提出了各类扶持文化产业发展的优惠政策,鼓励和激发民众对文化的更高需求,加大对文化企业的扶持，对文化产业的发展起到了催化作用。如实施"艺术百分比"计划，即政府出资一部分，制作、购买和维护公共场所艺术作品，以推动公共艺术发展；新加坡生产力、标准与创新局设立初创企业计划，对非技术性的、但有好的商业点子和增长潜能的创意初创企业给予每个30万新币以下的资助等。同时，新加坡政府不断加大在文化产业上的投入。据统计，2006年至2010年，新加坡经济发展局投入了5亿新加坡元发展数字媒体产业，2011~2015年间再投入5亿新加坡元。在2011年新加坡财政预算中，新加坡政府计划每年投入3.65亿新加坡元到文化艺术产业，该计划一直持续至2015年。

3. 重视创意人才的引进和培养

新加坡政府将创意人才的培养作为发展文化产业的基础。自1993年开始，新加坡启动了艺术教育项目，根据创意才能发展的不同程度，将不同程度的艺术、设计和媒体相关的内容融入教学内容中，建立了从小学教育开始的渐进式创意产业教育体系。新加坡政府特别重视高级创意人才的培养，2007年出资8 000万新元建立了一所专门的艺术学校，每年招收1 200名学生。同时，新加坡政府还积极推进与国际顶尖学术和研究机构进行广泛合作，如与伦敦皇家艺术学院、洛杉矶巴沙迪那艺术中心、美国麻省理工学院媒体实验室等合作，在新加坡国立大学等高校开设艺术、设计和媒体相关的大学课程，设立相应的学位，建立媒体实验室，着力培养创意产业高级人才。新加坡媒体发展局自2013年起5年内投入1 500万美元用于"创意人才资助"计划。除了培养自身的人才，新加坡还广泛吸纳、招揽其他国家和地区的创意人才，通过提供高额助学金吸引海外留学生、降低使用外国劳工税、放松跨国婚姻限制、完善社会保障体系等措施大力招引创意人才。

4. 多举措并行整合，开发文化资源

新加坡是个城市国家，但也是个多元民族社会，文化资源也是多元的。在新加坡530万人口中，除华人占70%多外，还有马来人、印度裔和欧亚裔等不同族群。各民族和平共处，在长期的生产生活中，发展出独具特色的

多元文化。新加坡的多元文化特色首先体现在官方语言设置上，马来语是新加坡的国语，英语、汉语、马来语、泰米尔语同为官方语言；其次体现在公共假日的设置上，新加坡每年有11天法定节假日，除元旦、国际劳动节和国庆节外，其余8天都是民族和宗教节日，如华人新年、佛诞日、开斋节、哈芝节（宰牲节）、圣诞节、排灯节等。另外，各民族在长期生活中还形成了各具特色的生活方式、语言、风俗习惯、建筑风格等，在新加坡城市建设中都得到了充分的展示，既保留有乌节路等街道和古老房屋及各种风俗，以全球性艺术城市的象征——滨海艺术中心等为代表的现代建筑也比比皆是。新加坡积极整合各种特色文化资源，将特色文化产业化，促进整个文化产业的发展。如每年举办的新春"妆艺大游行"、"新加坡艺术节"、新加坡双年展、新加坡作家节等，已成为新加坡演绎多元传统文化的重要活动，吸引了众多海内外游客参加。

三、新加坡发展文化产业的经验对我国的启示

在我国，文化产业的发展已逐步上升为国家战略，其经济地位也在逐步提升。根据国家统计局的数据，2011年我国文化及相关产业法人单位增加值为13 479亿元，比2010年增长21.96%，高于同期现价GDP年均增长速度4个百分点，文化产业继续保持快速发展的态势。文化产业法人单位增加值占当年国内生产总值的比重达2.85%。各省市区文化产业也实现了稳步发展，北京、上海、广东、云南等6个省市区文化产业增加值占GDP比重超过5%。然而，我国的文化产业还面临着产业发展层次低、结构不合理、创意人才缺乏、文化资源开发不足等问题。这些问题不解决，必将影响我国文化产业未来的发展。新加坡文化产业发展的成功经验，可以为我们发展文化产业提供以下借鉴：

1. 要全面规划文化产业的中长期发展战略

新加坡的经验告诉我们，政府在文化产业发展上发挥着重要的作用，关键是要在战略上对文化产业发展实行全面引导。要积极营造产业发展的良好环境，在软、硬两方面为文化企业和个人提供公平、透明的竞争环境、发展

环境。要充分发挥政府在文化创意产业的持续发展中的引导作用，根据我国实际情况，按不同时段制定文化产业的发展规划，尤其是5至10年的中长期规划。各省市区也要根据本区域比较优势和发展重点，提出本区域文化产业的发展目标，对文化产业发展给予全方位指导。各级政府要注重强化规划的执行督促检查，确保规划完整落实。同时，优化政府主导文化产业发展的管理体制，建立相对统一的文化产业管理机构，强化文化产业管理机构的产业发展引导职能，有效地对文化产业的各项资源进行统筹协调，并参照新加坡媒体发展局、设计理事会等运作模式，通过市场手段，加快文化产业核心要素资本的培育和推进。

2. 注重地方特色优势文化资源的整合和利用

独具特色的文化资源是文化产业发展的重要基础条件。新加坡的经验表明，在文化资源的开发利用方面，既要尊重历史传统，也要与时俱进与时代结合，核心是突出地方特色，进行深度开发。我国发展文化产业具有丰厚的文化资源基础，要在保护和传承民族文化遗产的基础上，积极推进资源整合，大力开发特色文化产业项目，既保留传统民族文化的"原生态"，又实现现代文化与传统特色文化的完美结合。特别要加强文化资源的转化能力，深入开发和利用各地丰厚的文化资源，注重对中端的市场需求分析和高端的市场营销及衍生品开发，不断开发衍生产品，提高文化产品和服务的附加值，提升文化产业竞争力。

3. 积极培养和壮大文化产业人才队伍

文化产业的竞争，实质上是人才的竞争。新加坡的经验表明，培养文化产业人才是加快文化产业发展、提升国民素质和城市竞争力的重要举措。因此，必须建设一支高素质、结构合理的创新型文化产业专业人才队伍，这支队伍既要有懂经营、会管理、精于处理经营与文化关系的管理人才，也要有能够实现最新科技与文化产业结合的创新型专业人才。

在人才培养方面，要注重内培与外引相结合，培养新人与提升旧人相结合。首先，要加快建设从小学到大学的艺术、媒体、设计教育体系，特别是通过专科、本科和研究生等多层次教育模式，培养和造就一批从事文化产业的创意人才、策划人才、外向型人才和网络科技人才。其次，要加大现有人才的培训制度，完善人才激励机制，拓宽人才选拔途径，通过提供继续教育机会等方式，提高现有文化产业从业人员的素质。最后，要开辟引进国内外优秀人才的绿色通道，对国内外文化产业精英要制定灵活的引进优惠政策，诸如提供创业资金、股权分配、子女就学服务等各项政策，增强政策的吸引力，广泛吸纳高端文化人才，增加高端文化人才储备。

4. 加大对文化产业的扶持力度

在新加坡，政府不断加大财政投入，积极扶持、支持文化产业，有力地促进了整个产业的发展。要借鉴新加坡的经验，一是要对从事文化产业的企业给予财税优惠，增强文化产业的吸引力，不断壮大文化产业队伍；二是多渠道筹措文化产业发展资金。文化产业企业绝大部分规模较小，风险较高，在初创时期经常遇到资金问题，要通过专项资助、贷款担保、鼓励风险融资等方式协助创意企业获取资金，以此推动文化产业的发展。同时，有目的、有重点地对龙头文化企业实施资金、政策支持，以发挥龙头企业的带头作用。

捌
互联网：中国文化创意产业的超级引擎

引言：中国正站在文化创意产业大爆发的临界点上

种种迹象表明，中国正站在文化创意产业大爆发的临界点上。而引爆这一划时代产业原子核的就是互联网。

据北京大学文化产业研究院副院长陈少峰教授预测，到2016年底，互联网文化产业将占文化产业市场总值的70%；媒介融合实际上是新媒体在崛起而传统媒体在衰弱，传统媒体占10%，传统报业、出版、杂志的收入将会继续下降；艺术品与工艺美术、娱乐设备等占10%；体验（电影、演出、曲艺、卡拉OK）娱乐和主题公园、设计占10%。在此消彼长的变化中，互联网文化产业将跃升为当之无愧的主角。

互联网与传统文化产业的关系有两个层面：一部分即互联网本身的文化产业，另一部分是传统文化产业搬到互联网上，如电影票、工艺美术品等物品的网上售卖。互联网本身的文化产业迅速崛起，如网游、手游、APP、网络广告、动漫、网络音乐、微博、微信等等，已经成为社会文化新的领地；传统文化产业一旦搭上互联网这班快车，也获得了倍速的发展，比如电商的崛起。

在移动互联网时代，文化产业将以核心平台企业为主，企业也将形成舰队式结构；互联网企业主导的并购与资源整合加速。互联网企业上市后，资本运动将会实现线上占领线下的局面。BAT成长为中国互联网文化产业的巨无霸，也是历史上从未有过的"网络寡头"，近两年，BAT加快了资源整合的速度，几十亿甚至上百亿规模的并购案例屡见不鲜。

互联网时代，平台为王。在互联网和移动互联网领域，平台将是无边界的，平台会包含部分内容，同时也是技术平台、零售平台、娱乐平台、资源整合平台等多种平台的合体。信息、娱乐、媒体、文化、创意等产业开始融合，各种资源的碰撞、交汇，必然爆发出惊人的能量。

国际版权界把延长产业链带来的收入称为二次、三次用到更多次授权带来的收入。增加授权次数的收入很重要，因为二次授权以后的利润是主要的利润增长点。中国的网络文学目前正在成为越来越重要的版权资源，电影、游戏、视频都可取材于此。一直习惯了"免费"的网民必须适应版权经济的约束，版权产业的复兴意味着中国真正与国际接轨，告别过去拿来主义的草莽英雄时代。

互联网金融的创新模式也在激励着自身快跑。众筹股权投资与新的文化金融模式会给文化产业带来鲜活、巨大的资本和投资模式；大舰队式的企业集团将会产生无限可能的企业市值。一万家垂直网站，十万人众筹出书，百万个爱好者举锤参与艺术品拍卖，千万个粉丝点播歌曲与虚拟现场互动，亿万人的移动视频穿越，都有可能令舰队式的文化企业产生无限的企业市值。

互联网文化产业创造出了明星合作粉丝经济的模式，像郭敬明的《小时代》，韩寒的《后会无期》，票房轻轻松松就达到四五个亿，这是粉丝经济创造的电影奇迹。没有人敢忽视粉丝的巨大能量，韩剧、韩国流行音乐都是靠海量的铁杆粉丝支撑着。

娱乐无边界、平台无边界。互联网思维缔造了小米这样的创富神话，一家原本名不见经传的公司，3年内品牌价值超过百亿，手机年销量几千万，直逼手机巨头苹果、三星。这样的互联网思维造就的奇迹，在中国大地上不断上演。

大数据、云计算、物联网，互联网在悄悄地改变着世界，也改变着作为世界第二大经济体、同时拥有近14亿人口的发展中大国——中国。

中国：站在新世纪互联网文化产业的风口

一、2015年我国信息消费有望攀高至5万亿元

2014年11月19日，世界互联网大会在中国乌镇开幕，中国几大互联网公司的创始人以及微软、谷歌、苹果等外资公司的代表出席此次会议。他们将在为期3天的会议中讨论了跨境电子商务、信息消费、网络安全等众多产业发展问题。

英国科技研究机构CM Research公司总经理塞勒斯·梅瓦瓦拉称："中国的互联网市场，无论规模、能力还是影响力，皆可与美国比肩。"数据显示，中国拥有6.32亿网民，其中有5.27亿人通过移动端浏览网络。多家国际调研机构预测，2015年中国网民数量将跃升至8.5亿人，这意味着作为网络大国，中国的互联网经济仍具备高速增长的潜力。

在此次大会上，国务院副总理马凯致辞称："将更好地利用互联网，改造提升传统产业，培育发展新产业、新业态，推动经济提质增效升级、迈向中高端水平。"马凯还表示，将会进一步加速互联网基础设施建设，促进网络经济发展，推动新兴互联网技术研发，保障互联网安全。

马凯的表态意味着未来我国将会继续推动互联网产业的发展，并使其在国民经济中扮演更为重要的角色，同时，揭示了未来四大互联网产业的机遇，即网络基础设施、包括电子商务在内的信息消费、以云计算、物联网和大数据技术为代表的新兴网络技术，以及网络安全四大领域。

据中信证券等券商机构和工信部电信研究院研究显示，2015年我国信息消费规模突破3.2万亿元，这将给互联网基础设施建设、电子商务、物流、云计算、物联网、大数据等细分领域带来巨大的产业机遇，相应的创投活动也会日益踊跃。此外，随着移动互联网等技术的快速应用，互联网技术正在与传统行业相结合，除了对传统制造业、服务业起到升级改造的作用，还不断创新出新的商业模式和经济形态，这将对我国转型期的经济发展起到极大

的推动作用。

二、互联网已成为中国文化创意产业发展的温床

文化创意产业已经成为我国政府及社会高度关注与重点扶持的产业，在过去的几年中，从中央政府到地方政府都针对文化创意产业推出了很多扶持政策与奖励条件。文化创意产业本身是一个大概念，在这个概念下包含着游戏、动漫、文学、音乐、影视、出版、软件、时尚设计等等非常多的行业或者领域。那么这些行业的共性特征是什么？笔者认为一方面是具有自主的知识产权，另一方面是创意性内容密集。随着我们对创意产业的理解加深，我们发现互联网成了中国文化创意产业发展的温床，在这个平台上，属于文化创意产业的不同领域正发生交融。互联网对于中国的文化创意产业发展具有以下几方面的意义：

1. 互联网成为文化创意产业内容的发源地

随着WEB2.0概念的盛行，互联网为"草根"的原创内容提供了广阔舞台，低门槛及方便的上网条件，使每个人都可以轻松地将自己的创意展示给大众。而博客、播客、个人空间、文学原创、FLASH等互联网服务平台，不但聚集了具有创意头脑的人群，同时也为他们提供了交流和互相促进的条件。

2. 互联网成为文化创意产业内容的试验场

把一个概念、一个创意，变成一个产品乃至一系列产品，需要投入大量的成本，而大投入后是否可以被广大消费者接受，创造期望的商业价值，又成为投资者面对的一个巨大风险。有了互联网的存在，目前这些风险都好像被降低了很多。一个创意如果能够在互联网上被大众广泛接受，被不断地传播，并创造点击纪录，那么投资商的风险就会大大减少。例如，出版商们正在把网络展示当成图书出版的路演，如果一本小说的网民反应激烈，那么大量出版就有了非常好的市场基础，投资风险可以降到很低。

3. 互联网为文化创意产业提供有效的销售渠道

文化创意产业下的各个行业和领域都有自己垂直的发行、销售渠道，而互联网则为这些不同的领域带来了一个共有的发行或者销售渠道。同时这个渠道的作用被不断地放大，越来越多的消费者接受通过这个渠道提供的服务，比如音乐、图书、影视等。这样的一个渠道既可以提高销售速度，缩短周期，又可以降低渠道成本。互联网的快速发展将会极大地促进中国文化创意产业的发展，而文化创意产业也将促进互联网的应用普及和价值创造能力。

三、移动互联网将改变文化创意产业的走向

清华大学新闻与传播学院常务副院长尹鸿认为，文化创意产业的第二次腾飞一定跟互联网有关，文化企业都应在互联网业态上深度挖掘。

小米科技副总裁尚进认为，大家眼中卖手机的小米科技本质上是一家互联网公司，他们最近也在网上策划了一个"小米的互联网思维"的话题，在网民中深受关注。小米科技很早就涉足移动互联网领域，据介绍，"小米互娱"已经成立，互动娱乐就是嫁接在互联网业态上的文化娱乐产品，"小米互娱"未来发展将不止依赖于小米品牌，会独立进行品牌运营，通过"米聊社区"等渠道，使之具有更为广阔的互通性。

爱奇艺市场部副总裁陈剑峰谈到，在爱奇艺火爆的两部剧《来自星星的你》和《爱情公寓4》，都是移动互联网力量的体现。据介绍，《来自星星的你》成功将话题引燃到微信圈。而在2014年春节，在爱奇艺独播的《爱情公寓4》，8天时间内观看量达到了8亿，并且60%以上的观众是使用移动设备进行观看的。虽然两剧的受众不同，但两部剧有一个共同特点，就是在网络上的播放量远远超过电视台的收看率，他认为这恰恰说明在移动互联网时代，更多的用户通过各种各样的设备搜索、点播视频，这样一种观看行为已经越来越明显。

互联网也深刻改变了出版业。当当网是图书网购模式的集大成者，其总业管部总经理谢志宁在一次研讨会上说："中国最大的实体书店西单图书

大厦最多容纳图书品种 20 多万种，而当当网去年网上销售已经超过 100 万种，常年保有库存也有 80 多万种，是最大实体书店的几倍。而这样的茫茫书海正是依赖互联网搜索技术这个革命性的变化，帮助读者迅速找到自己想要的书。"谢志宁总结了当当网的三个发展阶段，从中可以看出互联网技术对传统行业的颠覆。当当网的第一阶段——Web1.0 阶段，主要是以丰富的品种为基础，以搜索技术为核心，依靠向读者主动推送的形式经营。第二阶段——Web2.0 阶段，开始有互动形式，形成当当社区，并可跟其他同类社区和自媒体共联分享；此时当当网通过长期的数据积累，已开始具备跟踪读者从哪儿来、看了什么书等个性化需求的能力，开始通过《猜你喜欢》等栏目进行个性化消费推荐，准确率非常高。现在当当网已经进入了第三个阶段，即以移动互联网和大数据为代表的时代，当当网拥有自己的阅读器、移动客户端等，让移动阅读端口无处不在。

四、互联网文化产业：可与美国匹敌的准航母舰队群

1. 文化创意产业的三个层次

在一个论坛上，中国人民大学文化创意产业研究所所长金元浦教授讲述了文化创意产业内部的三种层次。第一个层次是依托或者借助于旅游业为龙头发展的特色文化产业。在这个阶段，旅游业进入比较容易，门槛低，对于人员的要求也比较低，主要利用每个地区的资源优势。但是，就目前中国旅游业的规模来说，文化创意产业想要成为支柱性产业，还需要大的跨步。同时，实现这个跨步还存在很多的难题，比如增加值就很难保持一个较高的年增长速度。第二个层次是目前已经形成的常态的文化产业，比如说中国电影集团、中国出版集团、北京电影电视集团等，还有其他一系列以国有企业为主的改制后群体。这个群体曾经发挥了较大的作用，但也存在自身的一些危机和问题。第三个层次就是以高科技为支撑的新兴创意产业。这部分代表了我国文化产业发展的新方向，这是借助高科技创造出来的一种产业形态。

2. 新技术改变文化生态

金元浦表示，新技术改变了文化生态和人类生存的方式，他称之为"大、智、云、移、自"。"大"是大数据，"智"是智慧城市，"云"是云计算，"移"是指移动网正在取代目前PC机成为发展中的最大目标，"自"是指自媒体、微媒体成为最重要的发展趋向。在这样的背景下，文化产业的特点是"小、微、新、特、融"。"小"是小企业的发展，"微"是指微方式的发展，"新"是指这种企业用微信和微电影等微方式创造了新的产业运营方式，并由此产生了整个新业态。其中以移动网、自媒体以及微方式为主。"特"是酷特色，越是独特就越是"酷"，在发展中越可能引起共鸣。"融"是指融思维，就是要跨界思维和跨界的产业。以前文化产业、文化研究和艺术学研究就在一个封闭的小圈子里，现在最大的特点是跨越这个圈子，而且这个跨越不是小跨越，而是整体上大跨越。也就是说，整个艺术或者艺术的产业化，可能与社会生活中任何一个方面密切相连。

3. 数字化技术推动社会发展

金元浦表示，新的数字化技术在五个方面推动了社会的发展。第一，数字技术在原创领域开创了新思路或新通道，这是一个最初的原创层次。第二，数字技术推动了内容产业的大发展，出现了一大批新的微文化产品。第三，数字技术开创了传播方式新革命与新手段，尤其是自媒体和微媒体等形式，开创了注意力经济与眼球经济的新时代。第四，数字技术已经催生出文化消费方式的新变革，手机或者微信、公众网、朋友圈的这种传播，成了非常重要的一种传播方式。第五，数字技术打开了中国文化走出去的新通道。这就是文化软实力和科技硬实力的有机融合。也就是说，创新成为一个国家发展的根本动力，而推动这个创新的就是科技的硬实力加上文化的软实力。

4. 与互联网相关的文化创意产业将成核心

金元浦表示，与互联网相关的文化创意产业已经或者必将成为我国文化创意产业的高端、核心、领军、先导产业和真正的支柱性产业。这个产业群体是一支中国文化创意产业未来的领军产业,是逐步可以与美国匹敌的准航母舰队群,其特点是高速成长、互联网传播、风险融资方式以及现代企业运营的方式。在这一系列过程中,最终要解决的问题就是互联网思维的问题。互联网思维在今天有着非常重要的意义,而互联网思维第一重要的就是用户思维,用户思维法则第一条就叫作"得屌丝者得天下",这是当前的一个发展趋势。"屌丝"是动力,是未来的大腕,是整个文化创意产业中最具有创造力的部分,是未来新的企业家和新业态的创造者,所以说"得屌丝者得天下"。

数字化时代中国文化如何走出去?

佛教为什么不如基督教易于传播?和"圣经故事"相比,"色即是空,空即是色"的参悟实在晦涩。在印刷时代,基督教的传播有意无意中走了一条讨巧路线,西方文明在"亚当夏娃"、"诺亚方舟"、"该隐亚伯"的口口相传中走向繁荣。

相较于西方,中国五千年的文明因语言不通、内容浩瀚,频频遭遇传播困境。随着新媒体时代的到来,信息的沟通方式发生了巨大变化,互联网和影像化似乎给中国文化"走出去"开辟了一条新的路径。

2012年,中国电视剧《媳妇的美好时代》意外走红非洲,1亿多非洲同胞捧场"中国好媳妇";纪录片《舌尖上的中国》更令国外电视台和版权商趋之若鹜。在谷歌全球副总裁刘允看来,这些屈指可数的成功案例正是文化产品包装与受众需求相匹配的结果。

一、影像时代需要新的文化传播方式

在北京师范大学举办的"文化走出去的价值应用与传播路径"论坛上,首都文化创新与文化传播工程研究院院长于丹邀请各界专家、学者,共同探讨了新媒体时代、大数据时代中国"文化走出去"该如何架桥铺路。

自从2004年第一家孔子学院在韩国首尔成立,十多年来,中国在世界各地建立了上百家孔子学院。无论是德国的歌德学院、西班牙的塞万提斯学院还是中国的孔子学院，这些机构都把语言作为文化传播的主要方式，效果差强人意。中国艺术研究院的院长助理、文化战略研究中心主任贾磊磊说："文化是一种长期形成的习惯，今天，这种文化习惯在某种意义上造成了文化传播方式的时代落差。"如果说系统性的语言传播理念属于印刷时代，影像时代和新媒体时代就需要找到新的文化传播方式。

提到中国文化，大多数中国老百姓，甚至知识分子最先想到的不是任何一个具象词汇，而是"博大精深"四个字。这种回应并非故弄玄虚，而是我们自己并没有真正认识到文化的核心是什么。文化传播与产品营销有共通之处，数字时代需要精准的定位与传播，是否能把所谓的"中国文化"用最精炼的方式提取出来，在最合适的时间、地点，用最恰当的表达方式呈现在受众面前，决定了中国文化输出的效率和品质。

中国文化向来"重文轻理"，讲究下苦功夫，文化输出也常搞系统工程。在数字时代，和"知识分子"相比，更多人愿意做"知道分子"。所以，信息的碎片化传播比系统工程更容易被接受。盲目的碎片化是低效的。谷歌全球副总裁刘允说："我发现中国文化传播在利用新媒体上存在一个盲点：我们主流的、真正有价值的东西没有及时出现在最核心的时间点上，传播出去的往往是次流的，不一定真正具有权威性的东西。"

二、利用新媒体对受众做更精准的传播

如何精准确定传播的内容和时间？刘允和剑桥李约瑟研究所董事麦启安都认为"大数据"能帮上忙。随着美国学者维克托·迈尔·舍恩伯格的著作《大数据时代》成为畅销书籍，"数据挖掘"和"大数据"成了并不陌生的概念。事实上，"大数据"早已在各行各业发挥作用。美国总统奥巴马在2008年和2012年的大选中胜出，很大原因是充分利用了大数据的技术手段：奥巴马团队为竞选设计了大容量的数据系统，它可以把来自民意调查、募捐、基层和现场活动，以及有关消费者的数据组合在一起，并结合社交媒体数据、移动终端分析民众意愿和心理，实现动态感知，在此基础上制定、修正竞选策略。

麦启安说："在文化传播领域，'大数据'是新瓶装上旧酒，承载的是传统文化，获取的是新信息，并利用新信息赢得竞争优势。在数字化时代，中国拥有前所未有的机遇，庞大的数据库能够准确了解世界各地人民的不同态度和想法，快速提升中国'文化走出去'的步伐。"

在论坛上，刘允展示了谷歌如何将"大数据"应用于文化传播。中国十八大提出了"美丽中国"概念，与此同时，"美丽中国"的全球搜索量迅速提升，这个短语一时间成为中外媒体和网友关注的焦点。中国因何而美丽？当人们谈到"美丽中国"时他们谈论的是什么？谷歌和国际咨询公司合作，在全世界九个主要入境来源国选取20万网民做在线调查。调查结果显示，中国最具吸引力的是文化、历史和风景，排在吸引力排行榜后两位的是中国的人民和饮食；最能代表中国文化的是传统建筑、茶、书法和绘画……刘允认为，这样的调查是必要的，它能把抽象的文化概念落实到具体的符号上："利用好新媒体对受众的了解，在此基础上对受众做更精准的传播，这是我们接下来文化走出去的重要技术支撑点。"

三、新媒体的游戏规则

"大数据"能够提炼出传播的时间、空间和形式，但如何"把话讲清楚"还需要一些创意和技巧。纽约时代广场的中国国家形象宣传片并不成功，这种把中国符号一个个搬上大屏幕的"硬广告"实在不招人待见。相反，美国人把主旋律融入几乎每一部好莱坞电影，没有人不知道"美国梦"是什么。宣传和传播的关系很微妙，失之毫厘，谬以千里。

在新媒体语境下输出价值和文化，必须遵循新媒体的游戏规则。"相信你的用户"是互联网行业秉承的理念，刘允觉得，这对于中国文化的传播同样适用："互联网带来了更高的自由度，允许个人观点的自由表达。在文化传播上，没有人可以独立判断对错，更不允许有人做价值上的宣讲。受众根据自己的喜好、观点来做判断和选择，受欢迎的留下来，不受欢迎的被淘汰，这是一个双向选择的过程。"

当文化走向市场成为商品，讨好受众就成了必须做的事。我们要为价值寻找最适宜、最有表现力的载体，创造出满足个性需求、适应时代，能够在全球每个角落自由流通的文化产品。

数字化时代,"文化走出去"不是走向世界,而是走近每个独立的个体。

个体·新媒体·文化创意产业

"个体"是文化创意产业的"主语"。文化创意产业首先要把个体的力量从"集体的"、"大众的"包围中解放出来,"个体"才是个性化经济时代的"主语"和文化创意产业的核心力量。

当今社会,相当多的城市或省份,都把文化创意产业作为自己的支柱性产业。而且,打造文化创意产业园区更成为一种时髦的做法。如何发展文化创意产业,是不是盖一批高楼或厂房,通过一些政策的倾斜就可以顺理成章地发展起来?如果换一个角度思考,为什么文化产业的许多现象已经出现多年,而在21世纪初才开始引起关注?文化创意产业,根据英国的定义,指的是源于个体创意、技巧及才能,通过知识产权的生成与利用,而有潜力创造财富和就业机会的产业。英国是文化创意产业十分发达的国家,在这个定义中,最值得关注的是强调个人的创造力。文化创意产业的关键是以个体创造为基础,所以文化创意产业的基础是个体经济,如独立制片人、自由职业者、演员、设计师等。再比如,1万个人的共同劳动,并不能产生《哈里波特》这样的作品,但罗琳作为一个有创造力的个体,通过自己的独立劳动,就可以创作出有伟大影响力的《哈利·波特》。所以,同传统的产业相比,文化创意产业更强调个人的创造力而且是以个人的创造力为基础的产业。而在过去的时代,虽然有很多文化现象,却并没有形成规模庞大的以个人的创造力为基础的产业。在传统的产业中,更认同规模和集体大众的力量。

作为整个社会文化经济的一个发展趋势,"个体"是文化创意产业的"主语"。文化创意产业首先要把个体的力量从"集体的"、"大众的"包围中解放出来。"个体"才是个性化经济时代的"主语"和文化创意产业的核心力量。这里的"个体",狭义上来说就是个人,扩大一点说就是以个人能力为主导的文化行业。尽管大众文化作为一种产业现象已经存在许多年,却在20世纪末得以大力发展，根本原因就是新的时代给了个体创造性才能的展现以更大的空间。

新媒体时代是个体的时代，是文化创意产业发展的大背景。大众传播决定了大众文化的产业模式，而文化创意产业是新媒体时代的产业。新媒体的不断发展变化要求文化创意产业必须调整，摸索出适应新环境的模式。

个体的能力，首先是创造力，其中包含了个人天赋、个性特征、专业水平、技术水平等重要因素。由于这种能力，才有了多样化的文化创意产品，文化产业才得以形成。这些因素的汇聚很大程度上具有偶然性，正因为创意的能力形成文化创意产业的价值，所以个体是文化创意产业的基础。个人能力并不容易量化并批量生产。文化产业的发展，不能仅仅强调"集体的"、"团队的"力量，而应该充分重视和发挥个体的创造力。个体的能力甚至有可能主宰文化创意产业的整个发展格局，在个体创意能力提升的基础上，才有整个社会创意水平的提高，也才有创意产业的形成和发展。个体的创造力是文化创意产业发展的根本，没有对个体创造力的重视和肯定，文化创意产业也就无从谈起。而在个人能力基础上，如何实现个体能力转化为有效生产力，保障个体经济的顺利展开，推进文化创意产业的整体进程，又是文化创意产业发展中需要解决的一大难题。

文化创意产业之所以能够在20世纪末成为潮流，同技术和传播环境的变化是分不开的。新媒体的发展为个体创意能力的展现提供了全新的平台，这一平台的特点是以往任何大众媒体所不具备的。新媒体是一种不断发展但尚未成熟的媒体形态，它是基于大众传播多年发展的基础上，依托数字技术不断创新逐渐形成的一种新的传播方式，它并不是大众传播在数字传播平台上的简单延伸，而是对大众传播的超越，是人类所进入的一个新的传播阶段。

在新媒体的传播时代，传播具有复合性、全员性、无边界等特点，这些特点为个体创意能力的展现提供了独特的空间。

新媒体所带来的变化，就是所有人都可以成为传播的主体。任何使用者都可以在网络平台上发布信息、言论等进行交流。这种全员性传播的特性具体表现为UGC（User Generated Content），也就是用户创造内容。Web 2.0时代,网络社区、博客、播客等网络形式都在倡导 UGC,甚至一些网络广告、网络游戏也开始了用户创造内容的尝试。在新媒体上发布的作品大家都能够看到,而反馈能够非常及时,并且涉及范围非常广,好的作品就能得到大众的认同。目前有非常多的网络写手从网上走到网下,出版了他们的纸质作品,很多普通人的天赋因此得到社会的认同,实现了他们个人能力所带来的产业价值。

新的传播技术导致的最大变化,就是能够在新的平台上把传统大众媒体的各种类型综合起来。所有的媒体,如网络、数字电视、手机等,都既能进行文字的传播,同时又能进行视频和声音的传播,并且还能把文字、视频、声音存储下来。大众媒体界限分明的媒体类型区分,在新媒体阶段将不再具有意义。复合型传播的特点给个体创造带来的是更加丰富的表现手段,在创意过程中,可以不必拘泥于某种表现形式,这使文化创意的生产有了更多新的可能性。随着新媒体传播技术的发展,除非受到管理限制,在新媒体平台上,所发布的每个内容理论上都可以面对全球所有的网络使用者。传播范围的扩大,使得创意者的眼光能够真正与世界同步,能够吸收更多的前沿性信息,从而也更能有效地激发灵感。另外,文化创意产业也可以利用这个无边界的平台向国际拓展,获得最大范围的效益。

新媒体时代是个体的时代,是文化创意产业发展的大背景。大众传播决定了大众文化的产业模式,而文化创意产业是新媒体时代的产业。新媒体的不断发展变化要求文化创意产业必须调整,摸索出适应新环境的模式。这是全球性的话题,对中国文化创意产业而言,是挑战,更是机会。中国的文化创意产业没有过去的包袱,在向海外学习的同时,更应深入研究新媒体环境的特点,实现文化创意产业的创新发展。

玖
正在被互联网改变的中国电影

引言：中国电影人要有十年磨一剑的定力

对中国电影而言，美国电影和娱乐业是很好的参照系。电影是典型的创意产品，中国电影产业的发展历程，是中国文化创意产业的一个缩影，一个标准的样本。首先，中国电影在改革开放的新时期获得了长足发展，张艺谋和冯小刚等探索出了一条很好的商业与艺术结合的模式。中国电影的票房在进入新世纪后也得到了爆发式增长，先后超过英国、日本，成为全球仅次于北美的第二大电影市场。2014年，中国电影市场的票房收入近300亿元，规模已经是北美电影票房的一半左右。中国电影银幕的总块数已经超过2万块，非常接近美国的规模。再有5到10年，中国电影的票房将会超过北美。但是，即便如此，中国十年内也达不到美国那样的电影衍生产品上千亿美元的天文数字。这就是中国电影与美国电影的差距——还仅仅是在市场规模上的差距。

至于内容方面，中国也曾拍出过很棒的电影，像陈凯歌、张艺谋的早期作品。冯小刚的电影也是很接地气的原创。至于李安，那是国际水平的电影大师，他给整个华语电影争了光。但整体而言，中国电影的创造性比较差，讲故事的水平与好莱坞还有相当的距离。

其实，中国导演（内地）的基本功并不差，缺的是沉下心十年磨一剑的定力。卡梅隆4年做出一部《阿凡达》，结果全球票房近30亿美元，创造了电影史上的奇迹。试问，中国现在哪个导演会用4年磨一部片子？即使真有，投资方也早把他给炒了。

近几年，我国电影产业呈现出良好的发展势头。一方面，在产量和社会效果方面越来越好，重新赢得国内观众的信任；另一方面，在海外市场的拓展也出现持续上升趋势，对于推广我国文化价值体系及其软实力起到积极作用。从创作上看，中国电影已经摸索出一条主旋律片、艺术片和商业片三型互渗的电影美学道路，特别是在主旋律应当具有观赏性和艺术性方面取得了共识。社会效果看，中国电影已初步形成在通俗故事中蕴含民族主义或核心价值理念的美学传统。

当然我们也应当看到，中国电影在国际贸易中处于逆差态势，影片的海外竞争力仍然偏弱，与中国贸易大国和文化大国的地位很不相称。第一，影片主题过于直露，损害了电影美学的完整性，令观众失望。第二，影片通俗故事后面往往缺乏美学传统的支撑，不能让观众在观赏中品味人生、看到人性。第三，对海外受众心理和外国文化缺乏深入了解，以致外国观众对中国电影兴趣不高。不少影片传达的核心价值理念主要囿于国内需要，而在国际普遍性方面存在欠缺，所以难以向国外推广。第四，一些电影剧本质量不高，导致影片缺乏张力。第五，推广模式尚不成熟，推广的专业化水平低。

其实，国产影片创作水平以及文化软实力的提升，潜力巨大。我们有针对性地提出以下建议：第一，强化影片主题的美学处理，加强中国电影美学传统的传承和开发。第二，加强电影制作技术与文化品位的探索。组织电影制作技术班子，集中研究 3D 技术等高科技在电影中的综合运用。第三，调集我国电影剧本创作的最强阵容予以攻关，吸纳优秀作家参加剧本创作，为我国电影产业持续发展提供更多更好的优秀剧本。全力改善电影剧本创作这一"短板"，是目前我国电影产业提升的关键。第四，加大中国电影对外推广和传播的政府扶植力度。第五，积极吸收和借鉴各民族优秀文化，了解把握各民族文化心理，将"文化折扣"变为文化优势。学习和借鉴各民族优秀文化，从而为中国文化注入新的元素和生命力。第六，不断改进和完善中国电影的外推模式，努力提高推广操作的专业化水平，积极探索合理的营销策略和发行渠道。第七，加强国际电影合拍协作，在合作中学习他人的长处和经验。

中国电影在互联网时代的改变、机遇与挑战

一、正在被互联网改变的电影

1. 预售票成主流趋势，在线选座来势汹汹

如果你还在用原价买电影票，只能说明你"有钱、任性"。打开任何在线选座售票的相关APP，几乎都能看到超便宜的电影票价。

随着移动互联网的发展壮大，前两年热门的上网团购电影票方式，如今几乎被在线选座替代。人们通过手机APP不仅能在1分钟内以极低价格买到电影票并选好场次、座位，还免去此前在售票窗口等待的时间，只需要在影院里相应的取票机器上输入密码就能轻松拿到电影票。在国内，电影在线售票虽然还处于起步阶段，但已有蓬勃发展的苗头。

据艺恩咨询的调查数据，在2013年中国电影市场217亿元的总票房中，在线选购电影票的市场规模突破了12亿元，约占市场整体规模的5.5%。微信电影票负责人微影时代科技有限公司CEO林宁说，如今网上买电影票已经以在线选座为主，以《一步之遥》为例，首日票房数据即破1亿，其中微信电影票的贡献高达2 000万左右，"这种买票方式已经成为一种趋势，占比稳步提高。

2. 预售票售价低聚人气，营销手段三方获利

在线选座的商业模式还衍生出了预售票，在电影上映前，观众可以极低价格买入。2014年12月1日，微信电影票《一步之遥》在线预售正式开启，因票价仅9.9元，放票仅48小时，首轮100万张电影票就全部售罄，锁定票房高达5 000万，超过《心花路放》一周100万张的互联网预售纪录。

林宁认为，预售活动很大程度影响了影片的首日票房，也会一定程度上影响影院排片，因此在线预售对整个产业都非常有利，能让各方资源最大化，

"一是影片通过预售得到推广；二是影院通过预售量，合理安排场次，更准确合理地排片；三是用户提前购买想看的影片，同时得到一定的优惠。"但9.9元的超低预售票，对于片方或者影院，是否有利可图呢？

一部中等成本以下的电影，预售时片方往往要贴钱，然而像《一步之遥》等年度大片，为了提高上座率，影院愿意接受预售方式，院线则可以下调价格，票务网站也愿意贴补来获得更多用户。对于《一步之遥》预售票的定价流程，平时电影院与微信电影票的合作价格多为30元，这次价格低至20元，为此微信电影票每张补贴10元，最终售价为9.9元。在林宁看来，类似这种9.9元的低价预售票只是一种营销，"是营销，就不会是常态，整个过程考虑更多的是费用投入，我还没去关心利润产出。"

3. 传统电影公司进军售票系统，未来10年面临互联网冲击

目前国内线上电影售票电商大体分为三类，第一类是猫眼电影、格瓦拉等以此为主攻方向的专门网站；第二类是专业电影社区网站的下属板块，以豆瓣电影、时光网为代表；第三类是微信电影票、网易电影票等大的O2O平台旗下的专属频道。但是想要分电影这块蛋糕的公司远远不止这些，一些传统电影公司也纷纷调整产业布局，开始进攻在线选座售票模式。华谊兄弟斥资2.66亿元收购卖座网51%的股份，分析人士认为，华谊兄弟通过收购卖座网布局在线票务市场，有望为公司传统业务板块中的电影发行和影院业务提供更多助力。

博纳影业集团总裁于冬不止一次在公开演讲中谈到线上票务销售，并宣布博纳计划投资或并购一至两家线上票务销售公司，以扩充博纳的发行渠道与综合能力。在"2014搜狐财经变革力峰会"上，于冬就提到，未来10年，电影公司将会面临互联网公司强大的资本裹挟、并购、重组，在线选座业务更是对电影营销造成了巨大冲击。

而看好在线购票业务未来发展前景的不仅是传统电影公司，视频网站爱奇艺也推出了电影在线购票业务。爱奇艺影业CEO李岩松表示："爱奇艺在线上线下的电影业务需要靠电影票做一个整体的串联，并且，视频网站作为能够获得一部电影第一手信息的平台，我们希望用户在看到某部即将上映或

正在上映的电影预告片时,可以直接在爱奇艺网站完成购买并且在线选座。"

4. 三巨头华丽进军电影市场,未来电影业都将为 BAT 打工

作为中国的三大网络巨头,BAT(百度、阿里巴巴、腾讯)很早就嗅到了电影市场带来的巨大商机。2014 年上海电影节上,博纳影业董事长于冬更大胆预测说:"未来电影业都将为 BAT 打工。" 6 月,腾讯在上海电影电视节期间宣布推出"为虎添翼"电影计划,宣布进入电影业。9 月,腾讯互动娱乐事业群发布"腾讯电影 +"首批明星 IP(知识产权)电影计划,宣布进军影视,影视成为互娱旗下继腾讯游戏、腾讯动漫、腾讯文学之后的第四个实体业务板块。按计划,共有 7 个知名 IP 将被改编成电影,包括《斗战神》《QQ 飞车》《天天酷跑》《洛克王国》《尸兄》《QQ 炫舞》和《藏宝图》。8 月,港股"文化中国"正式更名为"阿里巴巴影业集团",同时宣布委任中影原副总经理张强为公司行政总裁兼执行董事。阿里影业董事局主席邵晓锋表示,阿里影业将以消费者对业务(C2B)的模式,更专注于打造切合现今观众需求的电影及电视剧,提升观众的满意度,为市场提供优质的内容。除此之外,阿里巴巴还入股了优酷、土豆和华数传媒。随后又与国华人寿保险合作发售娱乐宝。

2014 年,百度旗下的视频网站爱奇艺也高调成立爱奇艺影业公司,在推出"爱 7.1 电影大计划"后,又与韩国釜山电影节达成合作意向,爱奇艺 CEO 龚宇表示,爱奇艺影业将以电影宣发、投资为核心业务。作为《一步之遥》的制作方之一,爱奇艺还一举拿下电影网络版权、电影票在线销售、网络游戏、衍生品开发等独家权。

5. 视频网站成立影业,坐拥互联网三大优势

实际上除了 BAT,不少视频网站已经盯上这块"肥肉",2014 年 8 月 28 日,优酷、土豆宣布成立"合一影业",先后推出了《黄金时代》《拆婚联盟》和《智取威虎山 3D》等。而早在 2011 年,乐视就已成立了乐视影业,并一连投资了《小时代》系列、《归来》《熊出没之夺宝熊兵》《老男孩之猛龙过江》等卖座影片,并与张艺谋开展深度合作。此外,2014 年乐视影业也加入了贺

岁档的拼杀，《太平轮（上）》就有投资。乐视影业不仅把目光放在国内市场，对海外市场也虎视眈眈，在完成B轮融资之后，乐视影业以2亿美元的战略基金在美国成立子公司，用于开拓海外市场。

为什么视频网站纷纷成立影业呢？爱奇艺影业总裁李岩松在出席"2014中国网络视听产业论坛"时对此发表演说。他认为跨界融合是用互联网做电影的最好诠释："一个电影在最初的创作阶段，互联网就可以完全介入，全方位配合传统电影宣传和发行，'互联网＋电影'的模式将极大提升用户转化率和电影营销变现能力。"互联网做电影的优势在于：第一，可以像做电商一样做电影宣传、发行；第二，互联网与生俱来的优势在于其海量的用户群体，因此具有极强的规模效应；第三，由于付费模式是电影在线收看必然趋势，视频网站付费观看电影性价比越来越高。

6. 传统企业纷纷转型，电影暴利有赌博性质

著名导演黄建新谈到大多资金流入电影市场的原因时说："电影有赌博的性质，可以暴利。"回顾2014年，不少传统企业都纷纷跨界下海"玩电影"，例如在北京举行定档发布会的英皇电影《破风》，就由房地产公司苏宁环球投资并担任联合出品方。苏宁环球在签署的《电影〈破风〉联合投资合作协议备忘》中提到："公司维持在影视传媒行业积极转型的势头。7月份公司正式收购苏宁文化100%的股权之后，先是通过收购泓霆影业51%股权切入电视剧制作行业。本次公司通过参与英皇影业的《破风》，正式进入电影制作行业。"

作为国内房产巨头的万达集团，也早把目标放在了文化产业上。王健林在接受媒体采访时直言："如果说万达对文化有什么情怀，没有，我们是在商言商，我们看重文化的原因就是赚钱。"在电影方面，万达集团借助商业地产＋院线＋制作发行的方式，欲打通整个产业链。据艺恩咨询数据，2014年上半年，万达影视电影制发收入最高，半年收入约为2.2亿元，超越乐视影业、光线传媒和华谊兄弟。

万达一边在国内电影市场努力耕耘，一边还不忘扩展海外版图，早在2012年，万达集团便收购了北美第二大院线运营商AMC院线公司。据彭博

社消息,王健林目前正就收购在纳斯达克上市的狮门影业进行谈判,不过狮门影业的所有人只愿意出售少数股权,谈判仍处于初级阶段,能否达成交易还不确定。同时,王健林还就投资有90年历史的好莱坞老牌影片公司米高梅进行商谈。

电影市场这块大蛋糕除了吸引地产商,连出版业也都加盟进来,不得不提的就是郭敬明和韩寒均转身跨界当导演,《小时代》系列和《后会无期》都获得超高票房。此外,于2015年2月19日上映的电影《狼图腾》,背后也有长江文艺出版社的身影。

"我们知道全球经济的问题,全球的资金都需要一个释放出口。"对于各界对电影市场的热衷,导演黄建新并不惊讶:"随着生活和环境形态的改变,特别是90后已把电影作为一种生活方式,而不是因为好看才去看,所以中国电影市场进入飞速发展的时期。"黄建新认为,这是中国电影市场的"黄金年代","互联网经济、移动终端对人们的生活习惯带来巨大变化,电影的生产和欣赏方式也随之改变。中国电影因此得到全球同步发展的机会,之前我们都是晚于别人多少年。"

7. 宣传方式花样百出,全媒体时代内容为王

前几年,一部电影如果在媒体上频频宣传,会被冠以"过度营销"的指责。但现在,随着营销载体的多元化,电影宣传不再只靠媒体搏版面。目前在公共汽车站牌、地铁内广告牌随处可以看到热映电影的海报,更有甚者,例如《一步之遥》上映前片方就大手笔租下北京机场外的一片空地,当飞机即将降落时,乘客能从空中俯瞰地上"一步之遥"几个大字,随后,该片又通过人流量密集的各大铁路客运车站播放宣传片,覆盖面极广。除此之外,越来越多的广告商也不再满足于只植入广告,他们会在广告上融合影片内容,通过硬广的方式更大力度地推广。

随着移动互联网的发展,一些APP也加入到了宣传工具的行列,比如打车软件就通过"发红包"的方式,在微信朋友圈迅速扩散宣传内容,地图、美食评价、旅游、音乐等APP也都因为拥有超高流量备受片方青睐。

在伯乐营销总裁张文伯看来,互联网媒体已升级到了3.0的形态,智能

手机成为每一个个体与世界连接的方式,"我们经常讲一句话,消费者在哪里,渠道就在哪里。当今天的智能手机移动终端成为消费者最重要的交换信息工具,我们的营销活动也就自然应该转移到这里。"如今,片方越来越重视营销,宣传费也是稳中有升。"不过,宣传费并非全部来自于片方。"目前很多品牌也加入营销,"他们把影片内容作为品牌推广的一个载体,在电影发行期间做大规模的投放,这些广告价格都是千万级别,是原有的宣传远远不能比的。"片方和打车软件的合作价往往在十几万到几十万不等,"普遍是由片方补贴票款,作为红包返给用户。这些用户再通过分享红包来宣传电影。"

"在全媒体时代下,我认为,包括电影在内的各种各样的文艺作品的营销宣传,都应该始终坚持以内容为王,围绕本体内容,发挥创意优势,进行二次创作,才能在不断变化的媒体环境当中立于不败之地。"

8. 青春片牛市到来,批量上映票房破纪录

2014年的中国影坛,青春片依旧不断刷新国产电影票房纪录。郭敬明执导的《小时代3》票房获得5.2亿元,韩寒执导的《后会无期》票房突破6亿元,《同桌的你》超过4亿元,截至12月22日,由张一白执导的青春片《匆匆那年》票房累计已达到5.52亿元。

眼看青春片的牛市到来,不少电影公司、明星都纷纷把注意力转移到青春片上,据不完全统计,2015年开拍、上映的青春片包括何炅执导的《栀子花开》、苏有朋执导的《左耳》、刘嘉玲监制的《泡沫之夏》、黄晓明主演的《何以笙箫默》、卢庚戌执导的《一生有你》,此外因为《老男孩之猛龙过江》而大火的插曲《小苹果》也将推出电影版。对于接下来多部青春片即将入市,不少资金也纷纷流向这类影片。张一白大呼"不稀奇","电影就是个市场行为,这是市场选择,特别能理解。就像击鼓传花,传到谁手上鼓停了,那就谁倒霉,但现在鼓还在敲,花还在传。"

随着电影产业的迅速发展,电影已经成为年轻人进行社交的第二个社区,有一个数据,目前国内平均观影年龄21岁,说明有很多十几岁的少年在电影院观影,这就是一个社交渠道。随着年轻人社交行动发生改变,电影

也会朝着多元化的方向发展。

二、中国电影的黄金时代

国家电影局局长张宏森说，有人用狄更斯《双城记》中的话评价形势，说目前中国电影"是最好的时代，也是最坏的时代"。但如果进行理性的、冷静的分析，可知当前是电影发展的黄金时代，根本不存在"最坏的时代"。

1. 所谓电影发展的黄金时代，有以下几个表征：

第一，国产电影持续形成凝聚力和向心力。春节档开创了中国电影票房历史新纪元。2013年贺岁档期与2012年同期相比票房有15%~20%的下降，但这只是在特定时间段的比较——传统意义上贺岁档以1月1日作为档期结束的标志，而这只是人为设置的时点，实际上则要打通贺岁档，要整体贯穿11月到元宵节。因此，12月的下跌一定会为春节档期集聚大量能量，而春节档的爆发一定会填补12月的差额。当时业内人士预测春节档票房，有人谨慎估计是10亿元，解放思想也只预测12亿，但市场很快用数字告诉我们，7天的春节黄金周总共收获了14.4亿票房，达到了日均2亿以上的票房，超出了常规预期和所有经验。仅此就能看出市场竟然有着如此之大的潜力，而人们的想象力和市场潜力之间还存在一定距离。

2014年春节期间，中国电影市场全靠国产电影主打，票房收入分别为：《大闹天宫》10亿、《爸爸去哪儿》近7亿、《澳门风云》5.3亿、《前任攻略》1.3亿，《北京爱情故事》4.2亿，这让电影人极大振奋，没有理由不对中国电影寄予厚望。在票房面前，我们看到的不是金钱、不是简单的数字，而是观众对国产电影的信任度和亲和力的增加，观众人次在单位时间内的上升，对中国电影来说比黄金还要珍贵。完全依赖美国影片的时代正在结束或正在面临终结。截止到2014年4月21日，全国票房达到了80.52亿，和去年同期相比增长了将近12亿，同比增幅达25.1%，中国电影票房呈现出持续向好的态势。

第二，中国电影正在引起国际范围内的广泛关注。比如，北京国际电影节引起了国际社会的重视，让·雅克·阿诺、阿方索·卡隆和奥利弗·斯通三位奥斯卡金像奖导演同时在开幕式登场，三位奥斯卡最佳导演同台登场，在电影节历史上从未有过。北京国际电影节所依靠的大背景是中国电影改革发展的大好趋势，2013年217.69亿元的票房就证明了这一趋势，而58.86%的国产电影票房份额，足以让中国电影吸引国际社会的目光。北京国际电影节期间，有400多位国外购片商来到北京，美国6大公司都派出了强大阵容，占据60人的份额，欧洲以法国、德国、英国为主，也都派出了阵容强大的官方代表团或电影机构组织的半官方代表团。他们在北京多方面活动，进行勘探、测量、摸底、碰撞、讨论，这些活动越多，就必然形成交易、形成商业规模。

所以说，北京国际电影节表面上看是一届普通的、年轻的电影节，但背后却得到国际电影人的充分关注。他们关注的不是电影节本身，而是对中国电影市场和产业进行深度开采。我们说"走出去"，但是"走"得并不理想，那我们只要把人"请进来"交朋友，就有"走出去"的可能性。目前，在请进来这个环节上可谓成效显著。从这个意义上讲，我们希望他们多来中国，多融入中国电影。

第三，中国电影市场持续扩大。截止到2015年12月31日，全国的银幕总数达到了31 627块，日均增加超过22块。2013年，日均增加银幕15块貌似是一个极限数字，但事实上中国电影正以特有的激情与速度持续发展，尤其是在二三线城市、中西部地区、县级影院市场，这些过去的薄弱环节正在得以改善，已成为开发的焦点。

第四，**国家在不断制订新的优惠政策，为电影业的发展注入生机和活力**。新出台的国办15号文件明确规定，原国办114号文件中电影所享受的优惠待遇保持不变，城市一般放映单位在增值税收入方面按简单计税法予以计算，制片方可以按此文件和院线结算。国家还加大了对精品专项资金的投入，从2014年开始，国家财政资金以每年1亿元的速度递增，到10亿元封顶，提供多种财政优惠政策，刺激和激励电影多出精品力作。同时，国家在影院建设的土地政策方面将会提供优惠：今后单独使用土地修建影院将取消招拍挂，实行价格协商用地；如果影院修建到大型商业综合体当中，则从综合体中扣除影院的土地使用面积进行协商议价。业内人士也在呼吁发改委制定完善的政策，鼓励全国影院的网络化和信息化改造，包括：（1）电影节目的卫星传输；（2）全国秘钥系统（KDM系统）的规范化、分层化和精密化的重新设置；（3）Notes系统；（4）TMS系统；（5）2013版计算机售票系统。实行五位一体推进全国城市影院网络化和信息化的建设。若按10 000家影院来计算，这一改造将需要20亿元资金。国家发改委原则同意这一预算。

第五，中国电影新人辈出。中国电影市场不断涌现新的现象、新的事物和新的人才。比如《北京爱情故事》的导演陈思成、《前任攻略》导演田雨生、《同桌的你》导演郭帆，很多新人出现在这个行业中。这些新人面向市场、面向观众，推陈出新，出手不凡，他们正在脱离过去电影人营造的一种既想规避电影审查又不想受观众约束的、过于自我的理想状态，行走在正常的、健康的电影艺术规律、市场规律的道路上。他们的精神状态、电影理念，尤其是敬业、奋斗精神令人感动，比如邓超以超人的毅力、以惊人的工作量打造了《分手大师》，郭敬明以每天20个小时的工作时间制作《小时代（3、4）》。艰苦奋斗的精神并没有在这一代终止，而是继续发扬和光大，他们身上不仅体现了很好的专业态度，还表现了良好的工作状态和精神，这都是中国电影发展的希望所在。这些新生力量不仅出现在大陆，还包括香港、台湾地区，他们正在给中国电影带来崭新的希望和未来。

第六，中国电影开始经历工业革命和科技革命的洗礼。比如，姜文导演想确立中国电影在当前工业革命和科技革命时代的新标准，尤其是大银幕3D电影技术的规格和标准，为了新片《一步之遥》的拍摄，他购买了8台阿莱（ARRI）最新款的摄影机，这款机器是卡梅隆要在《阿凡达2》中使用的机器，也是第一次在国内使用。徐克的《狄仁杰之神都龙王》在3D效果方面已经做了很大努力，但还是会出现两个问题：一个是小人问题，一个是层次浅的问题，而《一步之遥》十几分钟的样片则不存在这两个问题。然而，日本新推出的3D电视机的3D效果比2K放映机在银幕上放映3D效果要好，这就说明即使我们做了很大努力，但在银幕上却还不如电视屏幕上效果好，这对电影业来说是个严峻的挑战。好在目前3D电影的片源与电视的片源是截然不同的格式，所以情况还不是特别悲观。

在工业革命和科技革命的领域，国内很多公司都做出了可喜的探索和努力,但因为受资金、技术和人才队伍的限制,在核心观念上还有所欠缺。《大闹天宫》的制片单位倾其所有进行电影工业尝试,但可惜后来却因资金问题不得不把很多工序分包到更便宜的公司,使得理想目标的实现大打折扣。而为达到理想的技术标准,姜文兼收并蓄,精益求精,不惜一切代价,影片成本已经突破了3亿元。这都是中国电影的好气象、好征兆,我们终于有条件、有信心来做工业和科技了,这是在为未来的中国电影开辟道路。

第七,互联网时代的跨界电影模式正在兴起。如今大众阅读习惯已经改变,互联网迅速统治了当今的传输载体,并已对传统的电影模式发起了巨大冲击。例如,"支付宝"在三八妇女节当日以3.8元的价格迅速卖掉了200万张电影票(当然最终要按20元的最低票价结算,剩下的16.2元由马云买单),但这只是互联网对电影市场的一次探测;此外,淘宝出资7 800万元利用"娱乐宝"进行"众筹",并在短时间内全部卖光。互联网已经从表层渗入中国电影业,而且更多潜伏的力量隐而未发。将来互联网不仅是播出平台,还要进入电影的前端和创意系统,甚至介入电影的全产业链,这会给电影带来巨大的改变。电影市场依靠的是观众,而互联网则是用户,区区两个字的不同却意味深长。互联网是根据用户定制产品,互联网大数据将成为为用户定制产品的决策依据。

前几天有一个以"互联网时代的跨界电影模式"为主题的论坛,但遗憾的是并没有引起传统业界人士的重视。互联网已经对我们传统模式发起了攻击,而我们绝不能无动于衷,应该有危机感,要有忧患意识。全社会迸发出如此大的热情介入电影,改造电影,可以看出电影极受重视,它确实成了文化产业的焦点,是传媒领域的核心。

2. 我们如何应对?

虽说互联网正在强势出击,但我们不要过于悲观,互联网想挑战传统电影模式没有那么简单,电影有它的惯性和基本规律,互联网则在内容方面面临很多屏障。我们当下要做的就是要时刻保持警惕性,要有一定的危机感。

第一,2014年,国产电影在与美国电影正面抗衡中处于劣势。2013年同期国产电影的市场份额是67.7%,但2014年同比国产电影市场份额只占到56.6%，同期占比下降了11%。仔细分析，2014年1~3月，美国电影与上一年同比上升了71%，票房增长55%，人次增长56%，放映场次增长71%。4月，国产电影每天所占份额仅有10%，几乎是灭顶之灾。自春节档结束，国产电影没有一部电影能够巩固市场的温度，可谓基本失去了行走能力。江苏幸福蓝海影业有限公司利用各方力量宣传、推广和发行在柏林电影节获得金熊奖的电影《白日焰火》，希望这部影片能够在中国市场上有良好成绩，而它也确实达到了1亿元票房的预期。这是历史性的1亿，证明了市场有文艺片存在的空间，证明了电影观众有多样化选择的素质，也证明了中国广阔的电影市场允许多类型并举的趋势。很多国外电影人士对1亿元的票房数字感到惊讶，这1亿的实际价值大于很多影片的6亿。但幸福蓝海在1亿的道路上可谓筚路蓝缕、披荆斩棘，用了21天完成了目标。

2014年，美国电影排山倒海，《美国队长2》收获6亿多元的票房，《里约大冒险2》轻松迈过2.5亿，《超验骇客》也达到了2亿，接着还有《超凡蜘蛛侠》《X战警》《变形金刚4》《忍者神龟》等，而且2014年并不是好莱坞电影的大年，真正的大年是2015年。无论政府怎样宏观调控，还是要保持公平竞争的环境，不能用扭曲市场的小技巧保护国产电影，那样即使赢了，也胜之不武。如果让《美国队长2》晚上映一天，《整容日记》肯定会过亿元，但我们并没有那么做，机关算尽不是最终办法，如果《整容日记》自身足够强大，也不在乎这一天。但是，留给中国电影的压力就是这么具体。

我们在2014年手里有什么牌呢？《同桌的你》《催眠大师》《窃听风云3》《白发魔女》《归来》，这些是第一波牌，第二波牌是《分手大师》《小时代》，第三波是宁浩的电影，再往后是《狼图腾》《智取威虎山》和吴宇森、姜文的电影，大概如此。我们要踏踏实实做好电影，不能寄望于黑马，因为能够拿得出手的好牌实在太少了。

第二，国产电影新的同质化危机。 在大片时代，我们呼吁中小成本电影，2013年中小成本电影取得了很好的突破，但示范作用之下，如今中小成本电影风起云涌，把很多应该做大电影的资金分散了，但在拍片规则上尚未形成差异，这种同质化倾向的蔓延，导致很多电影从片名到故事情节脉络高度雷同，这是新的同质化倾向，表现为：一是中小成本城市爱情片扎堆；二是粗糙的小制作惊悚悬疑片集群。我们不排斥惊悚片，但要精心打造，可以用悬念、心理、艺术手段和电影语言，而不是粗制滥造，用小成本、非专业的作品来糊弄，这样会把这个类型给砸了；三是同一档期类型化过度雷同，观众在同一个档期中想看到多样化影片的需求得不到满足。据了解，有7部同质化的爱情片制作成本平均在3 000万元以上，有的甚至达到6 000万元，然而，加起来数亿元的制作成本却只带来很少的票房。

另外，国产电影缺乏大片。有一部纪录片叫作《工业光魔》，好莱坞大片都是"工业光魔"的产物，都是在"工业光魔"的基础上产生的新一代产品，而中国的现代电影产品还相当薄弱。美国电影《美国队长2》的6亿多元的票房轻而易举，而同样目标对一部国产中小成本电影几乎可望而不可即。在"工业光魔"的时代，单单模仿"工业"二字是不够的，中国电影一定要完成现代电影的转换，这种转换存在很多内在和外在机制。内在机制是电影的语言系统，外在机制是电影的呈现系统，这个呈现系统就是工业和科技系统，但中国电影的外在系统相当薄弱。2013年合格的高工业影片是《狄仁杰之神都龙王》，2014年则是《狼图腾》、姜文和吴宇森的电影。从市场前景和产业潜力来看，每年有12部高工业影片才合格，但我们却还在中小成本上徘徊。当然，中国电影和美国电影抗衡需要打两张牌，一张是大片的正面对抗，另一张是具有文化契合力的中小成本电影侧面伏击。我们不能总是寄希望于文化差异化这张牌，还要有硬碰硬的工业对抗。《大闹天宫》并不是令人信服的工业电影，还不能和美国电影相媲美，但是如果《大闹天宫》不做这么多工业化的努力，怎么会有春节期间的10亿元票房？它做出的工业化努力虽然与理想的高度还有距离，但这种努力还是得到了观众的回馈，也才有了接下来做《三打白骨精》的信心和勇气。如果把《大闹天宫》的工业元素去掉，也许这部影片就不会成功。

第三，互联网时代必须找到影院存在的合理性。互联网对现代人的影响力相当巨大，我们可以从网络上下载几乎所有的电子书，由此实体书店已经面临很大的困境，网上购书、电子书对实体书店造成了严重的冲击。宽带、4G、3D电视、乐视电视、小米电视的普及，使得看电影可以很快在手机和电视上完成。所以在阅读习惯被改写的时代，我们必须找到电影院存在的独特理由。巴赞在20世纪提出了电影是什么的理论，影响了中国五代和六代导演，但巴赞提出这个理论的时候电视尚未普及，电影是一个独立的生存空间。50年之后，克里斯蒂安·麦茨推翻了巴赞，提出了电影结构学、电影语言学，这影响着宁浩这一代导演，而麦茨提出这个理论的时候互联网还未形成。当互联网兴盛之时，我们又发现之前的所有理论都成了前史，正在发生的历史没有理论支撑，没有理论主张。今天最需要的理论就是要找到电影院存在的理由，因此在巴赞的"电影是什么"经历了半个世纪之后，电影理论又面临着"电影又是什么"、"电影还是什么"的新的理论追问。互联网上，专家们提出电影作品在电影院已经不仅仅是审美鉴赏活动，它还带有了相当强大的社交功能。在互联网时代，电影院满足观众需求的根本前提就是不仅仅满足一个观众的需求，而是要满足群体观众的需求，这就要求电影院的情绪共享，或者说情绪共振。一部只能满足个体内心体验的作品，在未来电影院存在的可能性越来越小。进入电影院的作品要把情绪共振置于很高的位置，情绪共振是需要调动和刺激的，这种调动和刺激的力量首先来自于感官上的工业和科技的刺激，也就是画面、音响系统以及越来越多的奇观式的呈现方式，然后再考虑社交功能。

对于这一系列正在发生的现象，不管我们是否看得惯，它正在发生，在这种势不可当的事实面前，我们需要用理论介入去给它命名、跟踪、规范，而不是拒绝和排斥。所以对于《小时代》《北京爱上西雅图》《泰囧》这些创造高票房的电影表示出的文本质疑，认为这些文本是没有难度的，构不成一个确立的文本意识的观点，笔者持有不同看法：（1）它们是一个新时代的文本，是满足了影院电影需求的文本，因此不能用历史的文本来衡量它，也不能用前史来衡量正在发生的现在史；（2）它们是有难度的，需要和今天的互联网时代进行关联来进行分析。《小时代》《致我们终将逝去的青春》获得了互联网上阅读、点击等聚集效应的大数据支持，《泰囧》和《北京爱上西雅图》有互联网时代的一些语构、语势和语感痕迹，迎合了互联网的表达方式，这些是20年前做不出来的，今天能做出来并不是偶然，这是把互联网和电影创作进行了贯通，把个人创作和影院的放映环境进行深度沟通之后所形成的文本。我们不能拿历史性的电影文本来应对正在发生的、活跃的、崭新的电影文本，所以，我们对电影的研究方式、评价方式和批评方式必须进行深入的改革。

文本主义的批评方式在今天可能不再是唯一的评价方式，我们更多要去研究电影的整体意义呈现构成，单独从文本主义研究电影已经很难进行了。比如《泰囧》，人物关系简单，结构上的难度不大，没有镜头上的难度，没有迷惑式的叙述，没有体验式的晦涩表达，文本上找不到分析的依靠点，所以我们要用麦茨的结构主义来分析它。结构是一个系统、平台，结构当中包含的社会情绪、传播环境、人们隐秘的心态，还有电影文本本身，构成了一个综合的复杂系统，也包含了支付宝购票等新的消费模式的引导，这些共同构成的模式应该称之为结构。过去解释一部电影只是从文本主义出发，但今天的结构主义分析电影是把整部电影放在大结构当中，这部电影的文本和传播环境、社会心理、观影条件、支付方式发生了相互关系和作用，从而呈现出它的意义，因此这叫电影的整体性解释。我们要改变过去从电影文本主义出发的单独性解释，向电影在一个社会结构当中的整体性解释转变，来完成电影研究和电影批评的整体性转变。

我们目前面临的危机，其实就是在互联网时代里很多传统模式遇到的挑战。我们一定要积极面对这个挑战，要努力从保守主义当中吸取营养，并从中走出来进入现代电影理论创作当中，必须把今后和未来一段时间的电影创作放到整个社会结构当中，去平衡它的意义，阐释它的价值，而不是用一个孤立的文本去阐释。今后，电影更要有主动性意识，不能抛弃被互联网统治着的结构，即使互联网不颠覆电影，电影也要去主动和互联网发生更多紧密的连接。很多用户的数据都来源于互联网，而互联网背后的用户也就是观众，不掌握这些就不会有的放矢。关起门来拍电影的时代结束了，这是我们的悲剧更是我们的喜剧，我们迎来了一个大时代，可以让电影在想象的空间飞翔，可以敢想、敢做更大票房的电影。所以要想解放生产力，必须扩大想象力，要和时代高度融合起来，这是中国电影面临的最大挑战。

第四，制片人要与院线和影院建立良好的关系。 当制片人在为众志成城完成了电影制作目标而庆祝的时候，有两个危险的倾向：一是院线、影院和制片方内心的振奋并没有同步，也就是说，影院的亲美情绪还是比较明显，从 2014 年排片可以看出，外国电影的排片同期增长 71%，4 月份更是超过 120%，可能国产片水准欠佳，但优秀的国产电影每年也就三四十部，而分账片 34 部，还有几十部批片。如果院线方在心理上稍稍向外国倾斜一点儿，对制片方来说都是巨大的损失。追究其根本原因，就是要加强和市场的深度沟通，要让院线和影院对国产电影有信任感和亲和力；二是制片方一定要和院线形成情感关系，相互建立信任感和亲和力，他们在心理上就会向国产电影倾斜。去年国产电影占比 58.86% 的数字确实震撼了外国片商，他们过去很少在中国投资宣发，但现在有了危机感，开始加大投资争夺中国市场。他们的钱一部分来做硬广，另一部分则是买通网站、版主、写手、微博、水军，找一些中国公司为他们做推广，而这些中国公司就会跟着唱衰中国电影、捧红美国电影。所以，我们一定要感觉到这种压力，要做强自己，抵御外侵。

第五，要提高电影的专业化程度。当今时代新人辈出，有好多新的制片人、投资人跨行做电影，但专业化程度确实是个问题。2013 年全国拍摄了 638 部电影，影院上映的是 326 部，而票房达到 1 000 万元以上的只有 78 部。对于票房 1 000 万元以下的影片，首先要追究的就是基本不具备电影专业化能力，中国电影在大量的数字背后还存在着低专业化和非专业化的现象。

新媒体对中国电影传播的重塑、冲击与威胁

新媒体时代，中国电影迅猛发展，电影票房收入增长迅速，与网络和手机的发展密不可分，网络视频网站为电影提供了新的传播平台，手机网络平台拓宽了电影的宣传和推广渠道，那么究竟网络视频网站上电影的内容呈现模式有哪些？这些视频网站又是如何盈利的？在视频网站上观看电影满足了受众哪些需求？手机视频业务在传播电影时有哪些局限？这些问题将是本小节研究的主要内容。

一、新媒体传播与中国电影的现状

1. 新媒体概念界定

新媒体概念是 1967 年由美国哥伦比亚广播电视网技术研究所所长戈尔德马克率先提出的。对于新媒体的具体定义，学界有不同的理解。石嘉在其所著的《新媒体概论》中说："新媒体是利用数字技术、网络技术、移动技术，通过互联网、无线通信网、卫星等渠道以及电脑、手机、数字电视机等终端，向用户提供信息和娱乐服务的传播形态和媒体形态。"陆地在《2007：中国传媒产业发展报告》中指出新媒体的两层含义，一层是新型媒体，即应用数字技术在传统媒体的基础上改造或者更新换代而来的媒介或媒体，是从媒体发生和发展的过程得出的；另一层是新兴媒体，是指在传播理念、传播技术、传播方式和消费方式等方面发生了质的飞跃的媒介或媒体，是从传播方式和内容形态方面总结的。蒋宏和徐剑编写的《新媒体导论》这样界定新媒体的概念："新媒体是基于计算机技术的互联网、基于通信技术的手机、基于数字广播技术的数字广播和数字电视（包括移动电视）以及跨媒体的 IPTV（网络电视）等。"对于新媒体的概念虽有不同的表述，但是它们的本质是一样的，都是在计算机技术的基础上发展而来的新的传播形态。

按照传播介质的不同，新媒体可以分为网络类新媒体、手机类新媒体、数字广播电视类新媒体；按照盈利模式的不同，新媒体可以分为平台类新媒体和内容类新媒体，如 QQ 空间、开心网、淘宝网等，以人际互动关系为中心，提供服务是其主要盈利方式，人民网、PPS、优酷、搜狐等以内容为主，广告是其主要盈利方式。

基于以上学者对新媒体概念的界定，其实质是利用数字技术、互联网技术通过无线通信网、卫星等渠道在电脑、手机等终端向用户提供信息和娱乐服务的传播形态，本文研究的新媒体是指在互联网技术和移动通讯技术基础上发展起来的网络媒体和手机媒体，受众可以自主上传或者接收信息，并能及时与传播者进行互动的媒介形态。本文将以网络媒体中的视频网站和手机媒体中的手机网络平台作为主要载体研究中国电影的现状。

2. 新媒体传播的特点

1948年美国传播学者拉斯韦尔在《传播在社会中的结构与功能》一文中首次提出"5W"模式，即传播者、传播内容、传播渠道、传播效果、受众。按照传播的五要素分析新媒体的传播特点，有传播者和受众互动性特点、传播内容个性化特点、传播渠道多元化特点、传播效果明显性特点。鉴于新媒体的特点和新媒体传播五要素的特点，本文认为新媒体传播具有交互性和多媒体性、个性化和分众化、即时性和数字化的特点。

（1）新媒体传播的交互性和多媒体性

交互性是网络媒体和手机媒体的本质特征，它有两层含义：一是指网络媒体和手机媒体的受众拥有更多的自主选择获取信息的时间、地点、方式、内容的权利；二是指网络媒体和手机媒体的传与受的双方关系，受众不再是被动地接受信息，而是可以与传播者进行主动地交流和沟通。互动性不仅仅体现在传——受双方交流的增强，还体现在整个信息过程的改变。在传统媒体的传播理念中，传者和受者是严格区分的，而网络媒体的受众除了可以在极大范围内选择自己需要的信息外，还可以参与信息的传播，网络媒体和手机媒体的最大吸引力就是受众的主导性、自主性得到增强。

具体到电影中，新媒体传播的交互性表现在两个方面：一方面受众可以通过手机随时随地查看到最新电影资讯，通过视频网站搜索到自己想看的电影；另一方面受众可以在电影论坛和电影贴吧中发表自己对某部电影的看法和建议，也可以用手机微博及时转发、评论最新观看的电影，与众多电影爱好者和电影创作者进行交流和沟通。

网络传播和手机传播的多媒体特点最大限度地实现了各种传播形式的"兼容并包"，丰富了新闻传播的手段。受众也有了众多的自由选择，他们可以根据自己的喜好选择有字无声、有声有像、图文并茂等多种形式，各种感官得以充分调动。例如，可以在手机媒体上看到关于某部电影的内容简介和电影评论，也可以在网络媒体上看到某部电影的视频资料和图片宣传。

（2）新媒体传播的个性化和分众化

传播的内容个性化及传播的受众"碎片化"，使得新媒体可以更充分地做到分众传播和小众传播，受众可以利用各种检索工具在各类数据库中"各取所需"，还可以自由地选择信息接收的时间、地点以及媒介的表现形式；同时，作为网络传播另一端的传者也可用一种"信息推送技术"，根据用户的需求为他推送信息的专门化服务。由于工作与生活节奏的加快，人们的休闲时间呈现出碎片化倾向，新媒体正是迎合了这种需求而生的。具体到电影中，受众可以是武侠动作片的爱好者，可以是喜欢在网络上追爱情片的粉丝，也可以是利用闲暇时间在手机媒体上观看电影的上班族，更可以是喜欢在网络论坛和微博中评论最新上映电影的受众，他们有不同的观影需求，又是分散了的电影受众，新媒体满足了他们不同的需求。

（3）新媒体传播的即时性和数字化

网络传播的载体是光纤通讯线路，光纤传递数字信号的速度为每秒30万公里，瞬间可达世界上任何地方，电影资讯的更新是按照秒来计算的，随身携带的移动通讯设施可以让编读随时随地"面对面"地交流。传播者将信息上传到互联网和手机上，受众可以立即收到并且直接进行解读和发表意见。新媒体的传输通道采用的是计算机网、移动网的数字化技术，数字化技术具有传播速度快、传播范围广、传播便捷的特点，这一技术大大降低了媒体运作的门槛，而对于网络媒体和手机媒体的用户来说，媒体的界面设计已经非常简单和实用，降低了受众实用媒体的技术门槛。

3. 新媒体时代中国电影与新媒体相结合的必然性

2011年1月，由电影网联合新浪、搜狐、优酷、土豆等多家网络媒体成立"新媒体数字院线发行平台"，同年3月，由乐视、腾讯、迅雷、暴风影音、PPS等网络媒体成立"电影网络院线发行联盟"，都提出电影在网络媒体上播出要统一上线时间、统一播放品质、统一资费的要求。这一平台和联盟的成立，让我们意识到网络媒体已经成为电影播放的又一重要平台。2012年，《画皮2》《泰囧》《西游降魔篇》三部电影的巨大票房成功，除了剧本本身优秀外，成功的网络营销和微博营销也是至关重要的一环，电影的成功传播已经离不开网络媒体和手机媒体的整合营销。在新世纪，电影这一高贵的艺术，只有与新媒体结合才能成为大众艺术，只有利用新媒体的力量才能创造无数的票房神话。

新媒体出现之前,观众看电影的平台有影院和含电影频道的电视,电影的播放方式有影院播放、DVD播放、电视播放,这些方式限制了受众的观影需求,因此有必要拓宽电影的播放平台,为受众提供更便捷、更多样的观影服务。"梅特卡夫"定律认为,网络的价值等于网络节点数的平方,网络的价值与网络的用户数的平方成正比。随着网络视频网站的出现和网络用户的增加,更多的电影资讯和最新电影视频在网络媒体上呈现,观众可以在网络影院收看自己喜欢的电影,网络传播的价值也越来越明显。微博的传播过程使电影的传播实现了分众和大众传播的交织,既拥有人际、群体、组织传播的反馈性、亲近性,又能企及大众传播的广度和权威性。这不仅使电影资源能够多维度地发布,同时,微博的转发、评论功能更是使其传播过程如滚雪球般,在能够完成市场细分作用的同时,又扩大了影响力。微博用户通过关注、搜索以及链接收看自己关注的影视资讯信息和作品,使影视资源更多元,接收渠道更丰富。

网络电影、微电影和微博视频的出现使新媒体作为电影传播新平台成为必然。网友利用自己手中的DV或者手机拍摄身边的奇闻逸事或者感人故事,上传到网上供人下载和观看,而网友又根据网上发布的故事内容,随意为影片的拍摄和情节的设计注入新鲜创意,对影片的人物设计、台词和动作细节提出自己的意见和建议,甚至可以作为演员亲自参与影片的拍摄,这一原创互动的网络微电影成为受众热衷的作品。微博用户在上传、分享即拍即分享的手机视频时,还可以对微博平台上所分享影视作品进行下载、链接以及储存。这样,无所不能的数字技术为影视作品、影视艺术的传播又一次提供了颠覆式的飞跃,媒介融合的大潮将影院的大银幕和手机的小屏幕裹挟在了一起。

4. 新媒体时代中国电影的现状

新媒体时代,由于新媒体传播的特点与电影的传播特点具有较高的吻合性,因此新媒体成为电影传播的重要媒介。本文研究的新媒体时代的中国电影,主要指以网络和手机为传播平台的、受众可以自主选择观看时间、地点并能主动参与传播和互动的电影。中国电影在网络平台上的传播和放映将以视频网站为例进行解读，电影在手机平台上的传播将以手机视频和手机电影网为例进行分析。

（1）视频网站传播现状

视频网站是指通过互联网、以提供电影和网络视频短片为主的网站，按照网站的平台运营商的不同，可以将视频网站分为视频分享网站（如优酷网、土豆网）、P2P 流媒体网站（如 PPTV，利用 P2P 技术提供在线直、点播服务）、门户网站（如新浪视频、搜狐视频）、电视媒体（如 CNTV、上海东方卫视宽频，依托电视台提供视频内容）等。主要从传播者和受众两方面进行探讨，通过分析他们的传播动机、传播过程、传播效果以及传播中存在的问题，能够比较全面地总结出电影在视频网站上的发展现状。

（2）视频网站的传播内容

视频网站上的电影主要有三类：一类是最新上线的电影，需要付费观看；一类是下了院线的电影，主要是历年来曾经上映过的电影，这部分电影受众是免费观看；还有一类是没有在影院上映的电影，需要通过网络扩大影响力或者吸引受众，这类电影属于制作成本较低或者未通过政府相关部门审查的电影。视频分享类网站以优酷网为例，传播内容丰富，在优酷电影网页面的主页，可以看到有新上映的电影、新收录的电影、预告片、明星、华语、好莱坞、韩国、院线八个频道，对于受众的任何电影需求都会尽可能满足。除此之外，优酷还积极创新网络自制剧，体现"内容为王"的真理。优酷网创始人古永锵称："目前优酷的内容中，70% 是来自版权方的内容，20% 是用户自己制造、拍摄上传，10% 是来自优酷出品的视频。"

门户网站的视频以搜狐视频为例，它提供的电影内容基本上与视频分享类网站的内容基本相同，只是从用户体验角度来说，搜狐视频看起来更整齐、大方和美观。除此之外，搜狐视频极力打造高清频道，对电影画面有较高的分辨率，清晰度也更高，受到观众的认可。搜狐视频也推出网络自制剧，一方面避免视频网站的内容和节目同质化，另一方面减少购买电影和其他节目的版权费用，从而打造自己的品牌影响力。

电视媒体如 CNTV，在内容上除了拥有中央电视台巨大的节目资源，还上线多语种频道，借助国家媒体的背景充分发挥资源整合优势，这是CNTV独具的优势，拉开了与其他视频网站的距离。再者，CNTV还将手机终端纳入电影体系中，通过网民的注册，可以完成手机、电脑、电视的连贯使用。

（3）视频网站的盈利模式

视频网站的盈利主要有两种模式：一是网络广告收入模式，通过网络受众对电影的点击率吸引广告商，影片质量的好坏决定网络点击率，网络点击率影响广告商投入的广告额；二是收费观看模式，视频网站通过购买新上映的正版电影的版权让受众付费观看，以此获取利润，由于目前网民习惯免费享用网络上的电影资源，因此想要发展相当规模的付费用户有一定的困难。

（4）受众"使用与满足"需求

新媒体时代，网络用户越来越多，网络观影已经成为一种习惯，受众可以不受时间限制，随时在网络上观看自己喜欢的电影，也可以在观看的过程中，选择暂停、重播或者快进等，满足了受众的娱乐和休闲的需求，也满足了受众自主选择、自由观看的心理需要。受众还可以在分享性视频网站上发表对某部电影的评价、观点、意见，与同在观看这部电影的受众进行互动，共同"吐槽"或者进行心灵交流，满足了受众的话语表达和意见交流的需求。视频网站提供的免费电影，满足了受众"不花钱看大片"的消费心理。受众个人利用摄像机和视频制作软件拍摄视频短片并上传到视频网站进行传播，形成了新的创作主体，满足受众的创造性、实践性需求。

（5）手机网络平台的传播现状

手机网络平台为电影提供了新的传播渠道，电影可以在手机上进行传播，主要包括手机电影网（时光网、豆瓣网）和手机视频（由专门的电信运营商主导）。时光网和豆瓣网主要提供最新的电影资讯，时光网还将离受众最近的电影院以及影片在影院上映的时间和场次显示得清楚明了，为影院做了推广和宣传。不仅如此，还可以通过订购，在手机上直接观看电影。

（6）手机网络平台的受众选择

受众选择在手机网络平台上观看电影或者获取电影资讯，重要的原因有以下几点：首先，手机是现代社会必不可少的通信工具，有最基本的沟通功能，随着通信技术的发展，手机成为集通讯、电子报纸、音乐包房、摄影、游戏、上网、电视为一体的传播工具，具有了娱乐功能、文化功能、传播功能等，而新媒体时代大部分人都有一部 3G 或 4G 手机，并且有了 GPRS 流量，为观看手机视频提供了技术基础；其次，随着现代社会生活节奏加快，上班族的工作时间越来越长，休闲时间越来越短，只能利用空余时间忙里偷闲娱乐一下，手机的碎片化传播和不受时间、空间限制的优势为手机视频业务开拓了市场；再次，城市化进程的推进，越来越多的人涌入城市，交通变得拥堵不堪，人们可以利用等车的时间或者打发无聊的坐车时间观看手机视频。

（7）手机视频业务的现状

手机视频业务通过手机终端为用户提供视频内容的一种新型通信服务。手机用户规模庞大，但手机视频应用并不普遍。一项对手机视频业务的调查报告显示，在参与其调查的 4 个发达城市（北京、上海、广州、深圳）中，手机视频业务的普及率只有 15.7%，在手机视频用户中，19~29 岁的用户占到了很大比例（70.3%），并且男性用户对手机视频应用更感兴趣（64.1%）。由于视频类型的节目具有更强的表现力，并且内容十分丰富，得到了年轻用户的追捧。手机视频的其他业务，如新闻、娱乐、军事、时尚、法制、影视等已经拥有了一定的用户，但是由于 3G、4G 在我国还处于不成熟阶段，手机视频业务仍然面临以下问题：第一，个性化内容不充足，需要不断完善。不同的受众具有不同的爱好和观影习惯，现在的手机视频内容大多从传播者角度或者技术可达到范围进行选择，缺乏对客户需求的精准调查，内容分类也不够明确，受众在选择观看时针对性不强。第二，宽带资费及终端价格高。手机网络平台上的电影视频一般按照流量收费，然而一部电影的时长和所占空间的大小需要耗费很多的流量，这对于广大手机消费者来说是一笔不小的开支；手机是手机视频业务的呈现载体，手机终端起着很重要的作用，屏幕的大小影响着电影图像的呈现尺寸和清晰度，电池的持久性制约着使用手机的便利性和依赖性，要想拥有清晰度高、电池性能高的手机，就需要付出高昂的价格。第三，网络覆盖范围不够广。目前 4G 网络正处于不断建设时期，网络覆盖范围不广，再加上运营商开展 4G 业务的时间与设备商建网的时间相隔较短，造成 3G 网络的规划和优化不理想，网络信号差，影响了受众对手机视频业务的使用效果。

二、新媒体对中国电影的影响

21世纪是新媒体迅速发展的时代,由于新媒体的交互性、个性化、多媒体性,给中国电影的创作、发行、放映、营销以及电影受众都带来了积极的影响,但是因为新媒体缺乏有力的监管以及新媒体传播主体的自身素养问题,也给电影的版权和网络道德带来一定的消极影响。

1. 新媒体对中国电影的积极影响

新媒体时代,人人都是传播者,人人都是导演,大量网络用户和手机用户开始自发创作电影作品,创作主体呈现多元化特征;电影编剧的原创性小说不再成为电影剧本的唯一来源,根据网络小说进行改编的剧本扩大了剧本的来源;电影不再仅仅是90~120分钟的时长,以30~300秒时长的微电影呈现蓬勃发展的趋势,同时各种网络电影、手机电影也不断涌现,这些新媒体时代的电影产物丰富了电影的形式。

(1)新媒体丰富了电影的创作形式

创作主体多元化

新媒体时代,随着网络媒体和手机媒体的普及,电影创作的技术门槛被降低了,并且新媒体拥有制作周期短、容易操作、无票房回收压力、成本低、时效性强等优点。除了专业制作电影的企业和公司外,大量的网络用户和手机用户开始自发创作电影作品,电影创作主体呈现多元化、非中心化、零散化的特征,而且由于创作者的创作动机呈现多元化格局,电影正从精英艺术走向大众艺术。2011年至2012年,大学生薛冰联合一些非专业电影表演者分别创作了网络电影《八零后的那些事》和《我们奔三了》,前者在优酷的播放次数达到126.9万次,与观众的网络互动中,评论数3 891条,在QQ、人人网、猫扑论坛、新浪微博的站外展示为67 429次,众网友表示虽然制作技术和电影技巧不够成熟,但是创作的内容符合80后的观影需求,回忆儿时的快乐生活,与观众产生心灵共鸣。而《我们奔三了》这部网络电影展示了80后这个群体面临房贷、车贷、抚养孩子、赡养老人的压力那种焦躁、无奈、痛苦的心情,同时给我们"生活就是不断给自己加压,用汗水和辛勤争取美好和幸福的未来"这样一句箴言和一幅画面,它在优酷上的播放次数为 16.7 万次,网友置顶达到 10 919 人,通过站外展示(包括 QQ、人人网、新浪微博、豆瓣等)8 695 次。个体创作者同样可以创造如此高的网络电影记录,不得不说新媒体环境为传统电影产业输送了人才,更多优秀的电影创作者将通过新媒体展示他们的才华。华人导演李安说过:"真正要做好中国电影,需要有一批真心喜欢电影,热爱电影,认真完成电影的整个过程,把制作电影和拍摄电影作为自己的兴趣和梦想。"

剧本来源丰富化

电影剧本来源也更加丰富,可以原创,可以改编。原创电影剧本与改编电影剧本的不同在于:原创剧本的电影观众只有通过宣传才能获得,而改编小说的电影剧本却有了读者群体的观众;原创电影只能根据自己的思路来设计电影的剧情发展,而改编小说的电影却可以充分利用小说的结构来梳理电影的发展线索。

近年来,网络小说被改编为同名电影的实例不胜枚举,比如 2012 年网络红人痞子蔡(原名蔡智恒)的网络小说《第一次亲密接触》,是第一部描写网恋的小说,但是它确实是在网恋小说中是最早的、以超越人们想象的流传速度风靡于网络。还有 2010 年票房大卖的《杜拉拉升职记》,改编自红袖添香原创小说,是一部极尽写实的职场小说;更有 2011 年的票房黑马《失恋 33 天》改编自独立艺术家鲍鲸鲸的作品。这些网络剧本,不但扩大了电影的读者群体,同时为电影的剧本创作增添了新的活力,也鼓励了网友的创作热情。

电影形式多样化

新媒体时代,以小制作、低成本、短时间为特点的新媒体电影成为人们关注的焦点,其中主要有网络电影、微电影和手机电影,它们组成了电影新的形式,丰富了电影的种类。网络电影狭义上指专供网络传播的视频音频作品,广义上指受众通过互联网接受的各类影视节目。手机电影的概念有两种解释,一是由专业人员用常规的技术和方式拍摄,完成以后转换成适合通信网络传播和手机观看的格式,或者只是普通电影的剪辑片段做成手机支持的规格,传输到手机中进行观赏的电影作品;二是以手机为主要拍摄和制作工具,并能够通过手机平台传输与手机下载、观看的电影作品,其主要载体是手机。电影有其特定的拍摄和制作方式,应根据其外观、叙述方式、镜头语言和受众特点进行描述,电影最核心的要素是必须使用"蒙太奇和场面调度",(蒙太奇就是根据影片所要表达的内容,和观众的心理顺序,将一部影片分别拍摄成许多镜头,然后再按照原定的构思组接起来;场面调度是指电影导演对演员和摄像机的综合调度,两者都以剧情发展和人物性格、人物关系所决定的人物行为逻辑为依据,目的是为了使电影形象的造型具有更强烈的艺术感染力。)目前通过下载等方式在手机或网络上看到的影视内容充其量叫作手机或网络视频,并不能成为真正的手机或网络电影。

微电影是电影,因为电影的本性涉及艺术、商业与传播媒介三个方面,而微电影在这三个方面与电影是一致的。首先在艺术方面,微电影具有同电影一样的综合性、技术性、逼真性、假定性、造型性及运动性等美学特征。其次在商业方面,微电影诞生于一个消费主义时代,使得它天生具有商业属性,而且随着微电影的发展,广告资本跨界入驻,以及专业策划、制作团队出现,尤其名人参与微电影,已经让电影的商业属性真正体现出来了。最后从传播媒介角度看,微电影是一种新型的传播媒介,是传统的大众媒体如电影、电视与新兴的网络、移动客户端等新媒体相互交融、跨界整合的衍生物,媒介属性是其存在根本。

百度百科这样解释微电影:"指专门运用在各种新媒体平台上播放的、在移动状态和短时休闲状态下观看的、具有完整策划和系统制作体系支持的具有完整故事情节的微(超短)时(30~300秒)放映、微(超短)周期制作(1~7天或数周)和微(超小)规模投资(几千/万元每部)的视频('类'电影)短片,内容融合了幽默搞怪、时尚潮流、公益教育、商业定制等主题,可以单独成篇,也可系列成剧。"在业界的广泛关注与介入下,各种微电影大赛和微电影节层出不穷,例如新浪微视频大赛、中国国际微电影节、中国大学生微电影节等,使大众广泛参与微电影,既作为大众生产的影像文本而存在,又体现了制作与欣赏方面的鲜明个人化趋势,符合新媒体时代大众对电影的需求(电影艺术不仅是让人们欣赏和观看,更重要的是大众从艺术的魅力中感受生活以及培养主动创造艺术的能力)2010、2011年优酷推出的青春系列电影之《老男孩》和《父亲》，都是由肖央担任导演和编剧的，一个时长42分钟，一个时长38分钟，是较为特殊的微电影。但是这两部微电影凭借真实的表达和细腻的情感流露，在网络上的播放次数达到了5 208.6万次和2 052.3万次，剧中的片尾曲《老男孩》和《父亲》成为百度"歌曲TOP500"前十、视频网络中被翻唱最多的中文歌曲和KTV排行榜中的热门金曲，被传唱于大街小巷，影响了无数追求梦想的年轻人，成为一个时代的印记。肖央，一个非专业电影导演，也被称为"微电影时代的开启人"。

动画片《泡芙小姐》系列片就是运用新媒体来进行推广和播出的。2011年王波导演的《泡芙小姐的金鱼虹》在网络上迅速走红后，经过网络新媒体的宣传策划，成为系列剧，每一集都是由一个独立的小故事构成，每集11分钟，共104集，分为8季。该系列剧抓住了白领——这一大都市的中层人群，面对网络慢慢改变人与人之间的沟通方式的环情下，用Flash二维动画加真实照片的结合方式，又将虚拟的人物加上真实的场景，例如《泡芙小姐的沙漏》《泡芙小姐的钥匙》等借物喻人的主题，即来源于现实生活的故事情节。该剧借鉴了美剧的播出模式，使得制作和营销等环节同步进行，并根据网友的投票和选择进行实时剧情调整，而这种互动在以往的传统电影中是不可能实现的，该剧拥有了固定的收视人群和商业合作计划，是一个成功的原创微电影。

微电影丰富了电影形式的同时，开创了一种影像叙事的新模式，它将传统的"首尾"接续式叙事模式（开端——发展——高潮——结局）加以改造，在这个结构之中又嵌套进去几个重要事件，形成一种独特的镶嵌式结构，并大量运用压缩、省略手法，将主要篇幅用来展现事件的高潮。"浓缩即是精华"，微电影叙事奏响影像的华彩乐章。

微电影还开创了一种"微平台播出"新型传播方式，与传统电影的影院银幕播放不同，微电影以网络及各种新媒体作为播出平台，使受众得以在移动状态和短时休闲状态下随时随地观看。这种传播方式打破了传统的影院观众"集体化"观看模式，使得微电影的观看呈现出个人性、即时性、互动性等特点，是多维传播时代的典型传播模式。此外，微电影还改变了电影的生产及消费格局。在微电影的生产层面，一种新的现象正在涌现，即"微电影即广告"。电影不再仅仅是欣赏的艺术,而且成为广告的平台,微电影的优势在于其广告属性的相对弱化,电影属性的相对强化。例如2011年初在微电影《一触即发》中,吴彦祖饰演的男主角利用帅气的武术拳脚和惊艳的飞车表演,将高科技产品运送至目的地,片长90秒,故事完整,情节紧张,场面劲爆,动作设计与电影类似。2011年5月,莫文蔚主演的《66号公路》依然是一部微电影,也是关于凯迪拉克的广告,讲述一位当红明星一度消失在公众视野,在66号公路邂逅男主角,于是一同上路、寻找自由与生命激情的故事。两部微电影都恰到好处地体现了凯迪拉克轿车自由洒脱、安全放心的特点。

在微电影的消费层面,受众不再仅仅是电影的消费者,还是广告的接受者。例如由彭于晏和桂纶镁主演的关于益达口香糖的"酸甜苦辣"系列微电影,讲述一对年轻人邂逅、旅行,一路上满溢着小嫉妒的酸意、甜蜜、分别的苦涩和争吵的火辣,从该系列微电影看,一点儿误会、几处心情,纷扰复杂的青春心事,这些叙事情节在益达口香糖的产品创意定位中得到了很好的诠释。这个微电影的成功传播,受众不仅接受了益达口香糖广告的创意,同时在益达口香糖宣传和广告摊位前购买和消费它,一边嚼口香糖一边思考或者研究问题,既排除了寂寞心情也清理了口腔。电影中的植入广告与微电影的广告有本质的区别,电影中植入广告,受众会产生极大的排斥心理,而微电影中的广告已经与微电影融为一体,受众更加乐意接受,微电影在快捷的叙事和影像的跳跃中,网络大众参与了集体无意识的狂欢。微电影是电影在新媒体时代的特殊产物,为广告商开发了新的广告创意和广告平台,为受众带来了不一样的广告体验和想象力消费。

对传统长片电影业而言,未来的微电影可能会在网络市场给其带来一定冲击,据优酷指数2012年5月份报告,入围电影类播放量排名前十的三部微电影播放总量占到了前十所有影片播放总量的42%。但另一方面,微电影的发展对传统电影业也大有裨益。年轻的电影人经过微电影制作的训练可能成为传统电影业的生力军,剧情长片也可以用微电影的形式展开前期营销,甚至还能直接从微电影当中挖掘题材,如2011年一部网络热播的动画微电影《李献计历险记》就被改编成了长片,而微电影版之前建立的口碑也能为长片版宣传带来便利。因此传统电影人有必要对微电影创作者持扶助、鼓励的态度，促进两者之间的良性互动。

《失恋 33 天》剧本来源于鲍鲸鲸的同名人气网络小说，内容讲述的是一个女孩从失恋到走出失恋阴影的过程。它的题材契合当下社会问题，以爱情为题材是电影不衰的主题，但不同的时代对爱情的定义也是不一样的，在改革开放年代孕育并成长的 80 后、90 后有着和以往时代不同的人生观和恋爱观，受教育机会和接受信息平台机会的增加，促进了他们审美水平的提高，物质生活的丰沛，让他们有了比父辈更多的平和与特立独行。借助网络平台，他们扩展了认知世界，看多了古今大悲大喜，他们更愿意小情小调，波澜不惊，笑看世界，对爱情不再是从一而终、亘古不变的固执，而是珍视爱情的品质，在情感的抉择里更多了理性和物化的因素。它的内容贴近观众，与观众的心理接近。失恋并不可怕，可怕的是失恋之后没有勇气再恋，当下的 80 后和 90 后正值恋爱和结婚的年纪，有的人找到一份美丽的爱情并且顺利牵手走进婚姻殿堂，有的人正经历由恋爱的甜蜜到分手的痛苦，如何从失恋中走出来，多久能摆脱失恋的阴影，为什么相爱的人会经历三年之痛，这是多数年轻人希望得到的答案。这部电影能让观众从中找到答案，满足了观众的"使用与满足"需求。因小说中女主角的个性及遭遇贴近现实普通女性的情感生活，尤其是女主角的伶牙俐齿，强大的自尊心，均是都市女青年所特有的。她们有独立个性、强烈自尊、惯于网聊和短信，更喜欢玩玩文字幽默，男女没了传统分界，中性特征明显，男性可能更注重外表，处事细腻，女性则粗放而强势。黄小仙与男友交往 7 年，却没察觉到男友与闺蜜的背叛，女主角的粗放性格可见一斑。在男友请求黄小仙能够忘记他时，她强大的自尊心支撑着她说出"我怎么能忘记你，因为我根本没想起过你"的刻薄言辞，如抽耳掴子般的痛快对白，让屏幕下无数曾为情所伤的女性称快。它让观众吸收失恋的正能量，重新认识自己，改变自己，不再为失恋而自寻短见或者伺机报复，有利于社会的稳定和净化社会不良风气。失恋只是失去了一种习惯和依赖，并不代表自己很逊色，很差劲，也并不表明自己很失败，它也让人们更加明白拥有的时候要懂得珍惜，更加端正自己的世界观、人生观、价值观和恋爱观。

（2）新媒体推动了电影产业的良性循环

电影是一种艺术，艺术是文化多元性的表现，因此电影具有文化属性，电影的商品属性决定电影的产业化发展道路。新媒体对电影文化属性的影响主要从创作层面阐释，而对电影商品属性的影响则要从产业层面进行论述。电影产业是指以电影制作为核心，通过电影的生产、发行和放映以及电影音像产品、电影衍生品、电影院和放映场所的建设等相关产业经济形态。

电影发行和放映的渠道多元化

新媒体时代，电影发行渠道从单一的影院发行、DVD音像制品发行到现在网络发行、手机发行、移动电视发行等多种发行渠道并存。新媒体拓宽了电影的出口，发行渠道的增加使一些原本不能进入影院的电影有了新的发行渠道。中国电影的年产量在逐渐增加，票房过亿的影片数量也在不断上涨，但是在每年生产的几百部影片中，进入院线且有票房收益的只是少部分，有些影片拍出来因为审查或者市场接受度低而直接进入仓库，成为中国电影传播的一种奇怪现象——"库存片"。新媒体为这些电影提供了播映平台和发行渠道，其一，一些低成本电影或艺术电影可以通过电视播映权的转让进行电影传播，获取收益；其二，可以通过网络发行（指影片首映不在影院院线而选择网吧院线）或专业视频网站进行播映，通过销售版权获取收益。独立电影因其不合主流意识形态或者内容较前卫甚至禁忌而无法在影院上映，网络平台为其提供了传播机会。网络媒体和手机媒体为电影提供了播出平台，优酷、爱奇艺、搜狐等视频网站的盛行，使电影的宣传渠道和播出平台有了更广阔的延伸，同时也改变了大众的观影方式，受众足不出户就可以在网上和手机上搜索到自己喜欢的电影，既节约了时间也节省了金钱。新媒体时代，网络和手机已经成为电影播放平台的重要组成部分，就是因为网络和手机提供的播放平台更容易被大众接近和使用。

同时，电影发行方式网络化，包括电影的配送途径网络化和电影的售票、发行结算网络化。长期以来，电影发行形成了完整的物流配送体系，以往主要依赖交通工具进行胶片的传送，而网络配送省略了中间环节，直接通过卫星、光缆传送，节省了胶卷运到各电影院的时间、人力资源和配送成本，而且，发行商在发行新片时不必为决定拷贝数量而伤脑筋，对于热映电影，可以通过卫星或光缆向众多电影院增加发行数码拷贝。网络售票更加便捷和便宜，观众通过线上电影售票网站进行购票，或者电影公司通过营销网络发行电影储值卡，观众到影院只需在读卡机上一触就行，这种储值卡可以在任何网络电影放映厅使用，也能用综合娱乐卡、储蓄卡或信用卡替代。

营销手段多样化

优酷、爱奇艺、搜狐等视频网站的盛行，使电影的营销手段趋于多样化，可以在网站新闻、网站广告、网站视频中发布电影上映的消息以及在社交网站上发布新片的花絮、预告，或通过网络、手机访谈推广新电影，或者在新媒体上介绍影片中的明星，利用明星效应吸引受众，还有利用论坛和贴吧为新电影设置议程，让受众参与讨论和交流等。电影营销的成功使电影的传播范围更广，受众对电影的认知度更高，电影的社会影响力也更强。手机媒体的便携性和智能性，使人们更方便地接收电影的宣传和营销，更直接地参与电影的评论和电影的推广。毋庸置疑的是，网络和手机媒体的普及使微博的力量发挥到了极致，人们可以通过微博记录自己观看电影后的感受，通过微博分享自己认为好的电影，这样微博就起到了为电影做宣传和推广的作用。

使用最多的新浪微博，能够随时随地发表自己的言论，可以评论别人的观点，还可以跟某人私信，也可以关注任何你感兴趣的群体或个人，可以链接视频、上传照片、转发别人的内容。这些特点为电影营销带来了极大的便利，受众可以通过微博第一时间获取电影资讯；微博又属于免费媒体服务，通过建立电影的官方微博，可以便捷地达到宣传效果；微博具有受众黏性，如果经营得当，微博可以迅速传播，利用电影主创、明星等粉丝群体，使电影获得极大的口碑效应。微博是新媒体的产物，是一种崭新的媒介平台，一种崭新的营销手段，其特质对电影的话题制造和商业炒作提供了绝佳契机。在一部电影上映前，通过微博制造话题，往往会使电影产生巨大影响。纵观近几年的票房黑马《让子弹飞》《失恋33天》《泰囧》《西游降魔篇》，无不利用新媒体进行营销，尤其利用微博这种高效的传播渠道为电影的营销摇旗呐喊、造势助威。此外微博粉丝具有强大的宣传和推广作用，即"粉丝效应"。"粉丝效应"指具有共同爱好和相同追求的人群对某一品牌或某个人的崇拜、信任、极度拥护，而对这一品牌或个人带来一系列社会地位、经济收入等方面的巨大影响。"粉丝效应"针对于电影领域,则被称为"粉丝电影",百度百科的解释是:"粉丝电影是一种新的类型片,主打粉丝群体,一般制作成本较低,简言之,即迎合某偶像粉丝而拍的电影,只对特定人群有着非看不可的意义。"在此类型片中,某一个演员的作用被放至无限大,完全盖过电影其他元素,甚至其表演都可忽略。票房成为衡量粉丝电影成败最具说服力的标志。最明显的例子就是《孤岛惊魂》,通过杨幂的"粉丝效应"对票房产生巨大影响。

杨幂因在古装穿越剧《宫·锁心玉》中饰演晴川一角而受到80后、90后群体的热烈追捧,吸引了众多"幂蜂",杨幂的粉丝一度达到2000多万人,由杨幂演唱的片尾曲《爱的供养》一时间也风靡歌坛。而电影《孤岛惊魂》在营销宣传阶段,就利用杨幂的个人号召力和影响力在微博和网络上进行宣传。在海报的制作上从多角度展示她被绑、满脸惊恐、嘴角流血的画面与《孤岛惊魂》的氛围相结合,体现出美女与野兽的恐怖气息;在网站上的视频宣传中,又将杨幂穿着比基尼在海上旅行一段重点突出,利用明星的大尺度表演来吸引粉丝的眼球。与粉丝相伴的就是微博的力量,传统的影视营销手段是依靠主演的人气、铺天盖地的预告片、地铁广告、户外广告等,微博的出现,使影视资讯随时发布,影视剧中的主要演员做客微博演播厅,进行与影片相关的微访谈,让观众与影片离得更近。《孤岛惊魂》制片方通过微博公布的海报和档期,短时间内即转发量过万,评论达3 000条,几乎创下了官方新闻微博转发次数的最高纪录,足见杨幂的人气。

2011年7月8日上映的《孤岛惊魂》正值暑期,杨幂的粉丝纷纷涌进电影院,甚至包场观看,构成了一大票房主力,所以每次观众见面会,杨幂都是最大卖点,如今这种"粉丝市场模式"被不少片方看好。据《孤岛惊魂》官方微博统计,支持和拥护这部电影的粉丝数达到4 804万,这部制作成本仅500万元,票房收入却达到9 000万元,杨幂的粉丝功不可没。《画皮2》的票房超过7亿,除了内容吸引眼球、形式的魔幻性令人惊奇和铺天盖地的网络宣传外,明星也起到了推动票房收入的巨大作用,赵薇、陈坤、周迅、杨幂、冯绍峰等,"粉丝效应"再次得到印证。2012年的《大武生》在还未上映时,韩庚和吴尊的粉丝就号召包场看电影,并且在发布会上向记者派送小礼品。

《泰囧》的成功除了影片本身的喜剧性迎合了观众的心理,更得益于它的整合营销策略,而在整合营销策略中,新媒体的贡献占据第一。

首先,《泰囧》营销团队利用豆瓣网上水军的作用,将观众对电影的好评如潮水般放入论坛和贴吧,利用水军去造势,主要是抓住了观众的从众心理。很多人看一部电影之前都会去关注网民对它的评价,评价好自然引起人们看影片的冲动。虽然网络水军有违社会道德,但这是互联网监管的缺失。

其次,利用微博建立口碑营销,在微博中,《泰囧》成为大家议论的热点话题,好不热闹。百度指数显示,自2012年12月11日起,《泰囧》的关注度开始急剧上升,一周之内暴涨798%,媒体关注度增长312%,关注的人群主体是20~39岁的年轻人,这个群体符合中国电影主流观人影群的基本特征。《泰囧》官方微博调查显示,截至12月20日,《泰囧》在微博上的消息就多达420万条,让微博用户无法不关注到它。从宣传内容上看,2012年10月发布第一款预告片,还利用主演徐峥、王宝强、黄渤的"囧神"组合漫画在微博背景上展现,因其接地气又特色鲜明的角色形象而受到微博用户的热捧。一部投资3 000多万元的小成本电影却带来了如此多的欢乐,不得不说本身就是一种能力,在微博之中,推荐大家去观看的信息无处不在。

最后,利用网络进行多渠道营销,比如在PPTV、PPS、优酷等视频网站上进行全面覆盖,40个视频不但突出2012世界末日,用"囧神"引爆末日狂欢,而且大胆宣言与其等死不如笑死,同时三位喜剧笑星做客《快乐大本营》《非常静距离》《鲁豫有约》等高收视率节目讲述囧神家族的囧事,并且在节目中反复推荐,引人关注。

推动电影的衍生品开发

电影衍生品源于电影,可以在电影放映结束后相当长的一段时间里继续为电影企业带来源源不断的收益。电影衍生品,是指根据电影而衍生出来的后电影产品,除银幕放映以外一切增加电影产业下游产值的产品。它包括各类玩具、音像制品、图书、电子游戏、纪念品、邮票、服饰、海报甚至主题公园等等。电影衍生品的概念来源于美国,在国外电影市场已经经历了几十年的发展历程,然而在国内,"电影衍生品"的概念是在近十几年才为人们所渐渐熟知。随着通信技术的发展,无线增值业务成为我国电影后期产品开发的另一个重点,中国移动和美通通信公司就曾依托电影《手机》开通短信平台,"推出与电影同名的短信游戏,使其业务迅速增长,电影还未上映,短信发送量便超过2 000万条"。新媒体的巨大传播力,不但对电影的宣传和推广具有重大影响,而且对电影的衍生品开发有推动作用。电影音乐的原声唱片,可以通过网络、手机等新媒体进行传播,例如《满城尽带黄金甲》的主题曲《菊花台》的手机下载量为1 000万人次,一首单曲的彩铃价值就超过2 000万元。由电影开发出来的电影小说、画册、电影海报等也可以通过网络传播,使更多人接触和阅读,从而推动受众对这些产品的现实购买力,例如利用热门电影改编手机视频游戏,受众可以在线实时互动,为电影产业增加了新的经济增长点。电影《赤壁》曾按照剧情设计打造了5款赤壁剑,其中最贵的一款价格达100万元一把,最便宜的一款也要8 000元一把,其他款式价格在一两万元,赤壁剑主打的就是高端市场,片方特地找到中国出好剑的浙江龙泉企业专门打造。因《赤壁》电影的热映,再利用网友的好奇心理,对赤壁剑进行饥饿营销,使得赤壁剑获得良好收益,百万元一把的剑也销售出不少。

(3)新媒体改变了受众的观影方式和传播角色

新媒体传播的分众化和个性化特点,使电影观众发生了分化,人们摆脱了看电影必须去影院的束缚,不再一群观众在"黑匣子"里共享心灵的沟通,观众可以在网络和手机上寻找自己喜欢的、能满足个人需要的电影。传播媒介的改变,受众的观影习惯也发生了变化,网络免费观看成为青年人观影的首选,受众也不再被动地接受电影,而是主动参与电影的传播和创作。

受众分化:从大众观影到小众观影

新媒体时代,电影受众通过网络媒体和手机获取最新的电影资讯,同时也利用网络和微博发表自己对电影的观点和看法,分享电影对自己人生的启迪,在这一过程中,受众既是接受媒介讯息的受者,也是传播电影内容的传者。随着互联网和新媒体营销更加具有针对性,也随着观众的观影行为更加理性和自觉,观众的分化正在成为事实。一方面,越来越多的观众不再只选择最知名的电影观看;另一方面,观众开始寻找与自己的需求、趣味匹配的影片消费。"大"不再是影片的利器,"黑马"的出现看似偶然实际上却反映了观众分化的必然。正是在这种市场细分的大格局下,《观音山》《最爱》《钢的琴》《转山》《星空》《Hello！树先生》等文艺片也获得了较好的票房成绩。李玉导演的小成本文艺片《观音山》,探讨青春与生命的严肃主题,获得7 000万元的票房。顾长卫导演的全明星阵容《最爱》,累计票房6 860万元。也许,正是因为人们对大制作电影的空洞、雷同、华而不实的失望,这些文艺范儿的相对小众的电影出人意料地得到了市场的接受。电影观众或者说部分电影观众的口味正在变得越来越职业,越来越追求品位。艺术电影的一线生机,在商业电影市场蛋糕越来越大的背景下正在变成现实。只有商业市场的蛋糕越大,文艺片的细分空间才能越大。

受众的观影行为发生变化

①从被动接受到主动参与传播电影。新媒体时代受众可以与电影进行直接的互动,互动的意义并不是要求观众一定要投入到电影制作当中,而是给了观众更大的自由度和决定权,让观众自己做决定。观众可以积极进行互动,在参与、自主发现和控制过程中体验更大的乐趣,也可以选择静观其变,自然放松地观看制作者设计好的内容,达到娱乐和休息的目的。新媒体打破了国家与地域之间的限制,受众的观影方式更加自由,任何人可以在任何时间、任何地点,通过网络媒体和手机媒体进行点击、观看、传播以及评价电影。受众评论电影的方式也发生了变化,过去只是简单的文字评论,现在通过网络媒体,可以融合文字、图片、音响、视频剪辑等五花八门的方式。新媒体时代催生了大量供影迷交流的平台,如各类相关论坛及综合网站的电影版,以及整合了SNS（社交网络）的形式、为影迷提供了交流和展示功能的豆瓣网、时光网等,构建了网民发表评论、交流观影体验的场所。网民还可以直接参与电影的创作,例如有些电影从剧本到演员的挑选都采用了网络海选的形式,调动了受众的积极性,成为电影创作形式的新模式。

②受众的观影心理和观影体验的变化。新媒体时代,受众既可以选择去影院观看电影,也可以选择在视频网站和手机网络平台上观看电影。新媒体是在数字技术基础上产生的,新媒体时代的数字影像正挑战着受众的观影心理,一是受众对电影中的客观现实难辨真假,如2012年由李安执导的《少

年派》，银幕上威风凛凛的老虎理查德·帕克不是真老虎，而是数字模拟的假老虎；在观众面前扑面而来的阵阵惊涛骇浪，无边无际延展到地平线的水天一色景观，满是夜光水母的炫目海平面，都是在台湾一个水槽影棚进行前期拍摄并通过后期制作完成的。这些数字化制作的"真实"令观众难以想象，观众在观看时也不会对这些从未真实存在过的景象感到怀疑。二是数字技术在更高层次上满足了观众心理欲望与期待。生活在现今高度发达的信息社会中的人们逐渐被各种新鲜刺激的影像产品所包围，并沉溺于其中难以自拔。观众对于视听感受已经达到了迷恋的程度，不只迷恋影片所带来的多元化信息和丰富的视听享受，更多的是对观影过程的迷恋。观众习惯甚至是喜欢被制造得尽善尽美的影像所欺骗，喜欢被看不出来的特技所蒙蔽，他们已经被现代电影的技术和节奏所迷惑，对于视觉冲击表现出不厌其烦的追逐。

2. 新媒体对中国电影的消极影响

新媒体给中国电影带来的积极的影响，就如上文讲到的创作主体多元化、剧本来源丰富化、影片内容现实化、电影形式多样化、电影营销手段多样化、播出平台多种类、观影方式大改变等，然而我们不能忽略的是，新媒体抢占了传统电影的部分观众，可能是票房杀手；手机媒体具有的随时记录、随时拍照、随时分享、及时传播的功能，一方面使创作电影的门槛降低，一些"三俗"电影进入人们的视野，既侵犯了某些人的个人隐私权，也侵蚀着青少年群体的道德价值观；另一方面电影消费者的从众心理导致更多观众接受国外大片而忽略中国电影，再加上外国电影在优酷、搜狐、爱奇艺、网易等网站上免费观看，中国电影的生存更面临与国外电影竞争的威胁。新媒体也给电影带来了冲击和威胁，主要表现在电影版权受到侵犯、网络道德遭遇挑战、电影在新媒体上传播的盈利模式不稳定三个方面。

（1）电影版权受到侵犯

电影版权即电影著作权，是指电影作品的作者或者公司法人对其作品享有的权利，包括电影发行权和电影放映权。电影作品的版权问题突出表现在电影作品的盗版。盗版问题由来已久，最初主要是 VCD、DVD 和电视台的盗播，随着网络媒体和手机媒体的发展，电影的盗版方式更加多样。一方面对已有电影作品的"借用",不仅可以不留任何痕迹,而且可以使原作品同"借用"产生的作品真假难辨;另一方面,在网络环境中,人人都可能成为电影出版者。上网者不仅可以经由网络直接发行自己创作的作品,而且可以把接收到的他人作品向特定的或不特定的对象"重发"出去。网络发行使作品绕过了发行商和市场,给发行管理制度带来多方面的影响,必然引起包括精神权利在内的新的版权问题。在网站上还有一些企业暗自以个人用户方式上传电影作品,然后再自行删除,如此监守自盗与打击盗版并存的状况,在微博这样一个遍布匿名化又有复杂用户需求的环境中,监管的难度就更大了。

在互联网上非法流通的电影文件的源头主要有二:其一,对正在上映的影片进行偷拍或在该影片上映前通过内部渠道复制,然后将复制品上传至互联网以供人下载;其二,对已发行或即将发行的影片 DVD 进行复制,然后将复制品上传至互联网以供人下载。通过新媒体非法下载的电影,受众可以更方便、快捷地观看电影,免费观看更是其最大的诱惑。然而网络盗版造成电影的审美和艺术内涵流失,也降低了电影消费者的观影信心,同时网络盗版电影会侵占正版电影的市场。

网络和手机传播对电影画面和音响质量的降低,不可避免地同时影响了影片的艺术效果。一些电影因其艺术效果无法传达,甚至影响到了内涵的表述。现在很多观众只注重大片的声光效果,认为大片要上影院看,艺术片网上下载观看足矣,事实上,艺术片里通过构图、光线、音乐等细节营造的艺术效果,恰恰是最关键的。当受众习惯了通过网络欣赏电影,影片的画面无法精准传达,细节无法被发现,色调和音效音乐无法调动观片情绪,长此以往,这种只看故事情节,不看其艺术表达手法的庸俗观影模式,将造成电影艺术的审美缺失,甚至最终影响电影艺术美的创造。据笔者的调查和访问得知,近几年那些票房好的电影,观众都反映质量一般,艺术性、人文性和社会意义越来越不尽如人意,观众对国产电影的消费信心在降低。例如双视影院,新片一上映就可在双视影院上找到可供下载的视频,然而影片的清晰度相当差,一看就知道是偷拍或复制来的,笔者在《泰囧》《十二生肖》《西游降魔篇》上映当天即通过双视影院搜索,竟然都可以下载,然而画面的清晰度和质感让人惨不忍睹。盗版商无偿占有正版电影商应得的回报,却不承担拍摄的巨大成本，其成本最终只能摊到正版用户身上。这有违公平的原则，用户将很难得到物美价廉的产品，进而形成一个恶性循环；盗版抬高了正版的价格，高昂的价格可能造成更多用户使用盗版产品，进一步加重了正版用户的负担，最终将无正版电影可寻。电影艺术做到科技与人文相结合，保持基本的人文关怀，应是电影作为一门艺术的基本限度，也是电影艺术在网络时代保有其价值不灭的根本。

（2）网络道德遭遇挑战

网络和手机微博平台上电影资讯和内容的传播呈现一种完全自主化的过程，传播者的行为不受把关人的限制，也没有相应的组织原则，况且有关网络的法律法规也并不健全，因此新媒体平台上的电影内容除了多元性、原创性的特点外，还有大量的恶搞和低俗的作品，败坏网络道德。一些微电影的创作者为了吸引观众眼球，竭尽全力地用血腥、暴力、犯罪和黄色场面以及粗俗、低级的语言来刺激人们的感官，严重败坏了社会风气，影响了青少年的成长。

另外一种网络恶搞电影，利用现成的电影片段或者模仿经典的电影片段，通过重新剪接、配音、配乐使之达到一种幽默、可笑、反讽的效果。最早的网络恶搞电影就是胡戈制作的《一个馒头引发的血案》，恶搞陈凯歌导演的《无极》，这部影片受到网友的欢迎，因为内容涉及农民工讨薪、城管恶劣执法以及广告泛滥等现实问题。近几年网络恶搞电影数不胜数，如《新白娘子传奇》《新还珠格格》《大话西游》《唐伯虎点秋香》等，利用原经典的片段配以网络流行语言"尼玛""伤不起""元芳，你怎么看？""神吐槽"等，讽刺现实生活中的房价问题、食品安全问题、社会治安问题。尽管这些问题贴近社会现实，反映公众的社会需求，但是表达方式和解决问题的渠道让人质疑，这种恶搞容易在网络上形成口水仗，大家为了发泄某种情绪肆意侮辱或者大骂，不利于文明的网络道德习惯的形成。

同时，由于网络传播者角色的多重性、匿名性、分散性和微博的互动性、快捷性、即时性等特点，会侵犯个人隐私权。上文提到，新媒体使电影的创作主体多元化，创作内容自由化，这必然导致一些网友的偷拍偷录而引起侵犯隐私权。例如电影《秋菊打官司》在宝鸡进行纪实性拍摄时，摄下了一位在现场卖桂花糖的农民贾桂花的形象,在未经其同意的情况下出现在电影中大约4秒钟。贾桂花本人自称因为"生理缺陷"(脸上有麻子)"连相都不愿意照"。影片播出后,有熟人嘲笑贾桂花"成了明星","长得那样还上电影";她的儿子在学校也被同学嘲笑。肖像权作为独立的一类人格权,和隐私权有所分别。但是,公布他人肖像,如果破坏了受害人的宁静生活或暴露了其私生活的秘密信息,则应认为是对其隐私的侵害,也就是说人们在自己的肖像之上也包含着某些隐私信息及相关的利益。2012年《搜索》这部电影讲述的是一个得了绝症的"白富美"叶蓝秋,在得知自己病情、情绪极度失控的情况下,没有给老人让座,并且说了一句不太得体的话,被实习记者拍下,新闻记者陈若兮利用这段视频成功地做了一期社会热点节目,引来无数所谓"正义感"的观众、网友"吐槽"。大家纷纷谴责叶蓝秋,对她进行攻击、诽谤,甚至人肉搜索她的工作单位、曾经的学校、初恋男友,强大的舆论压力终于把叶蓝秋逼上了自杀的绝境。这部电影反映的就是新媒体时代"人肉搜索"对个人的影响,它不但侵犯了个人的隐私权,同时也将别人的生命和尊严置于网络舆论而不顾。

(3)电影在新媒体上传播的盈利模式尚不稳定

网上电影传播的收益模式主要有两种,一种是靠点击下载付费模式获取收益,一种是以电影或广告的点击次数或实际流量为指标按实际效果向广告用户收取费用的盈利模式。视频网站成为电影播放的重要平台,并且"新媒体数字院线发行平台"和"电影网络院线发行联盟"提出视频付费点播要求,要统一上线时间、统一播放品质、统一资费,但是目前付费点播为网站带来的实际收入仍十分有限,网站为这些电影支付的版权费用仍需依靠免费播放期的广告收入来填补。这些视频网站利用点击视频附带广告的形式,将运营和渠道费用分摊在广告商身上,消费注意力。而如果考虑到推出付费点播服务给网站运营所增加的成本,如因为要为付费用户提供高清画质所增加的带宽成本,以及因为付费期间不能加入广告所损失的广告收入,这一新模式的现状同样令人担忧。

在手机提供的移动网络终端的环境中,对手机、平板电脑硬件以及网速的高要求使得门槛提高,不仅广告商的成本增加,且点击数量也入不敷出。

所以，目前我国网络传播产业，尤其是电影内容在移动终端上的盈利模式尚不稳定。但是视频网站和新媒体都在尝试新的盈利模式，比如 PPS 推出网游频道，率先将玩游戏与看网络电影有效结合，试图提供平台，让用户实现完全交互，通过提供增值服务获利。虽然目前还没有明显效果，但这种完全交互必将会增加 PPS 的用户黏性和忠诚度，为广告这一盈利模式保驾护航。另外由于新媒体的互动性，用户的互动交流形成虚拟社区环境，口碑传播、植入式广告等也逐渐成为新媒体平台的盈利新宠。

拾
渐渐融入世界文化版图的中国

引言：打开通往世界的文化丝绸之路

一、古丝绸之路的记忆

漫漫黄沙，叮叮驼铃，西行东往。

两千多年前，张骞出使西域，开辟了一条西去的大道。紧接着，汉朝的使者、商人接踵西行，西域的使者、商人也纷纷东来。他们把中国的丝织品，从长安通过河西走廊（今天的新疆地区），运往西亚，再转运到欧洲，又把西域各国的奇珍异宝输入中国内地。这条沟通中西交通的陆上要道，就是历史上著名的古丝绸之路，它东起古城西安，西至古罗马都城君士坦丁堡，贯穿河西走廊，连接欧亚大陆，全长一万多公里。其辉煌历史起于汉代，盛于唐代，止于元代，长达15个世纪，是我国古代外交、商贸、文化、科技交流的重要通道，因其商贸主要是以丝绸为主，也是当时最受国外欢迎的商品，因此后人便称之为"丝绸之路"。岁月悠悠，逝去的历史如过眼烟云，但丝绸古道的沧桑却永远难以磨灭，时时在人们的记忆里苏醒。拂去历史的尘埃，我们依稀可以听到那悠悠的驼铃……

蓝蓝大海，片片白帆，乘风破浪。

汉武帝以后，西汉的商人还常做出海贸易，开辟了海上交通要道，这就是海上丝绸之路。海上丝绸之路是中国与世界其他地区之间的海上交通路线。中国的丝绸除通过横贯大陆的陆上交通线大量输往中亚、西亚和非洲、欧洲国家外，也通过海上交通线源源不断地销往世界各国。因此，在德国地理学家李希霍芬将横贯东西的陆上交通路线命名为丝绸之路后，有的学者又进而加以引申，称东西方的海上交通路线为海上丝绸之路。2007年，随着南海一号沉船的出水，大量精美的瓷器重见天日。让世界惊叹的同时，我们发现"南宋的中国其实也是'海上马车夫'，好比近代的荷兰"，国家财富积累大部分都是依靠海外贸易，所以南宋甚至可以称为古代中国的海洋时代。古船生活舱可以说是浓缩了整个时代背景，包含的历史信息可能超乎人们的想象。

二、新丝绸之路的构想

中国的改革开放需要我们走出国门，打开通往世界的通道，中国经济近几十年快速发展的实践证明了路通则国富。但竞争无时不在，中国的崛起让一些国家惶惶不安，他们极力阻挠和遏制中国的发展，随着美国重返亚太的战略布局，开始在中国周边策动对中国的包围，美国的这个包围圈中有一个点让我们特别关注，那就是阿富汗。阿富汗可以说是亚欧大陆的咽喉要道，美国占领这里的战略企图，是要向西直面伊朗，可以控制中东，截断中国新丝绸之路，从西部切断中国的能源供给。在东亚和南亚，利用日本，挑起钓鱼岛事件，利用越南、菲律宾，挑起南海争端，挑起缅甸、泰国的国内动乱，打击亲华政府，扶植亲美势力，从海上截堵中国。如果让美国的阴谋得逞，那么中国经济上、军事上就只能听从美国的摆布。中国政府洞察秋毫，针锋相对，提出了我们的战略部署。

习近平总书记在2013年9月、10月访问中亚四国和印度尼西亚时，分别提出建设"丝绸之路经济带"（简称一带）和21世纪"海上丝绸之路"（简称一路）构想，"一带一路"之后在中央经济工作会议中被纳入全年工作任务。2014年博鳌亚洲论坛年会开幕大会上，李克强总理以"共同开创亚洲发展的新未来"为题发表演讲，全面阐述了中国的亚洲合作政策，并特别强调要推进"一带一路"的建设。"一带一路"是指"丝绸之路经济带"和"海上丝绸之路"，它将充分依靠中国与有关国家既有的多边机制，借助既有的、行之有效的区域合作平台。"一带一路"的建设不仅不会与上海合作组织、欧亚经济联盟、中国—东盟（10+1）等既有合作机制产生重叠或竞争，还会为这些机制注入新的内涵和活力。

各类合作项目和合作方式，都旨在将政治互信、地缘毗邻、经济互补的优势转化为务实合作、持续增长的优势，目标是物畅其流，政通人和，互利互惠，共同发展。

但是，由于霸权的存在，新丝绸之路的开辟存在着风险，这就需要我们做好部署，制定策略。为了确保陆、海两条丝绸之路的畅通，我们要经济开道，文化唱戏，军事护驾。

三、开通文化丝绸之路解读

历史上的丝绸之路主要是商品互通有无，今天"一带一路"交流合作范畴要大得多，优先领域和早期收获项目可以是基础设施互联互通，也可以是贸易投资便利化和产业合作，但我们应该把人员往来和文化交流放在重要地位。要加大对中国优秀文化的传播力度，要让世界人民认知中国文化，喜爱中国文化。让中国文化渗透到世界各文化之中，让中国优秀的文化成为世界主流文化，如此才能赢得21世纪世界文化战争的胜利。

"文化战争"就是21世纪人类社会的一场新的战争，是世界范围内进行的文化大战，只不过和血肉横飞的世界大战相比采取的是另一种形式而已。应当看到，现在的世界并不太平，美国在"冷战"结束后成为世界唯一的超级大国，它凭借其军事、经济的实力，在世界各地炫耀武力，致使战火不断，使人们的生活得不到安宁。对此，人们有切肤之痛，但却往往忽略另一种战争，属于软刀子杀人的文化战争。这场文化战争同样也是以美国为首的西方发达国家挑起。它们凭借实力向世界各国输出其文化产品，就如当年英国向中国输出鸦片一样，从语言文字的垄断到精神产品的输出等可谓无孔不入。这场文化侵略的后果要比当年军事侵略、经济掠夺的后果严重得多。它靠什么来实现这样的战略呢？主要靠的就是文化。古语说得好，"攻心为上"，文化侵略具有武装占领和经济掠夺所不具备的特点，它不是强力压服，而是用精神手段来"融化"你，这就是文化战争。

现在联合国的原始文件里80%用英文，15%用法文，4%用西班牙文，剩下的1%里面有俄文、阿拉伯文、中文。中文比例连1%都不到，而使用汉语的人口却占到全世界的四分之一，这样的现状还不让我们警醒吗？

语言文字是一个民族记忆的最重要载体，语言文字衰落的民族，是没有前途的民族。秦灭六国，先毁灭其语言文字。毁灭了语言文字，民族记忆就稀薄了，甚至完全断绝。古代历史上许多古国消失，往往不是因为其肉体消灭，而是因为其文字消灭，文字消灭则灵魂消灭，匈奴不再，鲜卑不再，契丹不再，党项不再……法国作家都德有一篇短篇小说《最后一课》，写的是普法战争中法国战败，法国的阿尔萨斯被德国占领，德国占领者在阿尔萨斯禁绝法语，推广德语。小说用苍凉的笔触写出了法兰西民族深切的爱国主义，并得出一个结论："当一个民族沦为奴隶时，只要它好好地保存着自己的语言，就好像掌握了打开监狱的钥匙。"世界上绝大多数国家都有语言安全的概念，也都有民族语言的自豪感。然而随着西方文化的传播，英语成为强势语言，威胁到各个国家的语言安全，尤其对于中国，侵害更深。从改革开放以来，英语热此起彼伏，英语成为中国学生的必修课，甚至远远超过我们的母语汉语。这是我们在文化战争中的一次严重失误。

任何一个民族都想让世界了解、学习自己的文化，把中华文化传播到全世界，让其他国家的人民了解中华文化，唤起世界其他民族对中国人的敬意，这是我们义不容辞的责任。中国政府在世界很多国家都建立了孔子学院，也是基于此目的。中国优秀的历史文化是世俗的，不会和任何一种文化或宗教发生冲突，很容易被其他种族接受，儒家的仁、义、孝、信，是教育做人的规范，墨家的博爱、非攻，是关于世界和平的，道家是教育人们如何与自然和谐相处，这些都是解决当前世界问题和个人心性修养的大智慧。

如中国的中医术，其理论来源于对医疗经验的总结及中国古代的阴阳五行思想。其内容包括精气学说、阴阳五行学说、气血津液、藏象、经络、体质、病因、发病、病机、治则、养生等。早在两千多年前，中医专著《黄帝内经》问世，奠定了中医学的基础。中医具有完整的理论体系，其独特之处在于"天人合一"、"天人相应"的整体观及辩证论治。把人看作是自然界的一个组成部分，人的生命活动规律以及疾病的发生等都与自然界的各种变化（如季节气候、地方区域、昼夜晨昏等）息息相关，人们所处的自然环境不同及人对自然环境的适应程度不同，其体质特征和发病规律亦有所区别。因此在诊断、治疗同一种疾病时，多注重因时、因地、因人制宜，并非千篇一律。认为人体各个组织、器官共处于一个统一体中，不论在生理上还是在病理上都是互相联系、互相影响的。因而从不孤立地头痛医头、脚痛医脚，而多从整体的角度来对待疾病的治疗与预防，特别强调"整体观"。这是我们用于养生的法宝。

中国的武术、太极、戏曲、曲艺，绚丽多姿、魅力无限，还有中国的饮食。许多中国优秀文化都有必要向世界传播，不仅要向世界传播，我们中国人也要重新学习。中华民族有这么多的好东西，我们自己要知道珍惜。

曾经在世界舞台上独领风骚几千年的中华文化，在新的世纪里是否会再次绽放出夺目的光彩呢？文化是世界文明的一个重要组成部分，它集合了全人类不同种族之间的智慧，经过一代又一代人的传承与创新，发展至今。如果说文化是通向世界的一扇大门，那么"创新"便是这扇大门的钥匙。迪士尼的经验告诉我们，"创新"乃是一个团队、一个民族的灵魂。在迈向现代化的征程中，我们的文化还应在传承中创新，在创新中挖掘新的内涵。

国家"一带一路"的战略已经制定，新的丝绸之路已经启航，我们应该认清形势，把握方向，借助新丝绸之路的通道，用中国优秀文化占领世界，打赢21世纪的文化战争。

孔子学院：连接中国与世界的桥梁

在中国这块古老的大地上，诞生了孔子、老子、庄子、墨子、孙子等先哲，他们两千多年前形成的思想，是世界文化的重要遗产。但是进入到21世纪，我们必须靠能够被其他民族接受的文化创意产品来与世界对话，也就是说，这些传统文化资源如何才能转化成当代中国的文化软实力？美国的"软实力之父"约瑟夫·奈曾经说过，孔子学院展示了中国的软实力，是成功的典范。

以儒家思想为主流的中华传统文化，不仅具有独特的民族性，也具有世界性。它滋养了我们这个民族，也深刻影响了日本、韩国、越南、新加坡等亚洲国家。中华文化对世界文化的贡献不仅有其历史价值，而且在世界经济全球化和文化多元化格局的形势下日益凸显其现代价值。

以孔子的名字来命名海外汉语推广机构，正是吸取孔子智慧的正确选择。全国人大常委会副委员长许嘉璐在首届孔子学院大会上解释说："因为孔子是中国人心目中永恒的导师，以孔子为代表的儒家学说，其核心理念是以人为本、和为贵、和而不同。中国人至今仍以这一学说为社会思想的基础，与世界各国人民友好相处。"

孔子是中国历史上伟大的思想家、教育家，儒学的创始者，其学说在世界上具有十分重要的地位。"孔子学院"的名称体现了中国历史悠久、博大精深的语言文化底蕴，也体现了中国语言文化逐步融入世界多元文化的发展趋势。

2007年6月，波兰克拉科夫大学孔子学院和雅盖隆大学东方文化教研室联合举办了"孔子传统迈向新世纪国际研讨会"。与会者普遍认为，"孔子传统在新世纪仍有强大的生命力"。孔子的仁者爱人、己所不欲、勿施于人等理念，通过孔子学院品牌的传播，必将对世界多元文化及构建和谐世界产生深远的影响。

孔子自己也想不到的是，在他身后两千多年的21世纪，他又成了中国文化走向世界的形象大使。

2004年6月15日，胡锦涛总书记出席了第一所孔子学院——乌兹别克斯坦塔什干孔子学院协议的签字仪式，拉开了我国在全球合作举办孔子学院的序幕。十多年来，孔子学院秉承"增进世界人民对中国语言和文化的了解，发展中国与外国的友好关系，促进世界多元文化发展，为构建和谐世界贡献力量"的宗旨，在党中央国务院的高度重视下，在各有关部门的大力支持下，经过与所在国的共同努力，不断创新发展，成为汉语推广和中外文化交流的重要基地，为各国人民学习汉语、了解中华文化、加强中外友谊提供了新的广阔平台和桥梁。习近平在祝贺孔子学院建立十周年暨首个全球"孔子学院日"的贺信中高度评价孔子学院，并深刻指出："孔子学院属于中国，也属于世界。"

一、缘起：为什么一定要以孔子之名

我国党和国家领导人历来高度重视汉语国际推广工作。新中国成立初期，毛泽东、周恩来等老一辈无产阶级革命家高瞻远瞩，建立了专门从事对外汉语教学的高等学校，设置了一批对外汉语教学专业，并招收亚、非、拉等地区的第三世界国家学生来我国学习汉语，为增进我国与第三世界国家的合作、交流和友谊起到了重要作用。改革开放以来，在邓小平同志的亲自关心下，经国务院批准，1987 年成立了由国务院 11 个部门组成的国家对外汉语教学领导小组，进一步加强了对外汉语教学工作。随着我国对外开放的进一步扩大和经济的持续快速发展，我国的国际地位不断提高，汉语学习需求急剧上升，原有的汉语教学机构和运作模式已远远满足不了需求。为此，2003 年 3 月，对外汉语教学领导小组决定在海外设立汉语推广机构，并将此机构命名为"孔子学院"。2004 年全球第一所孔子学院成立，孔子学院应运而生。

以孔子的名字命名海外汉语推广机构主要基于以下几点考虑：其一，孔子是中国古代伟大的思想家和教育家，是世界最著名的文化名人之一，以孔子的名字命名汉语推广机构使它具有与生俱来的知名度，易于传播。其二，孔子的名字与他的深刻思想及教育理论紧密相连，以孔子命名汉语教学机构无疑是独一无二的最佳选择。其三，孔子"和为贵""和而不同"的理念，具有独特的协调性和包容性。孔子学院以此鲜明地表达了建设持久和平、共同繁荣世界的愿望。其四，与其他国家推广本国语言的做法有异曲同工之处，易于被人们理解和接受。任何一个自信的民族，都会尊崇和推广自己的文化。很多国家都把传播本国文化作为国家战略，比如法国 1883 年成立了"法语联盟"，英国 1934 年成立了"文化委员会"，德国 1951 年建立了"歌德学院"，西班牙 1991 年创建了"塞万提斯学院"等。

按照孔子学院规划的总体发展目标，到 2015 年，全球孔子学院达到 500 所，中小学孔子课堂达到 1 000 个，学员达到 150 万人，其中孔子学院（课堂）面授学员 100 万人，网络孔子学院注册学员 50 万人。专兼职合格教师达到 5 万人，其中，中方派出 2 万人，各国本土聘用 3 万人。到 2020 年，基本完成孔子学院全球布局，基本建成一支质量合格、适应需要的中外专兼职教师队伍；基本实现国际汉语教材多语种、广覆盖；基本建成功能较全、覆盖广泛的中国语言文化全球传播体系，使汉语成为外国人广泛学习使用的语言之一。

孔子学院既面向大中小学，也面向社区和企业；既开展汉语教学，也教授京剧、武术、中医、书法、茶艺、歌舞、中国烹饪等具有浓厚中华文化气息的课程，最大限度地满足了多层次、多样化的学习需求。各类孔子学院形成了各具特色的教学风格。网络孔子学院向全球提供优质教学资源，并建立了多语种的学习中心，开展丰富多彩的专题活动；广播、电视孔子学院为学生提供音视频多媒体学习资源，深受学习者欢迎。

二、汉语：隐含着中国文化的基因密码

设立孔子学院是加强我国对外汉语教学和文化交流的重要举措，意义重大、影响深远。孔子学院满足了各国人民学习汉语的客观需求，推动了汉语学习的热潮。世界上"汉语热"正在持续升温，目前全球已有100多个国家和地区在2 500多所大学、上万所中小学开设汉语课程。学习中文的人数已达上亿人，"汉语热"、"中文热"方兴未艾。一些国家政府已把汉语列为战略语言之一，鼓励民众学习汉语。进入21世纪以来，中国经济平稳快速发展、经济实力大幅提升，国民生产总值已居世界第二位；对外经济贸易活动和文化交流日益广泛与深入，汉语的实用价值和文化价值日益提升。"经济带动文化"，客观形势的发展，要求中国政府必须加强国际汉语言文化的推广工作，以进一步开展与各国人民的友好往来、满足海外学习汉语的客观要求。例如在美国，随着中美经济贸易合作和文化交流的增多，"汉语热"、"中文热"日益升温。美国政府为了适应这一客观需求，已把汉语列为战略语言之一，拨款鼓励民众学习汉语。

国家汉办举行的大型国际汉语比赛——"汉语桥"，已成功举办了14届，至今累计参赛的各国大学生达4万多人。近年来，孔子学院总部还组织和邀请了90多个国家1 300多名外国中小学校长和有关人士访华，培训外国汉语教师6 000多人，资助6 400多人来华学习汉语。这些活动都进一步推动了

汉语学习的热潮。孔子学院将继续实施"孔子新汉学计划",扩大招收外国青年来华攻读人文社科博士学位,开展"理解中国"和"青年领袖"等访问研修项目,支持孔子学院及其所在大学翻译出版中华文化书籍,重点扶持一批研究型孔子学院,鼓励其深入开展中华文化研究。

孔子学院为促进中外交流提供了新的多方位平台。语言是文化最重要的载体。汉语则承载着中国的历史文化、风土人情,渗透着中国人的哲学精神和人文思想。孔子学院在教授汉语的同时还广泛开展文化活动,举办专题文化讲座,使更多的人接触中国文化,理解中国的哲学思想和思维逻辑,看到中国传统文化的魅力,增强了中华文化的吸引力。

随着中国与世界各国交流与合作的不断深入发展,各国人民希望了解一个真实中国的愿望日益强烈。孔子学院作为中外合作的综合文化交流平台,在展示一个真实的中国方面具有得天独厚的优势。外国人掌握汉语,有利于提高汉语在国际交流中的地位,也为他们进一步认识中国,了解中国奠定了基础。孔子学院以"和谐"思想为核心,积极向世界介绍中国、说明中国,对于增进中国与其他国家人民之间的友好关系,消除对中国的误解具有积极作用。遍布全球的孔子学院已成为中国与外国"人民对人民"交流的最好平台之一。中国海外汉语教师和志愿者在与国外公众面对面的教学交流中,讲述着中国新鲜生动的故事,展示着中国和平、开放、文明的形象。

孔子学院加强了中国与世界各国的教育交流合作。孔子学院采用的中外双方大学合作共建的独特办学模式,成为我国高校迈出国门,走向世界的重要渠道。孔子学院提供了一种极具亲和力和自然形态的外交方式,成为政府外交、公共外交和民间外交的新舞台和实现形式。据统计,我国党和国家领导人在出国访问期间出席孔子学院的各种活动达200余次,外国政要到访孔子学院也超过200多人次。孔子学院为增进国际友好合作做出了积极贡献。

学习和使用汉语的人越多,中外人员之间的交流就愈通畅方便,经济贸易和技术合作的渠道就更宽,效率更高。据一些国家统计,共建孔子学院的双方大学所在地之间的经贸合作普遍因孔子学院的建立而有所加强。汉语的世界推广为中国人出国旅游和外国人到中国旅游都提供了极大方便,大大促进了中外旅游业的发展。有外国学者认为,孔子学院创办以来对全世界旅游业的贡献率超过3%。一些国家的学生因学了汉语，就把假期游学目的地定在中国，而中国之行则使他们认识和了解了一个生机勃勃、积极向上、文明友好的真实的中国，增强了对中国的友好感情。

把对外汉语教学和文化交流有机结合起来。正如习近平主席指出的那样："掌握一种语言就是掌握了通往一国文化的钥匙。"掌握了汉语这把钥匙，人们就必然要求走进中华民族博大精深的文化殿堂。因此，在语言教学的同时，向学习者介绍中国文化，提供文化精品是客观需要，也是孔子学院应尽的责任。要加强对中华优秀传统文化的研究、发掘和保护，提高文化传播水平。要加强中外文化比较研究，充分利用孔子学院这个平台，吸收各国文明的优秀成果。

今天，我们欣喜地看到，全球有上亿人在学习汉语，孔子学院和其他汉语学习机构星罗棋布，学者云集，中外文化在这里交汇；另一方面，我国已有300万人出国留学，吸收各个国家的文化精华，国内有几亿人在学习外语，其中学习英语的队伍尤为庞大，各种各样的外语学校、学习班、补习班比比皆是。对这种和谐繁荣的文化景象，中国表现出高度的包容、开放和文化自信。

孔子学院已成为中国的名片和桥梁，是名副其实的连接中国与世界的语言之桥、文化之桥、交流之桥和心灵之桥。

中国文化创意产业：问题与策略

在文化、传媒、娱乐、互联网相互融合的今天，"文化产业"的概念显得笼统、陈旧、不合时宜。应该按照国际惯例，称之为内容产业、版权产业或者创意产业。与美国之类的创意产业强国比起来，中国的文化创意产业尽管发展迅速，仍然非常弱小。跟其他产业一样，中国文化创意产业，依靠的还是巨大的国内市场，真正走出国门、畅销世界的创意产品凤毛麟角。

那么，为何美国的主流文化就能占据世界霸主的地位、统治世界几十年？法国社会学家马特尔认为，美国的创意产品是美国国家历史的产物，是这个国家辽阔疆域的产物，也是那些来自世界各地、拥有各种语言和文化的移民所创造的产物。美国在各所大学推广原创性研究，将公共资金的权力下放，向传统文化价值挑战，让人才流动以发挥其能量，对艺术家高度信任，对少数族裔灿烂文化包容，用美国的方式对多元文化进行捍卫。当世界上大多数国家陶醉于自己民族文化、捍卫自己民族文化纯洁性的时候，美国靠多元文化赢得了世界。

这是欧洲衰落的根本原因，也是中国要学习的重点。

近年来，中国的文化创意产业获得了爆发式增长。下列数据更能说明这个问题。2012年，新闻出版总收入16 635.34亿元，广播电视收入3 268.79亿元，电影票房收入170亿元，软件收入2.5万亿元，电信收入12 984.6亿元，广告业收入4 673.9亿元，艺术拍卖成交额288.52亿元，工程设计（前十名）1 988.39亿元，动漫设计760亿元，网游收入601亿元，旅游收入2.27万亿元，文化用品生产、文化用品制造业总计收入10 719.54亿元。这几项加起来，2012年文化创意产业总收入9.99万亿元。当然，这些数据仅供参考。

2014年，文化创意产业总产值占GDP的比重超过了5%，照目前这个发展速度，我们推测，到"十三五"结束的2020年，文化创意产业的总产值有望占整个GDP的10%左右，这是一个质的飞跃。届时我们的文化创意产业虽然仍比不过强大的美国（美国文化创意产业占GDP比重高达25%），但我们肯定成为文化创意产业大国了。

一、问题：园区同质化，原创能力差

（1）文化创意产业在国内各大城市的GDP中所占的比例和绝对利润值都在逐年增长，新增文化创意产业企业和从业人数逐年增多，整个创意文化产业呈现出一片欣欣向荣的景象。有需求才有市场，通过这组数据可以看出中国对文化创意的需求十分巨大，还远没有达到饱和，所以整个文化创意产业发展迅猛。文化创意产业的发展在一定程度上带动了整个国民经济的发展，创造了更多的就业机会。对企业和从业来说还都有较大的发展空间。

（2）文化创意产业得到国内各大城市的重视，纷纷推出各种政策，划拨专项资金扶持文化创意产业的发展。很多大城市都纷纷拿出实际措施来支持文化创意产业的发展，以期带动该地区的经济发展和提高地区的文化影响。正是由于政府和金融界的大力支持和巨大的市场空间，大大地推动了全国各大城市的文化创意产业飞速发展。

（3）全国各大城市都在根据自己的特点，纷纷提出适合本地特色的文化创意产业发展目标。例如，上海市提出了"创意产业化，产业创意化"的理念。在发展路径上，形成与历史建筑保护相结合的发展模式，使有形的高科技技术发展和无形人才创意力量的发挥相结合。南京市提出了"保护南京历史文化名城的独特风貌，传承六朝古都的历史文脉"，"使每一个人的创意都受到鼓励，使每一个好的创意都有市场化和产业化的机会，使每一个创业者都得到有力的制度保护和良好的政策扶持"的发展模式，着眼于培育创意、创新、创业的制度环境、法律保障和文化氛围。例如，广州市提出了"要像抓汽车产业一样抓动漫产业"，深圳市提出了建设"创意设计之都"的目标等等。各个城市都根据自己的特点，提出了发展目标，并建立了各种创意产业的基地和园区，为文化创意产业的发展提供了良好的基础环境。

（4）动漫、网游率先成为文化创意产业中备受青睐的主导领域，几乎各大城市都在大力发展动漫和网游。北京、上海、广州、深圳、杭州、成都、南京、天津、重庆等城市都把发展动漫业和网游作为重点，一时间全国各地"群雄纷起"，纷纷建起动漫网游基地，国内动漫产业和网游产业一片热火朝天。

从以上四个特点可以看出，中国的文化创意产业受到政府的大力支持，正在蒸蒸日上，蓬勃发展。但在看到这些喜人的成绩的时候，我们更应该进行理性思考，从这些特点中我们可以看出文化创意产业的发展还存在一些问题。下一步中国的文化创意产业究竟如何走？

第一，从国内各大城市文化创意产业的利润逐年提高和企业数量快速增长态势可以看出，文化创意产业的市场竞争尚不充分，文化创意市场规则正在形成。市场竞争的不充分就从一个侧面表明这个产业的发展尚不规范，只有在充分竞争的前提下，才能形成规范的行业。而在这种情况下，政府现在就应该着手对整个文化创意产业进行相应的规范和相应的结构调整，以使得在以后的发展中和竞争充分后就可以尽快走上规范化的道路，用以保证能尽快地形成一个完整的文化创意产业链。这样才能保证整个产业持续和健康发展。现在不能只是一味地追求快速增长，要从"又快又好"转变到"又好又快"的科学发展道路上来。

第二，国内各大城市都加大对文化创意产业的政策倾斜和资金扶持，从另一个侧面可以看出整个文化创意产业的融资还比较困难。产业的发展和资金的支持是分不开的，特别是中国目前文化创意企业普遍规模偏小，处于起步阶段，而一个创意项目回报周期长、价值难以评估、投资风险较大，融资难已成为制约中国各地文化创意产业快速发展的一个难点。政府应当拓展融资渠道，加大对文化创意产业的资金扶持和政策倾斜。像北京市和南京市那样加大对文化创意产业投融资服务体系建设，努力解决文化创意企业因资金短缺而面临的发展瓶颈问题。

第三，国内各大城市虽然都根据自己的特色提出了相应的发展目标，建立大量的基地、园区，但由于缺乏指导和规划，以至于出现了规划和园区的同质化倾向比较严重，政府应该更加注重对该地区产业的指导和定位。园区的建设的确应该搞，但有相当一部分城市多为跟风上马，并无结合本地实际的文化创意产业长远战略规划，很快就会出现一批功能相同或相近的园区。政府应该根据本地的特点，以及市场的容量和产业的发展规划来指导和引导文化创意产业的发展，而不是盲目地只看到眼前的利益。

第四，从国内各大城市都对动漫和游戏情有独钟，可以看出动漫和游戏产业的虚热以及中国还没有形成完整的文化创意产业链。目前很多城市都投资建设动漫园区，百余所高校开设动漫游戏专业，近50万在校生学习动漫专业，全国各地都在搞动漫游戏比赛、动漫游戏展。尽管目前国内动漫游戏产业一片热火朝天，但是中国动漫游戏产业总体发展与发达国家相比仍有不小差距，企业规模小、原创能力不足、核心竞争力弱、经营模式亟须创新。从国外的成功经验看，优秀的创意产品之所以能创造上百亿的市场价值，都是依赖完整而强大的产业链，从小说、游戏到电影，再到主题公园、卡通玩具，不断挖掘创意的影响力，然后生成财富。政府应当引导创意产业建立完整的产业链，提高整个产业的整合度，对产业的价值进行更深层次的挖掘。随着国内文化创意产业的不断发展，许多城市将文化创意产业作为本地经济的支柱产业。在这种情况下,让文化创意产业实现"又好又快"发展,已经成为备受关注的焦点。

二、策略:价值链条化,营销明星化

我们国家的"文化创意产业"目前仍处于预热阶段。北京、云南、深圳、厦门等地的文化机构进行了体制改革的试验,但总的来说文化创意产业还只是探索阶段,谈不上整体起步,原因在于我们的文化体制自身结构存在问题。

发达国家文化产业的结构是很宽泛的,如上文所说,创意是产业的核心,依靠创意的各个领域,不管广播、电视、电影、动漫、报纸杂志、图书出版、艺术娱乐、旅游、体育、会展活动,所有这些行业都是"文化产业"。目前美国最大的25家媒介集团都是包括了多种媒介产业在内的超级信息传播集团。无论广播节目,还是游戏、娱乐、电影、图书都是一个产品形态,所有这些产品形态最根本的是要依靠"创意"、"创造力",没有创意,节目、娱乐的形式内容甚至整合营销就会成为无源之水,无本之末。

文化创意产业有两个特征。第一个是规模经济,通俗地说就是把"饼"做大,经济学意义上的规模经济是指当生产一个特定产品的平均成本更低,而产出水平更高的时候,就出现了规模经济。形成规模经济有几个好处,一是可以投资做大的项目,并有效利用资源;二是有利于对产品进行多方面推广;三是可以经受短期损失;四是便于细化与专业化。文化创意产业具有这样的特征,例如,排练一个剧目成本要20万元,如果只上演两场,则平均一场成本就是10万元,但上演一百场平均每场成本才2 000元,效益就提高了,这就是规模效益或规模经济,文化产业是需要规模经济的。又比如《哈利波特》卖了几百万册书之外,还拍成电影让全世界几亿人观看,这样就体现出规模经济。只有规模做大了,成本才可能降低,效益才会提高。规模做大了,产业才可以细分,才能有分工。

第二个就是范围经济。所谓范围经济,就是当在一家公司里生产不同产品的总成本低于在不同公司里生产不同产品的成本之和时,就出现了范围经济。范围经济首先就是要多样化。比如一个好的剧本,可以转换成小说、电影,如果电影很好的话,还可以改编成游戏,甚至做成主题公园。把成本分

摊到多样的产品中去，降低成本。其次就是交叉化。把一个产品创意带到另一个产品中去，既可以是小说也可以是电影，产品形态多了之后，就形成了品牌。我们目前在将创意转化成多元产品从而多次实现价值的概念和能力方面还比较欠缺。另外，管理结构不合理，法律体系不健全，也是文化创意产业发展的瓶颈。

文化创意产业发展更多地依赖其自身建立起来的时尚文化和当代大众流行文化机制，依赖全球化的市场，依靠其明星制度、经纪人制度和它的全球营销方式，这就是当代文化发展的一个重要特点：文化的经济化、市场化和商业化。中国文化创意产业发展应该根据上述的文化创意产业结构特征，注意以下几个关键点。

1.政府在公共政策上要给予扶持，鼓励文化产业竞争，同时鼓励文化产业融合

欧美文化产业政策也在不断变化并鼓励文化的产业竞争。文化领域存在竞争可以极大地提高产业效率，防止市场权力滥用，防止资源错误配置。他们采取"结构"干预，即让市场集中程度降低。在竞争的同时，发达国家也鼓励文化产业的融合兼并，通过市场兼并形成几家大的媒介集团。实行集团化经营，有利于提高资源利用效率，但在媒介集团化形成后，同时十分注意差异化的竞争策略，极力避免同质化的趋势。但欧美政府文化产业仍然立足于公共服务的性质，政府在政策和资金上给予了大量的扶持和帮助。韩国和英国在这方面是比较成功的例子。韩国为了保护自己的电影，对国外的电影严格限制，实行配额制。政府如果不进行政策扶持，韩国的影视剧、动画业就不会得到如此快速的发展。文化产业不可能完全放到市场中去，要有公共服务，也需要政府支持。

反观中国目前的文化公共政策存在很多问题，不利于文化创意产业的充分发展。首先中国的文化行业普遍由国家垄断，缺乏竞争机制，文化行业没有压力，也没有动力，导致很多文化行业慢慢走向衰落。同时中国目前文化体制条块分割严重，各地方各部门出于自身利益考虑，部门保护、地方保护严重，设置重重壁垒，给文化创意产业发展带来了层层阻碍。每个地方的文

化产业都有自己的主管单位，其他区域的文化单位不得进入另外一个区域进行经营。这样以行政而不是市场的手段进行限制，大大缩小了文化单位的盈利范围和发展空间。

这样的政策体制决定了中国文化创意产业的同质化现象严重。就政府来说，应在鼓励支持创意产业发展的同时，首先在税收上实行优惠政策，就像吸引外资一样，采取相应的降税、减税措施；其次在社会管理体制、版权保护方面要有支持。特别需要强调的是，形成一个宽松的、鼓励创造的氛围非常重要，实际上创意经济发达的城市、地区，也正是文化多元的地方。

2. 政府结构应进行适当调整，部门功能需重新定位

一个创意可以带来很高的价值，一个创意可以转化成多种产品形态去实现它的价值。"文化创意产业"的结构就是在大创意下支撑或者大创意下引导的多元产品形态的产业结构。但是我们现有的政府结构和体制使得文化产业成为壁垒重重的行业，而我们真正要发展这个产业，只能按照产业自身的结构规律去重构这个产业，政府要大力进行结构的调整。

我国目前的政府管理结构对于文化创意产业来说存在一些缺陷，在自身管理成本比较高的同时，也阻碍了文化创意产业的发展。就中国文化创意产业来说，政府现有四个部门进行交叉管理：国家新闻出版广电总局主管广播影视产业、报纸杂志，文化部主管艺术演出活动等，工信部主管电信、无线增值等业务，国务院新闻办主管网络媒介互联网。由于文化创意产业涉及行业比较多，这样的管理结构无形中增加了企业负担，使得一个项目运作需要四到五个部门的审批，方方面面都要兼顾到，手续烦琐。管理部门自身也有很多交叉，造成人力物力的巨大浪费。

在英国设置一个文化体育传播大臣，日本也是经省下面一个厅在协调，相对来说国内的部门条块分割较多。针对这种情况，不妨适当调整政府结构，合并一些职能部门，精减人员，比如对四个部门进行整合，统一设置一个部门，即文化委员会，下面分为广播影视表演、体育、新闻出版和艺术四个分支机构。这样一来，人员精简，手续简单，效率高，管理成本也低，有利于文化创意产业的发展壮大。

3. 文化产业实现价值创造链条化

文化创意产业要把价值创造的环节和程序完全整合起来，形成一个完整的文化产业供应链结构，整个文化创意产业的链条有两个部分，一个是内容，一个是渠道。作为世界上频道资源最丰富的国家，我们并不缺渠道，整个中国的文化创意产业已经开始进入渠道过剩、内容短缺的时代。

第一，一定要拥有文化资源，我国发展文化创意产业是有条件的，我们拥有五千年的文明历史以及多样性的自然地理资源，我们的资源非常丰富。第二，要有创作，光有资源不够，还需要大量的创意人才对资源进行整合和挖掘，形成创意。第三是制作，有了好的创作，必须形成一定的产品，这需要大批专业的训练有素的人才。第四是渠道，包括媒介、流通、发行、包装、演出、会展、文化场馆，这都是创作的产品实现价值的场所。第五就是展示，做成多样性的产品去销售，去创造价值。

其实上游即内容才是文化创意产业的核心。再以时代华纳为例，它的内部就是这样一个分工，它分为两个子集团，一个是娱乐与广电网集团，主要做娱乐、电影、唱片与电视频道等，一个是媒介与传播集团，控制着有线网、互联网、杂志和发行渠道。时代华纳既做上游又做下游，非常重视内容部分。我们国家的文化创意产业和媒介产业的收入非常单一，主要依靠广告收入。而时代华纳集团的收入26%来自电影和娱乐，21%来自互联网，20%来自有线网，其余收入来自电视频道、唱片、杂志、图书、艺术品等，它的收入渠道是非常多样化的，一旦一项有损失，其他渠道还有补充。

4. 要学会营销自己的文化产品

一般来说文化机构分为四个类型：生产型文化机构，忙着排节目、演出、展览，而顾不上效益，现在这种类型的文化机构已经基本不存在了；产品型文化机构，我国大部分机构属于产品型机构，很长时间做出来一个好作品，但只关注于生产一个好的作品，不会做市场，这也是比较落后的；销售型文化机构，对市场已经开始有一定的研究；最好的是营销型的文化机构，在创作之前先了解目标市场，找到独特的策略应对目标市场。营销型文化机构的关键在于，市场是中心，消费者是导向，同时要学会营销，目标是盈利。我们文化创意产业要发展，就必须大力发展营销型的文化机构。

5. 讲究文化产品的营销和运营策略

要明白文化产品定位的目标对象是谁，虽然文化产品受众越多越好，但今天这个时代让所有人满意的产品几乎找不到。所以一定要找准产品定位，实现专业化和小众化。产品一定要系列化，如电影《指环王》要拍三四集，《哈利·波特》小说连续出了好几本，电影已经拍了很多集。为什么？这就是一种营销策略，把一种创意的利润空间拓展到最大化。

明星策略。做"文化创意产业"不能缺少明星，著名演员是票房价值的保证。而"文化创意产业"就是要鼓励突出个人，没有了个人就没有"文化创意产业"；没有个人的创造、没有个性，也就没有"文化创意产业"。明星制是"文化创意产业"必须推行的一个体制，明星制的优势就在于他的创造力以及以此为基础形成的一种品牌。

大制作。虽然不是都要大制作，但一定要有投资去搞大制作。不一定每个大制作都会获利，大制作却是必不可少的一个策略。

学会相关产品的销售。比如京剧院完全可以作剧团的演出，可以做DVD，可以做盒带，可以做很多相关产品。好的节目可以做成录像带、电影、DVD往外销售。文化产品完全是一个多样性的相关产品的联动，需要宣传，"酒香不怕巷子深"的时代已经过去。宣传明星可以起到特别迅速的效果，比如京剧观众往往是冲着名角名家来看戏。所以宣传和营销是一个产品成功与否的关键，形象的包装、推广活动的设计是非常重要的。

注意覆盖、发行和窗口化策略。渠道是否畅通很关键。所谓窗口化就是在不同的市场做不同的版本或同一版本在不同市场多次销售。再有，就是定价，剧目票价太高观众就少，一次性成本过高，收回成本的场次不够，难以实现赢利的目的。还有，新产品的开发，文化系统院团一定要有一个创作班子研究创作新产品。还有会计制度、融资体制，以及其他一些降低风险的措施等都需要进一步完善。

发展"文化创意产业"的战略、策略的核心有两点。第一，要不断开发新产品;第二,相关的营销策略必须要跟得上。像美国时代华纳这些集团,他们做"文化创意产业"最关键的就是首先抓内容,其次抓流通;第三,对资源和产品再利用和实现多目的性;第四,战略联盟,如今战略联盟已经成为非常重要的思考问题的方式或者解决问题的方法;第五,多元化,只有多元化才能分流风险,降低成本,然后才可能去创造价值。

文化创意产业发展在中国如火如荼,作为强调个人创造力的一种特殊产业,其核心就是创造力,挖掘人的潜力,释放人的创造力。在发展过程中,政府要调整自身结构,转变职能,在公共政策上给予扶持,同时文化产业自身也要迅速实现产业链条化,采用科学的营销手段。这些问题的解决,必将极大推动中国文化创意产业的发展,给中国的文化创意产业带来无限光明的前景。

被互联网改变的中国未来

21世纪,全球化、大众文化、互联网带来的新媒体、文化、娱乐、信息的大融合,使得文化的边界消失了。"在以往几个世纪的岁月里,文化都是由公路、港口以及机场来运输和传送的,这种传播方式需要时间、关税以及零售业。现在,文化通过信息高速公路传播,文化这个词已经过时。一切都在加速,没有什么是和过去相同的。"[①]

在可以预测的未来,CD、DVD、图书、报纸、杂志等大家习惯了的这些产品都会消失,同时消失的还有音像店、书店以及遍布街头的书报刊零售摊点。广播、电视也会消失,不再以现在的形式出现。微信、微博、APP等移动互联网大行其道,手机将成为全媒体终端,所有报纸、杂志、图书、广播、电视、电影的功能都会在手机上实现。更多的与生活相关的功能,也将会被整合在手机这个媒体形态上(包括平板电脑等移动多媒体)。

随后,在更远一些的未来,国家的边界也会消失,文化内容会进一步全球化。我们正在一步步走向自己也无法预知的未来,过去的文化成为废墟。

---

① (法)弗雷德里克·马特尔:《主流:谁将打赢全球文化战争》,商务印书馆2012年版。

时代走得太快，走得慢的人就会被这个时代忘掉。无论恐惧还是欣喜，我们都必须接受互联网所带来的这一切。

一、互联网20年：6亿网民成世界第一

2014年，49岁的阿里巴巴创始人马云凭借195亿美元的个人资产被福布斯富豪榜评为中国首富（9月19日马云亲自赴美为阿里巴巴集团融资，寻求通过IPO筹集约210亿美元，引起震动。阿里巴巴最高市值接近3 000亿美元），而排名前三的另两个人分别是百度和腾讯的CEO李彦宏和马化腾。阿里巴巴、百度、腾讯都是中国互联网中的佼佼者，马云则是中国互联网的大佬。

中国人知道互联网是在1994年。那年的4月20日，通过一条64K的国际专线，中国全功能接入国际互联网。而那一年，英国的计算机接入互联网已有21年；绝大多数中国人还只能从《人民日报》和新华社的报道中了解刚刚动工的三峡工程和南非新当选的总统；超市进入中国，带来一种全新的购物体验；多数中国人开始接触个人计算机；而阿里巴巴帝国的缔造者马云正在浙江经营一家翻译社，勉强收支平衡。

20年过去了，以"追随者"姿态进入网络时代的中国，今天已是互联网巨浪中的弄潮儿。在中国，有13亿的连接，大约有6.57亿人与移动互联网产生交集。6亿多中国网民和腾讯、百度等中国网络公司正在重划世界互联网版图。中国创造的4G网络标准已经成为国际标准之一；全球最大的15个社交网络中，6个来自中国，其中包括刚刚在纳斯达克上市的新浪微博和不到3年就拥有4亿多用户的微信。

完全可以说，互联网影响、改变着全世界民众的生活，或者说，全世界已经离不开互联网了。互联网将所说的地球村更早地实现了！地理位置上的距离对互联网来说都不是问题。互联网引发的问题是，两个人相隔遥远不是因为千山万水，而是各自拿着智能手机相向而坐却互发微信。

二、互联网思维：平台为王

互联网带给人们的不仅是一场技术变革，更是一场社会变革，它将引领

人类进入一个全新的时代。所谓的互联网思维就是用互联网解决互联网面对的问题。无论是要用互联网创新商业模式，还是要用互联网改造传统媒体，都必须首先了解互联网本身运行的规律，利用它自身所蕴含的无限资源和潜力。互联网这个新的生态，给我们的生活带来了极大的便利。

谈到互联网思维，真正构建一种互联网思维与树立起这种观念，并不是件容易的事。传统意义上所做的产业链，就是缺乏互联网思维的例证。而真正要做互联网时代的创造者，就是要做产业平台，依据对行业协会、对专业资源的掌控，去做一个网络平台，将全社会乃至全人类在行业领域内的专业集合到平台上来，从而为全社会乃至全人类服务。

2014年"双十一"这一天，阿里巴巴的平台创造了两个世界纪录——一天销售了571亿元，而小米单店排名第一，销售了15.6亿元，占天猫营业额的3%；天猫当天卖了189万部手机，其中小米卖了116万部，占了61.3%。2015年第三季度IDC报告，小米在中国市场的份额排到了第一位，全球排到了前三。小米模式最重要的创新其实非常简单，就是一家公司把硬件用接近成本价的方式销售，用这个来架构一个移动互联网的平台，然后再在上面做增值服务。

三、云端上的中国

互联网时代呈现了互联网带给人类经济、文化、社会、政治、人性等各方面的深层变革，并力图探寻变革背后的本质，展望互联网未来的可能及对人类文明的深远影响。我们看到的世界是多元的，人类过去、现在和长久的将来，都将依然是文化传承和价值观的多样化。互联网进入不同发展阶段、不同文化和社会特性的国家，呈现出不同的特点和影响，也影响着各国的现在和未来。

2014年是中国接入国际互联网20周年。过去20年，互联网改变了消费者的行为，未来20年我们可能要到一个产业互联网的时代，交通、银行、教育、医疗、媒体，都要被互联网的技术、商业模式取代。它不仅是工具，而是塑造社会企业的一种力量。过去，我们看到互联网只是改变了媒体、电子商务，现在，我们看到金融、教育、医疗都在被互联网改变。今天我们看到互联网背后的大技术叫云计算、大数据，可将计算、移动通讯设备穿戴在身上，很多技术从历史上讲是最接近美国硅谷的。

财新传媒总编辑胡舒立说，互联网对各行各业的重塑和整合是一个创造和毁灭的过程。这个过程非常辉煌，也非常痛苦，最后的结果可能是难以预想的。

人民网董事长马利说，云时代媒体平台化、可视化和定制化将成为新的特点、新的趋势。新技术的发展，使得新媒体必然成为一个大融合的平台，把内容、渠道、资源、媒体和受众连在一起。在未来，手表、戒指、眼镜、汽车、房子等所有物体都可以变成媒介的入口和出口，云平台将是世界最大的资源库，最实用的"月光宝盒"。

宽带资本董事长田溯宁说，如果说过去20年我们有幸地参与了互联网的发展和创业，互联网改变了几乎全球每个消费者的生活。今后的20年，互联网正在改变和塑造所有的产业，银行、医院、教育、交通这些所谓关键领域都要被互联网化。所以说，如果过去20年我们经历的是消费者互联网时代，未来20年我们将迎接产业互联网时代的到来，这才是互联网最黄金的时候。产业互联网对中国来说，是前所未有的机会。比如今天的环保问题、生产过剩等问题，用传统的工业，用以石油、原料为核心的经济体系几乎是无解的。但是技术的创新尤其是云计算、大数据、智能终端和网络，形成一种新的力量，会给中国的现代化提供一种前所未有的新的工具。如果每个机械、每个汽车、每个车床、每个灯泡都连到互联网上，该是一种什么样的生活？在产业互联网时代，当我们每个人的脉搏每一天都能被记录下来的时候，我们的医疗都是个性化的，那么，我们许多病便可以预防。

互联网的20年给我们带来了很多机遇，很多我们过去认为特别头疼的事，在移动互联网，在云计算大数据时代，都有可能得到非常好的解决。

阿里巴巴集团首席技术官王坚说，云栖小镇就在杭州的转塘，但影响远远超出了杭州这个地方。就像你从杭州出发可以到意大利一样，水把世界联结在一起。云栖小镇，有两万人的软件企业，也可以有三个人的企业，而三个人的企业影响力也会遍及中国所有的程序员——因为有了互联网上的云计算，使得几个人的企业跟几万人的企业站到同一个起跑线上，服务全中国甚至全世界的人。在我们的云上,有一个产品,叫"超级课程表",它的创始人名字叫于佳文。这个"超级课程表"面向中国3 300万大学生,其中有1/3的学生用它,每天有三百多万大学生用这个课程表选课,找教室。同样,在这上面大家可以分享课堂笔记,评价老师,把大学的界限给模糊了。这是一个大四学生做到的事情。当计算变成一个公共服务的时候,就像你今天呼吸空气、要喝水一样,会变成你生命中的一部分。这是互联网带给我们的未来。

四、社群:90后崛起

《长尾理论》作者克里斯·安德森说了一段话:"20世纪的合作模式是企业模式,企业雇用雇员,人们在同一个屋檐下,为了某个大目标而工作。21世纪的合作模式就没那么正式了,它是关于社群的,有些创意永远不会成为产品,有些社群永远也不会成为公司,但是关键在于,我们现在有了20世纪合作创新模式的替代。"

社群是一种颠覆传统的新型生产关系。安德森勾画的未来一定是"中心化"被边缘,"自由组织"取代"结构化",那影响这种关系变化的原因究竟是什么?有自由开放的互联网精神,但更重要的是互联网所覆盖的"人性"使然。

罗辑思维CEO脱不花在百度世界CBG(用户消费业务群组)论坛中,谈到罗振宇曾跟她说的一席话:"你看不惯现在90后年轻人喜欢的东西,一点关系都没有,因为你会死的呀。"张朝阳也曾在互联网大会上提到:"当今的互联网形态是一帮50多岁的CEO领导着40多岁的高管,指挥着30多岁的员工,给十几岁的孩子做产品。"网络世界俨然已经被他们占据了,与其说这个世界是我们的,不如说是他们的。

从脸萌到节操精选,再到一茬茬崛起的90后CEO,70、80后这些"老人"是该抬头看天了,90后们已经产生了一种破坏式的创新驱动力。百度副总裁王湛在百度世界CBG论坛上对90后的喜好同样提炼了五个字:"呆萌贱坏怪"。王湛提出,现在做的产品和服务要想着怎么能够和90后、00后一起愉快地玩耍,那么首先就要了解他们。在百度世界上,CBG联合百度数据研究中心发布了一份《百度90后洞察报告》。

五、中国文明必将重新登顶

到目前为止，中国在历史上有3次真正意义的文化大融合。

第一次是东汉以后佛教的传入。中国文化以儒家为根基，重视家庭和伦理，世俗化，摒弃了商朝以来重视鬼神的传统，适应农耕时代的生产生活需求，但弊端是过于功利、世俗，缺少俯仰天地、吞吐八荒的大境界、大情怀、大气魄。佛教的传入，让中国文化更宏阔、更博大，至盛唐走上巅峰。

第二次是以1840年鸦片战争为标志，中国文化与西方工业文明的融合。经过盛唐以后，直至宋元明清，文化越来越精致，也越来越羸弱，后期，人们热衷吟诗作对，大多是百无一用的书生，"平时袖手谈心性，临危一死报君王"，终于被西方的工业文明冲击得头破血流。这是因为，中国文明这时缺少了进取性和强悍的性格。通过与工业文明的融合，物竞天择、适者生存，中国文化进取性逐渐强化，到中华人民共和国建立，标志着中国终于走出了积弱不振的历史。

第三次是1994年中国接入互联网为标志，中国文化与互联网思维、或者说与信息文明的融合。中国文化有一个缺憾，就是过于强调等级和秩序，好处是稳定，缺点是活力不够、创新不足。以平等、互动为重要特征的互联网思维恰恰能弥补中国文化的这一短处。

实践和科学证明，不管是动植物还是人类文明，经过杂交和杂糅，常常能培育出物种和文化的优势。中国文化恰恰善于吸收外来文化的优点和长处，从而造就了绵延不绝的五千年文明。相信中国文化在不久的将来，一定能"不忘老祖宗、增添新本事"，重新走上人类文明的巅峰。

六、互联网深刻改变了世界

互联网早已经深入到我们的生活，可真正思考我们所处的时代的人却很少，如今的时代可能是人类历史上最伟大的时代之一，和文艺复兴、大航海、工业革命这些鼎鼎大名的时代比肩，互联网从心灵上拉近了全人类的距离，深刻改变了人类社会的结构，改变了几百年甚至几千年来人类生活、工作、学习、思考的方式。

一个事物的发明总是带有很大的偶然性。从 1945 年设想电脑互联，到 1994 年每个人都可以连上互联网，这其中经历了一个漫长、曲折的过程，而这一划时代意义的发明竟然是苏美冷战的意外产物。

互联网具有的可以和蒸汽机相提并论的划时代意义，让我们相信未来它一定会爆发出巨大的威力。身处巨变时代的我们，却很少认识到互联网的革命性——在新技术、新媒体带来的变革中，我们还没有习惯去反思。想到某一天我们所从事的行业也许一夜之间就被互联网颠覆、吞噬，今天的我们是否有一种不可预知的惶惑与恐惧？

但我们仍然对互联网带给未来的巨变充满期待，这源于我们对人类文化和理性恒久不变的信念。

结束语
中国文化的巨大向心力

一、国民党军队残部在泰国美斯乐的故事

在泰国北部,有一片中国人聚集的村落。这个村落,是当年解放战争时期,战败的国民党军队残部聚集的地方,大概有三千人。当时泰国、缅甸政府军多次派兵征伐这支队伍,结果都遭惨败。已经退居台湾的国民党军多次电令他们撤到台湾,但是,这支由云南籍将士组成的部队拒绝了上级的命令。原因很简单:故土难离。他们就想待在离家近一点的地方,虽然回不了大陆,但可以遥望故土。

这支没有国籍的散兵游勇组成的队伍,在异国他乡的经历催人泪下。他们住在山坡上极其简陋的窝棚里,几十个人一间屋。在那个穷乡僻壤,吃饭都成问题。后来,为了获得泰国国籍,他们那群老兵不得不去为泰国政府征讨当地的土匪。土匪剿灭了,老兵也死伤大半。泰国政府也深为感动,为他们修建了义民馆。后来,台湾当局动了恻隐之心,开始援助这支队伍及其后代,他们才慢慢安定下来。这期间,他们为了生存不得不为毒品护航,也就是闻名世界的"金三角"。大毒枭坤沙、彭家声都曾是这支队伍中的一员。近几年,他们已经向联合国承诺,停止种植罂粟,转为种植普通农产品。

去过美斯乐的人,都为当地人那份浓浓的中国情结所震撼。在那里,人们说的是汉语,吃的是中国菜,过的是中国传统的春节,门上都贴着大红的福字和春联。那些老兵,有很多死在异国他乡,但他们的坟墓,都朝向北方。因为那里是生养过他的故土,那里是中国。这就是中国人,无论走到世界的哪一块土地,他们的根都在中国。这就是中国文化最强大的凝聚力和向心力,即使是一支被解放军击溃、被国军抛弃的军队,他们仍然是中国人,他们认

这个祖宗。

国内著名纪录片导演周兵在拍摄大型纪录片《下南洋》时，看到不论是在马来西亚还是菲律宾，凡是华人居住的地方，都有非常完整的宗祠，他们继承的是华夏文化的仪式和规矩。下南洋，混合着血和泪，很多人死在异邦，很多老乡又跟着来了。他们在当地，只要投奔同乡的会馆，就可以免费吃住，直到找到工作、能自己谋生为止。乡情是民族情的具体化，是民族向心力、凝聚力的呈现。世界各地的华人，凭借祖宗传下的古训，靠勤劳致富，造福了当地的发展，为当地经济文化的繁荣做出了巨大的贡献。他们虽然像星星一样散落在世界各地，但他们心向着祖国，他们的根在祖国，他们文化的魂在祖国。

曾有朋友问我，你为什么不出国定居？我反问，我为什么要定居外国？因为这个国家有这样那样的问题和弊端吗？因为这个国家不够民主和自由吗？因为这个国家没有公平和正义吗？我相信我自己的国家，我相信自己的民族，我相信国家会越变越好，我相信祖国的强大只是一个时间问题。这个国家，还有很多很多不够好的地方，但我没得选择，因为我就是这个国家的子民，我就是这个民族的孩子。俗话说，孩儿不嫌娘丑，在孩子眼里，母亲是最美丽的人。这里是生我养我的故土，我的祖辈、父辈，世世代代生活在这块土地上，我为什么要背井离乡，选择生活在异族的土地上？想起诗人艾青的著名诗句：为什么我的眼中常含着泪水？因为我对这土地爱得深沉。

二、中国海军也门撤侨

也门内战牵动世界的目光，也牵动了数亿中国人的心。为了让500多名华侨早日脱离战争危险，正在亚丁湾护航的我解放军海军编队接到中央军委的命令，迅速开往也门，第一时间把数百名华人带到安全的北非港口。在撤完华人后，我海军编队，又帮助巴基斯坦、法国、意大利、德国等国家的侨民撤离也门，受到国际社会的一致称赞。中国海军的迅速反应，让来不及撤离的一些国家的侨民称羡不已。中国人，第一次感受到自己国家强大带给自己的切身保护，中国人为自己的国籍自豪，为自己的祖国拍手叫好。

这件事，也给那些攻击中国的人和国家甩了一记响亮的耳光。回忆过去中华百年的血泪史，欧洲列强，把炮舰开到我们家门口，胁迫我们的祖先签下屈辱的协议。那些乘着炮舰而来的英法联军，洗劫了被誉为"万园之园"的圆明园，就像法国作家雨果所描绘的那样，"两个强盗，一个叫法兰西，一个叫英吉利。"在1894年的甲午海战后，中国一直没有建立起强大的海军。这个没有攻击性的民族，一旦没有强敌入侵，就在家里过自己安稳的小日子。抗战时期，国军的海军根本不是日本海军的对手，刚一交战即全军覆没。直到近些年，我们才开始建立强大的海军，为我们遍布全球的商业护航，守卫中国的万里海疆。可以预言，中国海军在未来的岁月里，足迹会遍布世界所有的海洋，只要有华人的地方，就有中国军舰的身影。谁也阻挡不了中国海军的脚步，这是中国崛起的节奏。中国不会理会任何聒噪，因为血的历史教训刻在国人的记忆深处——"落后就要挨打"。

有作为才能有地位，社会交往的原则，在国际上是同样的道理。弱国无外交，这是一个铁律。曾听到一位专家说，中国人那么聪明，为什么过去外交经常失败？美国人那么笨，为何外交屡屡得手？就是因为过去的中国积贫积弱，国微言轻；美国国力强大，说出话来谁都得认真听。

至于文化，世界上的穷人，都希望到发达的国家去，因为文化是不平等的，富强国家的文化往往强势。全世界都在瞩目美国的文化，很少有人关注落后非洲的土著文化。这就是水往低处流，人往高处走。

三、中国文化走出国门的路还很漫长

我们有五千年的文明，有绵延不绝的文脉。但现代世界已经不是千年前的世界，甚至不是百年前的世界。我们面对的是一个信息世界，一个地球村，一个扁平的世界。在这个信息世界里，也是不平等的。美国、英国、日本、德国、韩国等国家，是信息发达的第一世界。互联网为后来居上的中国提供了千载难逢的机遇。我们如果能把科技兴国的战略落到实处，就有机会赶上信息第一世界。

看看韩国，建国时间跟新中国差不多。但它的信息技术、互联网普及程度、宽带速度，均居世界第一。再说电影。为什么我们拍不出像美国那样的

风靡世界的大片？为什么原来比我们落后的韩国电影发展迅猛，甚至有超越中国电影的势头？

这个问题，我的答案是两个字：开放。我们秉承改革开放的法宝，换来的是30年经济的腾飞。我们如何赶超这些现代发达国家？仍然要依靠开放。思想的解放，拿来主义，不要有禁区，政府要有开放的心态，宽广的胸怀，让各种各样的思想、行为都包容进来，才能换来文化、艺术、科技的繁荣。

开放必须是全方位的，政治、经济、文化、科技、教育都应包括在内，开放带来生命力，封闭必然走向倒退。一代伟人邓小平是中国改革开放的缔造者，他开放留学生去国外留学，开放引进国外的先进技术，以开放的姿态接纳世界，为蹒跚负重的国家装上现代社会的引擎。

回望历史，那些繁荣昌盛的朝代无一不是开放的王朝。盛唐有点像今日的美国，在当年长安，你可以看到世界各地不同肤色的人们。大唐王朝以开放的胸襟，接纳了世界的不同民族，也造就了自己无与伦比的繁盛。反之，闭关锁国的年代，清规戒律肆虐的王朝，都摆脱不了灭亡的宿命。

美国是当今世界接受移民最多的国家。很多人是冲着美国的自由、平等、开放去的。美国与伊斯兰世界有宿怨，但美国仍然接纳了大量伊斯兰世界的人。这就是胸怀。

中国文化近些年来开始在世界升温，孔子学院遍布，学汉语的人越来越多。这是中国崛起的先兆，但孔子学院有些还没有真正融入当地的文化。要让世界接受中国文化，必须先要了解人家的文化。只有从别人的角度入手，才能找到传播自己文化的有效方法。

文化跟价值观一样，是属于约瑟夫·奈所说的"软实力"。军事、经济属于硬实力。软实力跟硬实力要结合好，才能产生好的效果。炮舰可以征服别国的领土，却不能征服那些民族的心和魂。

我们首先要对自己的文化充满自信，这样才能向别人推广。一个连自己的文化都不信的人，怎么能让别人去信？

世界曾经接纳过孔子。受过教育的人都知道孔子"己所不欲，勿施于人"的名言，孔子的思想是跟基督教、伊斯兰教并行不悖的深刻教义。所以孔子是中国的，更是世界的。

中国的大诗人屈原说："路漫漫其修远兮，吾将上下而求索。"

中国文化正在走向世界，但长路漫漫，还需一代甚至几代人的共同接力。

我坚信中国文化必将融入世界，到那时，就是先贤们所描绘的大同世界。

赵金庆

2015 年 10 月 7 日子夜

于北京 768 文化创意产业园·清大文产规划设计研究院

参考文献

（法）弗雷德里克·马特尔著,刘成富等译:《主流:谁将打赢全球文化战争》,商务印书馆2012年版。

（美）约瑟夫·奈著,马娟娟译:《软实力:权力,从硬实力到软实力》,中信出版社2013年版。

（美）塞缪尔·亨廷顿著,周琪等译:《文明的冲突与世界秩序的重建》,新华出版社2010年版。

（英）汤林森著,冯建三译:《文化帝国主义》,上海人民出版社1999年版。

（美）萨义德著,李琨译:《文化与帝国主义》,生活·读书·新知三联书店2003年版。

弗雷德里克·詹姆逊著,唐小兵译:《后现代主义与文化理论》,陕西师范大学出版社1986年版。

（德）克劳塞维茨著,中国人民解放军军事科学院译:《战争论》,商务印书馆1997年版。

（德）马克斯·韦伯著,斯蒂芬·卡尔伯格英译,苏国勋等中译:《新教伦理与资本主义精神》,社会科学文献出版社2010年版。

（德）维尔纳·叔斯勒著,鲁路译:《雅斯贝尔斯》,中国人民大学出版社2008年版。

（美）安德森著,吴叡人译:《想象的共同体:民族主义的起源与散布》,上海人民出版社2011年版。

（美）本尼迪克特著,吕万和、熊达云、王智新译:《菊与刀》,商务印书馆 2012 年版。

（美）斯坦利·沃尔波特著，李建欣、张锦冬译：《印度史》，东方出版中心 2013 年版。

（德）T.W.阿多诺等著，陈学明等编：《社会水泥：阿多诺、马尔库塞、本杰明论大众文化》，云南人民出版社 1998 年版。

（美）克里斯·安德森著，乔江涛、石晓燕译：《长尾理论》，中信出版社 2012 年版。

韩国历史研究会编，尚咏梅、王海龙译：《百年韩国：生活与文化》，吉林出版集团 2011 年版。

杜维明著，高专诚译：《新加坡的挑战：新儒家伦理与企业精神》，生活·读书·新知三联书店 2013 年版。

汤一介：《瞩望新轴心时代：在新世纪的哲学思考》，中央编译出版社 2014 年版。

陈来：《东亚儒学九论》，生活·读书·新知三联书店 2008 年版。

陈来：《中华文明的核心价值》，生活·读书·新知三联书店 2015 年版。

余英时：《中国近世宗教伦理与商人精神》，九州出版社 2014 年版。

吴新兰：《存在与感知：日本动漫在中国的跨文化影响》，知识产权出版社 2012 年版。

刘迎胜：《丝绸之路》，江苏人民出版社 2014 年版。

中国电影家协会、中国文联电影艺术中心产业研究部：《2015 中国电影产业研究报告》，世界图书出版公司 2015 年版。

严晓鹏：《孔子学院与华文学校发展比较研究》，浙江大学出版社 2014 年版。

图书在版编目（CIP）数据

打赢文化战争：没有硝烟的全球创意产业之战 / 李季，赵金庆著 . —北京：人民日报出版社，2016.4
ISBN 978-7-5115-3767-6

Ⅰ.①打… Ⅱ.①李…②赵… Ⅲ.①文化产业－研究－世界 Ⅳ.① G114

中国版本图书馆 CIP 数据核字（2016）第 076106 号

书　　名：打赢文化战争——没有硝烟的全球创意产业之战
主　　编：李　季　赵金庆

出 版 人：董　伟
责任编辑：林　薇
封面设计：主语设计

出版发行：人民日报出版社
社　　址：北京金台西路 2 号
邮政编码：100733
发行热线：(010) 65369527　65369846　65359509　65369510
邮购热线：(010) 65369530　65363527
编辑热线：(010) 65369526
网　　址：www.peopledailypress.com
经　　销：新华书店
印　　刷：北京鑫瑞兴印刷有限公司

开　　本：710mm×1000mm　1/16
字　　数：350 千字
印　　张：22.5
版　　次：2016 年 8 月第 1 版　2016 年 8 月第 1 次印刷

书　　号：ISBN 978-7-5115-3767-6
定　　价：46.00 元